특집

서민주거 안정과 부동산투기 억제를 위한
부동산제도 개혁방안 (2005.8.31)

Ⅰ. 부동산시장 안정정책의 필요성

1. 부동산가격 거품 형성 방지

가격급등으로 거품이 형성되었다가 붕괴될 경우 금융기관 부실, 실물경제 침체 등 전반적인 경제위기로 확산의 우려

2. 서민주거 생활안정

일부지역에서 촉발된 주택가격 급등현상이 다른 지역으로 확산·심화되는 것을 방지해 서민의 주거생활 안정도모

3. 안정적인 산업·주거용지 공급

산업용지 및 주거용지가 저렴한 가격에 공급될 수 있도록 하여 기업의 투자 활동을 지원하고 주택가격 안정기반 마련

4. 성공적인 국가균형발전 추진

행정중심복합도시·기업도시·혁신도시 건설에 필요한 대규모 부지 조성의 재원부담 가중방지

5. 사회통합 달성

부동산투기에 의한 불로소득이 다수 국민의 상대적 박탈감 등을 초래하여 사회통합을 저해할 소지를 사전에 차단

6. 시중자금흐름 개선

대규모 토지보상자금 등 풍부한 시중유동성의 부동산시장 과다유입을 차단하고 생산부문으로의 흡수 유도

※ 부동산시장에 대한 근본적인 개혁을 통해 경제체질을 개선하고 지속가능한 경제성장의 기반 마련

Ⅱ. 서민주거 안정정책

1. 무주택 서민주거 안정지원

■ 국민주택기금을 통한 서민주거 안정지원 자금확대

① 주택구입자금 예산 5천억원 증액(1.5 → 2.0조)

② 주택구입자금 금리를 소득계층 내지 주택구입가액별로 차등화하여 지원
 * 연소득 2천만원 이하 또는 1.5억 이하 주택은 1%p 내외 인하

③ 생애 최초 주택구입자금 지원 재개(2001년 7월~2003년 12월 한시 지원)

④ 저소득층 전세자금 대출금리 인하
 * 영세민 전세자금 : 3.0 → 2.0%, 근로자 전세자금 : 5.0 → 4.5%

■ 공공택지 지구 내 개발이주자 전세자금 지원확대

① 당해 사업으로 이주하는 전체가구, 지원금리 인하(3→2%)

② 지원금액 : 3천만원(지방) ~4천만원(수도권)

■ 주택금융공사의 저소득 · 무주택서민에 대한 모기지론 지원 확대

① 대상 : 일정 소득(연 2천만원) 이하 가구주(최초 주택구입자)

② 지원 : 금리 우대(일반 모기지론보다 0.5~1%p 인하) 및 신청시 우선지원 조치

■ 무주택자 등의 비투기지역 내 25.7평형 이하 주택구입지원을 위한 모기지 보험*제도 도입

   * 차입자가 모기지 보험에 가입할 경우 통상보다 높은 LTV를 적용

■ 실수요자 중심의 청약제도 개편

   실수요자 위주의 주택공급을 위해 무주택기간 · 소득 · 자산 · 가구현황 등을 감안, 청약 우선순위를 부여

2. 공공임대주택 건설 확대

■ 국민임대주택의 원활한 공급기반 마련

① 환경적 보전가치가 낮은 개발제한구역 해제예정지를 활용하여 국민임대단지(현재 60개소, 1,900만평)를 추가 확대

② 국민임대주택특별법 적용 지역의 면적 기준을 현행 최대 30만평에서 최대 50만평 규모로 확대

– 30만평 초과분에 대해서는 국민임대주택 비중을 현행 50%에서 40%로 낮추고, 10%p 물량은 중형 임대 등으로 건설

③ 국민임대주택 지원 확대를 통한 입주자 부담 완화

– 재정 : (현행) 11.4조원 → 13.1조원(1.7조원 추가)

– 기금 : (현행) 22.4조원 → 31조원(8.6조원 추가)

   * 입주자 부담 : 건설비의 10~40% → 10~30%로 경감

■ 수요계층에 적합한 다양한 국민임대주택 공급

① 빈곤층 주거안정 효과가 큰 다가구 매입임대 공급을 확대

– 당초 : 2008년까지 1만호 계획(연간 2,000호)

→ 2015년까지 5만호 계획(연간 4,500호)

→ 필요시 연간 10,000호까지 확대

② 주공 · 지자체가 전세계약 체결 후 저소득층에게 재임대

   * 2006년 500호 시범사업, 2015년까지 매년 1천호씩 총 1만호

3. 민간임대주택 활성화

■ 10년 장기 민간 건설임대주택 활성화

① 장기 자금운용이 가능한 재무적 투자자가 중심이 되는 SPC의 사업 참여를 유도

– 사업참여 SPC에 대해 취득세 · 등록세 감면, SPC 지급배당 소득공제 등 세제혜택 부여 추진

② 장기임대주택 건설시 당해 용도지역 용적률의 20%까지 인센티브 제공(국토계획법 시행령 개정중)

  * 2종 일반주거지 현행 용적률 200% → 인센티브 적용 후 240%

③ 주공 · 한국토지신탁 등 공공참여 확대로 민관경쟁 유도

– 주공의 자체개발 택지에 85m² 초과 임대주택 건설 허용

■ 민간 매입임대주택 지원요건 등 강화

① 민간 매입임대주택 등록요건 및 세제지원 요건 강화

– (등록요건 강화) · 매입주택수 : 현행 2호 → 5호

                          · 임대 의무기간 : 현행 3년 → 5년

– (지방세 세제지원 요건 강화) 현행 임대기간 3년 → 5년

② 매입임대 사업자가 주택거래 신고지역 내 아파트를 추가 취득시 취득세 · 등록세 감면혜택 폐지

Ⅲ. 부동산거래 투명화 정책

1. 부동산거래시 실제 거래가격을 시 · 군 · 구에 신고 의무화

2006년 1월 1일부터 시행(부동산중개업법 개정)

■ 신고방식 : 거래당사자 또는 중개업자가 부동산거래시 실거래가액을 30일 이내에 시 · 군 · 구에 신고

■ **위반시** : 거래당사자 과태료(취득세 3배 이하), 중개업자 영업정지(임의 등록 취소 또는 6월 이내 자격정지) 등 처벌

2. 부동산등기부에 시 · 군 · 구에 신고된 실거래가를 기재

■ 금년 하반기에 부동산등기법 개정(법무부)

등기부에 기재하는 나라 : 미국, 영국, 프랑스, 싱가포르

3. 전자신고 시스템 구축(2006년 시행)

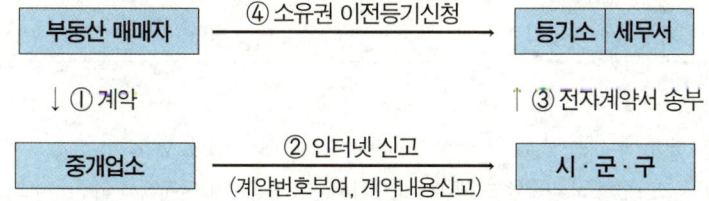

■ 투기수요 근절을 위한 상습 투기자 상시 감시체계를 확립하고 부동산 보유 · 거래 · 과세 관련 통계체제를 정비

① 국세청 관련 조직 신설 및 행정자치부 · 건설교통부의 부동산정보기능 강화

Ⅳ. 주택수요 정책

1. 주택보유에 따른 보유세강화

■ 주택에 대한 종합부동산세 과세강화

① 과표적용률을 2006년에 20%p, 2007년부터는 매년 10%p씩 상향 조정하여 2009년에 100% 달성

② 종부세 과세방법, 기준금액, 세율조정

- 과세방법 : 인별 합산 → *세대별 합산
  * 현행 : 본인 및 배우자와 동일한 주소에서 생계를 같이하는 가족(직계존비속, 형제자매)으로 구성

- 기준금액 : 공시가격 9억원 → 6억원 초과
- 종부세 세율구간 신설 및 세율조정

현행		조정	
공시가격	세율	공시가격	세율
		6~9억원	1%
9~20억원	1%	9~20억원	1.5%
20~100억원	2%	20~100억원	2%
100억원 초과	3%	100억원 초과	3%

③ 종부세 세부담 상한 조정 : 전년대비 1.5배 → 3배 한도
  * 고가주택 및 다주택보유자에 대한 과세강화는 종부세 단계에서 이루어지므로 재산세는 현행 세부담 상한(전년대비 1.5배)을 유지

⇨ 종부세 대상자에 대한 평균 실효세부담율이 2009년까지 1%수준 달성 예상

■ 주택분 재산세 조정방안

서민들의 주택보유 부담을 완화하기 위해 주택분 재산세 과표적용률은 2008년부터 5%p씩 상향 조정(당초계획은 2006년부터)

2. 투기이익의 환수

■ 양도세 과세를 실거래가 기준으로 전환

① 2006년부터 1세대 2주택에 대해 실거래가 과세
② 2007년부터 모든 주택에 대해 실거래가 과세로 전면 전환

■ 1세대 2주택에 대한 양도세 과세 강화

① 세율 : 9~36% → 50%

‒ 장기보유특별공제 적용을 배제

② 대상 : 수도권 · 광역시 소재 기준시가 1억원 초과 주택

　　　 기타지역 소재 기준시가 3억원 초과 주택

※ 이사, 근무, 혼인, 노부모 봉양 등 불가피한 사유로 1세대 2주택이 된 경우에는
　　중과세 대상에서 제외

※ 매물유도를 위해 1세대 2주택자에 대한 양도세 강화는 1년간 유예기간을 부여
　　하여 2007년부터 실시

■ 장기보유 특별공제율 상향 조정

① 15년 이상 장기 보유자에 대해 45% 공제 신설

② 대상 : 1세대 1주택

	현 행	개 선
3~5년 소유	10%	10%
5~10년 소유	15%	15%
10~15년 소유	30%	30%
15년 이상 소유		45%

3. 거래세 인하

■ 개인간 주택거래시 거래세 1%p(취득세 0.5%p, 등록세 0.5%p) 인하

		2005년 (현행)	2006년	변동
취 득 세	개인간 주택거래	2.0%	1.5%	△0.5%
	기타 거래	2.0%	2.0%	‒
등 록 세	개인간 주택거래	1.5%	1.0%	△0.5%
	기타 거래	2.0%	2.0%	‒
합 계	개인간 주택거래	3.5%	2.5%	△1.0%
	기타 거래	4.0%	4.0%	‒

■ 향후 보유세 강화수준에 맞추어 거래세 추가 인하

지방세수 감소분은 보유세 강화분으로 보전

4. 종합부동산세를 지역균형발전에 활용

■ **2006년부터 '부동산 지방교부세'를 신설하여 종부세 강화에 따른 세수가 지역균형발전과 연계 · 운영될 수 있도록 시스템 구축**

추가 확보되는 종부세 재원을 거래세 감소분 보전과 재정력이 취약한 지자체의 재원확충을 위해 전액 교부

※ 지자체별로 재정력, 지방세 징수노력 등을 감안하여 일정기준에 따라 배분

향후 종부세 세수전망   (단위 : 억원)

2005년	2006년	2007년	2008년	2009년
7,000	10,200	12,300	14,900	18,100

V. 주택 공급정책

1. 주택 공급확대 방안

■ **수도권 주택 및 택지 수급전망(2006~2010년)**

① 수도권에서 필요한 주택은 연 30만호(중대형은 83천)

• 기본수요 연 26만호(가구증가 15만, 소득증가 5만, 멸실 6만)

• 주택보급률 제고(2004년 93% → 2012년 112%)를 위해 4만호 소요

  * 균형발전시책이 본격화되는 2011년 이후는 주택수요 연 4~5만호 감소 전망

② 수도권 내 공급가능한 주택은 연 24만호(중대형 67천)

• 공공택지에서는 전체 호수의 40%인 연 10만호 공급가능

  * 민간택지에서는 연 14만호(재건축 5만, 재개발 3만 포함) 공급

• 수도권은 연 6만호 공급이 부족(중대형은 연 16천 부족)

• 민간택지는 규제합리화를 지속적으로 추진하고, 도심지 광역개발활성화 등을 통해 연 1만호 내외 추가 가능

* 준농림지 내 주택공급 : 1992~2001년 6만호, 2003~2004년 1만호 내외

• 이에 따라, 공공택지에서 연 5만호를 추가 건설할 필요

③ 연 5만호 추가 건설에는 연 3백만평(향후 5년간 총 15백만평)의 택지가 소요

■ **공공택지 공급확대 방안 : 연 3백만평(5년간 15백만평)**

① 강남지역의 안정적 주택수급을 위하여 국공유지를 택지지구로 개발

⇨ 총 2백만평(5만호, 중대형 2만호) 공급

* 강남 4구 연 주택 수요(26천)의 1.9배, 중대형 수요(11천)의 1.8배

• 대상지 : 송파거여 지구에 대해 관계부처와 조속히 협의하여 필요한 절차를 추진

② 현재 개발이 진행중인 기존 택지지구 주변을 확대 개발하여, 자족적 기반 시설 등을 갖춘 수도권 내 거점도시로 육성

⇨ 1천만평(14만호, 중대형 6만) 공급

* 수도권의 연 주택 수요(26만)의 53%, 중대형 수요(83천)의 72%

• 대상지 : 김포신도시, 양주옥정 지구 등 4~5개 지구에 대해 관계부처와 조속히 협의 추진

• 기반시설 공동활용으로 개발비 절감(10~20%) 및 개발기간 단축(6개월 내외) 가능

③ 수도권 내 중대형 주택수요 흡수를 위해 공공택지 내 중대형 아파트 건설 비중을 확대

• 인천 청라지구(중대형 8천→16천), 판교(중대형 66백→97백)

• 향후, 수도권 공공택지 내 25.7평 초과 아파트 건설비중을 현행 40%(면적기준)에서 50%로 제고

⇨ 현재 확보 또는 예정된 수도권 공공택지 물량(연 600만평)에 일괄 적용시, 중대형 아파트 3만호 내외 증가(12만→15만)

* 이상의 조치에도 불구하고 택지공급 부족이 우려될 경우 추가대책 마련

■ **기존 시가지 주택공급 확대(재개발)**

① 재개발 사업시행시 광역적 공공개발 체계 확립

- 개별 소규모 정비사업을 통합한 광역지구(최소 15만평)를 지정
- 교통 · 문화 · 교육 인프라 투자로 수준 높은 주거여건 마련
  - 특목고 설립 · 운영 등 교육환경 개선 지원
- 시설 소요재원은 원칙적으로 지구 내 개발이익으로 충당
 * 필요시, 지자체에서 기반시설을 우선 설치토록 국민주택기금 지원방안 등 검토

  - 기반시설부담금을 통해 개발이익 환수
- 원활한 사업추진을 위해 민간자본을 적극 유치

② 공공이 시행하는 경우 규제완화 및 용적률 상향 조정

- 사업시행자 지정요건을 완화(주민동의 2/3 → 1/2)

* 다만, 시공사 선정은 입주자 대표회의에서 자율적으로 결정

- 소형의무비율 완화(85m² 이하 현행 80 → 60% 이상)
- 층고제한(해발에 따라 5~25층)을 완화하고, 용도지역 변경을 통해 용적률을 현행(200~250%)보다 50~100%p 상향 조정
  - 역세권은 개발밀도를 추가로 높여 직주 근접형 개발유도

* 서울시 3종 주거(용적률 250%) → 준주거, 일반상업 지역으로 변경

  - 증가되는 용적률의 일정비율을 임대주택으로 건설

* 환수비율은 집값안정 및 실제 사업 가능성 등을 감안하여 추후 결정

- 재개발요건에 미달하는 인근 단독주택지도 사업단위에 포함

④ 광역지구지정 추진 단계에서부터 토지거래 허가구역으로 지정하고, 토지 분필도 제한하여 투기수요 억제

■ 재건축 관련 검토

기반시설부담금제 도입 등을 통해 개발이익의 철저한 환수가 전제되고, 주택가격의 안정세가 정착된 이후,

- 재건축에 대한 규제완화를 신중하게 검토

2. 주택 공급제도 개편

■ 주택공영개발 확대

① 공공택지 내에서는 주택공사 등 공공기관이 주택을 건설하여 분양·임대하는 주택공영개발 방식을 확대

- 대상지역 : 투기가 우려되거나 주택정책 목적상 공공의 주도적 역할이 필요한 지역('주택공영개발지구'로 지정)

- 임대물량비중 : 국민임대주택과는 별도로 공급물량의 30% 수준에서 시장수급·입지특성에 따라 탄력 조정

⇨ 공공택지의 개발이익을 공공부문으로 적절히 환수하고, 공공주택 재고확보를 통해 서민주거 안정에 기여

② 다만, 주택 획일화·공공부문 비대화 등의 문제점에 대한 보완책을 마련

- 설계·시공 일괄입찰, 시공사 브랜드 인정 등을 통해 주택 품질이 획일화되는 문제점 개선

- 경영감독 강화, 독립회계제도 도입으로 경영 건전성 제고

■ 공공택지 내 아파트 분양가격 결정방식 개선

① 공공택지 내 25.7평 이하·초과 모두 원가연동제 방식으로 분양가를 규제하여 분양가 안정을 유도(채권·분양가 심사제 폐지)

- 25.7평 초과에 대해서는 주택채권 입찰제도를 도입하여 최초분양자의 시세차익을 환수

 - 채권매입 상한은 실제 분양가가 시세에 근접하도록 책정

  * 25.7평 이하는 서민부담 완화를 위해 주택채권입찰제 도입 배제

② 민간택지는 현행대로 분양가 자율

■ 분양권 전매제한 강화

① 투기과열지구 내 아파트 분양권 전매제한은 현행 유지

② 분양가규제 적용 주택 중 채권매입 의무가 없는 25.7평 이하는 전매제한을 강화

: 수도권(과밀·성장)은 분양계약일로부터 10년, 그외 지역은 5년

• 채권매입 의무가 있는 25.7평 초과는 현행유지(수도권 5년, 기타 3년)

※ 재당첨 금지기간은 전매제한 기간과 동일하게 설정: (현행) 분양가상한제 적
용주택은 수도권(과밀·성장) 10년, 기타 5년 → 25.7평 이하: 수도권 10년,
기타 5년 / 25.7평 초과: 수도권 5년, 기타 3년

분양가 규제 개선방안 (참고1)

			분양가규제	
			현행	개선방안
공공택지	공공분양	25.7평 이하	원가연동제	원가연동제
		25.7평 초과	일반:분양가 자율, 택지채권 입찰 투기우려지역:택지채권＋ 분양가 병행 심사 ※실제 25.7평 초과 공공분 양 물량은 거의 없음	원가연동제 ＋주택채권
	민간분양	25.7평 이하	원가연동제	원가연동제
		25.7평 초과	일반:분양가 자율, 택지채권 입찰 투기우려지역:택지채권＋ 분양가 병행 심사	원가연동제 ＋주택채권
민간택지	민간분양	25.7평 이하	자율	자율
		25.7평 초과	자율	자율

■ 판교 주택공급방안 개선

① 개발 방식

• 25.7평 초과 아파트는 주공이 공영개발 방식으로 건설·분양

  - 공급물량 30% 내외를 임대아파트(전세형 임대 포함)로 건설

  * 전세형 임대: 임대기간 2년(연장가능), 임대료는 시중 전세가에 근접, 임대기간
  완료 후 분양전환 불허

  ※ 25.7평 이하는 택지를 공급(2005년 6월 완료), 현행대로 민간업체가 건설

② 분양 방식

• 25.7평 이하 : 원가연동제

– 분양권 전매제한 : 분양계약일부터 10년간

• 25.7평 초과 : 원가연동제 + 주택채권입찰제

   * 택지채권입찰제는 폐지

– 분양권 전매제한 : 분양계약일부터 5년간

③ 물량 확대

• 건설물량의 10%(순증 26백호)를 확대하고, 이를 중대형(31백호)으로
  공급

   – 일부 단독주택 전환 : 단독 5백호 → 공동 15백호(순증 10백호)

   – 공동주택 용적률 상향조정(160% → 200%) : 16백호

④ 향후 일정

• 25.7평 이하는 2006년 3월, 25.7평 초과는 2006년 8월 분양

Ⅵ. 토지수요 정책

1. 토지거래허가제 실효성 제고

■ 시 · 도지사에게 위임되어 있는 1개 시 · 군 · 구 전체에 대한 토지거래허가
구역 지정권한을 건설교통부장관이 행사하도록 개선

■ 농지 및 임야에 대한 토지거래 허가요건 강화

① 농지 및 임야 취득을 위한 사전거주 요건을 세대원 전원이 당해 지역
에 1년 이상 거주해야 하도록 강화(현행 : 6개월)

② 임야의 취득을 위한 거주지 요건을 농지와 같이 토지소재 시 · 군에
거주해야 하도록 강화(현행 : 토지소재 + 연접 시 · 군 거주)

■ 토지거래허가 신청시 자금조달내역 제출 의무화

① 현재는 취득 후 토지이용에 필요한 소요자금계획만 제출

   ⇨ 허가신청시 토지취득에 필요한 자금조달내역도 제출

   – 허가 후 변동이 있는 경우 등기완료 후 수정 제출 가능

– 국세청 등에 통보하여 탈세, 명의신탁 등 조사에 활용

■ 허가받은 토지의 의무이용기간 강화

	현행	개선		현행	개선
농지	6개월	2년	개발사업용	6개월	4년
임야	1년	3년	기타	6개월	5년

■ 허가받은 토지의 이용의무 위반에 대한 사후관리 강화

① 위반시 과태료 500만원 → 취득가액 10% 이내로 상향조정

② 이용의무위반 적발 등과 관련하여 신고포상제 도입

  * 토지거래허가시 거래허가내용(지목 및 용도)을 인터넷에 공고

■ 토지분할을 통한 개발행위에 대해 허가 강화

현행 : 도시지역만 허가 대상 → 비도시 지역으로 확대

2. 개발부담금제도 정비 등

■ 개발부담금 재부과

① 현행 개발부담금제 개요

• 부과목적 : 토지개발이익 환수, 투기 방지(개발이익환수법)

• 부과대상 : 30개 토지개발사업(도시지역 200평~비도시지역 500평 이상)에 대해 부과

대상사업	· 택지개발, 공업단지, 관광단지, 도시환경정비, 유통단지, 온천, 여객·화물터미널, 골프장 등 * 재건축, 재개발, 기업도시 등은 부과대상이 아님	
감면제도	100% 감면	국가(모든 사업), 지자체(택지개발 등 5개사업)
	50% 감면	지자체(기타 25개사업), 정부투자기관 등(택지개발 등 5개사업)

• 부과방식 = 토지개발이익 × 부과율

토지 개발이익	사업종료시 지가 − 사업착수시 지가 − 개발비용 − 정상 지가상승분부
부과율	(1990~1997년) 50%, (1998~1999년) 면제, (2000~2003년) 25%
징수실적	15년간(1990~2004년) 총 1조 6,290억원, 연평균 1,086억원

• 재원배분 : 수입의 50%는 당해 시 · 군 · 구에서 배분하고, 나머지 50%
  는 국가 균형발전 특별회계에 편입
⇨비수도권 2002년, 수도권 2004년부터 부과중지(부담금관리기본법)
② 재부과 방안
• 관련법을 개정하여 2006년부터 부과
• 부과율은 25% 유지
■ 기반시설 부담금제 도입
① 도입목적
• 개발로 인해 야기되는 기반시설 설치비용을 개발행위자에게 부담하
  게 하여 수익자부담의 원칙을 실현
• 기반시설을 갖춘 토지공급 확대 및 투기 · 난개발 억제를 통해 토지시
  장 안정화
② 부과대상
• 부과대상 개발행위 : 일정기준 이상의 건축행위
  − 신규주택, 상가, 오피스빌딩, 재건축, 재개발 등
• 부과대상 지역 : 전국
③ 부과기준
• 기반시설 원단위 비용(표준공사비 + 당해 지역 용지비)에 건축연면적
  을 곱하여 산정한 후, 기반시설 설치를 위해 이미 지출한 비용 및 타
  부담금을 공제
• 기반시설 설치비용을 정부와 민간이 분담한다는 측면에서 민간부담
  률은 30%를 넘지 않도록 설정

※ 부담금 = 원단위 비용 × 건축연면적 × 민간부담률 - 공제액

④ 부담금의 경감 및 가산
- 농어촌주택 등 소규모 건축, 국민임대주택 등 정책사업, 공장 등 생산시설, 국가나 지자체의 공공건축물 등은 면제 또는 감면
- 이중부담을 방지하기 위하여 개별법상 각종 관련 부담금 및 개발사업자가 직접 설치한 시설비용은 공제
- 당해 지역의 기반시설 소요 등 지역실정이 반영될 수 있도록 지자체 조례로서 일정범위(30% 수준) 내 가감

⑤ 부담금의 사용용도
- 당해 지자체의 기반시설 설치재원으로 우선 활용
  * 기반시설 : 도로, 상·하수도, 공원, 녹지, 학교, 폐기물 처리시설
- 법상 기반시설 설치의무를 지는 시·군에 중점 배분하고, 광역적 기반시설 설치를 위해 광역지자체와 국가에도 일부 배분
  * 시·군·특별시·광역시 : 도·자치구 : 국가 = 50 : 30 : 20
- 국가 귀속분은 '국가균형발전특별회계'에, 지자체 귀속분은 '기반시설특별회계'를 설치하여 관리

■ 토지보상자금 흐름관리

① 토지수용시 채권 및 현물보상 활성화
- 건설교통부장관이 지정하는 토지투기우려지역*내 토지수용시
  * 토지가격상승 정도 등을 감안하여 지정할 계획
  - 부재지주에 대해서는 보상액 중 일정금액*을 초과하는 부분을 전액 채권으로 지급
  * 현재는 3천만원을 초과하는 금액을 채권으로 지급 가능
  - 제도의 실효성 확보를 위해 부재지주 요건 강화
  * (현 행) ① 동일 시·구 또는 읍·면에 거주
         ② 연접 시·구 또는 읍·면에 거주
         ③ 토지 소재지의 통작거리 (직선거리 20km 이내)에 거주
    → (개선방안) '③ 통작거리' 요건은 삭제

- 토지소유자가 희망할 경우 보상비에 상응한 용지 또는 아파트를 공급하는 방안 도입

② 농지 대토시 양도세 비과세제도 개선

- 현행대로 3년 이상 자경농지를 양도(수용 · 매매 등)한 후 신농지를 취득하여 3년 이상 자경한 경우 당초 농지에 대한 양도세 감면

- 다만, 대토수요를 조정하기 위해 감면요건을 완화

   * 예 : 종전 농지면적 이상 → 1/2 이상

        종전 가액의 1/2 이상 → 1/3 이상

   - 감면 한도 설정 : 5년 합산 1억원

   - 자경의 정의를 '농작업에 상시 종사하거나 농작업의 1/2 이상을 자기의 노동력으로 경작(농지법 제2조)' 으로 명확화

3. 보유세 합리화

■ 비사업용 토지에 대한 종합부동산세 과세 강화

① 과표적용률을 2006년에 20%p 상향조정하고, 2007년부터 매년 10%p씩 상향조정

   * 재산세는 당초 계획대로 매년 5%p씩 상향조정

비사업용 토지에 대한 과표적용률 강화 계획 (단위 : %)

	2005년	2006년	2007년	2008년	2009년
재산세	50	55	60	65	70
종부세	50	70	80	90	100

② 종부세 과세방법 및 기준금액 조정

   - 과세방법 : 인별 합산 → 세대별 합산

   - 기준금액 : 공시지가 6억원 → 3억원 초과

③ 종부세 세부담 상한 조정 : 전년대비 1.5배 → 3배 한도

   * 토지 과다보유에 대한 과세강화는 종부세 단계에서 이루어지므로 재산세는 현

행 세부담 상한(전년대비 1.5배)을 유지

⇨ 2009년까지 종합부동산세 과세대상 비사업용 토지에 대한 평균
   실효세율 1% 수준 달성 예상

※ 사업용 토지는 생산에 사용되는 점을 감안, 재산세 및 종부세 과표적용률을 매
   년 5%p씩 상향조정, 세부담 상한도 현행과 같이 1.5배 유지(당초 계획유지)

4. 양도세 과세강화

■ 양도세 과세를 실거래가 기준으로 전환

① 2006년부터 비사업용 나대지·잡종지 및 부재지주 소유 농지·임
야·목장용지에 대해 실거래가 과세

② 2007년부터 실거래가 과세로 전면 전환

■ 비사업용 나대지·잡종지 및 부재지주 소유 농지·임야·목장용지에 대
한 양도세 과세 강화

① 부재지주 소유 농지 등의 양도소득에 대해 1세대 3주택에 준한 양도
세율 60% 적용

② 장기보유특별공제(양도차익의 10~30% 공제) 적용 배제

■ 법인부동산 양도시 특별부가세 과세제도 개선

① 법인의 경우도 개인과 비슷한 수준으로 과세할 수 있도록 비사업용
나대지·잡종지와 주업으로 하지 않는 법인이 소유하는 농지·임야·목
장용지에 대해 법인세 특별부가세 30% 부과

  * 법인세 25% + 특별부가세 30% → 합계 55%

※ 매물유도를 위하여 비사업용 나대지·잡종지 및 부재지주 소유 농지·임야·
   목장용지에 대한 양도세 강화, 법인부동산 양도시 특별부가세 과세는 1년간
   의 유예기간을 부여

Ⅶ. 토지공급 정책

1. 토지공사의 비축기능을 강화

　토지공사가 채권을 발행해 자금을 조성하고 중장기계획에 따라 토지를 매입·비축 및 관리(연간 1.5천만평)

2. 선매제도 활성화

　매수가격을 현행 공시지가 → 감정평가가격 또는 허가신청서에 기재된 가격으로 개선

Ⅷ. 서민관련 종합정책

1. 무주택 서민주택 마련

■ 국민주택기금을 통한 서민주거안정 지원자금 확대
① 주택구입자금 예산 5천억원 증액(1.5 → 2.0조)
② 주택구입자금 금리를 소득계층 내지 주택 구입가액별로 차등화하여 지원

* 연소득 2천만원 이하 또는 1.5억 이하 주택은 1%p 내외 인하
③ 생애 최초 주택 구입자금 지원 재개(2001년 7월~2003년 12월 한시 지원)
④ 저소득층 전세자금 대출금리 인하
　* 영세민 전세자금 : 3.0 → 2.0%, 근로자 전세자금 : 5.0 → 4.5%

■ 공공택지 지구 내 개발이주자 전세자금 지원확대
① 당해 사업으로 이주하는 전체가구, 지원금리 인하(3 → 2%)
② 지원금액 : 3천만원(지방)~4천만원(수도권)

■ 주택금융공사의 저소득·무주택서민에 대한 모기지론 지원 확대
① 대상 : 일정 소득(연 2천만원) 이하 가구주(최초 주택구입자)
② 지원 : 금리 우대(일반 모기지론보다 0.5~1%p 인하) 및 신청시 우선지원 조치

■ 무주택자 등의 비투기지역 내 25.7평형 이하 주택구입 지원을 위한 모기지 보험*제도 도입
  * 차입자가 모기지 보험에 가입할 경우 통상보다 높은 LTV를 적용

2. 보유세

■ 공시가격 6억원 이하 주택은 종부세 대상에서 제외

■ 서민주택에 대한 재산세부담 완화

① 2006년부터 5%p씩 상향조정하기로 하였던 주택분 재산세 과표적용율 인상계획을 2년 유예해 2008년부터 상향조정

② 재산세 세부담 상한 유지 : 전년대비 1.5배

  ※ 공시가격의 자연적인 상승에 의한 재산세부담 증가 가능성은 있으나, 금번 대책으로 인한 제도적인 재산세부담 증가는 없음

3. 양도세

■ 1세대 1주택에 대한 양도세 부담 완화

양도세에 대한 장기보유 특별공제율을 상향 조정하여 15년 이상 소유시 양도차익에서 45% 공제(현행 30%)

■ 1세대 2주택에 대한 양도세 중과 예외

① 수도권 · 광역시 기준시가 1억원 이하 주택, 기타지역 기준시가 3억원 이하 주택은 양도세 중과 배제

  * 이사 · 근무 · 혼인 · 노부모 봉양 등 불가피한 사유로 일시적으로 1세대 2주택이 된 경우 양도세 중과 예외

4. 거래세

■ 개인간 주택거래시 거래세 인하

서민들의 주택구입부담 완화를 위해 개인간 주택거래시 거래세를 1%p(취득세 0.5%p, 등록세 0.5%p) 인하(3.5% → 2.5%)

5. 아파트 분양가격

■ 공공택지 내 아파트 분양가격 결정방식 개선

① 25.7평 이하 · 초과 모두 원가연동제 방식으로 분양가를 규제하여 분양가 안정을 유도
② 25.7평 이하 아파트는 주택채권입찰제 도입을 배제하여 서민들의 주택구입 부담을 완화

6. 청약제도

■ 실수요자 중심의 청약제도 개편

무주택기간 · 자산 · 소득 · 가구현황 등을 감안해 청약우선순위 조정

7. 임대주택

■ 국민임대주택 건설계획(100만호, 2003~2012년)의 차질없는 추진

■ 국민임대주택 지원 확대를 통한 입주사 부담완화

① 재정 : (현행) 11.4조원 → 13.1조원(1.7조원 추가)

② 기금 : (현행) 22.4조원 → 31조원(8.6조원 추가)

 * 입주자 부담 : 건설비의 10~40% → 10~30%로 경감

■ 빈곤층 주거안정 효과가 큰 다가구 매입임대 공급을 확대

당초 : 2008년까지 1만호 계획(연간 2,000호)

  → 2015년까지 5만호 계획(연간 4,500호)

  → 필요시 연간 10,000호까지 확대

이번 정책을 통해서는, 서민주거 복지증진을 위한 시책을 한층 강화하여 우리 사회의 양극화 해소에 기여하는 한편, 8·31 정책의 완결성을 높이고, 비합리적인 제도를 바로 잡아 시장 교란요인과 불확실성을 제거하고 공정한 주택시장의 질서가 확립되도록 하는데 역점을 둠

3·30대책에 포함된 주요 추진과제

1. 서민주거 복지증진

■ 저소득층과 사회취약계층의 주거안정을 위한 지원을 대폭 확대하고 관련 프로그램 운영의 내실을 기해 나갈 계획임

① 영세민 전세자금의 수혜가구를 연간 25천~30천호(총 6천억원) 수준으로 확대(2005년 19천호)하고

② 도심내 다가구 매입임대주택을 연간 4,500호 공급하되,

 - 수요자가 많은 수도권내 선호지역을 중심으로 물량을 배정하고 장애인, 갱생보호자 등 특수취약계층을 우선 지원해 나가기로 함

③ 또한, 수요자가 원하는 집을 공공기관이 전세로 얻어 제공하는 맞춤형 프로그램으로서 호응도가 높은 전세임대를 대폭 확대하여 금년부터 연간 4,500호(2005년 503호)씩 공급하기로 함

■ 무주택 서민과 중산층이 좀 더 적은 부담으로 내집을 마련할 수 있도록

아파트 분양가 인하방안도 추진

① 공공택지 조성원가 인하를 위해, 토지보상제도를 개선하고, 녹지기준 및 개발밀도 기준의 합리화를 검토하는 한편

 - 전용 25.7평 이하의 서민·중산층용 분양주택용지에 대한 택지공급가격을 현행 감정가격 기준에서 조성원가에 일정률을 가감하여 책정하는 방식으로 변경하기로 함

② 또, 분양가상한제가 적용되는 주택의 분양가격이 적정한지 검증하기 위해 건축, 토목, 회계 분야 전문가의 면밀한 검토를 거쳐 분양승인을 하도록 의무화할 계획임

■ 거주 개념의 주택문화를 확산시키고 시장조절기능도 강화하기 위해 공공부문의 주택비축이 대폭 확대됨

① 국민임대주택, 다가구매입임대, 재개발임대주택 등 소형 임대주택의 비축을 계속 확대해 나가면서

② 중대형 주택도 공공기관 직접 건설방식, 도시재정비촉진지구 내 임대주택을 매입하는 방식, 도심내 기존 주택을 매입하는 방식 등을 통해 2006~2012년까지 연평균 6천호를 비축하고 이를 임대주택으로 활용해 나갈 계획임

2. 재건축 제도 합리화

> 무분별한 재건축으로 인한 사회적 자원낭비와 고질석인 투기요인을 차단하고, 재건축에 따른 초과이익을 공적으로 환수하는 내용의 '재건축제도 합리화방안' 이 추진됨

■ 먼저, 재건축 사업 전반의 투명성을 높여 각종 부조리와 비리의 소지를 근절하기 위한 대책이 마련됨

재건축 추진위원회의 권한 남용, 시공사 선정과정에서의 비리, 재건축 조합임원의 전횡 등을 원천적으로 방지할 수 있도록 철저한 제도적 통제

장치를 신설하고

    - 민원·투서가 있는 사업장에 대해서는 관계기관의 현지조사를 통해 엄정하게 의법처리해 나갈 계획임

■ 또한, 재건축정비기본계획에 대한 건설교통부 등 중앙정부의 실질적인 협의기능을 강화하여, 용적률·층고 등이 도시계획적 측면과 주택시장 안정측면을 감안하여 합리적으로 설정되도록 적극 유도해 나갈 계획임

■ 안전확보보다는 시세차익을 노리고 행하여지는 무분별한 재건축이 지양될 수 있도록 안전진단의 객관성과 신뢰성을 높이고 이와 관련한 행정주체 간 역할체계도 재정립함

① 안전진단 실시여부를 결정하는 예비평가를 시설안전기술공단, 건설기술연구원 등 공적기관이 수행토록 하고

② 민간기관이 실시한 안전진단 결과에 대한 재검토 의뢰권한을 시·도지사로 상향 조정하고, 필요한 경우에는 건설교통부장관도 직접 재검토 요청을 할 수 있도록 함

③ 재건축 판정 기준도 전면 개선하여 안전진단시 객관적 평가항목을 확대하고 판정요건 점수 기준도 강화함

■ 개인의 노력과 관계없이 용적률 증가 등에 따라 재건축 조합에 귀속되는 개발이익을 환수하는 제도 도입

① 준공시점과 착수시점(추진위원회 승인일)의 집값의 차액에서 개발비용과 정상집값상승률을 공제하여 산정한 개발이익의 일정비율에 해당하는 부담금을 조합에 부과

    - 부담률은 개발이익의 규모를 기준으로 누진하여 0~50%로 정할 예정임

    * 조합원의 실제 개발이익 규모와 무관하게 대단지에 높은 누진율이, 소단지에 낮은 누진율이 적용되는 등의 불합리를 방지하기 위해 조합 전체 개발이익을 조합원수로 나눈 '조합원 1인당 평균 개발이익'을 기준으로 누진율을 적용하도록 함

② 재건축 부담금은 전국을 대상으로 부과하되, 개발이익의 규모를 기

준으로 누진체계(개발이익이 일정액 이하인 경우에는 0%)가 적용되므로
 - 재건축 초과이익이 크지 않은 수도권 외곽지역 및 지방 등에 소재한
   사업장의 경우에는 실제 부담이 미미하거나 면제될 수 있을 것으로
   보임
③ 재건축 부담금으로 징수한 금액은 국가와 지자체가 일정 비율에 따라
배분하여 서민 주택건설과 도시재정비사업 등에 활용토록 할 계획임
④ 재건축 개발이익환수제도 도입을 위해 2006년 4월 중 새로운 법률 제
정을 추진하고, 법률 공포 후 4개월 후부터 시행에 들어갈 예정임
 - 적용 대상은 법 시행일 기준으로 관리처분계획 인가 신청 이전단계의
   사업장이며
 - 재건축 사업이 진행 중인 사업장의 경우, 사업착수~종료시점까지의
   전체 사업기간에 대해 부담금을 산정하되, 법 시행일 기준으로 안분
   하여 시행일 이후 기간에 해당하는 금액만 부과됨

3. 지속적인 주택공급 확대

■송파 신도시 등 공공택지 확대 개발, 기존 도시의 광역적 재개발 등을 원활히
추진하여 향후 5개년간 수도권에 연평균 30만호 이상의 주택을 공급
■8·31 정책에 의하여 제시된 수도권내 공공택지 추가확보물량 총 1,500
만평 중
① 542만평에 해당하는 송파 신도시 건설, 양주·김포 신도시 확대는 이
미 대상지를 확정하고 관련 개발절차를 계획대로 추진 중이며
② 나머지 958만평도 2007년까지는 모두 확보할 예정으로서, 기존에 추
진 중인 사업과 합하여 수도권에 연간 900만평의 공공택지 공급 기반이
차질 없이 마련될 전망임
■금년 중 서울 강북 등 기성 시가지의 광역적 재정비가 본 궤도에 진입하
게 되고, 이에 따라 양질의 주거공간이 확충되고 도시전체의 경쟁력이 크게
높아질 전망임

① 건설교통부는 과감한 규제완화와 인센티브 제공을 내용으로 하는 '도시 재정비 촉진을 위한 특별법' 시행령을 제정하여 7월부터 본격적인 시행에 들어갈 예정으로

- 서울 강북에 2~3개의 시범지구를 9월까지 지정하는 등 연말까지 3~4개의 선도적 사업지구를 가시화할 계획임

② 특별법이 적용되는 지역에서는 용도지역, 용적률, 층수 제한 등 건축규제가 대폭 완화되고

- 병원·학교·본사 사무소 등 생활권 시설에 대한 취·등록세 감면, 과밀부담금 감면, 공영형 혁신학교 설립 등 주거·교육·경제활동 여건을 획기적으로 개선하기 위한 다양한 인센티브가 주어짐

4. 주택거래신고제 내실화

■ 2006년 1월 1일 실거래 신고제도의 도입에 따른 취득세·등록세 실가과세의 전면 적용으로, 투기수요 차단이라는 본래의 역할이 약화된 주택거래신고지역 제도를 보완하기 위하여

앞으로 주택거래신고지역 내에서 주택을 취득하는 경우에는 자금조달계획과 당해 주택에의 입주여부 등도 신고토록 의무화할 예정임

5. 균형발전 촉진을 통한 주택수요 분산

■ 정부는 수도권 등 특정지역 집값 불안의 근본적인 원인인 지역간 교육·취업·문화·정보 등의 격차를 해소하기 위해

① 도시 내부의 균형발전, 수도권 공간구조의 다핵분산화를 가속화함과 아울러

② 행정중심복합도시, 혁신도시, 기업도시 등 과감한 지방화시책을 촉매로 인구와 산업의 지방정착여건을 개선하고 지방의 지역경쟁력을 높여 나가는 데 범정부적 노력을 기울여 나갈 계획임

정부는 최근 집값 상승이 공정책의 시차에 따른 수급불균형과 고분양가 등으로 불안심리가 확산된 데 기인한다고 판단하고 부동산시장 안정화 방안을 발표했다.

금번 대책은 ①주택공급 확대, ②분양가 인하, ③주택담보대출 관리 강화, ④서민주거 안정방안 등 크게 4분야로 구성됨

Ⅰ. 주택공급 확대

1. 공택지 내 주택의 조기공급 및 물량확대

① 수도권 신도시* 등 신규택지(1,094만평) 확보 추진

  * 송파, 김포, 파주, 광교, 양주, 검단 등 2기 신도시

② 신도시 및 국민임대단지 밀도 상향조정 ⇒ 89천호 추가 공급

  * 용적률을 현행 150 → 180%(서울 190 → 200%, 신도시 175 →191%)로 상향

③ 택지개발 기간단축 ⇒ 신도시의 경우 현행 7.5년 → 5~6.5년

  * 최종 주택입주에 이르기까지 소요시간이 약 1~2.5년 단축

2. 민간택지 내 주택공급물량 확대

① 기존 도심의 광역재정비 활성화 및 원주민 재정착 유도

  * 수도권 재정비촉진지구 및 서울뉴타운에서 2012년까지 총 36만호 건설

② 계획관리지역 내 주택건설규제 합리화(용적률 현행 150 → 180%)

• 다세대 · 다가구, 주상복합 · 오피스텔 건축규제 개선

Ⅱ. 분양가 인하

1. 택지조성비용 절감 및 택지공급가격 인하(기반시설비의 합리적 분담)

2. 중소형(25.7평이하) 주택용지 공급가격 인하

⇒ 상기 제도개선으로 택지공급가 인하(약 10%), 사업기간 단축(약 6%), 용적률 조정(약 8%) 등으로 공공택지내 분양가를 20~30% 인하

Ⅲ. 주택담보대출 관리 강화

1. 금융기관의 LTV, DTI 등 주택담보대출 리스크 관리 강화

① (은행 · 보험) 투기지역 LTV 규제 예외적용* 대상 폐지(60→40%)

  * '만기10년 초과 · 6억원 초과 아파트 담보대출에 대해서는 LTV 40%를 적용 중이나, 거치기간 1년 미만 · 중도상환 수수료가 있는 원리금분할상환방식' 의 경우 60% 예외 적용

② (저축은행 · 신협 등 비은행 금융기관) LTV규제 강화(60~70 →50%)

③ 주택투기지역의 6억원 초과 아파트 신규구입 대출시 적용되는 DTI 규제를 수도권 투기과열지구(서울 · 경기 · 인천)에 대해서도 확대 적용

Ⅳ. 서민주거 안정방안

1. 장기 임대주택 건설 · 비축

2006~2012년까지 총 116만 8천호의 장기임대주택을 건설 · 매입

⇨ 전체 주택수의 12% 수준으로 확충 유도

2. 서민 주택금융 지원강화

① 국민주택기금 전세자금 지원규모 확대

(2006년 2조원 → 2.3조원, 2007년 2.7조원)

② 주택신용보증기금의 임차보증금 보증한도를 확대

(현행 8천만원 → 1억원)

③ 신용평가등급 평가기준 조정하여 보승승인율 제고

(현행 72% → 80%)

④ 주택금융공사의 장기모기지론 금리를 0.15%p 인하

I. 제도개편의 기본방향

시장의 상반된 요구를 고려하여 원가공개 확대 등을 통해 투명성을 제고하고 분양가가 실질적으로 인하되도록 하되 기업의 부담과 부작용이 최소화되도록 제도개편 방안을 강구. 한편, 기존의 투기억제 시책은 흔들림 없이 추진하고 시장 불안 가능성에 선제적으로 대응하기 위한 유동성 관리방안을 마련

1. 분양가 인하를 통한 시장안정 도모

■ 분양가(택지비, 기본형건축비, 가산비)의 구성내역 및 산정 기준을 엄밀히 재정립

모든 시 · 군 · 구에 '분양가심사위원회' 설치를 의무화하여 분양승인을 내실있게 운영

■ 공공택지에 대해서는 원가공개 항목을 대폭 확대하고 공공택지 조성 원가를 공개하여 투명성을 제고

■ 민간택지 내 분양주택에 대한 분양가 상한제를 실시하여 실질적인 분양가 인하를 유도

① 수도권 전역 및 지방의 투기과열지구에 한해 '분양가심사위원회' 가 지자체별 특성을 감안하여 기본형 건축비 조정

② 가산비 등 7개 항목에 대한 분양원가를 지자체가 공개하여 투명성 제

고 요구에 부응하되 기업의 추가적인 부담을 최소화

- 택지비 : 감정평가액을 적용하고 '분양가심사위원회' 검증 후 사업장별로 공개
- 기본형 건축비 5개 항목 : 시·군·구별 '분양가심사위원회' 가 지역 특성을 고려하여 조정한 구체내역
  - 관할구역에 공통 적용되는 기본형 건축비를 지자체가 일괄 공개 (개별기업이 상세내역을 사업장단위로 공표하지 않음)
- 가산비 : '분양가심사위원회' 가 구체적인 가산내역과 산출근거를 검증한 후 사업장별로 공개

■ 환매조건부·토지임대부 분양의 시범실시, 마이너스 옵션제의 제도화와 함께 무주택 서민의 주택구입 기회를 확대하는 방향으로 청약제도를 개편

2.「11·15방안」이 제시한 공급물량을 조속히 가시화

■ 후분양제 실시를 1년 연기

■ 민간택지 내 '공공·민간 공동사업 제도' 도입

① 민간이 사업대상 토지의 일정규모 이상(예 50%)을 매수한 상태에서 알박기·매도거부로 사업이 곤란한 경우

- 주공 등 공공이 대상지 전체를 택지개발예정지구로 지정하고 수용권을 실행하여 잔여토지를 매수한 후 사업에 공동참여

② 민간택지 내 주택사업의 최대 애로요인인 알박기와 토지이용규제 문제를 동시에 해결

③ '11·15 방안'에서 제시한 주택공급 로드맵의 추진상황을 재점검하고 공급애로요인을 해소

- 공급확대와 관련된 규제완화와 제도개선을 신속하게 추진
- 특히, 민간부문의 차질 없는 공급에 역점

3. 공공부문의 역할 강화방안 마련

■ 기존 공공주택 공급계획과 별도로 추가적인 공공부문의 역할 강화방안을 강구

주공·지방공사 등 공공부문의 주택공급 물량을 확충하여 시장수급 조절 능력을 높이는 방안을 마련

4. 장기 임대주택 확충, 전월세 대책 등을 통한 서민주거 안정

① 장기 임대주택 공급을 확대하고, 소득수준별 임대료 차등화, 주택바우처 제도 등을 통해 주거비 부담을 완화

② 금년 봄 전·월세시장의 불안 가능성에 대비하여 시장 안정을 위한 선제적 대책을 마련

5. 투기수요 억제대책을 흔들림 없이 추진

① 기존의 조세형평성 제고와 투기수요 억제를 위한 시스템은 흔들림 없이 추진

② 부동산시장에 유입되는 과잉유동성 해소 방안을 마련

③ 택지보상제도 개편, 주택담보대출 규제 개선 등을 통해 부동산 시장으로의 단기 유동자금 유입을 억제

II. 주택공급제도 개편 방안

1. 분양가 상한제 및 원가공개 확대

■ 확대 방안

가. 분양가 심의기구를 설치하여 분양가를 엄밀히 검증

① 분양가(택지비, 기본형 건축비, 가산비)의 구성내역 및 산정 기준을 엄

밀히 재정립

② 분양가 승인의 실효성 제고를 위해 별도의 심의기구를 전국 시·군·구에 의무적으로 설치

- 현재 임의기구인 '분양가상한제 자문위원회'를 '분양가심사위원회'로 개칭하여 확대·개편
- 공공 및 민간택지 내 공동주택의 분양승인시 분양가의 적정성을 검증

나. 분양가 상한제를 민간택지로 확대

① 민간택지도 공공택지와 동일하게 분양가를 '택지비 + 기본형 건축비 + 가산비' 범위 이내로 제한하되

- 택지비의 경우에는 원칙적으로 공신력 있는 평가기관이 산정한 '감정평가 금액'을 적용

② 한편, 분양가 상한제 실시에 따른 수분양자의 과도한 시세 차익을 차단하기 위해 채권입찰제 및 전매제한기간을 도입

⇨ 구체적 시행방안은 '채권입찰제 상한액 하향조정' 및 '분양주택에 대한 전매제한 기간 확대'에서 상술

③ 2007년 9월 1일부터 시행(주택사업계획 승인신청 기준)

다. 분양원가 공개 확대

① 공공택지의 분양원가 공개를 강화

- 분양원가의 경우 세부항목을 전면 공개(7개 → 61개*)하는 방향으로 개편

  * 감리자 모집공고시 시·군·구에 제출하는 58개 항목을 기초로 61개 항목을 산출 (58개 항목 중 대지비를 택지매입원가, 기간이자, 필요적 경비, 그 밖의 비용으로 세분화)

② 공공택지 조성원가도 보다 상세히 공개

■ 민간택지는 수도권 및 투기과열지구에 한해 분양원가를 공개

① 지방의 경우 미분양물량 증가*, 지방건설 경기의 위축 가능성 등을 감안, 분양원가 공개는 수도권 전역 및 지방의 투기과열지역에 한정하여 적용

* 지방 미분양 : (2002년 12월) 2.3만호 → (2006년 10월) 6.5만호

② '분양가심사위원회' 가 정부가 고시하는 기본형 건축비를 시 · 군 · 구의 특성에 맞게 조정

* 시 · 군 · 구별로 모래 · 레미콘 등 자재비, 인건비 등에 차이가 있으므로 정부고 시 기본형 건축비를 기초로 지역별 특성을 감안하여 조정

③ '분양가심사위원회' 의 검증을 거친 7개 항목의 원가내역을 지자체장 (분양승인권자)이 공개

• 택지비 : 공인감정기관이 평가한 감정평가 금액을 '분양가심사위 회' 에서 검증하여 사업장별로 공개

• 기본형 건축비 : 관할지역에 공통적으로 적용하기 위해 시 · 군 · 구별 로 '분양가심사위원회' 가 산정한 기본형 건축비의 구체내역을 5개 항 목*으로 공개

* 기본형 건축비 5개 항목 : 직접공사비, 간접공사비, 설계비, 감리비, 부대비용

• 가산비 : '분양가심사위원회' 의 검증을 거쳐 사업장별로 구체적인 가 산내역과 산출근거를 공개

※ 현행 가산비의 구성내역

건축연면적에 산입되지 않는 지하주차장의 건축비

법정 최소 기준면적을 초과하여 설치한 복리시설 설치비용

라멘조 또는 철골조로 건축할 경우 추가되는 비용

친환경 건축물 예비인증을 받은 경우 기본형 건축비의 3퍼센트

주택건설업체의 상위 10퍼센트 이내인 경우 기본형 건축비의 2퍼센트 등

④ 분양가 상한제와 같이 2007년 9월 1일부터 시행

라. 민간택지 내 제도개편의 '시행시기 · 적용범위 · 보완방안'

① 적용대상 주택 및 지역 : 재개발 · 재건축, 주상복합, 비도시지역(계획 관리지역) 내 택지 등 모든 유형의 민간 공동주택에 적용하되, 분양가 상 한제는 전국적으로 시행하고, 분양원가 공개는 수도권전역 및 지방 투 기과열지구 내에서만 시행

② 기본형 건축비 명세의 개선보완 : 기본형 건축비의 적정성 여부를 재

검토하여 조정

　– 과다한 가산비 항목을 조정하고, 법정최소기준에 해당되는 가산비
　　항목(지하주차장 등)을 기본형 건축비에 통합

　　　⇨ 분양가 부풀리기를 통해 과다한 분양이익이 발생할 소지를 축소

※ 분양원가와 관련된 분쟁을 방지하기 위해 분양공고문에 원가공개 내용의 법적
효력이 제한된다는 주의문구를 명시토록 할 예정

③ 경과조치 : 2007년 9월 1일 이전에 사업승인신청을 하였더라도 제도
시행 이후 3개월 이내에(2007년 12월 1일까지) 분양승인 신청을 하지 않
은 경우에는 분양가 상한제 및 원가공개를 적용

2. '마이너스 옵션제' 도입

　• 내부 마감재 등을 입주자의 기호에 따라 개별적으로 구입하여 설치할 수
　있도록 하고 비용은 분양가에서 공제함으로써 명목 분양가를 인하
　• 소비자의 선택권 보장과 입주 후 내부마감재 재시공에 따른 낭비를 제거
　한다는 차원에서 도입

■ '마이너스 옵션제'를 도입하여 분양가를 인하하고 소비자의 선택권을 확대

※ 마이너스 옵션제 도입시 약 5~10% 정도의 분양가 인하 효과 예상

다만, 일괄적 의무시행보다는 마이너스 옵션에 대한 제도적 근거를 마
련하여 사업자·소비자의 선택폭을 확대하는 방향으로 개편

3. 토지임대부 및 환매조건부 분양 시범 실시

■ 2007년 중 토지임대부 및 환매조건부 분양제도를 시범 실시

① 토지임대부 및 환매조건부 분양사업의 실시지역 및 규모, 분양조건
등에 대한 사전 검토 후 시범실시를 추진

② 시장의 수용가능성, 공급대상 소득계층, 주공 등 사업주체의 감당능력에 대한 분석도 병행

　☞ 시범사업의 운영성과를 보아가며 환매조건부 및 토지임대부 분양제도의 확대 시행 여부를 결정

4. 채권입찰제※ 상한액 하향 조정

※공공택지 내 25.7평 이상 중대형 주택에서의 과도한 시세차익 방지를 목적으로 시행 중

■현재 주변시세의 90% 수준인 채권매입액 상한액을 80%로 하향 조정
　가급적 분양가를 낮추는 방향으로 개편하되, 과도한 시세차익 방지와 인근 집값 견인 방지의 절충점을 선택

채권매입상한액(현재 인근시세의 90% 수준)이 주변시세보다 지나치게 낮을 경우 과다한 분양이익과 투기수요를 조장
반면, 시세에 근접할 경우에는 분양가 인하를 통한 인근 부동산 시장 안정효과가 제한적일 소지

■현재 공공택지에만 실시하는 채권입찰제를 재개발·재건축, 주상복합 등 민간택지 전반으로 확대 시행
　채권매입상한액도 공공택지와 동일하게 적용

5. 분양주택에 대한 전매제한 기간 확대

■채권입찰제 상한액 하향조정 및 민간택지 내 분양가 상한제 도입에 따른 청약과열 우려를 해소하기 위해
　수도권 공공택지 내 중대형 주택과 민간택지 주택에 대한 전매제한 기간을 확대

■ 택지유형 및 주택평형별로 전매제한기간을 차별화하여 설정

수도권 공공택지 : 25.7평 이하 – 10년, 25.7평 초과 – 7년

수도권 민간택지 : 25.7평 이하 – 7년, 25.7평 초과 – 5년

 * 현행 : 수도권 공공택지 내 25.7평 이하 10년, 25.7평 초과 5년
 * 지방의 전매제한기간 확대 여부는 향후 분양가 추이를 보아가며 추후 결정

6. 실수요자에 유리한 방향으로 청약제도 개편

• 채권입찰제 개편과 함께 민간택지에도 분양가 상한제와 채권입찰제가 도입됨에 따라 분양가 인하가 기대

청약시장의 과열화 · 투기화를 방지함과 아울러 저렴한 주택이 무주택자 등 실수요자에게 보다 많이 공급될 수 있도록 실수요자 중심의 청약제도로 조속히 개편할 필요

※ 3 · 30 내책에서 실수요 중심으로 청약제도를 개편*하기로 방침을 정하고 현재 최종안을 마련 중

 * 무주택기간 · 자녀수 등을 감안한 가점제 도입 등

■ 2주택이상 보유자의 1순위 자격배제 및 감점제 도입

① 현재 투기과열지구 내에서 시행중인 2주택 이상자의 1순위 청약자격 배제*를 투기과열지구 외 지역으로 확대

 * 현재도 공공이 분양하는 25.7평 이하는 무주택자에게만 공급하고, 수도권 대부분 지역이 포함되는 투기과열지구 내에서 2주택 이상자의 1순위 청약자격을 배제하고 있음

② 청약제도 개편시 2주택이상 보유자에 대한 '감점제' 도입

■ 무주택자 등에 대한 '청약가점제' 실시 시기를 당초 2008년 하반기에서 2007년 9월로 조기 시행

7. 공공택지 공급방식 개편

현재 공공개발 주택용지는 조성원가 수준 또는 감정가를 기준으로 추첨을
통해 분양하고
   주상복합 주택이 일부 포함되는 상업용지는 최고가 입찰을 통해 분양
   ⇒ 최고가 입찰제가 주상복합주택의 고분양가의 한 원인으로 작용하고 있다는 지
     적이 제기

택지 유형별 공급가격 기준 (수도권)

(조성원가 대비)

구 분		공급가격
조성원가 이 하	• 60m² 이하 임대주택 용지	60%, 추첨
	• 60m²~85m² 임대주택 용지	85%, 추첨
	• 60m² 이하 국민주택 용지	95%, 추첨
조성원가 이 상	• 60m²~85m² 국민주택 용지	110%, 추첨
	• 단독주택 • 85m² 이상 주택 용지 • 85m²~149m² 임대주택 용지	감정가, 추첨
	• 상업용지 등	최고가 경쟁입찰

■ 주상복합이 허용되는 상업용지 중 주거용은 감정가로 낮게 공급하되 (현재
는 최고가 경쟁입찰제로 공급)
상업용도 부분은 현행과 같이 최고가 경쟁입찰 유지
■ 제도개편에 따라 낮은 가격으로 분양되는 주상복합주택에 대해서는 '분
양가 상한제' 와 '채권입찰제' 를 적용하여 시세차익을 환수

8. 후분양제도 시행 연기

※ 후분양제 로드맵 개요 (2004년 2월)
공공부문 : 2007년부터 2011년까지 점진적으로 후분양 의무화
  * 분양허용 공정률 : 2007년 - 40% → 2009년 : 60% → 2011년 : 80%
민간부문 : 후분양 업체에 대해 공공택지를 우선 공급하고 금리우대를 통해

후분양 전환을 촉진
  * 우선공급 공정률 : 2007년 : 40% → 2009년 : 60% → 2011년 : 80%

■ 후분양제의 단계적 도입원칙은 유지하되,

2007년 중 분양물량 확대를 통한 시장수급 여건 개선을 위해 도입시기를 1년간(2007년 →2008년) 순연

9. '민간택지 내 공공 · 민간 공동사업 제도' 도입

■ 민간이 사업대상 토지의 50% 이상 매수한 상태에서 매도거부 · 알박기 등으로 잔여지 매수가 어려운 경우

대상지 전체를 택지개발예정지구로 지정하여 공공부문과 공동사업을 시행하는 방안을 제도화 (2007년 중 택지개발촉진법령 개정)

■ 공공부문이 잔여토지에 대해 토지수용권을 실행하고, 수용토지 지분에 대해서는 주공 등 공공이 주택건설을 담당

민간택지 내 주택사업의 최대 애로요인인 알박기 문제와 토지이용 규제 문제를 동시에 해소하여 신속한 사업추진과 분양가 인하를 도모

10. '11 · 15 방안' 상 민간주택 공급확대를 위한 제도개선

건축규제 완화관련 주요 추진사항
① 다세대 · 다가구 주택의 이격거리 및 층수제한 완화
    (건축법 시행령 개정사항, 현재 개정안에 대한 법제처 심사중)
② 소규모 오피스텔(전용 15평 이하) 바닥난방 허용
    (2006년 12월 30일 시행, 오피스텔 건축기준 개정)
③ 주상복합의 주택 연면적비율 확대 추진(70% → 90%)
    (조례개정사항, 2007년 1/4분기중 서울시 · 인천시 등 지자체와 협의)

■ 먼저 '11.15 방안'에서 발표된 규제완화 과제중 아직 완료되지 않은 과제*는 조속히 마무리

* 주상복합의 주택연면적비율 확대(70%→90%, 조례개정사항), 택지개발 절차 단축(택지개발촉진법 개정사항) 등

■ 조기공급을 가로막는 각종 제도 및 규제를 추가적으로 발굴·개선(2007년 1/4분기 중 완료)

① 다세대·다가구주택 : 동 주택에 대한 기반시설 부담금을 최대 62.5%까지 경감토록 추진(1/4분기 중 완료)

* 기반시설부담금법 시행령 개정(50% 경감) 및 지자체 조례규정 활용(25% 추가 경감)

② 계획관리지역 내 규제완화 : 2종 지구단위계획구역 용적률을 200%까지 추가 완화 ('11·15 방안' 150% → 180%)

- 2종 지구단위계획 구역 내 도로율 하한을 현행 20~30% → 15% 이상으로서 교통영향 평가결과에 따른 비율로 완화

Ⅲ. 서민 주거안정 대책

1. 기본방향

- 분양가상한제, 원가공개 확대, 청약제도 개편 등 주택공급 제도 개선, 주택공급 확대 등을 통해 무주택 서민의 내집마련을 지원하는 한편,
- 이와 병행하여 국민임대주택 건설 등으로 장기임대주택 공급을 확대하고,
- 소득에 상응하는 임대료 체계 도입, 주택바우처 제도 도입 등을 통해 주거비 부담의 직접적인 완화를 추진하며,
  - 서민주거단지의 주거환경 개선, 주택품질 향상 등을 통해 주거만족도를 획기적으로 제고
- 또한 전월세 시장의 안정과 임차인 지원강화를 통해 내집마련이 어려운 임차인의 주거안정 도모

2. 서민주택공급 확대 및 주거비 부담 완화

■ 국민임대주택 건설 : 2012년까지 100만호 건설을 위해 2007년중 국민임대주택 11만호(수도권에 5.6만호)를 건설

또한 2008~2012년 동안의 연도별·지역별 국민임대 신규건설/ 매입임대 물량 계획을 재조정하여 수요에 부합하는 공급 시스템 구축(2007년 하반기중 완료)

■ 맞춤형임대주택 : 2007~2012년 동안 도심 내 맞춤형임대주택을 연 1.3만호 이상 공급하여 무주택서민의 직주근접을 지원

다가구 매입임대 6.5천호, 전세임대 5.8천호, 소년소녀가정 등 전세주택 지원 1천호 등

 * 2004년 503호 → 2005년 6,697호 → 2006년 12,964호

■ 서민·중산층용 주택공급 확대 : 25.7평 이하의 서민·중산층용 주택도 차질 없이 공급

■ 부도임대아파트 임차인 보호 : 주공이 부도임대주택을 매입하여 국민임대주택으로 운용하는 방안을 추진하여 임차인의 보증금 손실 등의 피해구제

2006년 제정된 부도임대특별법의 하위법령을 정비하여 2007년 하반기부터 부도임대주택 매입 착수

■ 임대료 체계개편 : 임차인의 소득 등을 감안한 소득수준별 임대료 차등화 방안을 마련하여 2007년중 시범사업을 실시하고, 이를 단계적으로 확대

■ 주택바우처 제도 도입 : 2007년중 주택바우처 도입계획안을 마련하고, 이를 바탕으로 2008년 이후 시범사업 실시

 * 주택바우처 제도 : 저소득층의 주택임차를 지원하기 위해 쿠폰 등의 형태로 임차료를 보조하여 수요자의 선택의 폭을 넓히는 제도

※ 추후 '공공부문의 주택공급 역할 강화방안'을 마련하여 장기임대주택 비축계획을 2012년까지 당초 총 주택의 12% → 12%이상 (12%+α) 으로 제고하여 서민주택공급을 확대하고 공공부문의 주택시장 조절기능을 강화

3. 서민 주거단지의 주거환경 개선

■ 주거환경개선사업 : 달동네 등 불량주거지에 대한 2단계 주거환경개선사업(2005~2010년, 451개 지구)을 본격화
① 2007년중 262개 구역에 대한 사업을 추진하는 등 2010년까지 13만호의 주택개량 지원
② 거점개발 확산형* 시범사업구역을 선정(2007년)하여 시행하고 향후 시행성과를 보아 점진적으로 확대
  * 순환용 임대주택과 주민 공동시설이 확보된 거점을 형성하고, 현지주민의 자발적인 주택개량의 확산 유도

■ 노후 공공임대주택 시설개선 : 2008년부터 영구임대 · 50년 임대 등 노후 공공임대주택 시설개선 착수
  * 2007년중 방안을 마련하여 국가와 지자체에서 재원을 분담하여 시행

■ 국민임대 품질개선 : 품질을 높여 소비자의 선호도 제고
① 사람과 사람이 어우러지는 사회통합형 단지 설계
  – 분양주택과 임대주택의 혼합배치와 무장애 공간설계, 이웃간에 자연스런 접촉이 가능한 공간 디자인
② 정보화 사회에 부응하는 내부 통신망 구축
  – 초고속정보통신 건물 1등급 이상으로 건설, 홈네트워크 구축에 대비 IT장비 설치공간 등을 설계에 미리 반영
③ 쾌적한 주거환경 조성을 위해 발코니 확장*, 다양한 평면 개발**, 보육시설 등 공동커뮤니티 시설의 확충도 추진
  * 거실면적 0.8~4.5평까지 증가효과
  ** 현재 10개형 31종의 평면을 개발하여 건설중

4. 이사철에 대비한 수도권 전 · 월세 안정대책

■ 수도권 전 · 월세 시장 동향 및 전망

- 전세값 흐름 : 2003년 이후 안정세를 유지하였으나, 작년 가을 이사철에 큰 폭으로 상승
  * 작년 전세 상승률은 수도권 10.4%, 서울 9.8%로 2000~2005년 연평균상승률(수도권 6.1%, 서울 5.7%)보다 높은 수준
- 2007년 봄 전망 : 계절적 요인, 稅부담 전가 유인 등 국지적 불안요인과 작년과의 상황변화에 따른 안정요인이 혼재

■ 봄이사철에 대비한 전 · 월세 수급 조절

① 입주시기 조기화 : 국민임대주택과 다가구 매입임대 등의 입주시기를 이사철에 맞추어 앞당겨 수급불균형 완화

- 4월 이후 입주예정인 수도권 국민임대주택 중 1,500세대를 2~3월로 앞당겨 입주
  * 2007년 수도권 국민임대 분양시기도 봄이사철에 집중될 수 있도록 조정 (2007년 1~4월 물량 : (당초) 4.5천호⇒(변경) 8.1천호)

② 다가구매입 임대주택도 2~4월에 집중 입주조치
  * 2~4월 중 입주계획 조정 : 700호(당초) → 1,740호(조정)

③ 재건축 · 재개발 이주수요 : 철거에 따른 이주수요가 집중되지 않도록 관리처분인가 시기를 지자체와 긴밀 협의

④ 오피스텔 : 소규모(전용 15평이하)에 한해 바닥난방 설치를 허용하여 신혼부부 · 1인가구 등의 전 · 월세 수요 흡수
  * 바닥난방 불허 이후 준공된 오피스텔(수도권 14,000호) 중 일부(약 3,000호)가 봄철 전 · 월세용으로 공급 가능할 전망

⑤ 전세자금 지원 : 국민주택기금에서 영세민, 무주택 서민 · 근로자에 대한 저리(2~4.5%) 전세자금 지원 확대

- 旣 조치사항 : 지원규모 확대(2006년 2.3조 → 2007년 2.7조), 보증한도 확대(8천만원 → 1억), 보증승인률 상향(72% → 80% 수준)
  * 보증서 발급이 곤란한 신용 9~10등급자에 대하여는 임대보증금 채권을 은행에 양도하는 방식 활용

■ 중 · 장기 전 · 월세 안정 대책

① 전 · 월세용 주택건설 확대 : 다세대 · 다가구, 오피스텔 건축 규제를

완화*하여 도심 내 서민 거주공간 확충

  * 다세대 등 : 2007년 1월 건축법시행령 개정 시행, 오피스텔 : 2006년 12월 30
    일 기준 개정

② 공공용지에 임대주택 건설 : 우체국, 역사부지, 공공기관 종전부지,
택지개발지구 내 장기미집행 도시계획 시설용지 등에 주공 · 지자체 등
이 임대주택 건설

  * 주공 등이 택지개발시 학교 등 도시계획시설 용지로 공급하였으나, 장기간 미집
    행 중인 시설 : 서울 중계 17천평, 부천 중동 6천평 등

③ 재개발 시기조정 등 : 도심 내 재건축 · 재개발 사업시기 조정 및 순환
정비사업 확대 추진

  • 재건축 · 재개발 사업이 이사철에 몰리지 않도록 거주자 이주계획 등
    에 전 · 월세 대책 포함 의무화

  • 순환정비사업을 확대하여 철거주택 소유자와 세입자의 임대주택 등
    을 먼저 마련한 후 사업을 시행토록 조치

    – 정비구역 주변 임대주택 등에 철거주택 소유자들이 임시 거주하도록
      하고, 주택 완공 후 재입주

  * 성남 중동3구역과 단대구역 개발시 성남 도촌지구 2,225호, 성남 판교지구
    1,990호 등 총 4,215호의 이주용 주택 확보

■ 임차인 지원센터 설치 등

① 주요기능 : 수요자와 공급자에게 전 · 월세주택 수급 정보 및 법률 ·
금융정보 등의 제공을 통해 임차인 불편 해소

  • 공공 및 민간의 전 · 월세주택 공급물량 · 시기 · 지역 및 전 · 월세 시
    세 등을 데이터베이스화하여 정보 제공

  • 임대료 인상, 계약갱신 등 임대차 관계에서 발생하는 각종 분쟁에 대
    한 법률 상담 및 지원*

  * 우선 주공의 법률전문가(변호사)를 활용하여 법률상담을 하고, 소송 등 세부사항 문
    의시 법률구조공단 등에 연결 · 안내

  • 주택기금의 영세민과 근로자 · 서민을 위한 전세자금 대출제도, 기타

일반 전세자금 대출 관련 금융정보 제공 등

② 조치계획 : 2007년 1월 15일부터 주공에 지원센터를 설치 · 운영

• 대표전화(1577- 3399 등), 인터넷 등을 통한 임차인 접근성 제고

③ 아울러, 건설교통부 본부에 '전 · 월세 T/F팀' 구성 · 운영하여

• 분양 · 임대주택 공급실적 등의 데이터베이스화를 지원하고, 전 · 월
세관련 정확한 통계 및 조기경보시스템 구축(2007년 上)

• 전 · 월세 시장상황 · 공급계획 등에 대한 적극 홍보

Ⅳ. 유동성 관리 방안

1. 토지보상제도 개편

• 2003년 이후 급증한 토지보상금이 부동산시장에 유입되면서 부동산시장
의 불안을 유발

• 그간 발표된 개발계획이 추진되면서 향후 토지보상금 지급이 지속될 전망
  ⇨ 토지보상제도의 합리적 개선을 통해 토지보상금의 과도한 부동산 시장 유입을
  방지할 필요

■ 보상기준시점 조정

택지개발사업의 토지보상금 산정 기준시점을 '개발계획 승인시점' 단계
에서 '예정지구 지정단계' 로 앞당겨 보상

* 현행 택지개발은 '예정지구 지정-개발계획 승인-실시계획 승인' 의 3단계로 추진중

⇨ 11 · 15 방안에서 택지개발 절차 간소화를 위해 '예정 지구지정' 과
'개발계획 승인' 단계를 통합함에 따라 향후 택촉법 개정시 보상기준
시점이 앞당겨짐

※ 보상기준 시점이 현재보다 약 1년 정도 단축될 전망

■ 보상자금 관리장치 마련

① 현금 · 채권 보상 이외에 소유자가 원하는 경우 당해 사업 시행으로

조성된 '토지'로 보상하는 근거 신설(2006년 12월 토지보상법 개정안 입법예고)

② 보상금 수령자(가족 포함)의 부동산 거래내역을 국세청에 통보하여 세금포탈 여부 조사 등 보상자금 관리·감독 강화

■ 채권보상 확대 유도

금년말 만료되는 채권보상에 대한 양도소득세 15% 감면시한을 3년 연장(2007년 1월 1일 조세특례제한법 개정·시행)

* 부재지주 소유토지의 경우 토지보상금 중 1억원 초과분에 대해 '채권보상'을 의무화 (2006년 3월)

■ 대체부동산 취득시의 취득세·등록세 비과세 범위 축소(2006년 12월 28일 지방세법 개정·시행)

종래 모든 부동산 구입시 비과세하던 것을 연접 시·도 및 시·군·구로 제한

■ 보상금의 금융기관 예치시 인센티브 적용 범위 확대

행복도시 건설사업시 적용되는 인센티브*를 택지개발사업으로 적용 확대(택촉법 시행규칙 개정사항)

* 협의보상을 받은 현지인이 보상금 중 5,000만원 이상을 금융기관에 3년 이상 예치시 상업용지 우선입찰자격 부여

■ 택지개발시 수용 이외에 환지 및 입체환지 방식를 제한적으로 확대(택촉법 시행령 개정사항)

■ 부실·허위 감정평가 개선

① 전국 네트워크, 독립 감사부서 등을 갖춘 우수 법인에 업무배정시 가점을 부여하여 감평업계의 전문화·대형화 유도

② 부실·허위 감정평가시 감정평가사 등록 취소 등 관리·감독 강화(부동산가격공시법 개정 추진)

2. 주택담보대출 규제 개선

> 금융부문 리스크 관리 강화차원에서 주택담보대출을 축소하는 추가대책을 검토

■ **다주택 보유자에 대한 주택담보대출 규제 강화**

동일차주가 투기지역 내에서 아파트담보대출을 이미 2건 이상 받고 있는 경우에는 건수를 1건으로 제한

- 최초로 만기가 도래하는 시점으로부터 1년의 유예기간 부여 후 1건으로 축소

  ※ 현재에도 신규 대출은 1건으로 제한, 기존 3건 이상 대출은 2건 이내로 축소

■ **주택담보대출 여신심사체계를 담보가치 위주에서 차주의 실질 채무상환 능력 위주로 전환**

① 1월말까지 모범규준(best practice)을 마련하여 금융기관이 활용토록 유도
② 모범규준 마련시 서민 등 실수요자의 불편을 초래하지 않도록 노력

■ **주택담보대출 등 가계대출에 대한 대손충당금 설정 강화**

가계대출 부문에서 8,000억원 정도의 충당금 추가적립 예상

■ **주택담보대출 주택신보 출연료율 인상 (2007년 1/4분기 주택금융공사법 시행규칙 개정)**

① 주택구입용 담보대출이 출연대상에 포함되도록 명확히 규정
② 다만, 고정금리부 주택담보대출의 경우에는 현재의 낮은 출연료율을 유지하여 변동금리부 대출을 억제

■ **부동산시장 상황과 주택담보대출 동향 등을 면밀히 점검하고, 이상 징후 발견시 LTV, DTI 규제를 추가 강화**

V. 향후 추진계획

1. 제도개편을 위한 법령정비

■ 분양가 제도 등 제도개편 방안의 실행을 위해 관련법령의 조속한 제·개정을 추진

① 분양가상한제 확대 - 민간택지에 상한제 적용　　(주택법 개정)

② 채권입찰제 개선　 - 시세 90% → 80% 하향　　(주택공급규칙 개정)

③ 분양원가 공개 확대 - 원가공개 항목 확대

　　　　　　　　　　 - 분양가심사위 설치의무화　(주택법 개정)

④ 청약제도 개편　　 - 가점제 도입　　　　　　　(주택공급규칙 개정)

　　　　　　　　　　 - 2주택이상자 1순위배제

⑤ 후분양 연기　　　 - 공공택지 내 후분양　　　　(주택공급규칙 개정)

　　　　　　　　　　 - 로드맵 2007→2008년 연기 (택지공급지침 개정)

⑥ 환매조건부/토지　 - 사업지, 규모, 재원계획,　　(주택법 개정,
　 임대부 시범사업　　 입주자격, 분양가 등　　　　 또는 특별법 제정)

⑦ 공공·민간 공동　 - 시행근거 마련　　　　　　(택촉법 및 시행령 개정)

2. 지속적인 시장상황 관리

■ 관계부처 '부동산 대책반'(반장 : 재경부 1차관)을 지속 운영

① 주택가격 추이, 주택담보대출 운용현황 등 시장상황을 면밀히 모니터링

② '11·15 방안'을 포함하여 부동산 시장 제도개편 방안의 집행상황을 점검하고 세부적 추진방안을 조율

■ 건교부 및 주공내 '시장상황팀'을 설치하고 상시 가동하여 시장상황 모니터링 및 분석기능 강화

대한법률연구회가 만드는 생활법률 기본지식

일반인을 위한

부동산 생활법률의

기본지식

대한법률연구회 지음
변호사 김원중 감수

가림M&B

대한법률연구회가 만드는 생활법률 기본지식

일반인을 위한
부동산 생활법률의
기본지식

대한법률연구회 지음
변호사 김원중 감수

가림M&B

요즘 같이 법이 실생활에 절실하게 필요한 때가 없을 것이다.

얼마 전 발표된 통계수치에 따르면 지난 한 해 소송건수가 100만건을 넘어섰다. 이것은 바로 그만큼 일반인들에게 법이 실생활에 밀접하게 다가섰다는 것의 반증이고 더불어 법의 조력을 받아야할 사람들이 많아졌다는 의미이다.

일반인들이 가지고 있는 법에 대한 인식은 '어렵고 전문적인 것'이라는 선입관이 대부분이다. 실질적으로 법이란 전문적으로 법을 공부하고 법을 다루는 사람에게 있어서도 매우 어려운 것임에는 틀림없다. 법률구문 하나의 해석이 잘못되어져서 보장받아야 할 권리가 오히려 박탈당할 수도 있기 때문에 법을 다루는 전문인들조차 신중해야 한다.

법이란 바로 법치사회의 질서를 바로잡아주는 척도이다. 비록 사회에 존재하는 도덕과 윤리라는 사회적 규범이 있지만 이러한 도덕과 윤리적인 문제도 경우에 따라서는 법의 판단을 빌어야할 때가 있다.

법은 인간사회가 원칙적이고 원활하게 유지될 수 있도록 해주는 윤활유와 같은 역할을 담당하고 있다. 하지만 법이라는 것이 어렵고 까다롭기도 하지만 법을 잘못 이해하거나 길몰랐다고 해서 피해자를 일방적으로 보호 해주지 않는다는 것이다. 그러므로 법을 제대로 이해하지 못하면 예측할 수 없는 문제들이 발생했을 때 불이익을 당하거나 손해를 볼 수밖에 없다.

이 책은 이렇게 법을 제대로 이해하지 못해 당하는 선의의 피해와 손해를 미연에 방지하고 자신의 권리를 스스로 지킬 수 있도록 도와주는 책이다.

부동산에 관련된 문제를 해결해주는 데 있어 도움이 되어주는 책이 되리라 믿어마지 않는다.

변호사 김원종

　　　　다극화해 가는 현대 사회를 살아가는 인간에게 있어서 가장 중
요한 문제는 바로 인간과의 관계이다. 인간이 어울려 살아가는 사회에는 예측할 수
없는 수많은 문제들이 발생한다. 이 예측하지 못했던 어려운 문제들을 만나게 되었
을 때 우리가 기댈 수 있는 것이 바로 법이다.

　인간사회에 있어서 법이란 무엇인가? 인간들이 어울려 살아가고 있는 사회의 질
서를 지탱시켜주는 것이 법의 역할이다.

　즉, 법이란 인간사회가 원칙적이고 원활하게 유지될 수 있도록 해주는 역할을 맡
고 있는 것이다. 그러나 법은 인간생활의 기본적인 권리를 지켜주는 역할을 담당하
고 있기는 하지만 법을 제대로 이해하고 자신의 권리를 지켜나가는 수단으로 이용
하기란 결코 쉽지 않다는 데에 문제가 있다.

　거기다가 법은 어렵고 까다롭기도 하지만 법을 잘못 이해하거나 잘 몰랐다고해
서 피해자를 일방적으로 보호해주지 않는다. 비록 법 이전에 이 사회의 질서를 유지
하고 지탱시켜주는 도덕적 윤리가 존재한다고 하지만, 그러한 도덕적 규범이나 윤
리 역시 문제가 발생하게 되면 법에 의해 판단을 받아야 한다. 그러므로 법을 제대
로 이해하지 못하면 예측할 수 없는 문제들이 발생했을 때 불이익을 당하거나 손해
를 볼 수밖에 없다.

　특히나 요즘처럼 경제상황이 악화된 때에는 더욱 그렇다.

　얼마 전 발표된 통계에 의하면 지난 해 소송건수가 100만 건을 넘어섰다고 한다.
이 가운데 대부분을 차지하는 것이 바로 부동산과 금전적 문제들로 인해 제기된 소
송들이라고 한다.

　이것은 바로 법을 제대로 이해하지 못하고 자신의 권리를 찾을 수 없기 때문에 법
원의 판단을 빌리기 위해서라는 사실의 반증이다. 그러므로 자신이 필요한 문제들
을 해결할 수 있는 법을 이해할 수 있다면 여러 가지의 불편함과 경제적 손실까지

감수하면서 굳이 법원에 소송을 제기하지 않아도 될 것이다.

　이 책은 법을 제대로 이해하지 못해 당하는 선의의 피해와 손해를 미연에 방지하고 자신의 권리를 스스로 지킬 수 있도록 하기 위해서 발간하게 된 것이다. 이 책에서는 부동산과 관련된 내용을 주로 다루고 있다.

　기존의 관련도서들과는 달리 까다로운 법률의 이론적 해설이 중심이 되는 것이 아니라, 부동산에 관련된 기초지식에서부터 부동산의 매매 · 임대차 · 계약체결 · 부동산의 등기 · 이웃과의 분쟁 · 부동산과 관련된 법률문제에서부터 부동산에 관련되어 자주 발생하는 법적 분쟁의 해결방법까지 광범위하고 상세하게 다루고 있다. 거기다가 자세한 해설과 최신 판례 그리고 2006년부터 달라지는 부동산 관련 제도 · 개정 주택임대차보호법 해설까지 함께 실었으며 각 페이지마다 관련된 법률용어에 대한 상세한 해설을 각주로 달아 이해도를 높였으며 부동산 관련 서류양식들을 참고자료로 정리 · 첨부하였다. 또한 골치아픈 법적 문제가 발생하였을 때 이 책 한 권으로 민첩하고 신속하게 대처하여 자신의 권리를 확보할 수 있도록 하였다. 그러나 인간과 인간이 어우러져 살아가는 사회에서는 자신의 권리를 확보하는 것도 중요하지만 타인과의 관계도 유기적이고 원만하게 유지되어야 하므로 타인의 권리를 최대한 존중하고 침해해서는 안된다.

　그러므로 이 책은 수록된 내용을 통해 부동산에 대해 포괄적이면서도 상세하게 이해할 수 있도록 했고 또한 부동산에 관련된 법적 이해도를 높여 골치 아픈 문제가 발생했을 때 그 예방과 해결에 최대한 도움이 되도록 했다.

　아무쪼록 이 책이 법의 생활화에 일조가 되어 법치사회(法治社會) 구현에 도움이 되길 바란다.

대한법률연구회

차례

제7장_ 양도소득세 해설 • 413

1. 양도소득세 • 415

제1장
부동산 매매의 기본지식

1. 부동산

부동산이란

민법에 의하면 부동산이란 토지 및 그 정착물을 말한다.

건물은 토지와 별개로 독립된 부동산이다. 동산과는 달리 부동산은 등기하여야만 물권변동의 효력이 있다. 다만 상속, 공용징수, 재판, 경매, 기타 법률의 규정에 의한 취득시의 물권변동은 등기를 요하지 아니하나 등기를 하지 아니하면 처분할 수 없다. 본래는 부동산은 아니지만 법률상 부동산으로 취급하는 것이 있는데 이에는 등기한 입목, 공장재단, 광업재단, 명인방법을 한 입목 등이 있다.

부동산의 매매

1. 매매란 무엇인가

매매란 어떤 물건을 사고 파는 것을 말한다. 즉, 다시 말하면 이렇게 사고 파는 목적물의 소유권 또는 재산권을 당사자 한쪽이 상대방에게 옮길 것을 약속하고, 상대방은 이에 대하여 대금을 지급할 것을 약속하는 행위를 말하며 이러한 내용의 약속을 매매계약이라고 부르는 것이다.

매매는 매매계약 당사자 중 한쪽이 자신이 가지고 있는 재산권을 상대방에게 이전하고 다른 한쪽이 거기에 대하여 대금을 지급하는 것을 목적으로 하는 계약이기 때문에 계약 당사자간에 이에 대한 합치된 의사표시만 있다면 유효

하게 성립하게 되는 것이다. 그런데 합치된 의사표시는 어떠한 방법을 취해도
무방하다. 즉, 구두로 그러한 의사표시를 했든지 아니면 서면에 의해 또는 기
타 계약 당사자간에 약속한 방법으로 그 의사를 표시했다 하더라도 유효한 것
이다. 그러나 일반적으로 매매계약을 함에 있어서는 차후에 발생할지도 모르
는 분쟁을 예방하기 위해 계약 당사자 사이에 매매계약서를 작성하게 된다.

2. 매매계약에 대한 준비

부동산을 사고 팔 때에는 먼저 부동산의 권리관계를 명확히 하고 계약의 상
대방이 진정한 소유자인지 알아볼 수 있도록 한 후 등기신청에 필요한 서류를
구비하여야 한다.

계약에 대한 준비

토지·건물을 처분하기 위해서는 사려고 하는 자가 그 토지·건물을 이용
할 수 있도록 만들어야 한다. 예컨대 토지와 건물의 소유자가 다른 경우 그 토
지에 지상권 또는 임차권 등을 설정한다든지, 기존에 설정된 담보권이나 용익
권을 소멸시켜 토지·건물의 매수인이 이를 이용하는데 불편이 없어야 매수
하려 할 것이다. 매수인의 입장에서 이러한 부동산의 권리관계를 살펴보기 위
한 가장 좋은 방법은 최근에 교부 받은 부동산등기부등본이다. 그리고 매수인
이 직접 등기부를 열람하려면 토지의 지번이나 건물의 지번을 정확히 알고 그
토지·건물의 관할 등기소에 가면 쉽게 등기부를 열람할 수 있다.

다음으로 부동산의 위치나 형상이 사용목적에 적합한가를 알려면 등기만으
로는 부족하므로 그 부동산소재지의 시·구·읍·면사무소에 비치된 지적도
도면의 등본을 교부받아 준비해 두면 편리하다. 또한 토지는 도시계획법과 건
축물에 의한 지정이나 제한이 있으므로 토지를 구입할 때에는 이를 참고해서
목적한 건물을 짓는데 그 제한이 존재하는지를 알아두어야 한다. 그리고 건물
의 경우에는 화장실, 상수도, 하수도, 전기시설 및 건물의 내부구조 등을 명확
히 알아두어야 할 필요가 있다.

계약체결시 주의사항

앞에서 말한 제 서류나 토지·건물의 상황을 살펴보았다면 이제 매도인과 매수인은 그 부동산의 가격에 대한 절충이 있어야 하고, 그 다음 매매계약서를 작성해야 할 것이다. 매매계약은 그 건물·토지를 처분할 수 있는 자와 살려고 하는 자 사이에 행해지는 것이 원칙이나 대리인이나 피용자를 통해서도 가능하므로 대리인이나 피용자일 경우 그 자격을 정확히 확인하고 계약을 성립시킬 필요가 있다. 또한 가격에 대한 의문이나 자격의 권한을 넘는 행위에 대한 의혹이 있으면 본인에게 사전통지를 하여 확인하는 것도 필요하다. 그리고 계약을 체결할 때에는 상대방과 협의한 사항을 계약서에 정확히 기재하여 그 내용을 확인시킨 후 기명·날인해야 한다.

계약이 체결되면 매매대금과 소유권이전에 관한 서류가 필요하다. 등기신청에 필요한 서류는 등기권리증, 인감증명서, 위임장 등이며, 상대방(매수인)이 대금을 완제하면 성립되어 건물·토지에 임차권이나 담보권을 해제시킬 의무가 있으며 대금을 완제할 때까지 매수인이 그 토지·건물을 이용할 수 있도록 해제시켜서 인도해야 한다. 만약 이러한 권리가 설정되어 있는 채로 양도하게 되면 매도인은 매수인에게 담보책임을 묻게 되어 계약의 해제, 손해배상 등 여러 가지 문제를 발생시키므로 주의하여야 한다. 기타의 문제로 토지·건물의 매매에 대한 부동산 중개인의 지식·경험을 이용 또는 광고에 의한 거래자의 선정 등 다양한 방법으로 매매의 상대방을 구하면 편리하고 신속하게 매매를 할 수 있을 것이다.

그런데 여기서 주의해야 할 점은 토지와 건물의 소유권자가 다를 경우 토지를 매입하려는 자는 건물·토지의 소유권자와의 권리관계를 먼저 조사하여야 한다. 또한 건물을 매입하려는 경우에도 마찬가지이다. 만약 이러한 관계가 정확하게 설정되어 있지 않거나 하는 경우에는 큰 낭패를 당할 수 있기 때문이다. 그것은 우리나라 법제는 부동산을 토지와 건물로 분리하여 별개의 부동산으로 다루고 있기 때문이다.

토지나 건물은 다른 재산과 달리 특수한 경제적 성질을 가지고 있는데 같은 위치·환경·지형 등에 따라 건물도 역시 구조나 건평 등에 의거하여 가치가 평가된다. 토지의 개수는 원칙적으로 등기부의 필수에 의해 정해진다. 즉 1필지마다 지번을 붙이고 별도로 등기한다. 1필의 토지라도 이를 분필하거나 합필하면 한 개나 여러 개의 부동산이 된다. 이와 더불어 수필의 토지에는 각 필마다 별개의 물권(소유권 · 전세권 등)이 성립된다. 다시 말하면 1필의 토지 일부분만을 처분하려면 우선 분필등기를 거친 후에 한다. 그러나 전세권의 설정은 분필절차를 밟지 않고도 1필의 토지 일부만에 대한 권리설정을 할 수 있는 예외가 인정되고 있다.

건물은 토지의 정착물로써 우리나라에서는 토지와 별개의 부동산으로 취급된다. 토지등기부와 건물등기부가 따로 마련되어 있어 토지와 건물을 함께 매매할 때에도 각각 등기해야 한다.

토지이용권과 건물가치

토지 위에 건축된 건물을 매매할 경우 항상 그 토지와 같이 매매되어야 하는 것은 아니다. 토지와 건물은 각각 다른 부동산이므로 매매의 등기도 따로 해야 할 것이다. 토지와 건물을 하나의 계약으로 매매하는 것도 가능하다. 그러나 매매하기까지 사이에 건물이 멸실되거나 또 토지와 건물이 멸실될 경우 한쪽에만 담보책임이 있을 때에는 매매계약시 토지와 건물의 대금을 구분하여 명시하는 것이다.

건물과 토지가 별개의 부동산으로 취급되기 때문에 다음과 같은 결함이 생긴다. 토지와 건물이 동일소유자에게 속하고 토지나 건물의 한쪽에만 제한물권(전세권 · 지상권 등)을 설정했는데 그후 발생할 어떤 사정으로 토지와 건물이 각각 소유자를 달리하게 된 경우 원래 건물 소유자는 아무런 권리도 없이 타인의 토지를 사용하는 결과가 되어 그 건물을 철거하거나 토지나 건물의 소유자가 동일인이 되도록 양도하여야 할 것이다.

따라서 토지와 건물이 각각 다른 자에게 귀속되는 때에는 토지사용권을 법적으로 현실화시켜 줄 필요가 있다. 그 제도로써 법정지상권의 규정을 두고 있는데 건물에 대해서만 전세권을 설정한 후에 토지소유자가 변경된 경우와 토지나 건물 한쪽에 대해서만 저당권을 설정한 후에 토지와 건물소유자가 다르게 된 경우 두 가지 경우만 인정된다. 이밖에도 지상권 설정자가 건물이 현존함에도 불구하고 지상권계약의 갱신을 원하지 아니한 때에는 상당한 가액으로 건물의 매수를 청구할 수 있고 임대차의 경우도 준용하고 있다.

계약서 작성

계약서는 정확하게 작성이 되어야 한다. 매매계약이란 단순히 신청과 승낙이 있으면 구두약속으로도 계약이 성립된다. 그러나 만약 이러한 구두약속이 불분명해지거나 상대방이 이행하지 않는 경우, 또는 분쟁이 발생했을 때를 생각하면 당연히 분쟁의 해결을 위한 증거가 필요하다. 그렇기 때문에 어떠한 매매계약이라 할지라도 서면으로 작성하여 증거를 남긴다는 의미에서도 꼭 필요한 것이다. 또한 계약서가 불분명하게 작성되는 경우 작성하지 않은 것과 같으므로 계약서에는 필요한 사항을 정확하게 작성하여야 한다.

이렇게 하여 부동산 매매가 성립되고 매매대금의 지급을 다하였을 경우에는 신속하게 등기를 마쳐야 한다.

부동산의 등기

1. 부동산 등기란 무엇인가

부동산 권리관계의 공시

동산(예 : TV · 카메라 등)은 누구의 소유인지 그것을 가지고 있는 사람에 의하여 쉽게 알 수 있다. 그러나 부동산의 경우에는 과연 누가 이를 점유하고 있는지 쉽게 알기 어렵다. 그래서 국가는 등기부라는 공적 장부를 만들어 놓고 법원등기공무원으로 하여금 여기에 부동산의 표시와 그 부동산에 관한 권리관계를 기재토록 하여 일반인에게 널리 공시하고 있는 것이다. 이것이 바로 부동산 등기제도이다.

등기부를 열람하거나 등본을 발급받아 보면, 그 부동산의 지번·지목·구조·면적 등의 부동산 표시사항과 소유권·지상권·저당권·전세권·가압류 등의 권리관계를 자세히 알 수 있게 되어 있다.

부동산 권리관계의 발생·변경 등의 성립요건

부동산에 관한 소유권 등의 권리관계가 발생하거나 그 권리가 이전 또는 변경되기 위하여는 등기가 되어야만 효력이 생긴다. 예컨대, 갑이 자신의 집을 을에게 매도하고 잔금까지 모두 받은 후 그 집을 다시 병에게 매도하여 을보다 먼저 병에게 이전등기를 해주었다면, 그 집에 대한 소유권은 병이 취득하게 된다. 또 그 집에 대하여 이전등기를 하기 전에 갑의 채권자 정이 아직도 소유권자가 갑 명의로 되어 있는 그 부동산을 압류한다면, 그 이후 소유권이전등기를 마친 을은 채권자 정의 압류등기에 우선할 수 없게 되어 있다. 이것이 바로 우리 민법이 부동산에 관한 법률행위(매매·증여·근저당권설정 등)로 인한 권리의 득실 변경은 등기를 하여야만 그 효력이 생긴다는 이른바 물권변동의 형식주의 또는 성립요건주의를 채택한 결과인 것이다(민법 제186조).

등기할 사항

등기할 사항은 법으로 정해져 있다. 따라서 당사자가 법으로 정해져 있지 않은 어떤 법률관계를 임의로 만들어 이를 등기할 수는 없다. 부동산 등기법은 등기할 사항으로 소유권·지상권·지역권·전세권·저당권·권리질권·임차권과 가등기 및 예고등기 등만을 할 수 있는 것으로 정하고 있다.

2. 등기부와 등기용지

토지등기부는 1개 지번의 토지에 1개의 등기용지를 두고 있다. 그러나 그 지번이 분할되면 분할된 지번만큼 등기용지가 증가하게 되며 여러 개의 부동산이 합필되면 등기용지는 하나로 된다. 건물등기부도 1동의 건물에 1개의 등기용지를 두고 있다. 그러나 1동의 주된 건물에 부속건물이 여러 개 있더라도 그것은 1개의 등기용지를 사용하게 되며 그 부속건물을 분할하여 독립된 건물로 하거나 다른 여러 건물을 합병하면 1개의 등기용지에 둘 수 있다. 또 1동의 건물이 수개의 구분된 독립건물로 인정될 수 있는 아파트 건물 등은 1동의 건물을 표시하고 각 구분된 독립건물의 등기용지를 두게 된다. 즉, 2개 이상의 부동산은 1개의 등기용지에 등기할 수 없으며, 또 1개 부동산 일부만을 등기할 수도 없는 것이다.

토지와 건물등기부는 각 토지의 지번을 기준으로 순서대로 바인더(보관철식 장부)에 편철되어 있다.

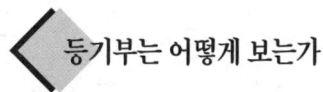

등기부는 어떻게 보는가

1. 등기부의 구성

등기부는 표제부와 갑구 및 을구 등으로 구성되어 있다. 그러나 을구에 기재된 사항이 전혀 없거나 기재된 사항이 말소되어 현재 효력이 있는 부분이 전혀 없을 때에는 등본발급에 있어서는 을구를 제외한 표제부 및 갑구만으로 구성되어 발급되고 있다.

표제부에는 부동산의 소재지와 그 내용을 표시한다. 즉, 토지의 경우에는 지번 · 지목 · 지적을, 건물인 경우에는 지번 · 구조 · 용도 · 면적 등이 기재된다. 다만 아파트 등 집합건물의 경우에는 전체 건물에 대한 표제부와 구분된 개개의 건물에 대한 표제부가 따로 있다.

면적은 등기부등본에 ㎡로 표시되어 있는 바 이것을 3.3으로 나누면 평(坪)이 된다.

토지의 분할이나 지목의 변경 또는 건물 구조의 변경이나 증축 등에 의한 면적변경도 표제부에 기재한다. 갑구에는 소유권에 관한 사항을 기재한다. 소유권에 대한 압류, 가등기, 경매개시결정등기 그리고 소유권의 말소 또는 회복에 관한 재판이 진행중임을 예고하는 예고등기, 소유자의 처분을 금지하는 가처분등기 등이 모두 갑구에 기재할 사항이다.

그리고 이러한 권리관계의 변경 소멸에 관한 사항도 역시 갑구에 기재한다. 소유권보존등기는 그 부동산에 대하여 제일 먼저 하는 등기를 말한다. 소유권이전등기는 소유권을 이전하는 등기이며 소유권이 지분으로 이전된 경우에는 2인 이상이 그 부동산을 공동으로 소유한다는 것을 의미한다.

소유권이 이전되더라도 전 소유자란은 붉은 선으로 말소하지 않는다. 붉은 선으로 말소하는 경우란 당해 등기에 대한 말소등기가 있는 경우에 한한다. 을구에는 소유권 이외의 권리인 저당권·전세권·지역권·지상권 등이 기재된다. 그리고 이러한 권리관계의 변경 이전이나 말소도 을구에 기재한다.

2. 등기된 권리의 순위

각 등기는 등기한 순서대로 순위번호를 기재하고, 같은 구에서는 그 순위번호에 의하여 등기의 우열이 가려지며, 부기등기의 순위는 주등기의 순위에 의한다.

그러나 가등기가 있는 경우에 본등기를 하면 그 본등기의 순위는 가등기의 순위에 의한다. 갑구와 을구 사이의 등기순위는 접수일자와 접수번호에 의하여 그 우열을 가리게 된다.

등기부를 볼 때 유의할 사항

갑구에 있어서는
첫째, 소유권에 대한 압류·가압류·경매개시결정·가처분 등 처분제한등기가 있는지 살펴보아야 한다.

채권자가 채권확보를 위하여 채무자의 재산을 압류 · 가압류한 경우에 그 채무자(소유자)가 채무를 변제하지 못할 때에는 결국 그 부동산은 경매가 될 것이기 때문이다.

그리고, 경매개시결정등기란 이미 그 부동산에 경매절차가 진행되고 있음을 의미한다. 또 그 부동산에 대한 소유권이전등기청구권을 확보하기 위해서나 또는 말소하기 위하여 처분금지가처분을 한 경우에는 그 소송의 원고가 승소 판결을 얻는다면 가처분 이후의 모든 등기는 말소될 가능성이 아주 많다는 것을 유의해야 한다.

둘째, 예고등기에 관한 것이다.

예고등기란 등기원인이 전혀 없는데도 인감증명 등을 위조하여 소유권을 이전했거나 저당권을 설정 또는 말소한 경우에 그 등기를 말소 또는 회복해 줄 것을 소송으로 청구하는 때에 그러한 소송이 제기되었음을 제3자에게 알려서 불의의 피해를 입지 않도록 법원이 촉탁하여 등기가 된 경고적 의미의 등기이다. 원고가 승소판결을 얻으면 그 판결을 실행하는데 저촉되는 등기는 설사 선의의 제3자이더라도 결국은 모두 말소될 운명에 처해진다. 물론 그 제3자의 등기를 말소하려면 다시 그 제3자를 상대로 한 말소등기 청구소송에서 승소판결을 받아야 하는 전제가 따른다.

구체적으로 경매절차의 진행상황이나 누가 어떤 원인을 들어 예고등기를 하였는지 알고 싶으면 등기부에 기재된 사건번호를 당해 법원에 가서 제시하고 기록을 열람하면 이를 자세히 알 수 있다. 기재된 사건번호는 그 등기가 어떤 사건에 관련되어 있음을 알려주는 것이며 취급하는 부서는 다음과 같다.

○ ○ 법원 93타경 ○ ○ ○ 호 ·············· 경매사건(집행과 또는 신청과)

○ ○ 법원 93카 ○ ○ ○ 호 ············· 가압류 또는 가처분 사건(신청과)

○ ○ 법원 93가단 ○ ○ ○ 호 ············· 예고등기(민사과)

○ ○ 법원 93가합 ○ ○ ○ 호

셋째, 가등기에 관한 것이다.

등기 다음에 남아 있는 공란은 후일 거기에 본등기를 하기 위한 것이다. 따라서 본등기를 하면 그 순위는 가등기의 순위에 따르는 것이므로 이 본등기에 저촉되는 가등기 이후 제3자의 등기는 가등기에 터잡은 본등기가 이루어질 때 등기공무원이 직권으로 말소한다. 을구에 있어서는 근저당권 · 전세권 · 지상권 등이 설정되어 있는지 보아야 한다. 근저당권의 채권최고액이란 채무자가 현실로 부담한 채무가 아니고 앞으로 부담할 최대한도의 채무액이란 뜻이며, 실제 채무액은 그 최고액의 80% 정도 되는 것이 일반적인 관행이다. 채무자가 근저당권 채권을 모두 변제하지 않으면 결국 그 부동산은 경매당할 운명에 처하는 것이며, 전세권이 설정되어 있는 경우 특별한 사정이 없는 한 전세기간 내에는 전세권자를 임의로 나가게 할 수 없다. 그 외 지상권 · 지역권 등은 그 토지에 대한 이용관계를 목적으로 설정되어 있는 권리이다.

전세권 · 지상권 · 지역권 등은 저당권과는 달리, 부동산의 일부분에도 성립할 수 있으나 동일 부동산의 같은 부분에 중복하여 성립할 수 없음을 유의하여야 한다.

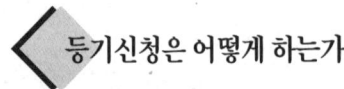

등기신청은 어떻게 하는가

1. 일반원칙

신청주의 원칙

등기는 관공서의 촉탁이나 법률에 특별한 규정이 있는 경우를 제외하고는 그 등기가 어떤 등기이건 당사자의 신청에 의하여서만 이를 할 수 있다(부동산등기법 제27조).

어떤 법률관계가 성립되거나 변경 혹은 소멸되더라도 당사자의 신청이 없으면 등기공무원 스스로는 등기를 할 수 없다는 뜻이다. 부동산의 표시에 관한 등기도 마찬가지이다. 토지가 이미 대장상 분할되었거나 지목이 변경되었더라도, 또는 건물의 준공검사가 끝나고 가옥대장이 작성되었거나 건물이 화재로 멸실되었더라도 당사자의 신청 또는 관공서의 촉탁이 없으면 어떤 등기도 할 수 없다. 즉 신청이 없으면 신축된 건물도 미등기이며, 멸실된 가옥도 등기부상은 그대로 존재한다. 도시계획법 등 특별법에 의한 환지등기도 소관관청의 촉탁이 있어야만 가능하다.

신청의 요식성

등기신청은 법이 정한 서면에 의하여야 한다(부동산등기법 제40조, 제41조, 제42조, 대법원 등기예규 제873호).

따라서 법이 정한 방식의 기재요건을 모두 갖추지 못한 신청서면은 유효한 등기신청으로 볼 수 없다. 이 경우에는 등기신청서가 방식에 적합하지 아니한 때에 해당되어 등기공무원은 이를 각하하지 않으면 안된다(부동산등기법 제55조 제4호).

공동신청의 원칙

등기는 등기권리자와 등기의무자가 공동으로 신청하여야 한다(부동산등기법 제28조).

소유권이전등기의 경우에는 매도인과 매수인이, 근저당권설정등기와 그 말소등기는 그 저당권자와 근저당권설정자(또는 현 소유자)가 공동으로 신청하여야만 한다는 뜻이다. 이것은 우리의 실징성 부동산 권리관계는 이해관계가 아주 커서 어느 한쪽이 일방적으로 등기하면 다른 쪽은 커다란 피해를 입게 되는 것이기 때문이다. 부동산등기법은 등기공무원에게 등기신청서에 대하여 형식적인 심사권만을 주고 등기권리자와 등기의무자가 공동으로 등기신청을 하게 함으로써 등기권리관계가 실체적 사실과 부합되도록 유도하고 있다. 그러나 공동신청에 의하지 않고도 등기의 진정성을 기대할 수 있는 것에 대하여는 단독신청을 인정하고 있다. 즉, 판결에 의한 등기신청이나 부동산 표시변경, 등기명의인의 주소를 변경하는 것 등은 단독으로도 신청할 수 있다.

출석주의

등기를 신청하는 등기권리자와 등기의무자 또는 그 대리인은 반드시 등기소에 출석하여 이를 신청하여야 한다(부동산등기법 제28조).

등기공무원에게는 형식적 심사권밖에 없으므로 등기를 함으로써 권리를 잃은 자와 그 권리를 얻은 자가 과연 그러한 등기를 할 의사가 있는지 등기공무원이 면전에서 이를 확인할 필요가 있기 때문이다.

본인이 직접 출석하여야 한다는 것은 이와 같이 등기의 진정성 확보를 위한 규정이다. 등기신청을 대리인에 의하여 하는 경우에는 대리인 본인 또는 지방법원장으로부터 등기소의 출입을 허가받은 사무원으로 하여금 등기사건을 신청·제출하게 할 수 있다(등기예규 제86호). 양 당사자가 등기소에 출석하지 않고 그 대리인이 출석한 경우(통상 법무사가 많이 하고 있다)에는 그 대리인에게 등기신청을 위촉하는 당사자에 대한 철저한 확인의무가 부과되어 있다(법무사법 제25조).

2. 구체적 방법 (각종 등기신청서에 첨부할 서면)

등기신청서 양식과 구체적으로 예시한 그 견본은 등기접수창구에 비치되어 있다. 등기신청에는 신청서면을 작성하는 것과 그 신청서를 조사하는데 필요한 토지대장·건축물대장 등 서면 외에, 각종 특별법규에 따른 여러 가지 형태의 부담이 있다. 계약서에 검인을 받아야 한다든지, 지방세법에 따른 등록세의 납부, 부동산이 농지인 경우에는 소재지 관서의 농지취득자격증명 등 이러한 각종의 신고·허가·동의 등, 그 의무이행을 증명하는 서면 등이 첨부되어야 한다.

구체적인 등기신청 절차는 신청한 그 등기가 어떤 종류의 것이냐에 따라 그 첨부서면이 다르게 된다.

소유권보존등기신청서에 첨부할 서면

① 보존등기할 부동산의 토지대장 또는 건축물대장 등본 1통

② 등록세 영수필 확인서 및 통지서 1통
③ 신청서부본 3통
④ 주민등록등본 1통
⑤ 도면 1통
⑥ 위임장 ― 대리인에 의하여 신청하는 경우
⑦ 국민주택채권매입필증 ― 토지의 경우
⑧ 등기신청수수료 ― 5,000원 (등기수입증지 첨부)

신청인은 대장상 최초의 소유자로 등재된 자만이 될 수 있다. 다만, 대장상 소유지로 등재된 자가 사망했다면 그 상속인이 보존등기를 신청할 수 있다. 먼저 토지나 건물에 대하여 각 과세시가산정 기준표에 의하여 과세시가를 산정한 후 지방세법 소정의 비율에 따른 등록세를 납부하고 그 영수필 확인서 및 통지서를 첨부하여야 한다. 과세시가산정은 전문적인 지식을 가진 사람이 아니면 하기 어려운 점이 있다. 특히 건물은 지하실, 사무실, 주택 등이 복합

양식 제1-1호

소유권보존등기신청

접수	년 월 일	처리인	접 수	조 사	기 입	교 합	등기필통지	각종통지
	제 호							

부동산의 표시

등기의 목적	소유권 보존
신청 근거 규정	부동산등기법 제 조 제 호(항)

구분	성 명 (상호·명칭)	주민등록번호 (등기용등록번호)	주 소 (소 재 지)	지분 (개인별)
신청인				

양식 제1-2호

시가표준액 및 국민주택채권매입금액		
부동산 표시	부동산별 시가표준액	부동산별 국민주택채권매입금액
1.	금 원	금 원
2.	금 원	금 원
3.	금 원	금 원
국 민 주 택 채 권 매 입 총 액		금 원

등록세 금	원	교육세 금	원
세 액 합 계	금		원
등 기 신 청 수 수 료	금		원

첨 부 서 면

1. 등록세영수필확인서 및 통지서   통   (기타)
1. 토지·임야·건축물대장   통
1. 주민등록등(초)본   통
1. 신청서부본   통
1. 위임장   통

년   월   일

위 신청인   (전화:)

(또는) 위 대리인   (전화:)

지방법원   등기소 귀중

― 신청서 작성요령 및 등기수입증지 첨부란 ―
*1. 부동산표시란에 2개 이상의 부동산을 기재하는 경우에는 그 부동산의 일련번호를 기재하여야 합니다.
2. 신청인란은 해당란에 기재할 여백이 없을 경우에는 별지를 이용합니다.
3. 등기신청수수료 상당의 등기수입증지를 이 난에 첨부합니다.

된 경우에 그 과표산출이 더욱 어렵다. 왜냐하면 각 용도에 따라 세율이 다르기 때문이다. 예를 들면, 당해 지하실을 어떤 용도로 볼 것이냐 하는 점도 판단하기 어렵고, 또 세율도 감면 혹은 가산이 되는 경우가 있는 바 그 근거규정을 쉽게 찾기는 어렵다.

이것은 지방세법시행령 제80조에 따른 산정이며 그 수입도 시·군의 세입으로 계상되는 것이다. 등기공무원이 등록세의 납부확인을 하는 것은 이 지방세인 등록세를 등기신청인이 자진 납부하는 것에 대한 그 납부세액의 확인행위에 해당한다. 신청서부본이 3통이나 필요한 이유는 1통은 신청인에게 등기필증(등기를 끝마쳤다는 증서, 소위 권리증)을 만들어 교부할 것이며, 나머지 2통은 대장 소관청(시(구)·군)과 세무서에 각 송부하기 때문이다. 도면은 동일 지번에 수개의 건물이 있을 때에만 이를 첨부한다.

상속인이 신청하는 경우에는 상속을 증명하는 서면 — 호적·제적, 주민등록등본을 첨부해야 한다. 종중 등 법인 아닌 사단 또는 재단이 등기신청을 할 때에는 신청인의 자격을 증명하는 서면(종중 규약 등)과 부동산등기용 등록번호를 증명하는 서면을 첨부하여야 한다.

소유권이전등기신청서에 첨부할 서면

① 토지대장등본·건축물대장등본

등록세 등의 산출근거를 제시하기 위함이나 대장과 등기부를 일치시키는 역할도 하고 있다.

② 등기원인증서

등기원인이 매매나 증여·교환 등인 경우, 매매계약서, 증여계약서, 교환계약서 등을 말한다. 등기원인이 계약인 경우에는 그 계약서에 검인을 받아야 한다. 검인은 부동산 소재지의 시장(구청장)·군수가 한다.

③ 등기의무자의 인감증명서

등기의무자란 그 이전등기를 함으로써 권리를 잃는 자, 예를 들면 매매의 경우 매도인을 의미한다.

④ 등기의무자의 권리에 관한 등기필증

소위 구권리증을 말한다. 구권리증을 분실했다면 본인이 직접 등기소에 출석하거나 법무사로 하여금 확인조서를 작성하게 하는 방법 및 이를 공증하는 방법이 있다.

⑤ 주민등록등본

등기의무자와 권리자에게 모두 필요하다.

⑥ 제3자의 동의 · 허가 또는 승낙을 증명하는 서면

부동산이 농지인 경우에는 농지취득자격증명, 토지거래 규제지역인 경우에는 토지거래허가서, 외국인의 경우 토지취득에 대한 시장 · 군수 · 구청장의 허가서, 등록된 사찰재산의 경우 그 처분에 대한 문화관광부장관의 허가서 등등이다.

⑦ 위임장 ─ 대리인에게 위임한 경우

⑧ 등록세 영수필 확인서 및 통지서

등록세는 실제 매매가액을 표준으로 산정하되 매매가격이 과세시가표준액(과표)에 미달할 때에는 과표에 의한다. 그리고 부동산이 농지 혹은 비농지인지 여부와 매수인의 자격(법인 등)에 따라 등록세가 감면되거나 5배까지

양식 제2-1호

소유권(일부)이전등기신청							
접수	년 월 일 제 호	처리인	접 수	조 사	기 입	교 합	등기필통지	각종통지

부동산의 표시

등기원인과 그 연월일	년 월 일
등기의 목적	소유권(일부)이전
이전할지분	

구분	성 명(상호·명칭)	주민등록번호(등기용등록번호)	주 소(소재지)	지분(개인별)
등기의무자				
등기권리자				

양식 제2-2호

시가표준액 및 국민주택채권매입금액		
부동산 표시	부동산별 시가표준액	부동산별 국민주택채권매입금액
1.	금 원	금 원
2.	금 원	금 원
3.	금 원	금 원
국 민 주 택 채 권 매 입 총 액	금 원	
등록세 금 원	교육세 금 원	
세 액 합 계	금 원	
등 기 신 청 수 수 료	금 원	

첨 부 서 면			
1. 검인계약서	통	1. 주민등록(초)본	통
1. 등록세영수필확인서 및 통지서	통	1. 신청서부본	통
1. 국민주택채권매입필증	통	1. 위임장	통
1. 인감증명	통	(기 타)	
1. 등기필증	통		
1. 토지·임야·건축물대장	통		
1. 토지가격확인원	통		

년   월   일

위 신청인   (전화:)

(또는) 위 대리인   (전화:)

지방법원   등기소 귀중

─ 신청서 작성요령 및 등기수입증지 첨부란 ─

*1. 부동산표시란에 2개 이상의 부동산을 기재하는 경우에는 그 부동산의 일련번호를 기재하여야 합니다.
2. 신청인란 등 해당란에 기재할 여백이 없을 경우에는 별지를 이용합니다.
3. 등기신청수수료 상당의 등기수입증지를 이 난에 첨부합니다.

가중되는 경우가 있다.

⑨ 등기신청수수료 — 5,000원 (등기수입증지 첨부)

⑩ 주택채권 매입필증

1개 부동산 과세시가표준액이 500만원 이상일 때에는 일정비율의 채권을 매입하여 그 매입필증을 첨부하여야 한다.

⑪ 자격을 증명하는 서면

당사자가 법인인 경우 그 대표자임을 증명하기 위한 법인등기부등본

⑫ 신청서 부본 2통

시(구)·군청에 대한 등기필 통지용 및 세무서에 대한 과세자료 송부용

⑬ 기타 서면

• 등기원인이 상속인 경우에는 상속을 증명하는 서면

• 당사자가 종중 등인 경우에는

　-종중 규약 또는 정관

　-종중 대표자 선임결의서

　-부동산 처분 결의서

　-부동산등기용 등록번호증명서 등

• 매수인이 주민등록번호가 없는 외국인인 경우에는 부동산등기용 등록번호증명서

• 판결에 의하여 등기신청을 한 경우에는 판결정본과 판결확정증명서

소유권이전청구권보전가등기신청서에 첨부할 서면

① 인감증명 (가등기 의무자, 즉 소유자)

② 등기원인증서 (매매예약 증서)

③ 등기의무자의 권리에 관한 등기필증 (구권리증)

④ 주민등록등본 (가등기 권리자)

⑤ 등록세 영수필 확인서 및 통지서 — 부동산가액의 1000분의 2의 등록세 및 그 등록세의 10분의 2인 방위세

⑥ 토지거래신고서 또는 허가서 (규제지역 등인 경우)

양식 제11-1호

소유권이전청구권가등기신청							
접 수	년 월 일 제 호	처리인	접 수	조 사	기 입	교 합	등기필 통지	각종 통지

부동산의 표시

등기원인과 그 연월일	년 월 일	매매예약
등 기 의 목 적	소유권이전청구권가등기	
가등기할 지분		

구분	성명 (상호·명칭)	주민등록번호 (등기용등록번호)	주 소(소 재 지)	지분 (개인별)
등기의무자				
등기권리자				

양식 제11-2호

등 록 세	금	원
교 육 세	금	원
세 액 합 계	금	원
등기신청수수료	금	원

첨 부 서 면		
1. 매매예약서	통	(기 타)
1. 등록세영수필확인서·통지서	통	
1. 인감증명	통	
1. 등기필증	통	
1. 주민등록등(초)본	통	
1. 신청서부본	통	
1. 위임장	통	

년 월 일

위 신청인   (전화:)

(또는) 위 대리인   (전화:)

지방법원   등기소 귀중

— 신청서 작성요령 및 등기수입증지 첨부란 —
*1. 부동산표시란에 2개 이상의 부동산을 기재하는 경우에는 그 부동산의 일련번호를 기재하여야 합니다.
2. 신청인란 등 해당란에 기재할 여백이 없을 경우에는 별지를 이용합니다.
3. 등기신청수수료 상당의 등기수입증지를 이 난에 첨부합니다.

⑦ 위임장 (대리인에 의하는 경우)
⑧ 신청서부본 1통 (세무서 송부용)
⑨ 토지대장·건축물대장 등본 (과세시가 산출용)
⑩ 등기신청수수료 5,000원 (등기수입증지 첨부)

근저당권설정등기 및 전세권설정등기신청시에 첨부할 서면
① 인감증명 (설정자, 즉 소유자)
② 등기원인증서 (설정계약서)
③ 등록세 영수필 확인서 및 통지서 (채권금액 또는 전세금액의 1000분의 2의 등록세와 그 등록세의 10분의 2인 교육세)
④ 주택채권매입필증 ― 설정금액이 1,000만원을 초과하는 경우 (전세권 설정에는 주택채권매입을 하지 않아도 됨)
⑤ 등기신청수수료 5,000원 (등기수입증지 첨부)
⑥ 위임장 (대리인에 의하는 경우)

양식 제9-1호

			근저당권설정등기신청					

접 수	년 월 일	처 리 인	접 수	조 사	기 입	교 합	등기필 통지	각종 통지
	제 호							

부동산의 표시

등기원인과 그 연월일	년 월 일 근저당권설정계약
등 기 의 목 적	근저당권설정
채 권 최 고 액	금 액
채 무 자	
설 정 할 지 분	

구분	성 명 (상호 · 명칭)	주민등록번호 (등기용등록번호)	주 소 (소 재 지)
등기의무자			
등기권리자			

양식 제9-2호

등 록 세	금	원
교 육 세	금	원
세 액 합 계	금	원
등 기 신 청 수 료	금	원
국민주택채권매입금액	금	원

첨 부 서 면		
1. 근저당권설정계약서	통	(기 타)
1. 등록세영수필확인서 및 통지서	통	
1. 국민주택채권매입필증		
1. 인감증명	통	
1. 등기필증	통	
1. 주민등록등(초)본	통	
1. 위임장	통	

년 월 일

위 신청인 (전화:)

(또는) 위 대리인 (전화:)

지방법원 등기소 귀중

－ 신청서 작성요령 및 등기수입증지 첨부란 －

*1. 부동산표시란에 2개 이상의 부동산을 기재하는 경우에는 그 부동산의 일련번호를 기재하여야 합니다.

2. 신청인란 등 해당란에 기재할 여백이 없을 경우에는 별지를 이용합니다.

3. 등기신청수료 상당의 등기수입증지를 이 난에 첨부합니다.

가등기 · 근저당권 및 전세권 설정등기의 각 말소등기 신청서에 첨부할 서면

① 등기원인증서(해지(제)증서)

② 권리에 관한 등기필증 (가등기 · 근저당권 또는 전세권 등 설정등기를 마쳤다는 권리증을 말함)

③ 등록세 영수필 확인서 및 통지서 (정액 3,600원)

④ 인감증명 (가등기말소에 한함)

⑤ 등기신청수수료 1,000원 (등기수입증지 첨부)

⑥ 위임장 (대리인에 의하는 경우)

등기명의인 표시변경 · 경정등기 신청서에 첨부할 서면

① 주소를 변경하려면 변경과정이 기재된 주민등록등본, 성명을 변경하려면 성명이 정정된 호적초본, 법인인 경우 법인등기부등본

② 신청서부본 2통 — 등기필증 작성용 및 대장관서 송부용

③ 등록세 영수필 확인서 및 통지서 (정액 3,600원)

양식 제13-1호

소유권이전담보가등기신청

접 수	년 월 일	처 리 인	접 수	조 사	기 입	교 합	등기필 통지	각종 통지
	제 호							

부동산의 표시

등기원인과 그 연월일	년 월 일	대물반환예약
등기의 목적	소유권이전담보가등기	
가등기할 지분		

구분	성명 (상호·명칭)	주민등록번호 (등기용등록번호)	주 소 (소 재 지)	지분 (개인별)
등기의무자				
등기권리자				

양식 제13-2호

등 록 세	금	원
교 육 세	금	원
세 액 합 계	금	원
등 기 신 청 수 수 료	금	원

첨 부 서 면		
1. 대물반환예약서	통	(기 타)
1. 등록세영수필확인서 및 통지서	통	
1. 인감증명	통	
1. 등기필증	통	
1. 주민등록등(초)본	통	
1. 신청서부본	통	
1. 위임장	통	

년 월 일

위 신청인   (전화:)

(또는) 위 대리인   (전화:)

지방법원   등기소 귀중

― 신청서 작성요령 및 등기수입증지 첨부란 ―
*1. 부동산표시란에 2개 이상의 부동산을 기재하는 경우에는 그 부동산의 일련번호를 기재하여야 합니다.
2. 신청인란 등 해당란에 기재할 여백이 없을 경우에는 별지를 이용합니다.
3. 등기신청수수료 상당의 등기수입증지를 이 난에 첨부합니다.

〈소유권이전담보가등기 신청양식〉

양식 제17-1호

등기명의인표시변경등기신청

접 수	년 월 일	처 리 인	접 수	조 사	기 입	교 합	등기필 통지	각종 통지
	제 호							

부동산의 표시

등기원인과 그 연월일	년 월 일	
등기의 목적	등기명의인 표시변경	
변경사항		

구분	성 명 (상호·명칭)	주민등록번호 (등기용등록번호)	주 소 (소 재 지)
신청인			

양식 제17-2호

등 록 세	금	원
교 육 세	금	원
세 액 합 계	금	원
등 기 신 청 수 수 료	금	원

첨 부 서 면		
1. 주민등록표등본	통	(기타)
1. 등록세영수필확인서 및 통지서	통	
1. 신청서부본	통	
1. 위임장	통	

년 월 일

위 신청인   (전화:)

(또는) 위 대리인   (전화:)

지방법원   등기소 귀중

― 신청서 작성요령 및 등기수입증지 첨부란 ―
*1. 부동산표시란에 2개 이상의 부동산을 기재하는 경우에는 그 부동산의 일련번호를 기재하여야 합니다.
2. 신청인란 등 해당란에 기재할 여백이 없을 경우에는 별지를 이용합니다.
3. 등기신청수수료 상당의 등기수입증지를 이 난에 첨부합니다.

〈등기명의인표시변경등기 신청양식〉

④ 등기신청수수료 1,000원 (등기수입증지 첨부)

⑤ 위임장 (대리인에 의하는 경우)

⑥ 동일인 보증서와 보증인의 인감증명 ― 주민등록등본 등에 의하여 동일인이 증명되지 않는 경우

본인이 직접 등기신청을 하기 어려운 이유

1. 신청서에 첨부할 서류작성이 어렵다

등기부에 등재할 내용을 기재한 서면으로서의 등기신청서를 작성한다는 것은 아주 어렵지는 않다. 즉, 신청서만의 작성은 기재예를 보면서 작성한다면 별로 어려운 것에 속하지는 않는다. 그러나 등기신청은 신청서만의 작성으로 되는 것이 아닌 점에 문제가 있다.

부동산 정책과 세금징수의 목적 등으로 지방세법, 주택건설촉진법, 국토이용관리법, 농지법 등에서 부동산등기를 신청할 때에 얼마나 많은 부담을 주고 있는지를 우리는 앞서 설명한 소유권이전등기신청서에 첨부할 서면으로 쉽게 알 수 있었다.

이와 같이 부동산등기법 이외에 행정지도·목적에 따른 특별법규에 의하여 등기신청서에 첨부할 각종 서류를 빠짐없이 구비한다는 것은 전문적인 지식이 없으면 쉽지 않다.

앞서 말한 바와 같이 우선, 과표를 산정하여 등록세와 주택채권매입액을 산출한다는 것이 일반인에게는 너무 어려운 것이 아닌가 생각된다.

차라리 신청서만을 작성하여 등기가 완료된 후에 그 신청서부본의 송부를 받은 시(구)·군청에서 등기를 함에 있어서 거쳐야 할 모든 절차를 사후에 밟도록 행정지도를 한다면 등기신청 자체는 훨씬 쉬워질 수 있을 것이다.

그러나 등기를 함에 있어 먼저 거쳐야 할 사항을 거침이 없이 등기가 완료

된다면 등기할 수 없는 사람이 등기를 하는 결과가 되어 이것 또한 불합리한 것이 된다.

2. 당사자의 출석

등기의 진정성 확보를 위하여 등기는 등기권리자와 등기의무자가 공동으로 신청하고 또 모두 등기소에 반드시 출석하여야 한다는 것은 앞서 말한 바 있다. 그러나 현재의 거래관행은 예를 들면 매매에 있어서 등기의무자인 매도인은 매수인에게 인감증명과 권리증(속칭 땅문서, 매도증서)만 교부하고 대리인의 위임장에 날인해 주는 것으로 이전등기신청에 협력을 다한 것으로 알고 있다. 매도인이 매수인에게 소유권이전등기를 해주기 위하여 등기소에까지 출석한 예는 거의 없다. 근저당권설정등기나 그 등기의 말소에 있어서도 또한 같다.

근저당권설정등기 또는 그 말소등기를 위하여 설정계약서나 은행의 지배인(지점장)이 작성한 해지증명서만을 가지고는 소유자 단독출석으로 설정등기를 하거나 이를 말소할 수 없으며, 지점장도 직접 등기소에 출석하여야 한다.

이와 같이 출석하기 어려운 당사자가 있기 때문에 반드시 양 당사자가 출석해야 하는 등기신청의 원칙상, 결국은 양 당사자를 대리하는 대리인(일반적으로 법무사가 하고 있음)에게 이를 위임하고 있는 실정이다.

3. 등기법률 관계의 전문성

민원인들은 자신 스스로가 등기신청을 쉽게 할 수 없는 이유를 잘 알지 못하는 것 같다. 그러나 등기를 한다는 것은 그 부동산에 대하여 하나의 법률관계가 성립한다는 것이며, 이것은 민법 전반의 이해 없이는, 즉 전문적인 지식이 없으면 그 법률관계를 쉽게 이해할 수 없는 점이 있다는 것을 알아야 한다.

예를 들면, 소유권이전등기는 이전등기신청서와 그 첨부서면의 제출로 간단히 이전등기가 되며, 그러면 더 이상 법률관계가 얽히고 미묘해질 문제는 없을 것 같이 보인다. 그러나 항상 그렇지만은 않는 데 문제가 있다.

하나의 예를 들어보면 김갑동과 강도진 사이에 있었던 부동산에 대한 매매 거래가 있었다고 하자. 그런데 김갑동 소유의 부동산에 강도진이 가등기를 한 후, 조원기가 가압류 등기를 했다고 하는 경우에 언뜻 보기에는 아주 간단한 관계처럼 보이지만 그렇지가 않다.

즉, 채무가 많은 김갑동은 채권자 조원기가 자신 소유의 부동산을 가압류할 것 같아서 친구 강도진에게 그 사실을 알리고 허위로 강도진 앞으로 가등기를 해 놓았다. 그 후에 채권자 조원기는 정말로 그 부동산에 가압류를 한 것이다. 이러한 사실관계를 전제로 했을 때, 만일 김갑동이가 자신의 부동산을 강도진 에게 이전해 주기로 하고 양 당사자는 가압류 등기가 된 이후에 소유권이전등 기를 한다면 과연 양 당사자의 참뜻과 사실관계를 어떻게 추측하고 등기공무 원이 함부로 안내할 수 있겠는가? 이들이 만일 등기순위번호로 소유권이전등 기를 하지 않고 가등기에 기하여 본등기를 한다면 가압류등기는 등기공무원 의 직권에 의하여 말소된다. 즉, 강도진은 등기부상 아무런 부담이 없는 소유 권을 취득하게 되는 것이다.

그러나 만일 강도진이가 등기순위번호 순으로 소유권이전등기를 하고 가등 기를 말소한다면 강도진은 이제 조원기에 대한 채무를 변제하지 않는 한 그 가압류 등기는 말소되지 않는다. 이 경우, 김갑동과 강도진이 왜 가등기에 기 한 본등기를 하지 않았는지, 그 이유가 등기법률관계를 몰라서인지 아니면 그 가등기가 가압류권자 조원기를 해치는 행위를 한 것이기 때문에 스스로 뉘우 치고 이를 말소한 것인지 알 수 없는 일이다.

따라서 등기공무원이 함부로 여기에 개입(안내한다는 것이 자칫 개입으로 되고 마는 경우가 있음)하여서는 안된다.

또 하나 다른 예를 들어보자.

A는 B로부터 1억원을 빌리고 자기 소유 부동산을 저당 잡히기로 서로 약정 했다고 하자. A는 시가 1억 5천만원 상당의 자기소유 부동산에 관한 등기권리 증과 인감증명을 소지하고 양 당사자가 등기소에 출석하여 이에 관한 등기를 안내해 달라고 한다면 어떻게 해야 하겠는가?

저당권 혹은 근저당권설정계약서를 작성하라고 할 것인가, 아니면 담보가 등기, 대물변제의 예약, 소유권이전청구권보전가등기, 환매등기 등등 어떤 법률관계를 구성하여 그 계약서를 작성해야 된다고 단언하기에는 어려운 것이다. 왜냐하면 문의하는 사람 자신도 사실의 중요부분이 어떤 것인지 모르고 이를 생략하거나 불명확하게 답변했을 가능성이 있기 때문이다.

물론 이 경우에 등기공무원으로서는 어떤 계약서나 그 서식을 안내해 주어서는 안되는 것이며 이와 같은 내용은 결국 법률 전문가 — 변호사 · 법무사 — 에게 상의하는 수밖에 없다. 이와 같이 등기한다는 것은 행정기관의 민원 사무 처리와는 분명히 다르다는 점을 알아야 한다.

등기의 효력

등기란 위에서 말한 바와 같이 등기공무원이라 일컬어지는 국가기관이 법정절차에 따라 등기부라는 공적 장부에 부동산에 관한 일정한 권리관계를 기재하는 것 또는 그러한 기재 자체를 말한다.

절차법상의 등기라고 할 때는 부동산 표시(위치, 면적 등)의 등기와 부동산의 권리관계를 포함한다. 그러나 실체법상 등기는 부동산의 표시에 관한 등기를 제외하고 부동산 권리관계의 능기만을 의미한다. 등기의 효력은 몇 가지로 구분할 수 있다.

첫째, 권리 변동적 효력으로서 물권행위와 그것에 부합하는 등기가 있으면 부동산에 관한 물권변동의 효력이 생기는 것을 말한다.

둘째, 대항적 효력으로 지상권 · 지역권 · 전세권 · 저당권의 변동에 관하여 등기한 때에는 제 3자에 대하여 대항할 수 있다.

셋째, 순위 확정적 효력으로 같은 부동산에 설정된 여러 권리의 순위관계는 법률에 다른 규정이 없는 한 등기의 선후에 따라 정해진다.

넷째, 점유적 효력으로 부동산의 소유자로 등기되어 있는 자가 10년간 소유의 의사로 평온·공연하게 과실없이 점유하면 소유권을 취득하는 것을 의미한다.

다섯째, 등기는 그것의 유·무효 여부와 상관없이 다만 어떤 등기가 형식적으로 존재한다는 사실에 의하여 그에 대응하는 실체적 권리관계가 있는 것으로 추정하는데 이를 등기의 추정적 효력이라고 한다.

계약금

1. 계약금의 의미와 종류

계약을 체결할 때 당사자의 일방이 상대방에 대하여 금전 기타의 유가물을 교부하는 수가 많은데 구 민법은 이를 수부라고 하였으나 현행 민법은 이에 해당하는 용어를 쓰고 있지 않다. 현실적으로는 내금, 선금, 착수금, 보증금, 약정금, 계약금, 해약금, 예약금 등의 용어가 쓰이고 있는데 이 가운데 가장 많이 쓰이는 것은 보증금, 계약금이다. 계약금의 종류는 여러 가지가 있으나 일반적으로 그 작용에 따라 증약금, 위약계약금, 해약금 등 3가지 형태로 나누어진다.

① 증약금 ─ 계약체결 증거로서의 의미를 갖는 계약금으로서, 계약체결에 있어서 당사자간에 어떠한 합의가 있었는지 분명치 않아도 그에 따른 금전이 교부되어 있으면 그것은 적어도 어떤 합의가 있다는 증거는 되므로, 계약금은 언제나 증약금으로서 작용한다고 말할 수 있다.

② 위약계약금 ─ 계약금을 교부한 자가 계약상의 채무를 이행하지 않는 때에 그것을 몰수하는 계약금으로 이 종류의 계약금이 수수되는 일은 우리나라에서는 대단히 드물다. 그러나 위약계약금이 손해배상의 예정을 겸하는 경우는 적지 않다.

③ 해약금 ― 계약 해제권을 보유하는 작용을 갖는 계약금을 말하며, 이 계약금을 교부한 자는 그것을 포기함으로써, 그리고 이 계약금을 받은 자는 그 배액을 상환함으로써 계약을 해제할 수 있다. 민법은 계약금을 원칙적으로 이 해약금의 성질을 갖는 것으로 정하고 있다.

따라서 특약으로 위의 3가지 유형 중 어느 형인가가 정해졌다고 하면 그에 따르면 되지만 만약 당사자간에 아무런 특약이 없었다면 제3의 형태인 해약계약금으로 추정된다(민법 565조).

2. 해제권 행사의 제한

매매계약에 있어 계약금을 걸었다고 해서 언제든지 해약할 수 있는 것은 아니다. 즉 민법 제565조는 '당사자의 일방이 계약에 착수할 때까지는 매매계약을 해제할 수 있다'고 규정하고 있다. 여기서 〔이행에 착수한다〕는 것은 이행 준비가 아니라 이행행위자체를 착수하는 것으로, 즉 채무이행행위의 일부를 행사하거나(중도금의 제공 등) 또는 이행을 하는데 필요한 전제 행위를 하는 것을 말한다.

따라서 이행에 착수하는 데에는 통상 비용이 들고 그와 같은 단계에서 해제한다고 하면 비용을 들게 한 자에게 재산적 손실을 주게 되고 또 이행 착수에 강한 기대를 걸고 있는 자에게 배신감을 갖게 하므로 이러한 이유에서 통례는 아직 이행에 착수하지 않는 상대방에 대하여 계약을 해제하는 것을 인정하고 있다. 그러므로 당사자 일방이 이행에 착수했더라도 타방이 아직 이행에 착수하고 있지 않으면 계약을 해제할 수 있다.

매도 · 매수인의 책임과 의무

1. 매도인의 담보책임

일반적으로 부동산의 매매계약이 체결되고 나면 매도인은 매매의 목적인 재산권을 매수인에게 이전할 의무를 부담하고, 매수인은 매매계약의 완료를 위한 매매대금을 매도인에게 지급할 의무를 가지고 있다. 그밖에도 매도인은 매매의 목적인 재산권에 하자가 있을 경우, 또는 매매목적물에 하자가 있을 경우에는 매도인은 거기에 대한 담보책임을 지게 된다. 예를 들어 매매 당사자가 수량을 지정해서 매매했음에도 불구하고 목적물의 수량이 부족할 경우는 어떻게 해야 하는가?

이것은 분명히 매매목적인 재산권에 하자, 즉 매매에 의하여 매수인이 취득하는 권리 또는 권리의 객체인 물건에 흠 내지 불안전한 점이 있는 것이다. 이럴 때에 매도인은 매수인에 대하여 일정한 책임을 부담한다. 이것을 하자담보책임이라고 하는 것이다.

이는 매매계약의 유상성에 비추어 매수인을 보호하고 일반거래의 동적 안전을 보장하려는 뜻에서 매도인에게 인정되는 법정 책임이다.

그 발생원인은 매매 목적물인 재산권의 전부나 일부가 매도인에게 속하지 않거나 매도인에게 속하지만 타인의 권리에 의하여 제한되어 있기 때문에 매수인이 완전한 재산권을 취득할 수 없는 경우로 다음이 해당된다.

① 재산권의 전부 또는 일부가 타인에게 속하는 경우
② 재산권의 일부가 존재하지 않는 경우
③ 재산권이 타인의 권리에 의하여 제한을 받을 경우
④ 물건에 하자가 있는 경우 즉, 매매 목적물에 하자가 있어 그 교환가치나 사용가치가 충분하지 못한 경우 경매에 있어서의 담보책임에 의하여 발생한다.

따라서 담보책임으로서 매도인이 부담하여야 할 책임의 내용은 각 경우에 따라서 다소 다르기는 하지만 대체로 매수인에게 일정한 요건하에 계약해제권, 대금감액청구권, 손해배상청구권, 완전물급청구권을 주게 된다.

또 하나 예로 토지매매의 경우를 생각해 보자.

어떤 사람이 토지를 매입하면서 매입 전에 그 토지를 현지 답사하였지만 실제로 측량은 하지 않고 계약서에 등기부상의 면적을 기재하고 매매계약을 체결하였다고 하자. 그런데 매입 후 측량을 해보았더니 등기부상의 평수가 실제 평수보다 좁다는 사실을 발견하게 되었다. 이런 경우 어떻게 하여야 하는가? 이러한 경우에는 두 가지로 생각해 볼 수 있다.

통상적인 토지 매매계약에서는 계약서에 토지면적을 기재하는데 이는 그 계약서 기재면적이 실제면적을 기재한다고는 할 수 없고 계약목적인 토지를 특정하는 수단으로서 등기부의 면적을 그대로 기재하는 경우도 있다. 계약서에 기재된 면적이 일정구획의 전체로써 평가하고 단순히 토지를 나타내고 가격도 면적을 기준으로 결정하는 경우(수량을 지시한 매매)로 구분하여 민법 제574조에 의해 법률적 효과가 달라진다.

그런데 첫번째 경우 대금의 결정방법이 평당 또는 평방미터당의 단가에 의하여 대금을 결정하고, 등기부상의 면적과 실제측량 면적이 같다는 뜻에서 계약서에 면적을 기재하였다면 실제측량의 결과 부족되는 면적분에 대하여 매도인은 책임을 져야 하는 것이다. 그러므로 매수인은 매도인에게 대금감액을 청구할 수 있으며, 면적이 부족함을 알았다면 매수하지 않았을 것이라면서 계약을 해제할 수도 있다.

두 번째 경우는 다르다. 토지를 매매함에 있어 일정구획의 토지를 일체로써 평가하고 그 대금도 전체로 결정한 것이라면 계약서에 등기부와 동일면적을 기재해도 그것만으로는 면적부족을 이유로 대금의 감액이나 계약해제를 할 수 없다.

그런데 이 경우 토지의 실제면적과 등기부상의 면적이 반드시 일치하는 것이 아니기 때문에 계약을 체결할 때 일반적으로 수량을 지시한 매매라면 계약을 할 당시에 토지면적을 실지로 측량하는 것이 보통의 상례인데, 등기부상의 면적을 계약서에 기재하고 실제로 측량하지 않은 상태라면 오히려 두 번째의 경우인 목적지를 일체로 거래한 것이 되기 때문에 매도인에게는 토지가 부족하다는 하자에 대한 담보 책임이 없다.

2. 매수인의 의무

매수인은 매도인의 재산권 이전에 대한 반대급부로서 대금지급의무를 부담한다. 그리고 매수인은 매도인이 제공하고 있는 매매목적물을 수령할 의무를 가진다.

매매계약서

매매계약을 체결하기 위해서는 보통 시중에서 판매되는 〔부동산 매매계약서〕라고 표제가 붙은 인쇄물이나 부동산 중개업자가 준비하고 있는 〔부동산 매매계약서〕를 사용하고 있으나 용지 양식이나 기재사항의 순서는 중요하지 않으며 계약의 목적을 완성하는데 필요한 계약내용에 유념하면 된다. 보통 다음 다섯 가지 사항이 필수적으로 기재된다.

- 매도 · 매수인(임대 임차인)의 당사자 표시 및 중개인의 이름, 주소, 연락처, 날인
- 대금의 액수, 지불 시기
- 목적물의 표시
- 소유권이전등기의 시기
- 목적물의 명도 시기
- 특약사항

그런데 일반적으로 인지를 첨부하지 않았다거나 도장을 날인하지 않으면 계약이 성립되지 않는다고 알고 있는데 이것들은 계약의 성립에는 직접적인 관계가 없다.

핵심포인트

> 일반적으로 인지를 첨부하지 않았다거나 도장을 날인하지 않으면 계약이 성립되지 않는다고 알고 있는데 이것들은 계약의 성립에는 직접적인 관계가 없다는 점을 알아야 한다.

계약당사자가 적합한가를 확인해야 한다

부동산을 매매함에 있어 계약당사자가 매매계약을 체결하는데 있어 적합한 자인가를 확인하여야 한다. 만약 매매계약을 체결할 때 그 계약의 성립에 있어 아무런 권한이 없는 자와 계약을 체결했다면 나중에 문제가 발생하여 분쟁이 생길 수 있기 때문이다.

어떤 경우에는 부동산을 매입하기 위하여 등기부를 확인해 본 결과 등기부상의 소유자(A)와 실제 소유자(B)가 다른 경우도 있다. 이러한 경우 계약을 체결했다면 분쟁이 발생할 소지를 안고 있는 것이다.

일반적으로 우리 민법은 부동산 물권변동에 있어서 공시의 원칙은 인정하나 공신의 원칙은 인정하지 않고 있다.

일정한 물건을 직접적으로 지배하여 이익을 받는 권리를 물권이라 하는데 그 예로는 소유권 · 점유권 · 지상권 · 지역권 · 전세권 · 유치권 · 질권 · 저당권 등이 있다. 민법상 물권변동(물권의 발생 · 변경 · 소멸)은 거래의 안전 · 확신을 위하여 반드시 외부에서 인식할 수 있는 표상, 즉 공시방법(부동산의 경우는 등기, 동산의 경우 인도)을 갖추어야 하는데 이를 공시의 원칙이라 한다. 따라서 공시방법을 갖추지 않으면 물권변동의 효력은 일반 제3자에 대한 관계뿐만 아니라 당사자 사이에서도 발생하지 않는다.

공시의 원칙이란 물권 존재를 추측케 하는 표상, 즉 공시방법이 존재하는 경우 비록 그 표상이 실질적 권리와 일치하지 않는다 할지라도 그 표상을 신뢰한 자는 보호되어야 한다는 원칙이다. 그러나 그렇게 한다면 물권거래의 안전과 신속을 기대하기 어렵기 때문에 물권변동에 대하여 그것을 신뢰한 자에게 물건을 취득케 하는 효력을 인정함으로써 무권리자 C를 보호해야 할 필요가 생기는데 이러한 효력을 공신력이라 한다. 우리 현행 민법은 부동산의 물권변동에 관하여 공시의 원칙은 인정하나 공신의 원칙은 인정하지 않고 있다.

이러한 상황에서 진실한 소유권자와 등기명의인이 다른 상황이라면 계약을 체결하는 것은 위험하다. 현행 민법은 부동산의 물권변동에 있어서 공신의 원칙을 인정하지 않으므로 등기명의인 A가 실제소유권자 B의 의사에 의하지 않고 B의 토지와 가옥을 A의 명의로 마음대로 등기하는 경우에는 A를 상대로 매매계약을 하는 것은 매우 위험하다. 그러나 민법 제186조의 해석에 의해 유효한 매매, 증여 등의 거래로 소유권이 A로부터 B에게로 이전했는데도 불구하고 B에게로 이전했다는 내용의 등기가 되어 있지 않은 때에는 A로부터 다시 그 부동산을 매수한 C가 B보다 먼저 이전등기를 마치면 완전한 소유권을 취득할 수 있다.

A가 B의 토지나 건물에 관하여 B의 의뢰로 A의 명의로 등기하고 있는 때에는 B가 A에게 매각하지도 않았는데 재산을 은폐하거나 그밖의 목적으로 A명의로 등기되어 있는 것이라면, 민법 제108조 제2항에 의하여 그러한 사정을 알지 못하는 당시에 대항하지 못하며 B가 A에게 토지나 건물의 경영·관리 등의 권한을 주어 그에 부수하여 명의도 A에게로 하고 있는 때(신탁)에도 A가 이를 처분하여도 B는 그 효력을 다툴 수 없다.

결론적으로 이러한 경우에는 A와 매매계약을 했을 때 소유권을 취득할 수 있는 여러 가지 가능성을 보았으나 문제는 A의 등기가 어떠한 사정으로 행하여진 것인가를 알 수 없을 경우이다. 당신이 A에게 정확한 사정을 알아보고 A·B간의 관계를 증명할 수 있는 서류를 보여 달라고 의뢰하거나 B를 만나 어떤 관계인가를 규명한 다음 거부를 결정해야 할 것이다.

그러므로 안전하게 부동산을 매매할 수 있는 방법은 부동산의 권리관계를 확인하고 처분권이 있는 사람과 계약을 해야만 한다.

그러면 부동산에 대한 권리관계확인은 어떻게 해야 하는가?

1. 부동산에 대한 권리관계확인

부동산을 사려면 우선 매도인과 매수인 사이에 토지매매계약을 체결해야 한다. 그러나 계약을 체결하기 앞서 그 부동산에 대한 권리관계를 확인해야 한다. 즉 부동산의 소유권을 가지고 있는 사람이 누구인지를 확인해야 할 필요도 있으며, 또한 그 토지에 저당권이나 임차권·지상권 기타 그 토지를 사려는 사람의 완전한 소유권취득에 장애가 되는 다른 사람의 권리가 있는지를 조사해 보아야 할 것이다. 이러한 권리관계는 그 토지의 등기부와 토지의 현상조사로서 확인할 수 있을 것이다.

2. 매도인에게 처분권이 있어야 한다

유효한 매매계약을 체결하기 위해서는 매매계약을 하는 상대방, 즉 부동산을 팔려는 사람에게 그 부동산을 처분할 수 있는 처분권이 있어야 한다. 법률상 행위 능력이 없는 미성년자가 소유자일 경우에는 법정대리인이, 법인일 경우에는 그 대표자가 처분권을 가지고 있다. 이밖에도 현실적으로 처분권을 가지고 있는 자 가운데는 본래의 처분권을 소유하고 있는 자로부터 그 권한을 위임받은 대리인이 있다.

임의대리인으로부터 매수할 때에는 정당한 대리권이 있는지 확인할 필요가 있다. 그 후에 처분권이 있는 사람과 매매대금, 대금의 지급방법 및 지급시기, 등기절차, 인도일시, 계약보증금의 수수, 계약보증금의 성질 등에 관한 계약조건을 결정하여 매매계약서를 작성한 뒤 매도인과 매수인이 서명·날인해야 한다.

3. 대리인

대리인과의 계약

대리란 본인과 일정한 관계에 있는 자(대리인)가 본인을 위하여 의사 표시를 하거나 그것을 받음으로써 그 행위의 법적효과가 직접적으로 본인에 대하여 발생하는 것을 인정하는 제도이다. 법률행위의 효과는 그 행위를 한 자에 대하여 발생하는 것이 원칙인데 대리는 법률행위를 한 자와 그 효과를 받는 자가 분리된다는 예외적인 경우의 하나이다. 이와 같은 대리제도는 현대와 같이 고도로 발달한 자본주의 경제하에서는 거래관계가 기술화되고 조직화되며 또한 광범위하게 전개되는 과정에서 개인이 자기만으로써 모든 관계를 처리한다는 것은 불가능하므로 이를 가능하게 할 수 있다는 점에 제도적 의의가 있다고 볼 수 있다. 또 한편 의사능력이 없는 자는 스스로 거래행위(법률행위)를 할 수 없기 때문에 대리인이 이러한 자의 거래행위를 대신하여 줄 수 있다는 점에도 장점이 있다.

대리의 요건 및 효과

※ 대리의 요건

① 대리인의 의사표시가 대리행위로써 행해져야 한다. 즉 행위효과를 대리인 이외의 자(본인)에게 직접적으로 귀속시킨다는 것을 내용으로 의사표시가 행해져야 한다는 것을 의미한다.

② 대리인으로 행위하는 자가 본인에 대한 관계에 있어서 그 대리행위에 관하여 대리권을 가져야 한다. 이러한 대리권을 주는 행위를 〔수권행위〕라 하는데 수권행위는 일반적인 의사표시의 경우와 같이 명시적으로나 묵시적으로 할 수 있으며 이러한 대리권 수여를 위하여 특별한 방식을 필요로 하지 않는다. 그러나 대리권을 수여하였다는 것을 증명하기 위한 자료로써 〔위임장〕이나 그 외의 문서로 작성하는 것이 보통이다.

③ 본인으로 되는 자는 자신이 행위의 효과를 받기 위한 주체가 될 수 있어야 한다. 이는 사람이든 법인이든 상관없으며 미성년자나 금치산자와 같은

무능력자라도 상관없다.

※ 대리의 효과

대리인의 의사표시 효과는 모두 직접으로 본인에게 귀속한다. 여기서 본인에게 귀속하는 효과란 대리행위로부터 발생하는 모든 법률행위의 효과는 물론 그밖의 비법률 행위적 효과로 불리어지는 것도 포함한다. 예컨대 매매계약의 경우라면 목적물을 인도하라는 청구권, 그 대금의 청구권, 목적물의 담보책임에 관한 권리의무, 사기를 당한 경우에 계약의 취소권, 계약 무효인 경우의 부당이득반환청구권 등을 말한다.

대리인과 계약시 주의사항

대리인이 위임장을 가지고 있을 때에는 일단 안심하고 계약을 할 수 있지만 백지위임장과 같이 대리인이 마음대로 기입해서 행사할 수 있게 되는 경우 이를 남용할 우려가 있다. 예를 들면 토지의 소유자가 등기권리증 · 인감증명 · 위임장 등을 건네주고 그 토지를 담보로 하여 돈을 빌려달라고 부탁하였는데 이를 이용하여 다른 제3자에게 그 토지를 파는 경우가 많이 생긴다.

따라서 가능한 당신에게 토지를 팔려는 의사가 있는 지는 직접 확인하는 것이 필요하고, 이것이 곤란하면 위임장에 본인과 대리인의 성명과 기명 · 날인 및 위임한 사항이 확실히 기재된 위임장인가를 확인하고 거래해야 안전하다.

무권대리인

무권대리는 대리권 없이 행해진 행위를 말한다. 그러므로 무권대리인이 행한 행위의 법률효과를 본인에게 귀속시킬 수는 없다.

앞에서 설명한 것처럼 타인(대리인)이 본인의 이름으로 의사표시하거나 의사표시를 받음으로써 직접 본인에게 법률효과를 취득시킬 수 있는 타인(대리인)의 본인에 대한 법률상의 지위나 자격을 말한다.

그런데 무권대리란 대리권 없이 행한 대리행위, 즉 대리행위의 다른 요건을 갖추고 있으나 대리권만이 없는 행위를 말한다. 따라서 무권대리는 대리권이

전혀 없는 경우와 대리권의 범위를 넘은 경우의 두 가지가 있다. 그리고 대리권이 전혀 없는 경우 처음부터 전혀 대리권이 없는 경우와 일단 주어졌던 대리권이 소멸해 버리고 없는 경우가 포함된다.

그러므로 무권대리는 대리권 없이 행해진 행위이므로 그 행위의 법률효과를 본인에게 귀속시킬 수 없고 한편 대리의사를 가지고 행해진 것이기 때문에 행위의 법률 효과를 대리인에 관하여 발생시키게 할 수 없다. 결국 무권대리 행위는 법률효과를 발생시킬 수 없는 것이고, 다만 무권대리인과 그 상대방과의 사이에 불법행위 문제만을 남길 뿐이다.

위에서 말한 것은 이론적으로 타당한 결과이지만, 만일에 이 이론을 관철하면 대리거래는 위험한 것이 되고 말기 때문에 본인의 이익을 부당히 침해하지 않으면서 대리제도에 따르는 위험을 최소한도로 막기 위해 민법은 2가지를 인정하고 있다.

① 대리인이 무권대리를 한 때에는 본인에게도 책임의 일부가 있다고 생각되는 특별한 사정이 있는 경우에는 본인에게 책임지게 함으로써 본인의 이익보다도 상대방을 보호하고 거래안전을 꾀하려는 [표현대리],

② 무권대리행위를 당연히 무효가 되는 것으로 하지 않고 본인에 의한 추인의 여지를 인정하여, 그러한 추인이 없는 경우에 대리인에게 특별한 책임을 묻는 [협의의 무권대리]를 인정하고 있다

따라서 표현대리가 성립하려면 무엇보다도 마치 대리인에게 대리권이 있는 것과 같이 보이는 특별한 사정 내지 외관이 있어야만 하는데 그러한 특별한 사정이 인정되는 경우 세 경우가 있다. 표현대리의 선의의 제3자는 본인에 대하여 그 법률 효과의 발생을 주장할 수 있다.

① 대리권을 수여하였다는 뜻을 본인이 상대방에게 표시하였으나 실은 대리권을 주고 있지 않는 때(민법 제125조)

② 대리인이 권한 밖의 행위를 한 때 (동법 제126조)

③ 대리권이 소멸한 때 (민법 제129조)

일상가사대리권

어떤 사람이 매매를 하고자 하는 부동산을 소유하고 있는 사람의 아내와 매매계약을 체결한 경우 이 계약이 유효한 것인지 알아보자.

그 사람은 조금 더 넓은 아파트로 옮기고자 찾던 중 조건이 좋은 아파트가 있어서 막상 계약을 하려고 하니 아파트 소유권자인 A의 부인이 인감도장과 위임장까지 가지고 와서 계약하자고 하기에 그렇게 했는데 A에 대해서도 이 계약을 주장할 수 있는 것인가 하는 것이다. 이러한 경우 법원에서는 일상가사대리권을 인정하는 경우에는 소유자의 아내와 맺은 매매계약도 유효하다고 보고 있다.

※ 일상가사대리권의 인정

가정생활을 함께 영위하는 부부라해도 서로 독립된 별개의 인격체로서 재산에 관해서도 서로간의 재산은 엄격히 구별될 뿐만 아니라 법률행위도 각자가 그 스스로의 자유로운 의사에 따라 행하며 이 의사에 따라 한 행위에 대해서도 각자 책임을 지게 된다. 그러나 부부간에는 기본적인 신뢰관계로 가정생활을 영위하고 있고 이런 가정이란 면에서 보면 부부는 각자라기보다는 하나의 인격체로서도 생각되어질 수가 있다. 따라서 일상적인 가사에 대해서는 부부는 각자 이를 행해야 하는 것은 아니고 서로가 대리허서 행할 일상가사대리권이 있고 이러한 일상가사대리행위에 대해서는 연대하여 책임을 지도록 하고 있다. 그러나 일상가사란 무엇인가는 구체적으로 어느 것이라고 하나씩 열거할 수는 없으므로 각각의 경우에 객관적으로 판단하여 사회통념상 일상적인 가사활동이라고 인정되어야 한다.

※ 일상가사로 인정되는 경우

일상적인 식품구입이나 작은 전자제품의 구입, 소액의 차용 등에는 보통 일상가사로서의 인정에 어려움이 없다. 그러나 남의 돈을 빌어서 자가용을 구입하거나 임의로 주택을 매매하거나 필요없이 많은 액수의 돈을 이웃에게 높은 이자로 차용하는 경우 등은 일상가사라고 하기에는 무리가 있다.

또한 주택을 구입하거나 팔아버리는 것과 같은 내용은 보통은 남편이 직접 하는 것이 일반적인 기대라고는 할 것이나 부인이 남편의 인감도장과 위임장까지 가지고 와서 이를 보이면서 매매한 경우에는 표현대리의 규정을 원용하여야 한다. 따라서 이러한 아내의 행위는 취소할 수 없게 되므로 이와 같은 경우에 그 계약은 그대로 유효하게 된다.

그러나 아내의 매매행위가 권한이 없는 것이라는 사실에 대해 알고 있었거나 아무리 보아도 남편의 뜻에 따르는 내용이 아니라는 것이 객관적으로 명백한 경우에는 비록 남편 이름으로 매매계약을 하였다고 해도 그 계약의 성립 자체의 문제가 되며 남편에게는 하등의 책임을 부담시킬 수 없게 된다. 이와 같이 부부간의 일상가사대리권이 있느냐의 여부는 일률적인 것이 아니므로 이의 경우 이것에 관해 한번 더 생각하는 것이 좋다. 보통 계약서에는 계약금에 관한 규정을 하고 있고 계약금을 포기한다면 언제든지 계약해제를 할 수 있음은 별도로 규정하는 것이다.

무능력자를 상대로 한 매매계약의 효력

어떤 사람이 부득이한 사정에 의해 이사를 가게 되어 가옥을 팔기로 하였다고 하자. 이때 가옥의 소유자가 부재 중인 관계로 그의 아내가 A와 토지·건물매매계약을 체결하였는데, 후에 A가 미성년자라는 것을 알게 되었다. 이러한 경우 가옥매매계약의 효력이 있을까? 이러한 경우 미성년자의 법정대리인의 동의없이 가옥매매계약을 체결한 것이므로 미성년자 본인이나 법정대리인은 이를 취소할 수 있다.

※ 미성년자의 행위능력

미성년자가 법률행위를 하려면 원칙적으로 법정대리인의 동의를 얻어야 한다. 이에 위반하여 한 법률행위는 미성년자나 법정대리인이 이를 취소할 수 있다. 한편, 법정대리인의 동의가 있었다는 입증책임은 그 동의가 있었음을 이유로 법률행위의 유효를 주장하는 자에게 있다. 그러나 다음의 경우에는 법정대리인의 동의없이 미성년자가 단독으로 유효한 행위를 할 수 있으나 이 때에도 의사능력이 있어야 함은 물론이다.

① 단순히 권리만을 얻거나 의무만을 면하는 행위(민법 제5조 제1항).
② 처분이 허락된 재산의 처분행위
③ 영업이 허락된 미성년자의 그 영업에 관한 행위
④ 혼인을 한 미성년자의 행위
⑤ 대리행위(민법 제117조)
⑥ 유언행위(민법 제106조)
⑦ 법정대리인의 허락을 얻어 회사의 무한책임사원이 된 미성년자가 그 사원 자격에 기하여 행하는 행위(상법 제7조)
⑧ 근로계약과 임금의 청구 (근로기준법 제53조, 제54조)

※ 무능력자의 상대방의 보호
무능력자의 행위는 취소할 수 있으며 그 취소권은 무능력자측에만 가지고 있다. 그 행사 또한 자유이므로 무능력자와 거래한 상대방은 스스로 거래의 구속으로부터 벗어날 수 없게 되며, 상대방은 불이익한 지위에 놓이게 된다. 그러므로 거래의 안전을 위하여 민법은 상대방을 보호하고자 상대방의 최고권과 철회권, 거절권을 인정하고 있고 또한 일성한 경우에 무능력자측의 취소권을 상실케 하고 있다.

4. 법인과 계약체결

부동산을 매매하는 경우 개인과의 거래도 있지만 법인과 거래를 하는 경우도 생길 것이다. 이러한 경우에는 그 법인을 대표할 수 있는 이사 기타의 대표기관과 계약을 체결하여야 한다.

법인이란

 법인이란 사람 또는 재산의 결합체로서 자연인과 같이 권리 · 의무의 주체
가 될 수 있는 것을 말한다. 오늘날 법률이 자연인 이외에 법인의 존재를 인정
하는 것은 자연인만을 사법상 권리의무의 주체로 하게 된다면 단체가 권리의
무나 재산을 취득한다 하여도 그 구성원이 복수의 다수인 전원의 병렬적 · 병
존적인 권리 의무나 재산으로서 처리하거나 어느 특정 자연인을 대표자로 함
으로써 직접적으로 그 자연인의 권리의무나 재산으로 처리하여 대표자 개인
의 배신행위나 사망 등으로 인한 자연인 개인의 재산과 혼동이 일어날 수 있
기 때문이다. 더욱이 명의상 대표자 개인의 것으로 되어 있는 단체재산이 대
표자 개인이 부담하고 있는 채무로 인하여 채권자에 의한 집행의 객체가 되는
것을 방지할 수 없는 부당성을 가지게 되므로 자연인 이외에도 일정한 단체로
하여금 단체자체의 명의로서 소송 당사자가 될 수 있는 지위, 자격을 갖추도
록 하여 사법상의 법률 관계를 명확화 · 단순화할 필요성에서 법률은 법인이
라는 제도를 인정한 것이다.

 따라서 단체는 직접 법률행위를 할 수 있고 이에 의하여 취득한 권리와 의
무는 그 구성원에게 일단 귀속되었다가 단체에게 귀속되는 것이 아니라 직접
적으로 단체의 것으로 될 뿐만 아니라, 그 단체를 구성하는 자연인의 재산과
는 분리 · 독립된 단체의 재산이 인정될 수 있다. 법인은 사단법인과 재단법인
으로 나누어진다.

법인과의 관계

 법인과의 매매계약을 함에 있어서 법인의 성격상 법인의 대표자, 즉 이사나
기타의 대표기관과 계약을 체결하게 된다. 따라서 실제에 있어서 법인의 의사
를 결정하여 그 의사를 실행하는 자가 법인의 대표자로서 계약체결 장소에 나
오게 된다. 여기서 문제는 토지매매가 주주총회나 이사회 등의 회사방침을 결
정하는 기관에 의하여 인정된 것이냐 하는 것이다. 만약 회사 경영을 위하여
토지매도가 필요하다는 주주총회 결의가 있거나 이사회가 업무집행의 일환으
로 토지를 매도할 것을 결정하였다면 경리부장을 상대로 거래해도 아무런 염

려가 없을 것이다.

　그런데 이러한 결정이 없는데도 불구하고 법인 소속의 한 개인이 자기 임의 대로 회사재산을 처분하려는 것이라면 본래 대리할 권한이 없는 사항에 관하여 그 개인이 회사를 대신하여 매매한 것이 되어 회사로서는 알지 못하는 일이라고 항변할 가능성이 크다. 따라서 그러한 경우에는 먼저 그 법인이 부동산을 진정으로 매각하려는지의 여부와 그 개인의 사안에 관하여 대리권이 있는지의 여부를 조사 · 확인하여야만 한다.

매매 부동산의 확인

매수하려는 토지나 건물은 정확히 조사 · 확인하여야 한다.

위치 · 경계 · 주위환경상태 등의 조사

　매매의 목적물이 토지인 경우에는 실제로 현지로 가서 목적물을 확인하여야 한다. 그러나 도면상에는 소유자의 이름이 기재될 리 없고, 경계선이 그어져 있든지 새끼줄을 쳐놓을 리도 없을 터이니(가령 매도인의 간판이나 새끼줄을 쳐놓았다할지라도 그것만 가지고 인정하는 것은 위험) 공무상 서류(지적도면 · 측량도 · 환지도면 · 토시등기부등본 등)를 참고로 경계를 확인하는 외에(토지 이웃의 소유자에게 경계 등을 확인하는 것도 필요) 토지의 용도(예 : 주거구역이냐 상업지역이냐 등), 방향과 위치, 교통편의, 도로의 인접여부, 기타 급수 또는 배수, 전력상태 등의 이용가치와 주위환경상태를 잘 확인하여야 한다.

　매매의 목적물이 건물의 경우에는 위에서 설명한 상황 이외에 일조(日照), 통풍관계, 냉난방 시설, 건축자료, 거실 및 주방 등의 배치상황에 대하여 잘 확인하여 볼 필요가 있다.

공법상(公法上) 제한

토지에 대하여는 여러 가지 이유로 이용상의 제한이 있으니 그 방면의 조사도 게을리할 수 없다. 소유권만 얻으면 그 목적물을 자유로이 이용한다든지, 처분할 수 있다고 단순히 생각하다가는 매입한 토지에 건축할 수 없는 사례도 있다(공법상의 법률 : 토지수용법·도시계획법·도시재개발법·토지구획정리사업법·건축법·국토이용관리법·도로법·하천법 등).

또한 건물을 매입할 경우에는 그 건물이 무허가 건축물인지, 건축법상 위반된 건물이 아닌지에 대하여도 조사하여 볼 필요가 있다.

사법상(私法上) 제한

토지나 건물의 등기부등본을 보면 표제부·갑구·을구란에 가등기·가압류·압류·저당권이나 근저당권·전세권·지상권·임차권·경매신청 등의 등기가 등재되어 있는 일이 있다. 이런 경우 가등기가 본등기로 이전등기가 되면 모처럼 매입한 토지나 건물의 소유권을 상실하거나 저당권이 실행되어 경매가 되는 수가 있다.

이와 같은 권리등기가 있는 목적물인지 아닌지를 확인하고 만약 이와 같은 권리 등이 있다면 말소등기를 하여야 한다는 것을 잊지 말아야 한다. 또한 매수할 토지를 다른 사람인 임차권자나 지상권자가 그 토지 위에 건물을 세우고 이미 소유권보존등기를 마쳤을 때에는 설사 그 토지를 매수하였다 할지라도 건물소유자를 퇴거시킬 권리가 없게 된다.

다시 건물을 매수한다하여도 그 건물 안에 또 다른 세입자(貰入子)가 있을 경우에는 그 보증금까지 반환하여 주어야 할 의무도 있으므로 이 점도 주의하여야 한다.

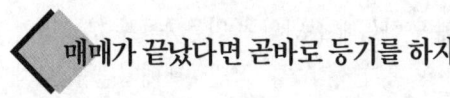

1. 소유권이전등기

　매매로 주택을 취득할 경우 매수인은 잔금 지불일에 매도인으로부터 소유권이전등기에 필요한 서류를 건네 받게 된다. 이때 매도인으로부터 받아야 할 서류는 등기권리증(등기필증), 매도용 인감증명서 1통, 양도신고확인서 1통, 주민등록등본 1통, 매매계약서 원본과 사본 각 1통이다.

　이중에서 매도용 인감증명서는 효력기간이 발행일로부터 2개월로 이 기간이 지나면 소유권이전등기신청에 사용할 수 없고 매수자의 성명, 주소, 주민등록번호가 기재되어 있어야 한다.

　양도신고 확인서란 매도인이 세무서에 거래 내용을 신고하면 발급해주는 것으로 소유권이전등기신청을 할 때 반드시 제출해야 하는 서류이다.

양식 제2-1호

소유권(일부)이전등기신청							
접수	년 월 일 제　　호	처리인	접 수	조 사	기 입	교 합	등기필통지 / 각종통지
부동산의 표시							

등기원인과 그 연월일	년　월　일		
등기의 목적	소유권(일부)이전		
이전할지분			

구분	성 명 (상호·명칭)	주민등록번호 (등기용등록번호)	주 소(소 재 지)	지분 (개인별)
등기의무자				
등기권리자				

양식 제2-2호

시가표준액 및 국민주택채권매입금액			
부동산 표시	부동산별 시가표준액	부동산별 국민주택채권매입금액	
1.	금　　　　　원	금　　　　　원	
2.	금　　　　　원	금　　　　　원	
3.	금　　　　　원	금　　　　　원	
국 민 주 택 채 권 매 입 총 액		금　　　　　원	
등록세 금	원	교육세 금	원
세 액 합 계	금		원
등 기 신 청 수 수 료	금		원

첨 부 서 면			
1. 검인계약서	통	1. 주민등록등(초)본	통
1. 등록세영수필확인서 및 통지서	통	1. 신청서부본	통
1. 국민주택채권매입필증		1. 위임장	통
1. 인감증명	통	(기 타)	
1. 등기필증	통		
1. 토지·임야·건축물대장	통		
1. 토지가격확인원	통		

년　월　일

위 신청인　　　　　　　　　(전화:　　　)

(또는) 위 대리인　　　　　　(전화:　　　)
지방법원　　　　　　　　등기소 귀중

―신청서 작성요령 및 등기수입증지 첩부란―

*1. 부동산표시란에 2개 이상의 부동산을 기재하는 경우에는 그 부동산의 일련번호를 기재하여야 합니다.
2. 신청인란 등 해당란에 기재할 여백이 없을 경우에는 별지를 이용합니다.
3. 등기신청수수료 상당의 등기수입증지를 이 난에 첩부합니다.

그 외의 서류는 매수인이 준비해야 하는데 본인의 주민등록등본 1통, 검인계약서 2통, 등록세 영수필 확인서 및 통지서 각 1통, 국민주택매입필증, 토지대장 1통, 건축물관리대장(가옥대장) 1통이 필요하다.

법무사를 통하여 등기를 하는 경우에 매수인은 주민등록등본 2통을 더 준비하고 등록세, 인지세, 국민주택채권매입금액 및 제수수료를 법무사에게 주면 된다.

소유권이전등기 단계별 절차

※ 1단계 : 매매계약서, 부동산 관할 시·군·구청 토지관리과에서 검인
매매계약시 작성한 매매계약서는 해당 부동산 소재지 관할 시·군·구청 토지관리과에서 검인을 받아야 한다. 검인을 신청할 때에는 계약서 원본 2통과 함께 사본 2통을 제출해야 한다.

시·군·구청에서는 계약서 원본을 검인해 신청인에게 교부하고 나머지 사본 2통은 보관용과 송부용으로 사용한다.

※ 2단계 : 검인계약서에 인지 첨부
부동산에 관한 권리가 발생하거나 변경 또는 소멸되는 때에는 그 증서에 대해 인지세를 납부해야 한다. 따라서 검인계약서에 대해서도 인지세를 내고 인지를 첨부해야 한다. 인지는 우체국에서 부동산 매입금액에 따라 사면 된다. 부동산 소유권이전등기에 따른 인지세는 부동산 매입금액이 500만원 이하인 경우 비과세되며 과세 금액은 1만원에서 35만원까지 8단계로 구분된다. 부동산 매입금액에 따라 인지세를 얼마나 내야 하는 지는 세무서 소비세과나 국세청 소비세과에 문의하면 알 수 있다.

※ 3단계 : 등록세 내고 납부영수증 영수필·확인서 및 통지서 수령
시·군·구청에서 매매계약서를 검인받은 직후 부과과에서 취득세 등록세 고지서를 발부받는다. 등록세를 납부하면 납부영수증과 영수필 확인서 1통,

통지서 1통을 받게 되는데 영수필 확인서와 통지서는 부동산등기 신청시 첨부해야 한다.

매매로 인한 소유권이전등기시 등록세는 과세표준의 3%이다. 개인간의 거래일 경우에는 검인계약서상의 신고가액을 과세표준으로 하는데 이때 신고가액의 20%는 감면하고 80%에 대해서만 과세한다. 그러나 감면 후 세액이 개별공시지가에 일정비율을 곱한 금액에 따라 산출한 세액보다 적으면 후자의 방식으로 산출한 금액을 납부해야 한다.

등록세를 낼 때에는 등록세액의 20%에 해당하는 금액을 교육세로 함께 낸다. 등록세 납부는 시중은행에서 하면 된다. 개별공시지가에 일정비율을 곱하여 과세표준으로 삼는 내역에 대하여 알고 싶으면 관할 시·군·구청 부과과에 문의하면 된다.

※ 4단계 : 주택은행에서 국민주택채권 매입

부동산 소유권이전등기시 해당 부동산의 과세표준액이 일정금액 이상일 경우에는 주택은행에서 제 1종 국민주택채권을 사야 한다. 주택인 경우에는 과세표준액이 500만원 이상일 때 일정비율에 해당하는 금액의 채권을 매입해야 한다. 따라서 해당 과세표준액이 500만원 미만이면 국민주택채권을 매입할 필요가 없다. 토지의 과세표준은 개별공시지가에 일정비율을 곱하여 산출한 금액이 사용된다. 해당 주택의 개별공시지가는 토지대장에 기재되어 있다.

건물의 과세표준 계산은 (신축건물 기준가액 145,000원(96년) × 구조지수 ×지붕지수×용도지수×지역지수×경과년수별 잔가율×면적(㎡)×가감산특례) 다소 복잡하다. 그러나 구청 부과과에 문의하면 간단하게 토지와 건물의 과세표준액을 알 수 있다.

국민주택 매입금액은 과세표준액에 따라 각기 다르다. 주거전용 건축물의 경우에는 과세시가 표준액의 2~7%, 주거전용 건축물 이외의 부동산(토지포함)은 2~5%에 해당하는 금액의 채권을 사야 한다.

주거용건물 국민주택채권 매입대상 및 금액

매입대상	매입금액
소유권보존 또는 이전하는 주거전용 건축물의 과세표준액이	과세시가 표준액의
(1) 500만원 이상~2,000만원 미만	1,000분의 20
(2) 2,000만원 이상~3,000만원 미만 – 서울특별시 및 광역시 – 기타 지역	1,000분의 35 1,000분의 30
(3) 3,000만원 이상~4,000만원 미만 – 서울특별시 및 광역시 – 기타 지역	1,000분의 40 1,000분의 35
(4) 4,000만원 이상~5,000만원 미만 – 서울특별시 및 광역시 – 기타 지역	1,000분의 50 1,000분의 45
(5) 5,000만원 이상~1억원 미만 – 서울특별시 및 광역시 – 기타 지역	1,000분의 60 1,000분의 55
(6) 1억원 이상 – 서울특별시 및 광역시 – 기타 지역	1,000분의 70 1,000분의 65

주거용 건물 이외의 부동산

매입대상	매입금액
소유권보존 또는 이전하는 주거전용 건축물의 과세표준액이	과세시가 표준액의
(1) 500만원 이상~5,000만원 미만 -서울특별시 및 광역시 -기타지역	1,000분의 25 1,000분의 20
(2) 5,000만원 이상~1억원 미만 -서울특별시 및 광역시 -기타지역	1,000분의 40 1,000분의 35
(3) 1억원 이상 -서울특별시 및 광역시 -기타지역	1,000분의 50 1,000분의 45

　※ 5 단계 : 등기신청서 작성 · 검인계약서 등 서류첨부해 등기신청

　매매로 부동산을 취득했나면 소유권이전등기신청서를 관할 등기소에 제출해야 한다. 소유권이전등기신청서는 신청서와 부동산 과세표준내역서로 되어 있다. 소유권이전등기신청서는 부동산의 표시란, 등기 원인과 그 연월일란, 등기목적란, 등기의무자와 등기권리자란으로 이루어져 있다. 등기의무자는 신청하는 등기로 인하여 등기부상의 권리를 상실하는 매도인을, 등기권리자는 등기부상의 권리를 취득하는 매수인을 말한다.

　부동산 과세표준내역서는 토지분과 건물분 과세표준 산정내역, 부동산 취득가액, 등록세액, 교육세액, 국민주택채권 매입금액 등을 적어넣도록 돼 있다.

등기신청은 이와 같이 작성한 신청서와 함께 준비한 첨부서류—매도인 주민등록등본 1통, 등기필증, 매도용 인감증명서, 매수인 주민등록등본 1통, 양도신고확인서, 검인계약서 2통, 등록세 영수필 확인서와 통지서, 국민주택매입필증, 토지대장, 건축물관리대장 등—를 해당 부동산 관할 등기소에 제출하면 된다.

부동산 소유권이전등기는 잔금지급일 또는 계약효력이 발생한 취득일로부터 60일 이내에 해야 한다. 이 기간을 넘기면 과태료를 물게 된다.

※ 6 단계 : 소유권이전등기 완료시 등기권리증 수령·등기부등본 확인

등기신청서를 준비한 첨부서류와 함께 해당 등기소에 접수한 후, 아무런 하자가 없으면 그 다음날로 소유권이전등기는 이루어진다.

따라서 등기권리자인 매수인은 접수 다음날 등기권리증을 발부받을 수 있다. 등기권리증은 등기신청 접수시 제출한 검인계약서에 등기필 표시와 등기소인이 찍힌 것이다. 새로운 등기권리증에는 과거 소유자 들의 등기권리증이 첨부돼 있다. 등기권리증을 발부받은 후에는 등기부등본을 교부받아 소유권이전등기가 제대로 됐는지를 확인해야 한다. 소유권이전등기가 돼 있으면 비로소 그 물건을 직접적·배타적으로 지배할 수 있는 권리를 인정받게 된다.

2. 가등기

가등기는 본등기를 할 수 있는 요건이 갖춰지지 않은 경우 장래에 할 본등기의 준비로서 하는 등기이다. 이는 물권변동에는 직접 관계가 없고 나중에 본등기(등기 본래의 효력을 발생시키는 종국등기를 말하며 보통의 등기는 이에 속한다)를 할 수 있는 요건이 구비되었을 때를 예상하여 미리 '청구권 순위를 보전'하여 두는 효력을 갖는다.

그러므로 부동산 매매에서 중도금까지 지불한 상태라면 매수인의 권리를 확보하기 위해 소유권이전청구권보존가등기를 해두는 것이 좋다.

가등기의 효력

가등기를 한 후 그에 의거하여 본등기가 이뤄지면 그 본등기 순위는 가등기 순위를 따른다. 즉, 가등기 이후에 행해진 다른 등기는 가등기에 의한 본등기보다 후순위가 된다. 그러므로 부동산을 거래할 경우에 가등기가 있으면 후일 그 가등기에 의한 본등기가 행해질 경우 그로 인해 자기 권리를 잃게 된다. 그러나 가등기의 효력은 본등기의 순위를 보전하고자 하는데 있기 때문에 가등기가 본등기로 되지 않는 한, 그 자체로서는 실체법상 아무런 효력이 없다. 가등기가 있더라도 등기의무자인 본등기 명의인은 그 부동산을 처분할 권리를 갖고 있다.

가등기의 분류에 따른 예

가등기에는 그 목적에 따라 '보전가등기'와 '담보가등기' 두 가지로 나뉜다. '보전가등기'는 단순히 장차 생길 권리에 대한 청구권을 보전하기 위해 하는 가등기이고 '담보가등기'는 채권담보를 목적으로 하는 가등기이다. '청구권보전가등기'가 가능한 경우는 다음과 같다.

첫째, 소유권 · 지상권 · 지역권 · 전세권 · 저당권 · 권리질권 · 임차권의 권리 설정, 이전, 변경 또는 소멸의 청구권을 보전하려 할 때이다. 예를 들어 갑이 을의 부동산을 매수하였으나 아직 매매대금을 완불하지 못해 소유권이전등기를 하지 못하는 경우 갑은 가등기를 통해 을이 다른 사람에게 동일 부동산을 매도하는 것을 막을 수 있다. 이 경우 갑의 가등기 후에 이루어진 다른 사람들의 등기는 효력을 잃기 때문이다.

둘째, 부동산에 대한 권리청구권이 시기부와 정지조건부로 발생한 경우에도 가등기를 한다. '시기부청구권'은 계약할 때 시기를 정하여 그 시기가 되면 청구권이 발생하는 것을 말한다. 예를 들면 갑이 을에게 특정한 날부터 주택을 전세 내준다는 계약을 체결했을 때 을은 전세권설정가등기를 통해 특정한 날까지 자신의 전세권을 보호할 수 있다. '정지조건부청구권'은 계약시 특정 조건을 정하여 그 조건이 충족돼야만 청구권이 발생하는 경우를 말한다. 예를 들어 갑이 을에게 금전을 대부하면서 이를 갚지 않을 때에는 을 소유의 부동산을 이전한다는 계약을 체결했을 경우 을은 갑이 빚을 갚지 못하는 경우에 대비 청구권을 미리 순위보전하는 가등기를 할 수 있다.

셋째, 장래에 청구권이 확정되는 때에도 가등기를 한다. 예를 들면 갑이 을의 부동산에 대해 매매예약을 체결한 경우 매수예약자인 갑은 매매계약 완결 전이라도 장래에 있어서 확정될 권리에 관한 가등기를 할 수 있다. '담보가등기'는 채권의 담보를 목적으로 '가등기담보 등에 관한 법률'에 의하여 가등기 담보계약을 하고 가등기를 하는 경우를 말한다. 예를 들면 갑이 을에게 금전을 대부하면서 담보계약을 하고 가등기를 해두었다. 만약 을이 기한 내에 돈을 갚지 못하면 담보가등기권자인 갑은 청산을 거쳐 담보목적부동산의 소유권을 취득하거나 목적부동산의 경매를 청구해 변제받을 수 있다.

2. 부동산 임대차란 무엇인가

부동산의 임대차는 물건의 사용·수익을 목적으로 하는 채권계약이다. 또한 임차인이 가지는 임차권은 어디까지나 채권에 지나지 않으며 물건이 아니라는 사실을 염두에 두어야 한다.

즉 임차인은 그 물건(임대부동산)을 직접 점유하여 사용·수익하기 때문에 물권과 비슷하지만 임차인이 목적물을 점유하여 사용·수익하는 것은 임대인의 채무이행의 결과에 지나지 않는 것이고, 임차인이 어떤 물건을 가지고 그것을 행사하는 것은 결코 아니라는 사실이다.

그리고 임차인은 임대물을 사용하여 수익을 올리므로 차임지급채무를 가지고 있다. 그런데 사용·수익의 대가는 금전만으로 정해진 것은 아니다.

사회질서에 반하지 않는 한 어떤 종류의 것을 지급하든 당사자간의 약정에 따를 수 있다.

◤ 부동산임대차계약서의 작성

주택과 토지 등 부동산을 임대차하고자 할 때에는 임대인과의 사이에 부동산임대차계약서를 작성하게 된다. 임대차계약은 대주와 차주의 합의만으로 성립하는 낙성불요식의 계약이지만 장차 계약 내용에 분쟁이 있을 경우 당사자간의 기억만으로는 부정확하므로 이를 보강하고자 계약 내용을 서면에 기입·날인하고 각자가 보관하게 된다.

부동산임대차계약은 물건의 사용·수익을 목적으로 하는 채권계약이므로 임대차에 따른 문제가 발생하지 않도록 다음과 같은 사항을 정확하게 작성하여야 한다.

- 계약 당사자로서 대주와 차주
- 대차계약의 목적물건
- 가임(임대료)
- 용도
- 일정한 기간
- 그밖에 증축이나 개축 또는 무단 임대권의 양도 금지
- 수선비의 부담
- 임대료 증감
- 해지
- 보증금 등을 결정하는 것이 통례이다. 또한 임대료에 대해서 6개월분이나 1년분을 한꺼번에 지급할 약정을 하였을 경우에는 그 지급방법도 계약서에 기재하는 것이 필요하다.

임대목적물 — 부동산의 기재에 있어서 우선 그 부동산의 위치와 평수에 대하여 파악한 후 임대계약 여부를 자세히 기재해야 한다. 이때 만약 목적부동산을 잘못 기재하였거나 사실과 다르게 기재한 경우 착오이론을 적용하여 그 착오가 중대한 과실로 인하지 않았고 또 외부적으로 보아 목적부동산이 어떤 것인지를 알 수 있는 경우처럼 약간의 착오가 있는 경우라면 원하는 대로 계약성립을 인정하게 되므로 기재 자체가 아닌 당사자 사이의 바라는 바의 계약내용으로 해석해야 한다. 그러나 임차목적을 제대로 이룰 수 없는 정도의 중대한 중요부분의 착오라면 취소할 수 있다.

임대료 — 임대료에 관해서는 보통 전세형식에 따르는 경우에는 일시에 지급하지만 월세형태로 지불하는 경우도 많다. 주택시가를 고려하여 임대료를 정하게 되며 어느 날짜에 어느 장소에서 지급하고 연체가 된 때에는 어떻게 한다는 등의 내용을 기재해야 한다.

용 도 — 통상 임대인은 그의 부동산을 있는 그대로의 용도로 사용하기를 요구하면서 임대하는 것이 보통이므로 종전의 용도로 사용하는 것이 대부분이다. 임대물은 임의로 용도를 바꾸어 사용하지는 못하며 이때에는 계약을 해

지할 수도 있게 된다는 것을 필요하면 기재한다.

임대차기간 — 임대차기간은 계약 당사자의 자유로운 의사에 따라 마음대로 정할 수 있다. 그러나 원칙적으로 20년을 넘지는 못하므로 20년 이상의 기간으로 정한 경우 20년으로 본다. 또한 단기로 주택임대차계약 기간이 2년 미만으로 정한 임대차는 그 기간을 2년으로 간주하게 된다. 또 계약에 의해 다시 임대차기간을 갱신할 수도 있다.

증·개축과 전대의 금지 — 임대부동산의 증·개축은 어떻게 할 것이냐에 대한 내용과 함께 다시 다른 사람에게 임대하는 전대를 금지하는 내용을 기재하게 된다. 증·개축이 일정한 범위 내에서 허용되는 경우라면 그 비용 등에 관해서까지도 규정하는 것이 좋다.

계약의 해지 — 어떤 행위가 있으면 이로써 임대차계약을 해지할 수 있다는 내용을 적는 데 이에 관해서는 되도록 상세한 경우를 가정하여 서로의 이해를 전제로 기재되어야 한다.

기타의 제반사항 — 위에서 설명한 이외에도 계약서 작성에는 필요한 사항을 포함시켜서 할 수 있으므로 임대에 있어 꼭 필요하다고 생각하는 사항이 있으면 이를 명시하고 그 내용대로의 법률효과를 얻을 수 있다.

계약 당사자로서의 임대인과 임차인 — 계약 당사자의 기재가 있어야 한다. 이 기재에는 주소와 본적, 그리고 주민등록번호를 기재하고 서명·날인하면 된다. 진실한 임대권한이 있는 임대인이어야 하며 대리인인 경우에는 진정한 대리권자여야 한다.

임대인의 권리와 의무

권리

임대차계약에 있어서 임대인은 부동산을 제공함에 있어서 그 권리와 의무를 동시에 지니고 있다. 가장 중요한 권리는 바로 차임지급청구권이다. 임대인은 부동산을 제공하고 그 사용·수익을 얻게 되므로 차임지급청구권을 가지게 되는 것이다(민법 제628조).

의무

권리를 가지고 있는 만큼 동시에 의무를 가지고 있는데 목적물 인도의무·수선의무·방해제거의무·비용상환의무·담보책임의무 등이 있다. 수선의무는 임대물이 사용·수익을 얻게 되지 못할 때 그 사용목적에 합당하도록 수선을 해주어야 할 의무인 것이다. 그런데 수선의 비용을 임차인이 부담하고 수리를 한 경우 임대인에게 수선비용의 상환을 청구할 수도 있다.

민법은 임차인이 임차물의 보존에 관하여 필요비를 지출한 때에는 그 상환을 청구할 수 있고, 임차인이 유익비를 지출한 경우 임대인은 임대차 종료시에 그 가액의 증가가 현존하는 때에 한하여 임차인이 지출한 금액이나 그 증가액을 상환해야 한다고 규정하고 있다.

※ 임차인의 상환청구권

예를 들어 임차인이 주택을 임대하여 입주하였는데 임차목적에 합당하게 하기 위하여 지출한 비용은 당사자 사이에 특약이 있으면 이를 다룰 것이나 특약이 없는 때에는 임대인은 필요비와 유익비를 부담하는 것이 원칙이다. 임대인의 비용상환의무는 일반적으로 주택의 사무관리에 의한 것이 아니고 부당이득이기 때문에 인정되고 있는 것이다. 주택의 보존에 관한 필요비는 단지 주택의 원상을 회복·유지시키는 비용 뿐만 아니라 통상의 용법에 적합하도록 보존하기 위해 지출된 비용도 포함된다. 예컨대 비가 새는 지붕을 수리하거나 철제대문의 시건장치를 바꾸는 것, 임차인의 재산세 등의 납부행위도 모두 필요비에 포함된다.

임차인은 임대인의 동의하에 주택을 개조할 수 있는데 주택보존에 반드시 필요한 것은 아니지만 건물의 가치를 올리는 유익비에 대해서도 비용청구를 할 수 있다. 유익비는 건물의 객관적인 가치를 증가시키는 비용만이 아니라 목적물 이외의 것에 비용을 지출함으로써 주택의 가치를 증가시킨 경우에도 포함한다. 이와 같은 특약이 있거나 특수한 관행이 있는 경우를 제외하고는 임대인에게 수선의무가 인정되는 것이므로 만일 임차인이 임대인에게 수선을 요구했음에도 이에 응하지 않고 임차인이 그 수선비용을 부담한 경우에는 임차인의 수선비용의 청구가 인정된다.

그러나 수선범위를 넘어 임차인이 임대인의 동의없이 증축을 하거나 주택의 구조를 변경하는 것은 계약해지의 사유가 되며, 보증금의 액수가 적고 임대료가 없거나 저렴한 경우 임차인이 방의 도배를 하거나, 수도꼭지를 갈아끼우는 행위, 전등을 새것으로 바꾸는 행위에 지출된 비용은 관행상 임차인이 부담하도록 되어 있는 경우가 많다.

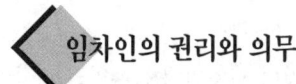

임차인의 권리와 의무

임차인의 권리

임차인은 임대차 목적물의 사용·수익하는 권리를 가진다. 뿐만 아니라 비용상환청구권·계약갱신청구권·지상물매수청구권·부속물매수청구권·차임금액청구권 등을 가진다.

임차인의 차임지급의무

임대차는 당사자의 일방이 상대방에게 목적물을 사용·수익하게 할 것을 약정하고 상대방이 이에 대하여 차임을 지급할 것을 약정함으로써 성립하는 계약이다. 따라서 임차인은 임차물을 사용·수익하는 대가로서 차임을 지급할 의무를 부담한다. 이 임차인의 차임지급의무는 임대차계약의 요소이며, 임차인의 가장 중요한 의무이다.

차임은 반드시 금전이어야 하는 것은 아니며 기타의 물건으로 지급하는 것도 좋다. 차임액에 관하여는 민법상 아무런 제한이 없어 당사자간의 약정으로 자유로이 정할 수 있다.

임차인의 차임감액청구

당사자가 약정으로 차임액을 일단 정한 후에 특별한 사정으로 그 감액을 청구할 수 있는 경우가 있는데 민법 제627조는 〔임차물의 일부가 임차인의 과실 없이 멸실 기타사유로 사용·수익할 수 없게 된 때에는 임차인은 그 부분의 비율에 의한 차임감액을 청구할 수 있다〕고 규정하고 있다. 이러한 차임감액청구권이 발생하려면 임차물의 일부가 임차인에게 책임없는 사유로 사용·수익할 수 없게 되어야 한다.

① 임차물의 일부를 사용·수익할 수 없어야 하므로, 임차물이 사용·수익할 수 있는 상태에 있는 이상 감액청구권은 발생하지 않으며, 비록 임차인이 주관적·개인적 사정으로 임차물의 일부를 사용·수익하지 않았더라도, 임차인은 그 부분에 대한 차임지급의무를 면하지 못한다.
② 임차물의 일부를 사용·수익할 수 없게 된 것이 임차인에게 책임없는 사정에 기인해야 한다.

• 불가항력에 의한 일부 멸실, 토지수용과 같은 당사자 쌍방에게 책임없는 사유로 임차물의 일부를 사용·수익할 수 없게 된 때에, 임차인이 차임감액을 청구할 수 있다.
• 임차인에게는 책임이 없으나 임대인의 고의·과실로 목적물의 일부를 사용·수익할 수 없는 때에는, 임차인은 감액을 청구할 수 있다.
• 임대인에게 책임이 없으나 임차인의 고의·과실로 목적물 일부를 사용·수익할 수 없게 된 때에는 차임감액청구권은 발생할 수 없고 임차인의 차임채무에 영향이 없다.

③ 일부 용익불능이 있더라도 잔존부분으로 임차목적을 달성할 수 있어야 한다. 그러나 잔존부분만으로는 임차목적을 달성할 수 없으면 임차인은 계약을 해지할 수 있다.

따라서 이의 세 가지 요건이 갖춰진 때에는 임차인은 용익불능으로 된 부분 비율에 의한 차임감액을 청구할 수 있다. 이 감액청구권은 임대인의 승낙을 요하지 않고서 차임은 당연히 감액된다. 감액청구의 의사표시는 명백히 해야 하므로 서면이나 구술로 하더라도 상관없으나 내용증명우편으로 하면 확실한 근거가 남게 되는 것이다.

임차인의 의무

임차인은 다음과 같은 의무를 가지고 있다.

※ 무단개조 금지

원래 임차인은 빌어 쓰고 있는 목적물을 사회통념상 점유·사용하는 정도의 주의를 쏟으며 선량한 관리자로서 주의할 의무가 있으며 또한 임차계약의 내용이라든가 임차의 성질 및 정해진 사용방법에 따라 이를 이용할 의무가 있다. 주택의 경우라고 하면 임차인이 이와 같은 의무에 위반한 경우에 임대인은 일정한 기간을 정하고 위반한 행위의 정지라든가 원상회복을 하도록 최고하고 임차인이 이에 응하지 않을 경우 임대인과 임차인 사이의 신뢰관계가 추락된 것으로 보고 계약을 해지할 수 있게 된다. 위반행위가 임차계약을 계속함에 있어 현저한 장애가 될 듯한 신뢰관계의 파괴로 인정될 경우에는 최고를 하지 않고 곧 계약을 해지할 수 있게 된다.

따라서 임차인이 임대인의 동의없이 증·개축한다면 이는 임차의 성질 및 정해진 사용용법에 따라서 이용할 임차인의 의무에 위반되어 임대인이 임차계약을 해지할 수 있는 것이 원칙이다. 다만 무단 증·개축이 임차의 보존적 정도로서 규모가 작은 때, 증·개축에 의한 임차 가치가 올랐을 때, 임차인에게 부득이하고 급한 사정이 있을 경우에는 해지원인이 되지 않는다.

※ 차임지급의무

임차인은 임대물을 사용·수익하는 대가로써 차임을 지급할 의무를 가지고 있으며 임차인의 가장 중요한 의무이기도 하다.

※ 임차물의 선관의무(민법 제574조)

임차인의 선관의무란 임대차계약이 종료되어 임대인에게 반환하게 될 때까지 선량한 관리자의 주의를 가지고 보관할 의무를 말한다. 선관의무 내용은 형식에 구애되지 않고 실질적으로 생각해야 된다. 임차인이 이 선관의무에 위반했을 때에는 채무불이행으로서의 임차계약을 해지하는 원인이 되나 선관의무위반의 사실이 있었다 하더라도 즉시로 계약해지가 인정되는 것은 아니고 위반내용이 미미한 것이어서 임대인에 대한 신뢰관계를 타파할 정도에까지 이르지 않았다고 인정되는 경우에는 해지권은 발생하지 않은 것으로 생각된다.

임차의 개조·모양바꾸기 등도 임차의 현상을 변경하는 행위로서 선관의무에 위반된다고 보지만 그 개조부분이 미미한 범위이고 현상으로 회복하기가 비교적 쉽고 임차인이 그것을 회복할 것으로 기대되는 사정이 있는 경우에는 신뢰관계를 깨는 불신행위라고는 볼 수 없다. 그러나 그 범위가 상당할 경우에 이르고 그 의무를 위반하면 채무불이행에 기한 손해배상책임을 지게 된다.

※ 무단양도·무단전대의 금지

원래 모든 재산권은 누구나 자유로이 양도·처분하는 것을 원칙으로 하지만, 타인의 물건을 사용·수익하고 그 대가를 지급하며 또한 계약이 종료하게 되면 그 임차물을 반환하여야 하는 임대차계약에서는 임차인이 목적물을 타인에게 양도·전대하는 경우인 무단양도와 전대를 금지하고 있다.

양도라 함은 임차인이 그 법률상의 지위를 제3자에게 이전하는 계약, 즉 임차권을 타인에게 이전하는 것을 직접 목적으로 하는 준물권 계약이다. 임차권 양도가 있게 되면 임차인은 그의 임차인으로서의 지위를 벗어나고 양수인이 임차인의 지위를 승계하여 임차인으로서의 권리·의무를 취득하게 된다.

전대라 함은 임차인이 다시 제3자로 하여금 임차물을 사용·수익하게 하는 계약, 즉 임임차옥을 목적물로 하는 임차인과 전차인간의 임대차계약을 말한다. 전대는 목적물의 전부에 관하여 행해질 뿐만 아니라, 일부에 관하여 행해지는 수도 있다.

민법은 원칙적으로 임차권의 양도를 금하고 또한 임차전대를 허용하지 않으며, 다만 가옥주의 동의가 있는 경우만 유효하게 양도·전대할 수 있는 것으로 하고 있다. 따라서 임차인이 임대인의 동의없이 그의 임차권을 양도하거나 임차를 전대한 때에는 임대인은 임대차계약을 해지할 수 있다. 즉 부동산의 임차인이 그 물건의 소부분을 타인에게 사용하게 하는 경우 임대인의 동의를 요하지 않는 것으로 하고 있다.

민법 제629조가 임차권의 양도나 임차전대에 임대인의 동의를 요구하는 것은 임대인의 권익을 보호하기 위한 것이다. 즉 그것은 어떤 공익을 보호하기 위한 강행규정은 아니다. 임대인의 동의를 요하지 않는다는 특약은 언제나 유효하다. 이외에도 판례는 특별한 사정이 있는 경우 무단양도·무단전대를 허용하고 있다.

※ 임차물의 반환의무

임차권은 임대차계약이 종료된 때에는 임차물을 반환하여야 할 의무가 있고 임대인은 거기에 대항하는 반환청구권을 가지게 된다.

임차보증금

보증금이란 부동산임대차 특히 건물임대차에 있어서 임차인의 채무를 담보하기 위해서 임대인에게 교부하는 금전 또는 기타의 유가물을 말한다. 보증금은 차임의 불지급·임차물의 멸실 또는 훼손 등 임대차 관계에서 발생할 수 있는 임차인의 모든 채무를 담보하는 금원이다. 보증금의 효력은 이 담보기능에 있으며, 임대인은 보증금으로부터 다른 채권자에 우선하여 변제를 받을 수 있는 것이다.

권리금

　권리금이라 함은 주로 도시에서의 토지 또는 건물(특히 점포)의 임대차에 부수적으로 그 부동산이 갖는 특수한 장소적 이익의 대가로서 임차인으로부터 임대인에게(또는 임차권의 양수인으로부터 양도인에게) 지급되는 금전을 말한다. 이 권리금을 주고받는 것은 전적으로 관행에 의하고 있으며, 이에 관한 법률의 규정은 없다.

3. 건물임대차의 요령과 주의할 점

건물의 임대차계약은 임대인이 임차인에 대하여 건물 사용을 승낙하고 그 대가를 임대료로 받는 것을 계약한 것을 의미한다. 건물의 임대차는 일반적으로 임대인과 임차인의 지위가 대등한 관계가 아니기 때문에 임차인은 임대인의 지위에 대해 열등한 지위를 지닐 수밖에 없다. 그러므로 민법과 최근에 개정된 주택임대차보호법에서는 임차인의 지위를 보호할 수 있는 여러 가지 규정을 두고 있다.

이 법에 의해 계약을 하게 되면 어떠한 계약이 체결될 때 일방적이고 임차인에게 불리한 계약이라고 하더라도 임차인에게 불리한 것은 무효로 하고 있다. 이러한 주택임대차보호법은 일방적 강행법이라고 한다.

주택임대차보호법의 보호규정들

주택임대차보호법의 목적

주택임대차보호법은 소유자에 비하여 상내적으로 사회적 약자의 지위에 있는 주택임차인을 보호하여 국민 주거생활의 안정을 도모한다는 사회 정책적 목적을 달성하기 위하여 1981년 3월 5일 제정된 특별법으로서 주택임대차에 관하여 민법에 대한 여러 가지 특례를 규정하고 있다.

주택임대차보호법의 주요 내용

주택임대차보호법의 주택임차인 보호를 위한 여러 규정 중 가장 중요한 내용은 다음과 같다.

※ 대항요건을 갖춘 임차인의 대항력

선순위 저당권 등이 없는 임차주택에 주택임차인이 입주하고 주민등록전입신고를 마치면(이를 대항요건이라고 한다), 그 다음날부터 임차주택이 다른 사람에게 양도되거나 경락되더라도 새로운 집주인(양수인·경락인)에게 임차권을 주장하여 임대기간이 끝날 때까지 거주할 수 있고 또 임대기간이 만료되더라도 임대보증금 전액을 반환받을 때까지는 집을 비워 주지 않을 수 있다. 다만 대항력이 있어도 확정일자를 갖추거나 소액임차인에 해당하지 않는 경우에는 경매절차에 참가하여 보증금을 우선 배당받을 수 없다.

※ 대항요건과 주택임대차계약서상에 확정일자를 갖춘 임차인의 우선변제권

대항요건과 주택임대차계약서상에 확정일자를 갖춘 임차인(이하 '확정일자부 임차인'이라고 함)은 임차주택이 경매·공매되는 경우에 임차주택(대지 포함)의 환가대금에서 후순위담보권자나 기타 일반채권자에 우선하여 보증금을 변제받을 수 있다.

※ 소액임차인의 최우선변제권

임대보증금이 소액인 경우[수도권 중 과밀억제권역은 4,000만원, 광역시(군지역과 인천광역시 지역은 제외)는 3,500만원, 그밖의 지역은 3,000만원 이하] 임차주택이 경매되더라도 임차주택(대지 포함) 가액의 1/2 범위 안에서 일정 금액(수도권 중 과밀억제권역 1,600만원, 광역시(군지역과 인천광역시 지역은 제외) 1,400만원, 그밖의 지역 1,200만원)까지는 후순위 담보권자 및 일반채권자뿐만 아니라 선순위 담보권자보다도 우선변제를 받을 수 있다. 다만 이런 보호를 받기 위하여는 임차주택에 대하여 경매신청기입등기 경료 전에 입주 및 주민등록전입신고를 마쳐야 한다.

※ 수도권 중 과밀억제권역

서울특별시와 인천광역시(중구 운남동·운북동·운서동·중산동·남북동·덕교동·을왕동·무의동, 서구 대곡동·불로동·마전동·금곡동·오류

동 · 왕길동 · 당하동 · 원당동, 강화군, 옹진군), 의정부시, 구리시, 남양주시 (호평동 · 평내동 · 금곡동 · 일패동 · 이패동 · 삼패동 · 가운동 · 수석동 · 지금동 · 도농동), 하남시, 고양시, 수원시, 성남시, 안양시, 부천시, 광명시

※ 임대차기간

주택임대차보호법에서는 임대기간을 최소한 2년으로 규정하고 있다. 이 조항의 취지는 임차인의 주거 안정을 도모하기 위한 것이다. 또한 임차인이 원하는 경우에는 임대기간을 2년 미만으로 정하는 것이 얼마든지 가능하다.

핵심포인트

건물을 빌릴 때 주의점

1) 가옥소재지 · 구조 · 건평 · 통풍 · 일조관계 · 부지이용관계 · 근처환경 · 교통편 등 넓은 각도에서 관찰해야 한다.
2) 사용할 수 있는 범위, 예컨대 독립된 건물 한 채를 임차할 때는 별 상관이 없으나 그렇지 않고 인차인이나 차지인이 있는 경우 자기만이 사용할 수 있는 전용부분과 다른 사람과 공동으로 사용하는 공용부분과의 관계를 명확히 해 둘 필요가 있다.
3) 현재 집이 비어 있어야 할 것은 물론이고 만일 거주자가 있을 때는 그의 가옥명도예정일을 구체적으로 약정하고, 또한 그 가옥이 소송에 걸려 있어 점유이전금지 등의 가처분을 받은 것이라면 이사하여 안주하려 해도 즉시 명도를 요구받는 경우가 있으므로 이점에 특히 유의하여 조사해 보아야 한다.
4) 등기소에서 등기를 열람하여 가옥의 소유자, 건물임대차 등의 처분금지의 가처분, 압류나 경매개시결정의 등기 유무, 저당권설정등기 등을 유의하여 확인해 보아야 한다.

제 2 장

부동산을 매도·매수할 때의 문제점

I. 부동산을 매도·매수할 때의 문제점

부동산 거래에 있어서 유의할 사항

Q 일상생활에서 토지나 집 등을 사고 파는 부동산 거래를 많이 하고 있습니다. 그러나 무주택자가 힘들게 모은 돈으로 집을 장만하려다가 사기를 당하는 등 피해를 입은 경우도 적지 않습니다. 부동산 거래를 함에 있어 이러한 피해를 예방하기 위하여 주의할 사항은 어떤 것이 있는지요?

A 부동산 거래에 있어 제일 주의할 점은 부동산의 권리 관계 확인입니다.

1. 계약적 유의사항

부동산을 매입하려는 경우 먼저 해당 지번을 확인한 후, 해당 부동산에 관련된 임야대장, 토지대장, 등기부등본, 가옥대장, 도시계획확인원, 용도지역확인원 등을 떼어보고 현장을 반드시 확인하여야 실수를 하지 않고 피해를 당하지 않을 것이다. 또한 현장과 등기부, 토지대장, 가옥대장 등과의 일치 여부를 사전에 알아보아야 하고 그 부동산을 매도하려는 자가 실제 소유자인가의 여부도 신중하게 알아보아야 한다. 부동산 중개업소에서 소개하는 경우에도 중개인의 말만을 믿기보다는 본인이 직접 이와 같은 조치를 취하여 알아보는 것이 좋다.

상대방이 보여주는 등기부등본만을 믿어서는 안된다. 최근에는 복사 기술

이 발달되어 정당한 등본이라도 이를 고쳐서 다시 복사하는 사례가 많아 원본과 다른 복사본이 많이 나돌고 있기 때문에 등본이 있으면 반드시 관계공무원의 인증(원본과 같다는 확인)이 있는가의 여부를 확인하여야 하고, 원칙적으로 본인이 직접 등기부를 열람하여 확인하거나 이를 떼어 보아야 한다.

상대방이 보여주는 등기권리증도 자세히 살펴보고 원본인가를 확인하여야 한다. 단시일에 권리변동 관계가 빈번하고 복잡한 것은 일단 사지 말아야 한다.

여러 가지 담보물권이나 예고등기, 가등기가 설정되어 있는 것은 사지 않는 것이 현명하다. 또 매수직전에 비로소 보존등기가 되거나 기타 상속등기나 회복등기가 된 것은 일단 의심을 하고 자세히 조사해봐야 한다.

소송으로 확정판결을 받은 물건을 매수할 때에는 패소판결을 받은 자를 찾아가 사실여부를 확인하는 것이 좋다. 재산세 납세자가 소유자와 다른 경우에는 그 이유를 알아보아야 하며, 또 건축과 관련하여 도시계획 여부, 개발제한구역 여부 등도 반드시 확인하여야 한다. 해당지역이 고시지역으로서 건설부장관이 신고구역으로 지정한 토지거래신고 대상지역인지 여부를 사전에 확인할 필요가 있다.

2. 계약시 유의사항

부동산매매계약은 거래 당사자 사이에 체결하라

계약서는 구체적으로 명백히 작성하여 애매한 문구로 인한 손해가 없도록 하며, 특히 부동산 중개업소에 인쇄되어 있는 계약서 용지를 사용하려면 면밀히 읽어보고 검토한 후 계약하고 특약사항이 있으면 그 특약도 명백히 기재하여야 한다. 계약시에는 매도인측 대리인과 계약하지 말고 거래당사자간에 직접 계약하는 것이 좋고, 부동산 중개업소의 소개로 계약하는 경우에도 매도인과 직접 계약하는 것이 좋으며 반드시 입회인을 두는 것이 좋다.

부동산 중개업소를 전적으로 믿지 말 것

부동산 중개업소의 말만 전적으로 믿고 계약하지 말아야 한다. 매도인 측의 말만 믿고 이를 그대로 매수인에게 전하는 수도 있을 수 있고 계약을 성립시키기 위해서 과장된 말을 할 수도 있기 때문이다. 시가에 비하여 현저히 싸거나 별 이해관계도 없는 자들이 사라고 권유하는 부동산은 계약하지 않는 것이 현명하다. 매수만 하면 금방 돈을 번다고 하면서 자기들이 사지 않고 남보고 사라고 권유하는 것 자체가 이상하기 때문이다.

광고에 현혹되지 말 것

신문지상의 광고만을 믿고 경솔하게 계약해서는 안된다. 왜냐하면 광고에는 좋고 유리한 것만 나오지 부동산 자체의 결함은 나오지 않기 때문이다. 부동산의 결함을 알아보기 위해서는 토지대장, 임야대장, 가옥대장 등을 확인하여 등기부와의 일치여부를 알아볼 필요가 있다.

토지거래규제 대상지역의 토지거래시에는 토지거래계약허가 등 절차를 밟아야 한다. 일생일대의 중대한 생활터전을 마련하려는 경우일수록 사전확인을 치밀히 해야 하고, 변호사나 법무사, 기타 법을 잘 아는 사람 혹은 법률상담실을 찾아가 상의해 본 후 계약하는 것이 좋은 방법이다.

3. 대금 지급 및 등기시 유외사항

중도금이나 잔대금을 지급할 시에는 반드시 영수증을 주고받는 등 대금지급 내용을 명확히 하여야 한다. 등기부는 중도금 지급, 잔금 지급시마다 그 직전에 확인하여야 한다. 중도금을 받고도 이중으로 매도하는 수가 있기 때문이다.

잔금을 지급함과 동시에 매도인으로부터 등기권리증, 인감증명서 등 권리이전서류를 받아 60일 이내에 관할등기소에 이전등기 절차를 마치도록 한다. 만약 이 기간 내에 등기신청을 하지 않았을 경우에 최고등록세액의 300%까지 등기 신청 해태에 따른 과태료가 부과됨을 유의하여야 한다.

　또한 등기이전시 명의신탁(부동산에 관한 권리를 다른 사람 이름으로 등기하는 제도) 등기를 할 경우와 명의신탁한 등기는 1996년 6월 30일까지 실권리자 명의로 등기하지 않을 경우, 부동산을 사놓고 3년 이내(1998. 6. 30)에 자신의 명의로 등기하지 않을 경우에 형사처벌과 함께 과징금이 부과된다.

　이전등기 수속을 마친 후 등기부등본을 떼어서 이전등기가 된 것을 확인해야 한다.

계약서 작성

Q 부동산 거래시 계약서 작성은 어떻게 하여야 합니까? 또 준비해 야 할 서류들은 어떤 것이 있습니까?

A 다음과 같은 방법으로 합니다.

1. 계약서 작성 요령과 내용

계약을 체결할 때에는 매매 당사자들간에 협의한 사항을 계약서 상에 정확히 기재하여 그 내용을 확인시킨 후 이름을 쓰고 날인해야만 한다.
계약서에 기재하는 기본사항은 다음과 같다.

● 목적물의 표시 및 명도시기 ― 계약상 목적물이 등기부등본 등 공부와 실제가 다를 경우 그에 대한 표시 등도 포함한다.
● 이행의 약정 ― 대금의 액수, 지불방법, 시기 등
● 매도인, 매수인, 중개인의 이름, 주소, 주민등록번호, 연락처, 날인 등이 필요하고 직접 계약일 경우에는 중개인에 관해서는 생략한다.
● 매도인의 담보책임, 해제권, 해약금, 조세공과금의 부담 등
● 기타 특약사항 ― 당사자가 합의한 조건 등

부동산 거래시 법률로 정한 별도의 계약서 양식은 없으며 백지에 당사자가 합의한 사항을 기술하면 되는데 보통 시중에서 판매되고 있는 계약서 용지나 부동산 중개소에 마련된 계약서 용지를 사용한다. 계약서를 작성할 때의 주의

할 점은 명확하게 작성하고 불분명한 용어의 사용을 피한다. 그리고 인쇄된 용지를 사용할 때라도 꼼꼼히 살펴보고 수정할 부분이 있다면 수정하고 삭제할 사항이 있는 경우에도 자유롭게 수정·삭제하여 명확한 계약서를 작성하도록 한다.

또한 계약의 해제조항이라던가 위약금, 세금 문제 등에 관해서는 세밀하게 검토하여 추가할 사항이 있으면 특약사항에 명문화시켜야 한다.

2. 소유권이전에 관한 서류들

소유권이전등기신청에 필요한 서류들은 다음과 같다.

토지대장등본·건축물대장등본 — 등록세 등의 산출근거를 제시하기 위함이나 대장과 등기부를 일치시키는 역할도 하고 있다.

등기원인증서

등기원인이 매매나 증여·교환 등인 경우, 매매계약서, 증여계약서, 교환계약서 등을 말한다. 등기원인이 계약인 경우에는 그 계약서에 검인을 받아야 한다. 검인은 부동산 소재지의 시장(구청장)·군수가 한다.

등기의무자의 인감증명서

등기의무자란 그 이전등기를 함으로써 권리를 잃는 자, 예를 들면 매매의 경우 매도인을 의미한다.

등기의무자의 권리에 관한 등기필증

소위 구권리증을 말한다. 구권리증을 분실했다면 본인이 직접 등기소에 출석하거나 법무사로 하여금 확인조서를 작성하게 하는 방법 및 이를 공증하는 방법이 있다.

주민등록등본 — 등기의무자와 권리자에게 모두 필요하다.

제3자의 동의·허가 또는 승낙을 증명하는 서면

부동산이 농지인 경우에는 농지취득자격증명, 토지거래 규제지역인 경우에는 토지거래 허가서, 외국인의 경우 토지취득에 대한 시장 · 군수 · 구청장의 허가서, 등록된 사찰재산의 경우 그 처분에 대한 문화관광부 장관의 허가서 등등이다.

위임장 ― 대리인에게 위임한 경우

등록세 영수필 확인서 및 통지서

등록세는 실제 매매가액을 표준으로 산정하되 매매가액이 과세시가표준액 (과표)에 미달할 때에는 과표에 의한다. 그리고 부동산이 농지 혹은 비농지인지 여부와 매수인의 자격(법인 등)에 따라 등록세가 감면되거나 5배까지 가중되는 경우가 있다.

등기신청수수료 ― 5,000원 (등기수입증지 첨부)

주택채권 매입필증(주택일 경우)

1개 부동산 과세시가표준액이 500만원 이상일 때에는 일정비율의 채권을 매입하여 그 매입필증을 첨부하여야 한다.

자격을 증명하는 서면

당사자가 법인인 경우 그 대표자임을 증명하기 위한 법인등기부등본

신청서부본 2통

시(구) · 군청에 대한 등기필 통지용 및 세무서에 대한 과세자료 송부용

기타 서면

① 등기원인이 상속인 경우에는 상속을 증명하는 서면

② 당사자가 종중 등인 경우에는

- 종중 규약 또는 정관
- 종중 대표자 선임결의서
- 부동산 처분 결의서
- 부동산 등기용 등록번호 증명서 등

③ 매수인이 주민등록번호가 없는 외국인인 경우에는 부동산 등기용 등록번호 증명서

④ 판결에 의하여 등기신청을 한 경우에는 판결정본과 판결확정증명

			□매도인용
	부동산 매매 계약서		□매수인용
No.			□중개업소용

부동산의 표시	소재지	서울시 광진구 구의동 *57-71*번지				
	면 적	건물 *105.78* ㎡	대지 *49.58* ㎡		기타	㎡
		32 평	*15* 평			평

매매대금

금 일억팔천만   원정(₩ *180,000,000*)

제1조 위 부동산을 매도인과 매수인 합의하에 아래와 같이 계약함.

제2조 위 부동산 매매에 있어 매매대금을 아래와 같이 지불키로 함.

계약금	팔백만	원정은 계약시에 지불하고
중도금	일천오백만	원정은 1999년 1월 15일에 지불하고
잔 금	이천오백만 원정은 1999년 2월 10일에 중개업자 입회하에 지불함.	

제3조 위 아파트 명도는 1999년 2월 10일로 함.

제4조 매도인은 잔금지급일 현재 위 부동산에 관련된 채무 및 제세공과금을 면제키로 함.

제5조 매도인은 잔금수령시 소유권이전에 필요한 서류를 매수인에게 주기로 함.

제6조 매도인과 중개업자는 별첨 중개물건 확인설명서를 작성하여 서명날인하고 매수인은 이를 확인 수령함. 다만 매도인은 중개물건 확인설명에 필요한 자료를 중개업자에게 제공하거나 자료 수집에 따른 법령에 규정한 실비를 지급하고 대행케 하여야 함.

제7조 중개수수료는 부동산 중개업법 규정에 의하여 본 계약체결과 동시에 매매쌍방이 각각 지불하여야 함.

제8조 본 계약을 매도인이 위약시에는 계약금의 배액을 변상하며, 매수인이 위약시에는 계약금을 무효로 하고 반환청구를 할 수 없음.

단 : 1. 쌍방합의하에 잔금 일자를 조정하여 앞당길 수 있다.

2. 매수인은 현재의 전세보증금 오천만원을 승계한다.

3. 매수인은 융자금 일천만원을 승계한다.

4. 휴오토, 전자키는 기존시설로 인정한다.

위 계약조건을 확실히 하고 후일에 증하기 위해 본 계약서를 작성하여 각 1통씩 보관한다.

1999년 2월 15일

매도인	주 소	서울시 광진구 구의2동 *33*번지						
	주민등록번호	*000000 - 0000000*	전화번호	*000 - 0000*	성 명	홍 길 동 ㊞		
매수인	주 소	서울시 도봉구 도봉동 *555*번지						
	주민등록번호	*000000 - 0000000*	전화번호	*000 - 0000*	성 명	김 철 수 ㊞		
	주 소	서울시 도봉구 도봉동 *555*번지						
중개업자	사무소소재지	서울시 광진구 구의동 *57*번지						
	사무소 명칭	에이스 부동산						
	허 가 번 호	*0 - 00 - 000*	전화번호	*000 - 0000*	대표	이 영 자 ㊞		

포장이사 전문업체 에이스 BOX

에이스 BOX는 질좋은 고객 서비스를 기업이념으로 하는 전문업체입니다!

연락번호: 080-250-0000

부동산매매계약서 작성예

등기신청 절차는

Q 본인은 부동산을 매입했습니다. 소유권이전을 받아 등기를 신청하려고 합니다. 등기신청은 어떤 절차를 거칩니까?

A 부동산등기는 신청주의를 원칙으로 하며 일정한 요식을 갖춰 신청하여야 합니다.

1. 등기의 일반원칙

신청주의 원칙

등기는 관공서의 촉탁이나 법률에 특별한 규정이 있는 경우를 제외하고는 그 등기가 어떤 등기이건 당사자의 신청에 의하여서만 이를 할 수 있다(부동산등기법 제27조).

이것은 어떤 법률관계가 성립된다거나 변경 혹은 소멸되더라도 당사자의 신청이 없으면 등기공무원 스스로는 할 수 없다는 뜻이다. 부동산의 표시에 관한 등기도 마찬가지이다. 토지가 이미 대장상 분할되었거나 지목이 변경되었더라도, 또는 건물의 준공검사가 끝나고 가옥대장이 작성되었거나 건물이 화재로 멸실되었더라도 당사자의 신청 또는 관공서의 촉탁이 없으면 어떤 등기도 할 수 없다. 즉 신청이 없으면 신축된 건물도 미등기이며, 멸실된 가옥도 등기부상은 그대로 존재한다. 도시계획법 등 특별법에 의한 환지등기도 소관관청의 촉탁이 있어야만 가능하다.

신청의 요식성

등기신청은 법이 정한 서면에 의하여야 한다(부동산등기법 제40조, 제41조, 제42조, 대법원 등기예규 제76항). 따라서 법이 정한 방식의 기재요건을 모두 갖추지 못한 신청서면은 유효한 등기신청으로 볼 수 없다. 이 경우에는 등기신청서가 방식에 적합하지 아니한 때에 해당되어 등기공무원은 이를 각하하지 않으면 안된다(부동산등기법 제55조 제4호).

공동신청의 원칙

등기는 등기권리자와 등기의무자가 공동으로 신청하여야 한다(부동산등기법 제28조). 소유권이전등기의 경우에는 매도인과 매수인이, 근저당권설정등기와 그 말소등기는 근저당권자[1]와 근저당권설정자(또는 현소유자)가 공동으로 신청하여야만 한다는 뜻이다. 이것은 우리의 실정상 부동산 권리관계는 이해관계가 아주 커서 어느 한 쪽이 일방적으로 등기하면 다른 쪽은 커다란 피해를 입게 되는 것이기 때문이다. 부동산등기법은 등기공무원에게 등기신청서에 대하여 형식적인 심사권만을 주고 등기권리자와 등기의무자가 공동으로 등기신청을 하게 함으로써 등기권리관계가 실체적 사실과 부합되도록 유도하고 있다.

그러나 공동신청에 의하지 않고도 등기의 진정성을 기대할 수 있는 것에 대하여는 단독신청을 인정하고 있다. 즉, 판결에 의한 등기신청이나 부동산 표시변경, 등기명의인 주소를 변경하는 것 등은 단독으로도 신청할 수 있다.

출석주의

등기를 신청하는 등기권리자와 등기의무자 또는 그 대리인은 반드시 등기

---

1) 민법 제357조【근저당】 저당권은 그 담보할 채무의 최고액만을 정하고 채무의 확정을 장래에 보류하여 이를 설정할 수 있다. 이 경우에는 그 확정될 때까지의 채무의 소멸 또는 이전은 저당권에 영향을 미치지 아니한다.

소에 출석하여 이를 신청하여야 한다(부동산등기법 제28조). 등기공무원에게는 형식적 심사권 밖에 없으므로 등기를 함으로써 권리를 잃은 자와 그 권리를 얻은 자가 과연 그러한 등기를 할 의사가 있는지 등기공무원이 면전에서 이를 확인할 필요가 있기 때문이다. 본인이 직접 출석하여야 한다는 것은 이와 같이 등기의 진정성 확보를 위한 규정이다.

그런데 등기신청을 대리인에 의하여 하는 경우에는 대리인(통상 법무사)이 직접등기소에 출석하여야 하며 그 대리인의 사무원이 출석하는 것은 허용되지 않는다(부동산등기법 제28조, 대법원 1968. 7. 8 고지 67마300결정, 대법원 등기예규 제154-2항). 법원행정처는 이 법규정과 대법원 판례에 따라 1994년 1월 1일부터 대리인을 통하여 등기신청을 하는 경우에는 그 대리인 자신이 직접 출석하지 않으면 안된다는 지침을 시달한 바 있다.

만약 양 당사자가 등기소에 출석하지 않고 그 대리인이 출석한 경우(통상 법무사가 많이 하고 있다)에는 그 대리인에게 등기신청을 위촉하는 당사자에 대한 철저한 확인의무가 부과되어 있다(법무사법 제23조).

등기부의 공신력

Q 본인은 갑 명의로 소유권보존등기가 되고 갑으로부터 을로, 을로부터 병으로 순차적으로 소유권이전등기가 된 토지를 병으로부터 매수하여 대금을 완납하고 소유권이전등기를 마쳤습니다. 그런데 갑이 주장하기를 자기는 을에게 매도한 바 없음에도 을이 갑의 인감증명서 등 소유권이전등기에 필요한 서류를 위조하여 을 명의로 소유권이전등기를 마쳤다고 주장하면서 을과 병 그리고 본인을 상대로 소유권이전등기의 말소를 청구하는 소송을 제기하였습니다. 본인은 병 명의로 소유권이전등기가 되어 있는 것을 확인하고 그 등기부의 기재를 믿고 병으로부터 매수하였는 데 을 명의의 소유권이전등기가 위조서류에 의하여 된 것이라고 한다면 본인 명의의 소유권이전등기를 말소하여 주어야 하는지요?

A 민법상으로는 등기부의 기재를 그대로 믿고 거래한 경우라도(예컨대 등기부상의 소유자를 진정한 소유자로 믿고 거래한 경우라도) 진정한 소유자가 따로 있는 경우에는 보호받지 못하고 오히려 진정한 소유자의 권리주장에 승복하여야 합니다.

우리 민법에서는 등기부의 공신력을 인정하지 않고 있다. 그러므로 부동산 거래를 할 때에는 등기부의 기재만을 그대로 믿을 것이 아니라 등기부의 기재가 실제와 합치하는지를 조사해 볼 필요가 생긴다.

질문의 경우에 을이 갑의 소유권이전등기서류를 위조하여 을 명의로 소유권이전등기를 한 것이 사실이라면 을·병 그리고 질문자는 갑의 요구대로 소유권이전등기를 말소하여 주어야 한다.

공시의 원칙

일정한 물건을 직접적으로 지배하여 이익을 얻는 권리를 물권이라고 부른다. 민법에서 말하는 물권은 소유권, 점유권[1], 지상권[2], 지역권[3], 전세권[4], 유치권[5], 질권, 저당권 등과 같은 것들이다. 민법에서는 물권의 발생·변경·소멸 등과 같은 물권변동이 있는 경우 거기에 대한 사항을 인식할 수 있는 방법을 통해 공시하도록 하고 있다. 이것을 공시의 원칙이라고 부른다. 부동산의 경우 등기를 통해서만 이루어지며, 동산의 경우에는 인도를 통해서 이루어진다. 따라서 민법에서 이 공시의 원칙을 요구하는 이유는 거래의 안전과 확신을 위해서이다. 그러므로 공시방법이 갖추어지지 않은 물권변동은 당사자뿐만이 아니라 일반 제3자에 대해서도 그 효력을 발생하지 않는다.

그런데 질문의 경우처럼 등기부상의 소유자와 실제 소유자가 다른 경우도 있을 수 있는 것이다. 그러나 공시의 원칙만을 인정한다면 물권거래의 안전과 신속성을 기대하기 어렵기 때문에 물권변동에 대하여 그것을 신뢰한 자에게 물건을 취득케 하는 효력을 인정하고 있다.[6]

이것이 공신력이다. 공신력은 물권변동에 대하여 그것을 신뢰한 자에게 물권을 취득케 하는 효력을 인정하는 것이다. 그러나 민법은 부동산의 물권변동에 관한 공시의 원칙은 인정하지만 공신의 원칙은 인정하지 않고 있다.

그러므로 질문의 경우에 을이 갑의 소유권이전등기서류를 위조하여 을 명

---

1) **점유권** 물건을 사실상 지배하는 권리를 의미한다. 또한 지상권·전세권·질권·사용대차·임대차·임차 기타의 관계로 타인으로 하여금 물건을 점유하게 한 자는 간접으로 점유권을 가지게 된다.
2) **지상권** 물권의 하나로 남의 토지에서 공작물 또는 수목을 소유하기 위해서 그 토지를 사용하는 권리
3) **지역권** 다른 사람의 토지를 자신 토지의 수익을 위해 이용하는 권리를 말한다. 물권의 하나로 계약에 의해 설정한다.
4) **전세권** 전세금을 지급한 사람이 남의 부동산을 점유하여 사용·수익할 수 있는 권리
5) **유치권** 남의 물건의 점유자가 그에 관하여 생긴 채권을 가질 때, 변제를 받을 때까지 그것을 자기 지배하에 둘 수 있는 권리를 말한다.
6) **민법 제186조【부동산물권변동의 효력】** 부동산에 관한 법률행위로 인한 물권의 득실변경은 등기하여야 그 효력이 생긴다.

의로 소유권이전등기를 한 것이 사실이라면 을 · 병 그리고 질문자는 갑의 요
구대로 소유권이전등기를 말소하여 주어야 한다.

토지와 건물은 왜 별개의 부동산으로 취급하는가

Q 일반적으로 부동산 거래에 있어서 토지와 건물은 일괄하여 거래를 하고 있습니다. 그런데 등기부와 같은 공적 문서상으로는 토지와 건물을 별개의 부동산으로 취급하고 있습니다. 그 이유가 무엇인지 설명해 주시기 바랍니다.

A 민법상 토지와 건물은 등기부 자체가 다르며[1] 매매나 소유권·저당권·용익권[2] 등과 같은 부동산에 관련된 제 권리 등을 설정할 때에도 각각 다르게 취급됩니다.

1. 토지와 건물의 성격

토지나 건물은 경제적으로 특수성을 가지고 있다

일반적인 부동산 거래에 있어서 토지와 건물은 거의 일괄적으로 거래를 한다. 그러나 토지와 건물은 그 성격 자체가 엄연히 다르다. 토지의 경우 지적법에 의하여 24가지 시목으로 규정하여 관리하고 있다. 지목을 규정하는 이유는 토지관리를 보다 잘 하기 위한 것이며 각 필지마다 토지의 성질 또는 이용하는 상태에 따라 구분하여 붙인 법률상의 이름을 말한다.

그런데 토지는 그 토지가 존재하고 있는 위치나 환경, 지형 등에 따라 가치가 다르게 평가된다. 또한 건물 역시 건물의 위치와 건물이 존재하고 있는 곳

---

1) 一不動産 一登記用紙主義 : 건물과 부동산을 각각 다르게 취급하는 것을 말한다. 부동산등기부는 편의상 한 개의 부동산에 관해 하나의 등기용지를 두어 그 하나의 용지에 그 부동산에 관한 모든 법률관계를 기재하도록 하는 주의를 말한다.(부동산등기법 제15, 16조)
2) 용익권 민법에서 일정한 목적을 위해 남의 토지를 사용하고 이익을 얻을 수 있는 권리를 말한다.

의 환경이나 가지고 있는 구조, 건평 등에 따라 가치가 달라질 수밖에 없고 건물은 단지 토지의 정착물이기 때문에 토지와 건물은 엄연히 별개의 부동산으로 취급한다.

2. 왜 별개의 등기부를 갖게 되는가

위에서 설명한 바와 같이 건물은 토지의 정착물로써 토지와는 별개의 부동산으로 취급하고 있기 때문에 토지와 건물의 등기부는 별도로 구분되어 존재한다. 그러므로 부동산 거래에 있어 토지와 건물을 함께 매매했다 하더라도 토지와 건물은 각각 등기해야 한다.

일반적으로 부동산을 매매할 때에는 토지와 건물이 가지고 있는 이러한 법적·경제적 특수성 때문에 토지 위에 세워진 건물은 반드시 건축물이 서있는 토지와 같이 매매되어야 하는 것은 아니다. 그러나 편의상 토지와 건물을 하나의 계약으로 매매하는 것은 가능하다.

토지를 매매할 때 안전한 방법은 무엇인가

Q 토지를 매입하려고 합니다. 이때 아무런 법적 문제없이 토지를 구입하려면 어떠한 점에 주의하여야 하는지요?

A 먼저 등기부를 통해 매매하려는 토지의 권리관계를 정확하게 확인하고 처분에 대한 권리를 소유한 사람과 계약을 해야 합니다.

1. 권리관계의 확인은 무엇 때문에 필요한가

안전하게 토지를 구입하려면(이것은 토지뿐만이 아니라 건물도 마찬가지이다) 계약을 체결하기 앞서 매매 목적물이 되는 해당 토지에 대한 권리관계를 정확하게 확인해야 한다. 매매 목적물의 권리관계를 확인하기란 그렇게 용이하지만은 않다. 등기명의인과 실제 소유자가 같은 경우야 문제가 없겠지만 등기명의인과 실제 소유자가 다른 경우라면 주의 깊게 살펴보지 않으면 실수하기가 쉽기 때문이다. 그러므로 부동산 중개업자를 통해서 계약을 할 경우에는, 매도인이 중개입자에게 제공한 매매토지에 대한 물건정보로 작성된 물건확인서와 토지에 대한 권리 관계를 기재한 등기부등본을 열람하거나 발급받아 확인하여야 한다. 등기부와 물건확인서를 통해 토지의 소유권을 가지고 있는 사람이 누구인지, 토지에 저당권이나 임차권, 지상권과 같은 물권이 설정되어 있는가의 여부 등을 확인해 보는 것이 우선적으로 해야 할 일이다.

즉, 토지를 매입하려는 매수인이 토지의 소유권을 완벽하게 취득하는 데 있어 장애가 되는 사항들은 없는지 등을 정확하게 조사해 보아야 한다. 더욱 정확하게 하기 위해서는 해당 토지의 등기부뿐만 아니라 토지에 대한 현장조사를 통해 확인하여야 한다.

2. 처분권이 누구에게 있는가를 확인한다

아무리 적법한 절차를 거쳐 매매계약을 체결했다 하더라도 매매계약을 하는 상대방 즉, 토지를 팔려는 사람에게 그 토지를 처분할 수 있는 처분권이 없는 상태라면 그 계약은 무효가 된다. 예를 들어 어떤 토지를 매매함에 있어 소유자가 법률상 행위 능력이 없는 미성년자라고 한다면 그 미성년자와의 계약은 아무리 적법한 절차를 거쳤다고 하더라도 무효이다. 그 계약이 효력을 가지기 위해서는 소유자의 법정대리인이 누구인가를 확인하고 그 법정대리인과 계약을 체결하여야만 한다.

확인 결과 소유주의 법정대리인이 법인이라고 한다면 당연히 매매계약은 소유주인 미성년자가 아닌 법정대리인의 자격을 가지고 있는 법인의 대표자와 하여야 한다. 매매 부동산의 처분권을 법인의 대표자가 가지고 있기 때문이다. 그러므로 미성년자와 적법한 절차를 거쳐 매매계약을 했다고 하더라도 그 매매는 무효이다. 되도록 대리권을 가진 사람과 계약을 하지 않는 것이 좋겠지만 어쩔 수 없이 토지를 처분할 권한을 위임받은 대리인과 계약을 할 경우 정당한 대리권이 있는지를 확인할 필요가 있고, 위임장을 통해 권한을 확인했다하더라도 실소유주에게 다시 한번 확인을 해볼 필요가 있다. 그 계약에 따른 제반 사항을 결정하고 정확하고 상세하게 매매계약서를 작성하여야 한다.

3. 법적 규제는 없는가

국가에서는 토지를 합리적으로 이용하기 위해 건축법, 도시계획법, 토지구획정리사업법 등에 의거, 거래를 규제하거나 토지거래에 있어 허가를 필요로 하는 경우도 있다. 거기다가 공공복리, 개발정책을 입안하여 행정규제를 강화하는 경우가 있으므로 매입자는 장기적인 안목을 가지고 자신이 구입하려는 토지가 지금은 아니라 하더라도 나중에라도 법적으로 규제를 받을 수 있는 곳은 아닌가 하는 등의 여러 가지 법적 규제 사항에 대해서도 조사하여 확인한다.

4. 성립된 계약은 성실하게 이행하라

민법 제2조[1]에서는 일단 당사자의 의사 표시에 의해 적법하게 성립된 계약은 당사자 쌍방이 계약 취지에 따라 성실하게 이행할 것을 규정하고 있다. 계약의 성실한 이행은 법적으로도 규정을 하고 있을 뿐만 아니라 계약이 성실하게 이행되지 않을 경우 거기에 따르는 불이익이 발생한다.

5. 매매계약의 해제

정상적으로 매매계약이 성립되었다 하더라도 갑자기 그 계약의 목적물이 필요 없어지거나 아니면 기타 다른 이유로 인해 계약을 해제하게 되는 경우가 발생할 수도 있을 것이다. 일반적으로 계약을 체결한 뒤 24시간 내에 해제하면 계약금을 포기하지 않고 계약을 무효로 돌릴 수 있다고 생각하지만 그것은 단지 희망사항일 뿐 현실은 그렇지 않다.

계약이란 양 당사자 사이에 의사합치에 의해 이루어지는 것이므로 당사자가 한 자리에 모여 계약을 체결했다면 체결 즉시 계약은 유효하다. 계약을 해제하기 위해서는 다음과 같은 3가지의 경우가 있다.

첫째, 이러 이러한 경우에는 계약을 해제할 수 있다고 해제 조건에 대해 특약을 한 경우

둘째, 계약금에 의한 해제로써 상대방이 계약의 이행에 착수하기 전, 즉 중

---

1) **민법 제2조【신의성실】** ①권리의 행사와 의무의 이행은 신의에 좇아 성실히 하여야 한다.
②권리는 남용하지 못한다.

도금을 지급하기 전까지는 매수인은 계약금을 포기하고 매도인은 그 배액을 변상함으로써 계약을 해제할 수 있다.

셋째, 법정해제가 있다. 상대방의 채무 불이행 즉, 이행지체, 이행 불능, 불완전 이행이 있을 때의 해제이다.

매매계약의 해제에는 첫째의 경우와 같은 특약사항이 있는 경우를 제외하고는 금전적 손해가 따르게 된다는 사실을 염두에 두고 계약에 신중을 기하여야 한다. 만약 부득이한 사정에 의해 매도인이 계약을 해제하고자 한다면 매수인으로부터 받은 계약보증금의 배액을 되돌려 주어야 하고, 매수인 쪽에서 계약을 해제하게 되면 계약보증금을 포기하여야 한다. 또한 중도금이 지불된 경우에는 일방에 의한 해약이 불가능하다.

토지의 분할과 합병은 어떻게 하는가

Q 본인은 시골에 약 10,000평 정도의 토지를 소유하고 있습니다. 다급한 일이 생겨 많은 돈이 필요하게 되어 이 토지를 팔아야 합니다. 그런데 토지가 너무 넓어서인지 거래가 잘 되지 않고 있습니다. 본인이 알기로는 넓은 토지도 작게 분할을 할 수 있다고 하던데 어떻게 하여야 하는지요? 그리고 그 땅들 가운데 3,000평 정도는 여러 곳에 독립적으로 떨어져 있는 토지들입니다. 그 토지들을 합칠 수 있는 것인지도 알고 싶습니다.

A 토지의 분필과 합필은 등기를 통해 할 수 있습니다.

1. 분필과 합필이란 무엇인가

토지는 토지가 가지고 있는 성격과 구조상 물리적으로 개수를 구분하기 힘들게 되어 있다. 토지의 개수를 셀 수 있는 것은 등기를 통해서만 가능하다. 하지만 등기부상에 1필로 되어 있는 토지라 하더라도 분할하여 다른 필지의 토지로 만들 수 있다. 이것을 토지의 분할 또는 분필이라고 한다. 그와는 반대로 여기 저기 흩어져 있거나 독립되어 따로 등기되어 있는 토지를 1필지의 토지로 합치는 것을 토지의 합병 또는 합필이라고 한다.

이것은 자신의 토지를 나눔에 있어 관례적으로 담을 쌓거나 울타리를 치는 것으로 되는 것은 아니라는 사실을 의미한다. 토지의 합병 역시 마찬가지이다. 즉, 1필지의 토지란 등기부라는 공적 문서에 등재되어 구획되어진 토지를 의미한다.

2. 분필은 어떻게 하는가

등기소에서는 등기의무자가 분할사유가 등재된 토지대장을 첨부하여 토지분할 등기를 신청하는 경우 심사를 하게 된다. 그 결과 신청이 적법하다고 인정되면 등기공무원이 그 신청에 의해 등기를 실행한다.

등기소 담당공무원은 등기의무자가 신청한 토지분할 등기를 할 때, 제일 먼저 등기용지의 등기번호란에 번호를 기재하고 몇 호의 토지로부터 옮겨오게 되었는지에 대한 취지를 기재하도록 되어 있다.

등기공무원이 등기를 완료했을 때에는 등기원인을 증명하는 서면 또는 신청서의 부본에 일정한 사항, 특히 등기필의 취지를 기재하고 등기소인을 날인하여 등기권리자에게 등기필증을 교부한다.

등기필증은 신청자가 진정한 등기의무자임을 확인함으로써 허위로 등기를 하는 행위를 방지하기 위한 것이다.

등기부의 사항란은 갑구와 을구 사항란으로 구분되어 있다. 갑구에는 소유

〈토지분필등기신청양식〉

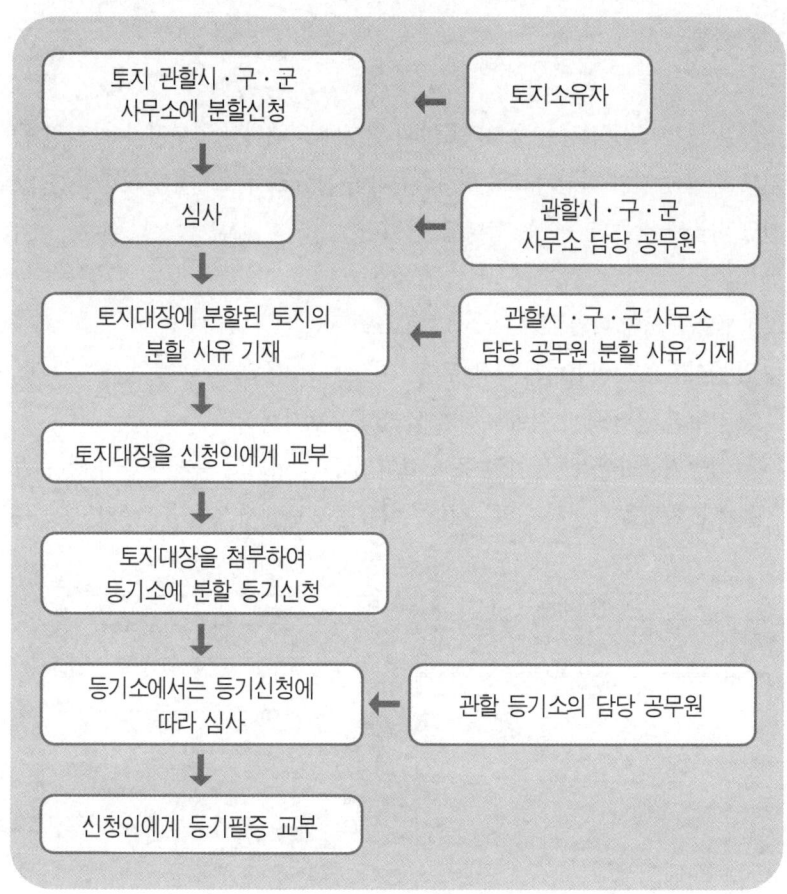

▶ 토지의 분필·합필 과정도

권에 관한 사항을, 을구에는 기타의 권리를 기재하게 되어 있다.

분필 등기에 의해 토지가 분할되면 을구의 사항도 새로운 등기의 을구 사용
란에 옮겨 기록된다. 예로 들어 분할전의 '갑'지를 지번 (100번)이라고 한다면
분할된 '을'지들은 일반적으로 100 - 2, 100 - 3 등의 지번이 부여되고 '갑'지
는 100의 1번으로 바뀌게 된다.

3. 합필

합필 등기 역시 진정한 등기의무자의 신청에 의해서만 이루어진다. 합필 등기도 분필 등기와 마찬가지로 토지소유자는 자유로이 소유지를 합병할 수 있지만 다음과 같은 경우에는 합병할 수 없다.

① 행정구역이 다른 토지
② 물리적으로 인접하지 않은 토지
③ 임야와 전답 등과 같이 지목을 달리하는 토지
④ 저당권·지상권·임차권 등과 같이 소유권 이외의 등기가 붙어 있는 경우에도 합필을 인정하지 않는다. 그 이유는 민법에서 일물일권주의(一物 一

양식 제16-1호

토지합필등기신청

접수	년 월 일	처 리 인	접 수	조 사	기 입	교 합	등기필 통지	각종 통지
	제 호							

부동산의 표시

등기원인과 그 연월일	년 월 일	합병
등기의 목적	토지 표시변경	

구분	성 명 (상호·명칭)	주민등록번호 (등기용등록번호)	주 소 (소 재 지)
신 청 인			

양식 제16-2호

등 록 세	금	원
교 육 세	금	원
세 액 합 계	금	원

첨 부 서 면

1. 토지대장   통   (기 타)
1. 등록세영수필확인서 및 통지서   통
1. 신청서부본   통
1. 위임장   통

년   월   일

위 신청인   (전화:)

(또는) 위 대리인   (전화:)

지방법원   등기소 귀중

― 신청서 작성요령 ―
*1. 부동산표시란에 2개 이상의 부동산을 기재하는 경우에는 그 부동산의 일련번호를 기재하여야 합니다.
2. 신청인란 등 해당란에 기재할 여백이 없을 경우에는 별지를 이용합니다.

〈토지합필등기신청양식〉

---

1) 일물일권주의(一物 一權主義) 1개의 물건에는 동일한 내용의 물권이 동시에 2개 이상 성립하지 못한다는 것을 의미한다. 즉, 1개의 물건에는 그 내용이 양립할 수 없는 물권은 하나만이 존재하고 물권의 일부나 수개의 물권 위에는 하나의 물권이 있을 수 없다는 것이다.

權主義)[1]를 택하고 있기 때문이다. 다시 말해서 일물일권주의에서는 1개의 물건에 동일한 내용의 물권이 동시에 2개 이상 성립하지 못한다는 주의를 택함으로써 1필의 토지 일부분에 대해서는 저당권이 존재하는 것을 인정하지 않는 것이다.

> ◀ **공유하고 있는 토지를 매매할 때는 어떻게 해야 하는가**

> **Q** 토지를 매입하려고 합니다. 그런데 매입하려는 토지가 한 사람의 소유가 아니라 갑·을·병 세 사람이 공동으로 소유하고 있는 토지입니다. 본인은 그 땅을 매입하기 위해 갑과 매매교섭을 하고 있고, 그 땅 전부를 매입하고 싶습니다. 그 사람만을 상대로 매매계약을 해도 괜찮은 것인지요?
>
> **A** 갑이 소유하고 있는 지분권만을 매입하기 위한 것이라면 상관없지만 공유토지 전체를 매입하기 위한 것이라면 공유자 전체의 동의없이는 불가능합니다.

1. 지분권

부동산을 매입하기 위해 알아보면 매매 부동산을 여러 사람이 공유하고 있는 경우가 있다. 이렇게 한 개의 동산이나 부동산이 지분에 의해 여러 사람의 소유로 되어 있는 경우를 민법에서는 공유라고 한다(민법 제 262조)[1]. 그러므로 공유물에는 공유한 지분만큼에 대한 권리가 법적으로 인정된다. 민법에서 말하는 지분권이란 공동 소유물에 대해 공유자 각자가 누릴 수 있는 권리로서 공동소유라는 제한된 관계에서 획득할 수 있는 권리라는 의미를 가지고 있다. 또 이러한 공유자의 지분은 균등한 것으로 추정하고 있다. 그러므로 공유자는 자신의 지분을 자신의 의사에 따라 매각 처분할 수도 있고 공유물을 자기지분의 비율에 따라 사용·수익할 수 있도록 되어 있다.

---

1) 민법 제262조【물건의 공유】①물건이 지분에 의하여 수인의 소유로 된 때에는 공유로 한다. ②공유자의 지분은 균등한 것으로 추정한다.

2. 소유권이 공유된 부동산의 매각은 전체 공유자의 동의없이는 불가능하다

질문자가 구입하려는 토지를 구입하는 데 있어 만약 갑이 소유하고 있는 지분권만을 매입하는 것이라면 언제든지 가능하다. 이 때에는 다른 공유자의 간섭을 받지 않고 자유롭게 처분할 수 있다. 그러므로 질문자가 매입할 수 있는 것은 갑이 가지고 있는 지분권뿐이다. 그러나 만약 매매교섭의 목적이 토지 전부를 매입하기 위한 것이라면 갑과 매매계약을 체결하여 그 토지 전부를 산다는 것은 불가능하다. 그 까닭은 토지가 갑·을·병 세 사람이 공유하고 있는 경우 토지에 대한 소유권을 각자 세 사람이 나누어 가지고 있기 때문이다. 공유자 각자가 가지고 있는 공유 지분에 대한 소유권은 분량적 일부에 지나지 않으며 공유자인 갑 또는 을과 병이 따로 따로 다른 사람에 매도 처분할 수 없다. 토지 전체를 매입하기 위해서는 공유자 전체의 동의가 있어야 한다.[1]

갑·을·병 세 사람의 지분권을 전부 합하면 완전한 소유권이 되지만 각자의 지분권만으로는 완전한 소유권이 인정되지 않고, 다른 공유자가 가지고 있는 지분 때문에 제약을 받게 된다. 따라서 토지를 처분할 수 있는 권한은 어느 한 사람에게 있는 것이 아니라 갑·을·병 세 사람이 함께 동일하게 가지고 있는 것이다.

3. 공유토지 전체의 구입방법

위에서 설명한 바와 같이 공유토지 전부를 매입하기 위해서는 공유자 전체의 동의가 필요하다. 그러나 만약 공유자 중의 한 사람을 매매 상대로 하고 있지만 다른 공유자가 공유토지를 전부 팔아도 좋다고 동의를 해주거나 전체 매

---

1) 민법 제263조【공유지분의 처분과 공유물의 사용·수익】 공유자는 그 지분을 처분할 수 있고 공유물 전부를 지분의 비율로 사용·수익할 수 있다.
민법 제264조【공유물의 처분·변경】 공유자는 다른 공유자의 동의없이 공유물을 처분하거나 변경하지 못한다.

매에 대한 대리권을 승낙하는 경우에는 유효한 매매계약을 체결할 수 있게 된다.

4. 공유자간의 공유관계

공유하고 있는 물건의 현상을 유지하는 데 있어 필요한 보존행위는 공유자 각자가 단독으로 할 수 있다.

또 공유물의 사용가치를 증대시키는 개량행위 또는 공유물이 가지고 있는 경제적 용도에 따라서 활용하는 행위에 있어서 공유물의 형상이나 가치가 심각할 정도로 훼손되는 변경상태에 이르지 않는 경우라면 거기에 대한 결정은 각 공유자가 소유하고 있는 지분의 과반수로써 결정하도록 되어 있다(민법 제265조).[1] 또 공유물의 현상을 유지하기 위한 관리비용과 관리나 유지에 필요한 기타의 의무도 지분비율에 의하여 각자가 부담하도록 되어 있다.[2] 이것은 공유자들이 가지고 있는 지분권을 행사함에 있어 공정을 기하기 위한 조치이다.

---

1) 민법 제265조【공유물의 관리·보존】 공유물의 관리에 관한 사항은 공유자의 지분의 과반수로써 결정한다. 그러나 보존행위는 각자가 할 수 있다.
2) 민법 제266조【공유물의 부담】 ①공유자는 그 지분의 비율로 공유물의 관리비용 기타 의무를 부담한다.
②공유자가 1년 이상 전항의 의무이행을 지체한 때에는 다른 공유자는 상당한 가액으로 지분을 매수할 수 있다.

점유권의 의미

Q 본인은 1967년 10월쯤 갑으로부터 경기도 여주에 있는 임야 35,107㎡를 구입하였습니다. 구입 당시에는 이 임야가 분할된 상태가 아니었습니다. 매입 당시 갑은 임야를 분할한 후 소유권을 이전해 주겠다고 하였습니다. 그런데 본인은 당시 미등기 상태인 분할 전 토지에 관하여 갑이 매매대금을 지급 받기 이전에 먼저 본인 명의로 소유권보존등기를 해주었습니다. 그로부터 약 4년 후 본인의 조부께서 사망하자 그 곳에 조부의 분묘를 설치하였습니다. 본인은 분할 전 토지를 매수하고 매매대금을 지급한 무렵에 이를 인도 받아 점유하고 있다가 구입한 후 20년이 넘어선 1984년 2월에 와서야 분할을 하여 소유권이전등기를 하였습니다. 그런데 1998년 10월에 갑의 삼촌 을이 당시 소유권보존등기는 위법이라며 말소청구를 해왔습니다. 을의 말에 의하면 갑은 그 임야에 대한 처분권이 없다고 주장하고 있습니다. 이런 경우에는 어떻게 되는지요?

A 시효취득에 의해 질문자의 점유권은 인정되지만 질문자도 처분권을 조사하지 않은 책임이 있기 때문에 점유에 대한 과실이 인정됩니다.

1. 물건에 대한 점유와 임야에 대한 점유의 이전 및 계속 여부의 판단

물건에 대한 점유란 사회관념상 어떤 사람의 사실적 지배에 있다고 보여지는 객관적 관계를 말하는 것으로서 사실상의 지배가 있다고 하기 위해서는 반드시 물건을 물리적·현실적으로 지배하는 것만을 의미하는 것이 아니고, 물건과 사람과의 시간적·공간적 관계와 본권 관계, 타인지배의 배제가능성 등을 고려하여 사회관념에 따라 합목적적으로 판단하여야 한다. 특히 임야에 대한 점유의 이전이나 점유의 계속은 반드시 물리적이고 현실적인 지배를 요한다고 볼 것은 아니고 관리나 이용의 이전이 있으면 인도가 있었다고 보아야 하고, 임야에 대한 소유권을 양도하는 경우라면 그에 대한 점유의 지배권도 넘겨지는 것이 거래에 있어서 통상적인 형태라고 할 것이다.[1]

2. 등기부취득시효에서의 선의·무과실의 대상 및 무과실의 입증책임

등기부취득시효에서 선의·무과실은 등기에 관한 것이 아니고 점유 취득에 관한 것으로서 그 무과실에 관한 입증책임은 시효취득을 주장하는 쪽에 있다.[2]

3. 매도인에게 부동산의 처분권한이 있는지 여부를 조사하지 않은 매수인에게 그 부동산 점유에 대해 과실이 있는가

부동산을 취득한 자는 부동산을 양도하는 자가 처분할 권한이 있는지 여부를 조사하여야 할 것이며, 이를 조사하였더라면 양도인에게 처분권한이 없음을 알 수 있었음에도 불구하고 이러한 조사를 하지 아니하고 양수하였다면 그 부동산의 점유에 대하여 과실이 있다(대법원 1990. 10. 16. 선고 90다카16792 판결, 1995. 2. 10. 선고 94다22651 판결, 1996. 7. 12. 선고 96다16889 판결 등 참조).

---

1) 민법 제192조【점유권의 취득과 소멸】 ①물건을 사실상 지배하는 자는 점유권이 있다. ②점유자가 물건에 대한 사실상의 지배를 상실한 때에는 점유권이 소멸한다. 그러나 제204조의 규정에 의하여 점유를 회수한 때에는 그러하지 아니한다.
민법 제196조【점유권의 양도】 ①점유권의 양도는 점유물의 인도로 그 효력이 생긴다. ②전항의 점유권의 양도에는 제188조 제2항, 제189조, 제190조의 규정을 준용한다.
2) 민법 제245조【점유로 인한 부동산소유권의 취득기간】 ①20년간 소유의 의사로 평온·공연하게 부동산을 점유하는 자는 등기함으로써 그 소유권을 취득한다. ②부동산의 소유자로 등기한 자가 10년간 소유의 의사로 평온·공연하게 선의이며 과실없이 그 부동산을 점유한 때에는 소유권을 취득한다.

대리권

> **Q** 본인은 유류회사를 경영하는 사람입니다. 청주 쪽에 주유소를 직
> 영하기 위해 부지를 물색하던 중 적당한 주유소 부지를 발견하고
> 갑에게서 구입하였습니다. 그때 갑은 분명히 대지 소유자인 갑의 남편
> 을의 인장을 가지고 계약서에 날인을 하였고, 처분에 대한 권리도 을에
> 게서 위임을 받았다고 하며 소유권이전등기까지 마쳤습니다. 그런데 본
> 인이 대지를 구입한지 1년이 넘도록 아무 소리 없다가 주유소를 신축
> 하려고 하니 그때서야 을이 갑과 본인 사이에 체결된 토지 매매계약은
> 무효라며 해약을 요구합니다. 을의 말에 의하면 처분에 대한 권리를 위
> 임한 적이 없다고 하는데 어떻게 하면 좋은지요?
>
> **A** 대리권이 없는 자가 타인의 대리인으로 한 계약은 본인이 이를 추인
> 하지 않으면 본인에 대하여 효력이 없습니다.[1]

1. 대리권이란 무엇인가

민법에서는 대리권에 대해서 규정하기를 타인(대리인)이 본인의 이름으로
의사를 표시하거나 의사표시를 받음으로써 직접 본인에게 법률효과를 발생하
게 할 수 있는 법률적 지위나 자격이라고 한다.[2]

그러나 대리행위가 효력을 발생하기 위해서는 대리인에게 부여된 권한을

---

1) 민법 제130조【무권대리】 대리권 없는 자가 타인의 대리인으로 한 계약은 본인이 이를 추인하지
아니하면 본인에 대하여 효력이 없다.
2) 민법 제114조【대리행위의 효력】 ①대리인이 그 권한 내에서 본인을 위한 것임을 표시한 의사표
시는 직접 본인에게 대하여 효력이 생긴다.
②전항의 규정은 대리인에게 대한 제3자의 의사표시에 준용한다.

벗어나서는 안된다. 그러므로 대리인과 계약을 체결하기 위해서는 대리인이 정당한 권한을 부여받았는지에 대해 확인을 해보아야 한다. 그리고 대리행위에 있어서 의사표시의 효력이 의사의 흠결, 사기, 강박 또는 어느 사정을 알았거나 과실로 알지 못한 것으로 인하여 영향을 받을 경우에는 그 사실의 유무는 대리인을 표준하여 결정하도록 되어 있다.[1]

그리고 특정한 법률행위를 위임한 경우에 대리인이 본인의 지시에 좇아 그 행위를 한 때에는 본인은 자기가 안 사정 또는 과실로 인하여 알지 못한 사정에 관하여 대리인의 부지를 주장하지 못한다고 법률에서는 규정하고 있다.

그러면 법률에서 인정하는 대리권의 범위는 어디까지인가?

민법 제118조에서는 권한을 정하지 아니한 경우에는

① 보존행위
② 대리의 목적인 물건이나 권리의 성질을 변하지 아니하는 범위에서 그 이용 또는 개량하는 행위만을 할 수 있도록 규정하고 있다.

어쨌든 제3자에 대하여 타인에게 대리권을 부여한 자는 그 대리권의 범위 내에서 행한 그 타인과 그 제3자간의 법률 행위에 대하여 책임이 있다. 그러나 제3자가 대리권 없음을 알았거나 알 수 있었을 때에는 그렇지 않으며[2] 부여된 권한외의 법률행위를 한 경우에 제3자가 그 권한이 있다고 믿을 만한 정당한 이유가 있는 때에는 본인은 그 행위에 대하여 책임이 있다.

---

1) 민법 제116조【대리행위의 하자】 ①의사표시의 효력이 의사의 흠결, 사기, 강박 또는 어느 사정을 알았거나 과실로 알지 못한 것으로 인하여 영향을 받을 경우에 그 사실의 유무는 대리인을 표준하여 결정한다.
②특정한 법률행위를 위임한 경우에 대리인이 본인의 지시에 좇아 그 행위를 한 때에는 본인은 자기가 안 사정 또는 과실로 인하여 알지 못한 사정에 관하여 대리인의 부지를 주장하지 못한다.
2) 민법 제125조【대리권수여의 표시에 의한 표견대리】 제3자에 대하여 타인에게 대리권을 수여함을 표시한 자는 그 대리권의 범위 내에서 행한 그 타인과 그 제3자간의 법률행위에 대하여 책임이 있다. 그러나 제3자가 대리권 없음을 알았거나 알 수 있었을 때에는 그러하지 아니한다.

부여된 대리권은

① 본인의 사망
② 대리인의 사망, 금치산 또는 파산의 선고가 있을 때 소멸되며 이와 같은 경우 외에도 그 원인이 된 법률관계의 종료에 의하여 소멸하고 법률관계의 종료 전이라도 본인이 수권행위를 철회한 경우에도 대리권은 소멸한다.

2. 무권대리와 책임

무권대리란 대리권 없이 행힌 대리행위를 의미하는 데 대리행위가 법률적으로 효력을 발생하기 위해서는 대리권을 수여한 자가 그 행위에 대하여 추인을 하여야 한다.[1] 그리고 이러한 무권대리행위는 상대방에 대한 책임을 져야한다. 그 책임의 범위는 다음과 같다.

① 타인의 대리인으로 계약을 한 자가 그 대리권을 증명하지 못하고 또 본인의 추인을 얻지 못한 때에는 상대방의 선택에 좇아 계약의 이행 또는 손해배상의 책임이 있다
② 상대방이 대리권없음을 알았거나 알 수 있었을 때 또는 대리인으로 계약한 자가 행위능력이 없는 때에는 전항외 규정을 적용하지 아니한다.

3. 질문의 경우에는 어떻게 되는가

질문의 경우 일단 질문자에게도 주의 의무를 게을리한 책임이 있다. 비록 갑이 을이 부여한 대리권을 가지고 있다고 주장하더라도 그 대리권이 정당한

---

1) 민법 제130조【무권대리】 대리권없는 자가 타인의 대리인으로 한 계약은 본인이 이를 추인하지 아니하면 본인에 대하여 효력이 없다.

것이었는지에 대해 확인해볼 필요가 있는 것이다. 그러나 질문자로서는 갑이
가지고 있던 대지 소유자인 갑의 남편 을의 인장을 가지고 있었고 처분에 대
한 권리도 을에게서 위임을 받았다고 하며 소유권이전등기까지 넘겨준 것으
로 봐서는 분명 대리인은 실소유권자인 을로부터 권한을 위임받았다는 사실
을 확인할 수 있는 위임장과 등기권리증을 가지고 있었음이 분명하기 때문에
갑과 계약을 한 것이다.

　그러므로 갑이 어떻게 해서 이러한 서류들을 소지하고 있었는지에 대해 자
세하게 알아볼 필요가 있다. 그리고 질문자는 이러한 사실을 을에게 통지하고
갑이 행한 행위가 정당한 것이었는지를 확인한 후 정당한 권한의 행사였다면
을에게 갑의 행위에 대한 추인을 요청하는 것이 좋을 것이다. 을이 추인을 하
지않아 매매계약의 무효를 주장하며 소유권이전등기말소를 청구한다면 질문
자도 갑이 행한 대리행위를 선의적으로 믿을 수밖에 없었던 사항과 을에게도
일부 책임이 있음을 주장하여[1] 법적으로 대응하여야 한다.

---

1) 민법 제126조【권한을 넘은 표견대리】 대리인이 그 권한외의 법률행위를 한 경우에 제3자가 그
권한이 있다고 믿을 만한 정당한 이유가 있는 때에는 본인은 그 행위에 대하여 책임이 있다.

부동산의 매매에 있어 시가에 관한 착오

Q 본인은 건물을 1억 1,000만원에 갑에게 팔았습니다. 그런데 이 건물의 시가가 2억 2,000만원 상당이 되는데도 불구하고 본인의 경솔과 무경험으로 인해 이처럼 시가보다 훨씬 싸게 매도한 것은 현저하게 공정을 잃은 법률행위이기 때문에 무효라고 생각합니다. 본인은 갑에게 계약금으로 받은 1,100만원의 배액을 상환하고 계약을 해제했으면 합니다. 본인은 이러한 사실을 갑에게 통지하였으나 갑이 계약해제를 거부하기 때문에 법원에 계약금의 배액을 공탁하고 계약을 해제하려고 하는데 가능한지요?

A 부동산의 매매에 있어 시가에 관한 착오는 그 동기의 착오에 불과할 뿐이며 법률 행위의 중요부분에 관한 착오라고는 할 수 없습니다.

부동산매매에 있어서 시가에 관한 착오는 그 동기의 착오에 불과할 뿐 법률행위의 중요부분에 관한 착오라고 할 수 없는 것이다.[1] 질문의 경우처럼 질문자의 경솔함과 경험 없음으로 인해 부동산에 대한 매매가 이루어진 것이라면 그 가격이 시가보나 저렴하다는 이유만으로 위 매매계약을 일방적으로 취소하거나 해제할 수 없는 것이다. 질문자가 계약금의 배액을 변제하기로 해 그 돈을 법원에 공탁하고 계약해제의 의사표시를 하였다 하더라도 그것은 불가능하며 갑이 성립된 계약의 이행에 착수했다면 질문자의 계약해제 효력은 발생할 수 없다.

---

1) 민법 제109조【착오로 인한 의사표시】 ①의사표시는 법률행위의 내용의 중요부분에 착오가 있는 때에는 취소할 수 있다. 그러나 그 착오가 표의자의 중대한 과실로 인한 때에는 취소하지 못한다. ②전항의 의사표시의 취소는 선의의 제3자에게 대항하지 못한다.

매매계약의 성립요건으로서 목적물과 대금의 특정 정도

Q 본인은 1980년에 갑과 '의정부시 의정부 2동 747의 77, 754의 6, 781의 15 등 3필지 및 그 외에 같은 동 소재 을의 소유 부동산 전부'라고 표시하여 매매계약을 체결하였습니다. 이때 매매 목적물 중 특정된 3필지를 제외한 나머지 부동산이 토지인지 건물인지, 토지라면 그 필지·지번·지목·면적, 건물이라면 그 소재지·구조·면적 등 어떠한 부동산인지를 알 수 있는 표시가 전혀 되어 있지 않았습니다. 그리고 그 부동산의 소재가 17년이 지난 후에야 발견되었는 데 그 후손이 그 매매계약의 무효를 주장하고 있습니다. 이런 경우 매매계약이 무효가 되는지요?

A 매매계약에 있어서 그 목적물과 대금은 반드시 계약체결 당시에 구체적으로 특정될 필요는 없고 이를 사후에라도 구체적으로 특정할 수 있는 방법과 기준이 정해져 있으면 족합니다.

1. 매매계약에 있어서의 목적물의 특정

일반적으로 부동산 매매계약을 체결하는 경우에는 매매 목적물을 특정하게 된다. 그러나 매매계약에 있어서 그 목적물과 대금은 반드시 계약체결 당시에 구체적으로 특정할 필요는 없는 것이다. 다만 이를 사후에라도 구체적으로 특정할 수 있는 방법과 기준이 정해져 있으면 족하다고 할 것이다(대법원 1986. 2. 11. 선고 84다카2454 판결, 1993. 6. 8. 선고 92다49447 판결).

그러나 만약 이와 같은 경우 '의정부시 의정부 2동 747의 77, 754의 6, 781 의 15 등 3필지 및 그 외에 같은 동 소재 을의 소유 부동산 전부'처럼 표시하여 매매계약의 목적물 중 특정된 3필지를 제외한 나머지 부동산이 토지인지 건물인지, 토지라면 그 필지 · 지번 · 지목 · 면적, 건물이라면 그 소재지 · 구조 · 면적 등 어떠한 부동산인지를 알 수 있는 표시가 전혀 되어 있지 않고 계약 당시 당사자들도 어떠한 부동산이 몇 개나 존재하고 있는지조차 알지 못한 상태에서 계약이 이루어지고 질문자의 말처럼 계약일로부터 17년이 지난 후에야 그 소재가 파악될 정도였다면 그 목적물 중 특정된 3필지를 제외한 나머지 부동산에 대한 매매는 그 목적물의 표시가 너무 추상적이어서 매매계약 이후에 이를 구체적으로 특정할 수 있는 방법과 기준이 정해져 있다고 볼 수 없어 매매계약이 성립되었다고 볼 수 없다.[1]

---

1) 민법 제563조【매매의 의의】 매매는 당사자일방이 재산권을 상대방에게 이전할 것을 약정하고 상대방이 그 대금을 지급할 것을 약정함으로써 그 효력이 생긴다.

부동산 매매계약에 있어서 고지의무

Q 본인은 얼마전 갑으로부터 토지를 매입하였습니다. 계약금은 지불한 상태입니다. 그런데 그 토지를 매입한 후 알아본 결과 그 토지를 타인에게 담보를 잡히고 많은 액수의 돈을 빌렸다고 합니다. 그 사람은 그 차용해준 돈을 받기 위해 가압류를 할 것이라고 합니다. 부동산 매매의 경우 신의성실의 원칙상 매도인은 매수인에게 고지의무가 있다고 들었습니다. 갑이 본인에게 그 사실을 알리지 않은 경우 사기죄가 성립 되는지요?

A 사기죄가 성립될 수도 있습니다.

부동산을 매매하는 경우 매도인은 매수인에게 매매와 관련된 구체적 사정을 고지하는 것은 당연하다. 만약 매도인이 매수인에게 고지의 의무를 다하지 않아 매수인이 매매목적물에 대한 권리를 확보하지 못할 위험이 생길 수 있음을 알면서도, 매수인에게 그와 같은 사정을 고지하지 아니한 채 매매계약을 체결하고 매매대금을 교부 받았다던가, 또 매수인은 그와 같은 사정을 고지 받았더라면 매매계약을 체결하지 않았을 것이고, 매매대금을 지급하지 아니하였을 것임이 경험칙상 명백한 경우에는, 계약 성립에 있어 신의성실의 원칙상 매도인에게 그와 같은 사정에 관한 고지의무가 있다고 할 것이다. 그러므로 매도인이 매수인에게 그와 같은 사정을 고지하지 아니함은 사기죄[1]의 구

---

1) 형법 제347조【사기】 ①사람을 기망하여 재물의 교부를 받거나 재산상의 이익을 취득한 자는 10년 이하의 징역 또는 2천만원 이하의 벌금에 처한다. 〈개정 95.12.29〉
②전항의 방법으로 제3자로 하여금 재물의 교부를 받게 하거나 재산상의 이익을 취득하게 한 때에도 전항의 형과 같다.

성요건인 기망행위에 해당한다.

그러나 부동산 매매계약을 체결함에 있어서 그 목적물에 관하여 흠결이 있
는 경우 적극적으로 은폐하려고 하였던 것이 아니고 단순히 그 사실을 고지하
지 아니한 경우에는 사기죄의 범의가 있다고 볼 수 없다.

수량을 지정하지 않은 토지 매매

Q 본인은 성남시 하대원동에 있는 토지구획정리사업지구 내의 환지 예정지 452평을 평당 40만원을 주고 사업소측으로부터 매수하여 소유권이전등기를 마쳤습니다. 그런데 위 면적을 초과하는 과도면적 55.6평(162.4 -106.8)에 대한 청산금 18,279,560원(328,769원 × 55.6평) 역시 본인이 납부하였습니다. 매매계약의 목적물이 위 환지예정지 161.2평이 포함된 452평으로 확정되고 매매대금도 평당 금40만원으로 결정된 이상, 비록 토지구획정리사업 주체와의 관계에서는 환지 확정 당시 본인이 청산금을 납부할 의무가 있다할지라도 본인과 토지사업소 사이에는 청산금 중 위 매매계약상의 환지 예정지 면적으로 되어 있는 161.2평에 관하여 부과된 청산금 17,885,033원 ((161.2평 -106.8평) × 328,769원)은 토지사업소가 이를 부담하여야 할 성질의 것인데도 불구하고 본인이 이를 납부하였으므로 토지사업소 측에서는 법률상 원인없이 위 금액 상당의 이득을 얻고 본인에게 동액 상당의 손해를 가하였습니다. 그러므로 본인은 이 매매계약이 환지 예정지에 대한 매매가 수량을 지정하여 한 매매가 아니라고 생각되기 때문에 토지사업소 측에 손해금을 청구코자 합니다. 가능한지요?

A 본 질문의 경우 수량을 지정하여 체결한 매매계약이 아니므로 손해배상금을 청구하는 것이 가능합니다.

1. 매매에 있어 수량의 지정과 그렇지 않은 경우의 처리방법

일반적으로 매매계약을 할 때에는 수량을 지정하여 하는 경우와 그렇지 않은 경우로 나누어 볼 수 있다. 어떤 사람이 토지를 매입하면서 매입 전에 그 토지를 현지 답사를 하였지만 실제로는 측량은 하지 않고 계약서에 등기부상의 면적을 기재하고 매매계약을 체결하는 경우가 있을 것이다. 그런데 토지를 매입한 후 측량을 해보았더니 등기부상의 평수가 실제평수보다 좁다는 사실을 발견하게 되었다. 이런 경우 두 가지 측면에서 생각해 볼 수 있을 것이다.

통상적인 토지 매매계약에서는 계약서에 토지면적을 기재하는 데 이는 그 계약서 기재면적이 실제면적을 기재한다고는 할 수 없고 계약목적인 토지를 특정하는 수단으로서 등기부의 면적을 그대로 기재하는 경우도 있다. 계약서에 기재된 면적이 일정구획의 전체로써 평가하고 단순히 토지를 나타내고 가격도 면적을 기준으로 결정하는 경우(수량을 지시한 매매)로 구분하여 민법 제574조에 의해 법률적 효과가 달라진다.

그런데 첫번째 경우 대금의 결정방법이 평당 또는 평방미터당의 단가에 의하여 대금을 결정하고, 등기부상의 면적과 실제측량면적이 같다는 뜻에서 계약서에 면적을 기재하였다면 실제측량의 결과 부족되는 면적 분에 대하여 매도인은 책임을 져야 하는 것이다. 그러므로 매수인은 매도인에게 대금감액을 청구할 수 있으며, 면적이 부족함을 알았다면 매수하지 않았을 것이라면 계약을 해제할 수도 있다.

두번째 경우는 다르다. 토지를 매매함에 있어 일정구획의 토지를 일체로써 평가하고 그 대금도 전체로 결정한 것이라면 계약서에 등기부와 동일면적을 기재해도 그것만으로는 면적부족을 이유로 대금의 감액이나 계약해제를 할 수 없다.

수량을 지시한 매매라면 계약을 할 당시에 토지면적을 실지로 측량하는 것이 보통의 상례이다. 그런데 수량을 지시한 매매가 아닌 경우에는 목적지를 일체로 거래한 것이 되기 때문에 매도인에게 하자에 대한 담보 책임이 없다.

수량을 지정하여 매매계약을 체결하는 경우 목적물의 수량이 부족할 경우는 분명히 매매목적인 재산권에 하자, 즉 매매에 의하여 매수인이 취득하는 권리 또는 권리의 객체인 물건에 흠 내지 불안전한 점이 있는 것이다. 이럴 때에 매도인은 매수인에 대하여 일정한 책임을 부담해야 한다. 이것을 하자담보 책임이라고 하는 것이다.

이는 매매계약의 유상성에 비추어 매수인을 보호하고 일반거래의 동적 안전을 보장하려는 뜻에서 매도인에게 인정되는 법정 책임이다.

　질문의 경우에는 환지 처분의 공고가 있은 후에 확정된 청산금은 환지 확정 당시의 종전토지의 소유자에게 있음은 당연한 것이다. 그리고 이 부동산 매매 계약을 체결함에 있어 장차 환지 처분이 예상되는 때에 종전토지에 관하여 부과될 청산금을 질문자가 부담하기로 하는 약정을 한 것이 아니라면, 위 매매 계약서상의 지적의 표시와 이를 기초로 한 매매대금의 산정은 토지매매당사자들간에 대상 토지를 특정하고 그 대금을 결정하기 위한 방편이었다고 보여질 뿐 그 자체가 수량을 지정하여 한 매매라고는 보기 어렵다.

　그러므로 질문자는 손해배상금을 청구할 수 있다.

근저당권과 대금지급

Q 본인은 얼마 전 총액 7,000만원에 갑으로부터 건물을 매입하기로 하고 갑에게 계약금 1,000만원은 계약당일에, 중도금 3,000만원은 같은 해 한 달 후에, 잔금 3,000만원은 다시 한 달 후에 지급하되, 잔금 지급과 동시에 갑에게 건물에 대한 소유권이전등기소요서류를 교부 받기로 약정을 했습니다. 그런데 본인이 계약당일 계약금만 갑에게 지급한 상태에서 매입하기로 한 이 건물을 갑에게서 미리 인도 받아 점유 · 사용하여 오다가 위 중도금 지급 기일에 이르러 매매목적건물이 S은행 여의도 지점에 채무금 1억 6,000만원의 공동담보로 근저당권설정등기가 되어 있음을 알고 이를 이유로 갑에게 이 건물의 근저당권설정등기를 말소해주거나 또는 확실한 말소방안을 제시하지 않으면 중도금을 지급할 수 없다고 통보하고 갑에게 지급할 중도금을 S은행에 예탁하여 이를 지급하지 않았습니다. 그런데 갑은 이후 수회에 걸쳐 중도금 및 잔금지급을 최고해왔습니다. 그러나 갑은 설정된 근저당권에 대하여 말소를 하지 않으므로 지급을 미루고 있었는데 갑이 다시 중도금 및 잔금을 1999년 1월 15일까지 지급할 것을 최고하고 그 기간 내에 이행이 없으면 매매계약을 확정적으로 해제한다는 의사표시를 해왔습니다. 이런 경우 갑의 계약해제가 인정되는지요? 그리고 근저당권 말소가 없음에도 중도금과 잔금을 지급하여야 하는지요?

A 계약해제는 무효이며, 대금의 지급도 근저당권의 말소 이후에 하면 됩니다.

1. 근저당권이란 무엇인가

근저당권이란 계속적인 거래관계를 가지고 있을 때 앞으로 생길 불특정 채권을 담보하기 위한 권리를 말한다. 근저당권의 설정은 부동산 물권변동의 일반원칙에 따라서 설정에 관한 물권적 합의와 등기에 의하도록 되어 있는데[1] 근저당권의 설정자는 채무자인 것이 보통이다.

2. 피담보 채권의 범위

근저당권을 설정하는 이유는 장래에 도래할 채권에서 원본, 이자, 위약금, 채무불이행으로 인한 손해배상 및 저당권의 실행비용을 담보하기 위한 것이다.[2] 또한 저당권을 행사할 때에는 지연배상에 대하여는 원본의 이행기를 경과한 후의 1년 분에 한해서이다. 그리고 근저당권에 있어서의 최고액은 목적물로부터 우선 변제를 받는 최고한도이므로 결국 근저당 최고액은 민법 제360조가 정하는 것의 합계의 일정액이라는 것을 의미하고 그 합계가 최고액 한도를 넘고 있으면 넘는 부분은 우선 변제를 받지 못하게 되어 있다.

3. 근저당권의 소멸

근저당권을 소멸시키기 위해서 제일 쉽게 이용할 수 있는 방법은 이미 발생하고 있는 채무를 변제하는 것이다. 즉, 질문의 경우처럼 주택 매매대금에서 매매 당시의 매도인(채무자)이 은행에 대해서 부담하고 있는 금액(최고액의 한도 내에서)을 공제한 나머지를 매도인에게 지급하고 근저당권을 소멸시키는 것이다.

이렇게 되면 질문자가 은행에 대해서 대부금과 지연이자를 부담하게 되는 것이다. 민법에 보면 피담보 채권이 확정되기 전에는 비록 발생한 채권을 채무

---

1) 민법 제186조【부동산물권변동의 효력】 부동산에 관한 법률행위로 인한 물권의 득실변경은 등기하여야 그 효력이 생긴다.
2) 민법 제360조【피담보채권의 범위】 저당권은 원본, 이자, 위약금, 채무불이행으로 인한 손해배상 및 저당권의 실행비용을 담보한다. 그러나 지연배상에 대하여는 원본의 이행기일을 경과한 후의 1년분에 한하여 저당권을 행사할 수 있다.

1. 부동산을 매도 · 매수할 때의 문제점 167

자가 변제해도 근저당권이 소멸하지 않는다. 다만 피담보 채권이 확정되는 때에 담보할 채권이 전혀 존재하지 않거나, 채권이 있더라도 변제로 소멸한 때나 실행이 종료하면 근저당권이 소멸하게 되어 있다. 그러나 피담보 채권이 확정되기 전에도 근저당권을 소멸시킬 수 있다. 즉, 근저당권 존속기간을 정하고 있지 않는 경우에는 이미 발생하고 있는 채무가 변제 등으로 전부 소멸하고 있으면 기본계약과 설정계약을 해지하여 근저당권을 소멸시킬 수 있는 것이다. 한편 존속기간이나 결산기를 정하고 있는 경우에는 발생한 채권이 소멸하고 있고, 채무자가 거래를 계속하기를 원하지 않으면 설정자는 계약을 해지하고 설정등기말소를 청구할 수 있다는 판례가 있다(대판 1966.3.22{66다 68}).

4. 질문의 경우에는 어떻게 되는가

부동산 매매계약에 있어 특별한 약정이 없는 한 매수인은 그 부동산에 설정된 근저당권설정등기가 있어 완전한 소유권이전을 받지 못할 우려가 있으면 그 근저당권의 말소등기가 될 때까지 그 등기상의 담보한도금액에 상당한 대금지급을 거절할 수 있다. 또한 매수인이 선이행의무가 있는 중도금을 이행하지 않았다 하더라도 계약이 해제되지 않은 상태에서 잔대금 지급기일이 도래하였지만 그때까지 중도금과 잔대금이 지급되지 아니하고 잔대금과 동시이행관계에 있는 매도인의 소유권이전등기소요서류가 제공된 바 없이 그 기일이 도과하였다면 매수인의 중도금 및 잔대금의 지급과 매도인의 소유권이전등기소요서류의 제공은 동시이행관계에 있다할 것이어서 그때부터는 매수인은 이 중도금을 지급치 아니한데 대한 이행지체의 책임을 지지 않아도 된다.[1]

---

1)민법 제536조【동시이행의 항변권】 ①쌍무계약의 당사자 일방은 상대방이 그 채무이행을 제공할 때까지 자기의 채무이행을 거절할 수 있다. 그러나 상대방의 채무가 변제기에 있지 아니하는 때에는 그러하지 아니한다.
②당사자 일방이 상대방에게 먼저 이행하여야 할 경우에 상대방의 이행이 곤란할 현저한 사유가 있는 때에는 전항 본문과 같다.

매수인의 대금지급을 매도인의 소유권이전보다 선이행의무로 보는 경우

Q 본인은 1998년 6월에 갑으로부터 환지 전 토지 3필지를 대금 2,900만원에 매수했습니다. 그때 본인은 매매계약 약정서에 1) 을(본인)이 갑에게 위 대금완납 시에는 위 대지에 관한 소유권이전등기를 이행한다, 2) 매수인이 토지상의 건물의 건축허가를 받음에 있어 매도인은 소유권자로서 토지사용을 승낙하고 매수인은 그 허가 이후 45일 이내에 매도인에게 2,900만원을 지급하되 이를 지키지 못할 시에는 이자를 지급하며 그 변제방법은 위 건물이 45일 이내에 매매처분되면 그 대금 중에서 우선 변제키로 되어 있습니다. 그런데 본인이 그 대금을 지급하지 못했다고 해서 계약을 일방적으로 해제하였습니다. 이런 경우 갑의 계약해제가 정당한 것인지요? 그리고 매수인의 대금지급을 매도인의 소유권이전보다 선이행의무가 되는 것인지요?

A 질문의 경우에는 매수인의 대금지급이 매도인의 소유권이전보다 선이행 의무가 됩니다.

일반적으로 부동산 매매계약이 체결되면 매수인의 대금지급의무와 매도인의 소유권이전등기의무는 동시적으로 이행되어져야 하는 것이다. 그러나 매매계약상에 특약이 있는 경우에는 그렇치 않다.

그러나 질문의 경우를 보면 질문자는 약정서에 '을(질문자)이 갑에게 위 대금완납 시에는 위 대지에 관한 소유권이전등기를 이행한다'라고 기재하여 날인한 사실을 살펴보면 문면 상으로 대금지급의무가 소유권이전등기의무보다 선이행의 관계에 있는 것으로 해석할 수 있다. 또 위 약정서의 내용을 보면 질문자는 이 토지의 소유권자 갑으로부터 그 지상 7동 건물의 건축 허가를 받음에 있어 대지사용을 승낙하고(제1항) 원고는 그 건축허가 이후 45일 이내에 피고에게 2,900만 원을 지급하되 45일 이내에 지급치 못할 시에는 그 다음날부터 월 4푼의 이식을 가산지급하며(제2항), 변제방법은 위 7동이 45일 이내에 매매 처분되면 그 대금 중에서 우선 변제키로(제3항) 되어 있는 점과 소유권이전등기까지 경료하여 주었는데 매매대금이 지급되지 아니한 사실을 보면 질문자가 위 약정을 한 것은 이 토지를 매수 취득하는 것보다 질문자가 그 지상에 있는 무허가건물 7동을 완성하여 처분함으로써 이득을 얻으려는데 주된 목적이 있었던 것이다. 그러므로 결국 이 토지매매에 있어서는 당사자간의 특약으로 질문자의 대금지급을 선이행의무로 정한 것이라고 보아야 할 것이다.

매매 목적 토지 위에 제3자의 건물이 있는 경우

> **Q** 본인은 서울 근교에 있는 대지 100평을 구입하려고 하는데 이 땅에 어떻게 해서 건물이 세워져 있는지는 알 수 없지만 이미 제3자가 집을 지어 살고 있습니다. 그리고 그 건물의 소유자도 토지의 소유자와는 전혀 다른 사람이었습니다. 만약 본인이 땅을 매입했을 경우 그 건물을 철거시킬 수 있는지요?
>
> **A** 토지와 건물의 소유권자가 다른 경우 토지와 건물을 전부 매입하는 것이 아니고 토지만을 매입하려는 경우에는 건물과 토지 소유권자와의 권리관계를 우선적으로 조사하여야 합니다.

1. 소유권자의 권리관계

우리 민법은 토지와 건물로 분리하여 별개의 부동산으로 다루고 있기 때문에 토지와 건물의 소유자가 동일한 경우와 그렇지 않은 경우도 있다. 그러므로 질문의 경우처럼 매입하려는 토지 위에 집을 지어 살고 있는 제3자가 있다면 우선적으로 어떻게 해서 그 토지 위에 집을 짓고 살고 있는지를 알아보아야 한다. 그 후에 건물처리에 관한 사항을 결정하여야 한다. 아무리 알 수 없는 원인에 의해 지어진 건물이라고 해도 함부로 철거할 수는 없기 때문이다. 그렇게 되면 타인의 재산권을 침범하는 결과가 된다.

그런데 토지와 건물 소유자가 다르지만 엄연히 건물이 존재하는 때에는 다음과 같은 경우에 따라 처리를 할 수 있을 것이다.

토지 위에 집을 지어 살고 있는 제3자가 아무런 권리도 없이 사실상 남의 땅을 이용하고 있는 무권리형

이러한 경우에는 현재의 토지 소유자나 매수인이 즉시 철거 및 퇴거명령을 통해 간단하게 문제를 해결할 수 있다.

민법상의 사용대차관계가 양자간에 성립된 무상형

토지 소유권자가 건물의 소유권자에게 무상으로 토지를 사용·수익하게 하기 위하여 목적물을 인도할 것을 약정하고, 건물 소유자는 이를 사용·수익한 후 그 토지를 반환할 것을 약정한 경우로 이때에는 민법상의 사용대차관계가 양자간에 성립하게 된다. 이것을 사용대차라고 하는데 물건의 이용 대가를 지급하지 않는 무상이라는 특징을 가지고 있다.

사용대차계약의 존속기간을 정한 때

기간의 만료 시에 사용대차는 종료되며, 차주는 차용물인 토지를 반환하여야 한다.

사용대차기간을 정하지 않은 때

계약 또는 목적물의 성질에 의한 사용·수익이 종료한 때에는 자동적으로 사용대차도 종료되고 차주는 차용물인 토지를 소유주에게 반환하여야 한다. 그리고 차주가 사용·수익의 범위를 벗어나거나 또는 대주의 승낙없이 제3자에게 사용·수익하게 한 때에도 대주는 계약을 해지할 수 있다.

반환시기를 약정하지 않고 사용대차를 할 경우에는 계약 또는 목적물의 성질에 의한 사용·수익에 충분한 기간이 경과한 때에는 토지의 소유자인 대주는 언제라도 계약을 해지할 수 있다.

유상형

유상형은 토지를 사용 대차하면서 거기에 따른 차임을 지급하는 경우이다.

이럴 때에는 건물의 소유자가 토지 소유자로부터 지상권이나 임차권을 취득
하고 있는 것으로 보아야 한다. 즉, 임차권을 등기한 때에는 물권에 상당한 권
리를 제3자에게도 주장할 수 있으며, 건물주가 토지임차권을 등기를 하지 않
았다 하더라도 그 지상에 건축된 건물등기를 하였을 때는 역시 제3자에게 임
차권의 효력을 주장할 수 있게 되어 있다. 이렇게 건물주의 임차권이 존속하
는 기간에는 어느 누구라도 그 건물의 명도를 청구할 수 없다.

그러므로 이러한 경우에는 건물주와 토지소유주와의 권리관계를 먼저 조사
한 다음 선택하여 거기에 따르는 조치를 취해야 한다.

하자담보책임

> **Q** 얼마 전 본인 소유의 건물을 갑에게 매도하였습니다. 계약서를 작성할 때 그 건물이 급매로 내놓은 것이기 때문에 다른 건물에 비해 가격이 싸므로 특약사항으로 건물의 하자가 있다 하더라도 '권리 상의 모든 하자(등기부상 목록과 물건현상의 상위 또는 부족, 시가지 계획·편입·환지·징발·개발제한 기타 법률상 또는 행정상 규제로 인한 권리의 제한, 권리의 일부가 타인에게 속함으로써 받는 권리의 제한, 기타 매매목적물 자체의 하자 또는 권리상의 모든 하자)'에 대한 책임을 지지 않는다고 분명히 기재하였습니다. 또 갑 역시 위 특약내용 을 그대로 인정하였습니다. 그런데 갑이 갑자기 건물에 하자가 너무 많 다며 계약을 해제하겠다고 합니다. 이런 경우에는 어떻게 하여야 하는 지요?
>
> **A** 처분문서는 그 성립의 진정함이 인정되면 반증이 없는 한 그 기재내 용에 의하여 의사표시의 존재 및 내용을 인정하여야 하므로 계약해제 는 부당합니다.

1. 매도인의 담보책임

　부동산을 매매 함에 있어 매도인과 매수인은 각각 매매 목적물인 재산권을 매수인에게 인도할 의무와 목적물의 매매대금을 매도인에게 지급할 의무를 부담하게 되어 있다. 그런데 곧잘 매매 목적물인 재산권에 하자가 발생하는 경우가 생겨 법적 분쟁이 발생한다. 이것은 매매에 의하여 매수인이 취득하는 권리 또는 권리의 객체인 물건에 하자 내지 불완전한 점이 발생하거나 발견되어 취득할 권리가 손해를 입게 되기 때문에 일어나는 책임이다.

　이러한 하자가 발생하면 매도인은 거기에 대하여 일정한 책임을 부담하여야 한다. 이것을 민법에서는 하자담보책임[1] 이라고 한다. 이것은 매매계약에 있어서 매수인을 보호하고 일반거래의 동적 안전을 보장하기 위해 매도인에게 부여된 법정책임이다.

그 발생원인은 다음과 같은 경우가 있다.

① 재산권의 전부 또는 일부가 타인에게 속하는 경우
② 재산권의 일부가 존재하지 않는 경우
③ 재산권이 타인의 권리에 의하여 제한을 받을 경우와 물건에 하자가 있는 경우 즉, 매매 목적물에 하자가 있어 그 교환가치나 사용가치가 충분하지 못한 경우, 즉 경매에 있어서의 담보책임에 의하여 발생한 경우

따라서 담보책임으로서 매도인이 부담하여야 할 책임의 내용은 대개 매수인에게 일정한 요건하에 계약해제권, 대금감액 청구권[2], 손해배상 청구권, 완

---

1)민법 제575조【제한물권 있는 경우와 매도인의 담보책임】 ①매매의 목적물이 지상권·지역권·전세권·질권 또는 유치권의 목적이 된 경우에 매수인이 이를 알지 못한 때에는 이로 인하여 계약의 목적을 달성할 수 없는 경우에 한하여 매수인은 계약을 해제할 수 있다. 기타의 경우에는 손해배상만을 청구할 수 있다.

②전항의 규정은 매매의 목적이 된 부동산을 위하여 존재할 지역권이 없거나 그 부동산에 등기된 임대차계약이 있는 경우에 준용한다.

③전2항의 권리는 매수인이 그 사실을 안 날로부터 1년 내에 행사하여야 한다.

제580조【매도인의 하자담보책임】 ①매매의 목적물에 하자가 있는 때에는 제575조 제1항의 규정을 준용한다. 그러나 매수인이 하자있는 것을 알았거나 과실로 인하여 이를 알지 못한 때에는 그러하지 아니한다.

②전항의 규정은 경매의 경우에 적용하지 아니한다.

제581조【종류매매와 매도인의 담보책임】 ①매매의 목적물을 종류로 지정한 경우에도 그후 특정된 목적물에 하자가 있는 때에는 전조의 규정을 준용한다.

②전항의 경우에 매수인은 계약의 해제 또는 손해배상의 청구를 하지 아니하고 하자 없는 물건을 청구할 수 있다.

2) 대금감액청구권 매매의 목적이 되는 권리의 일부가 다른 사람에게 속함으로써 매도인이 이를 매수인에게 이전할 수 없는 경우, 매도인의 담보책임의 효력으로써 매수인은 그 부족한 부분의 비율에 따라 대금의 감액을 청구할 수 있는 권리이다.

전물급부 청구권을 부여하게 된다.

그러나 질문의 경우처럼 문서에 '권리상의 모든 하자(등기부상 목록과 물건현상의 상위 또는 부족, 시가지계획·편입·환지·징발·개발제한 기타법률상 또는 행정상 규제로 인한 권리의 제한, 권리의 일부가 타인에게 속함으로써 받는 권리의 제한, 기타 매매 목적물 자체의 하자 또는 권리상의 모든 하자)'에 대해 책임을 지지 않는다는 내용 즉, 권리상 또는 물건상의 모든 하자를 총체적으로 기재한 경우라면 매매 목적물의 권리상의 하자에 대하여는 그것이 일부든 전부든 모두 하자담보책임이 면제된다고 해석하여야 할 것이다.

원래 민법 제584조는 권리의 전부 또는 일부의 하자에 대한 매도인의 담보책임을 전석으로 배제하는 내용의 특약이 당연히 유효한 것을 전제로 하고 있는 것이므로, 계약서에 기재된 특약사항은 인정되어야 한다.

동시이행 항변권

> **Q** 본인은 갑에게 본인이 소유하고 있는 상가건물을 매도하였습니다. 그런데 이 건물에는 모 보험회사에 근저당권이 설정되어 있었습니다. 본인은 그 건물을 갑에게 매도하면서 건물에 설정된 채무를 인수하기로 되어 있었습니다. 그런데 채무들을 인수하지도 않고 잔금 지급도 지체하는 바람에 근저당권자인 보험회사에서 이 건물에 대한 임의경매를 신청하였으므로, 부득이 본인의 재산으로 담보채무를 변제하였습니다. 그런데 그는 아직도 그 건물의 채무 및 잔대금을 지급하지 않고 있습니다. 그 이유는 소유권이전을 해주지 않기 때문이라고 합니다. 이런 경우에는 어떻게 해야 하는지요?
>
> **A** 쌍무계약에 있어서 계약 당사자 중 한쪽이 그 채무를 이행하지 않는 경우에는 본인의 채무이행을 거절할 수 있습니다.

동시이행의 항변권이란 공평의 관념과 신의 원칙에 입각하여, 쌍무계약의 당사자들이 부담하는 각각의 채무가 서로 대가적 의미를 가지고 관련되어 있는 경우 그 내용의 실행인 이행에 견연관계[1]를 인정함으로써, 당사자 중 일방이 자기 채무의 이행 또는 그 이행의 제공을 아니한 채 상대방 채무의 이행을 청구할 때 상대방으로 하여금 자기의 채무이행을 거절할 수 있도록 하는 제도이다. 동시이행의 항변권이 성립하기 위해서는 다음과 같은 요건을 갖추고 있어야 한다.

① 대가적 의미가 있는 채무가 있어야 함

---

1) **견연계약** 계약의 당사자가 서로 대가적 의미를 가지는 채무를 부담하는 계약

② 상대방의 채무가 변제기에 있을 것

③ 상대방이 채무이행 또는 그 제공을 하지 않고서 이행을 청구하였을 것

이러한 제도의 취지에서 볼 때, 당사자 쌍방이 부담하는 각 채무가 고유의 대가관계에서는 쌍무계약상 채무가 아니라 하더라도, 구체적 계약 관계에서 당사자 쌍방이 부담하는 채무 사이에 대가적 의미가 있어 이행상 견연관계를 인정하여야 할 사정이 있는 경우에는 동시이행의 항변권을 인정하여야 할 것이다(대법원 1992.8.18.선고 91다30927 판결).

부동산 매매계약과 함께 이 사건과 같은 이행인수계약이 이루어진 경우, 매수인이 인수한 채무는 매매대금 지급채무에 갈음한 것으로 보아야 한다. 그러므로 갑이 이 매매계약을 함에 있어 인수하기로 한 채무를 불이행하므로써 질문자가 위 인수채무를 변제하였다면, 그로 인한 손해배상채무 또는 구상채무는 위 인수채무의 변형으로서 매매대금지급채무에 갈음한 것의 변형이므로, 갑의 손해배상채무 또는 구상채무와 질문자의 이 건물 소유권이전등기의무는 대가적 의미가 있어 이행상 견연관계에 있다고 인정되므로 양자는 동시이행의 관계에 있다고 해석함이 공평의 관념 및 신의 원칙에 합당하다. 그러므로 갑에게 손해배상을 청구할 수도 있고 잔금의 지불을 미루거나 지급하지 않는 경우 이행기를 두어 이를 최고하고 계약을 해제할 수도 있다.

이중매매

> **Q** 본인은 얼마 전 갑으로부터 토지를 3,500만원에 매입하였습니다. 갑은 본인으로부터 계약금 및 중도금을 수령한 상태에서, 본인이 땅을 매입한 직후 을에게 이 토지를 이중으로 매도하여 계약금과 잔금을 교부 받은 사실이 발각되었습니다. 그때 본인을 포함한 이해 관계인이 모인 자리에서 이 문제를 논의한 결과 갑이 한달 후까지 을에게 손해배상금을 포함한 7,000만원을 지급하고 계약을 해제한 후 이 토지를 본인에게 소유권이전등기를 넘겨주기로 화해가 성립되었는데, 갑은 을에게 7,000만원을 지급기일까지 지급하지 않고 있다가 본인으로부터 잔금까지 지급 받았습니다. 그런데 갑은 위 부동산에 관하여 본인 앞으로 소유권을 이전해 줄 의무가 있음에도 불구하고 을 앞으로 소유권이전등기를 해주었습니다. 이렇게 됨으로 해서 본인에게 막대한 손해를 입힌 만큼 동액 상당의 재산상 이득을 취했습니다. 이러한 경우에는 어떤 조치가 필요한지요?
>
> **A** 부동산의 이중매매가 반사회적 법률행위에 해당하는 경우, 이중매매 계약은 절대적으로 무효이며 손해배상을 청구할 수 있고 형사상 책임도 면할 수 없습니다.

토지나 주택 등 부동산을 이중매매한 경우에 고의가 인정되면 형법상 배임죄가 성립되고, 이중매매한 사실은 절대적으로 불법이며 법률적으로도 무효이다. 질문의 경우를 보면 이중매매라는 불법행위로 인해 소유권을 이전할 수 없을 것이며 또한 손해를 입었을 것이 자명하다. 그러므로 질문자는 갑의 이중매매에 대한 책임을 묻게 될 것이고, 갑은 여기에 대한 책임을 져야만 한다.

이러한 경우에는 갑에게 이중매매의 책임을 물어 사법관청에 고소하여 형사적으로도 책임을 물을 수 있다. 고소를 할 때 피고소인의 주소지를 관할하는 경찰서나 파출소, 지방검찰청이나 그 지청 등의 검사나 사법경찰관에게 범죄에 의한 피해의 사실과 피고소인의 처벌을 요구하는 서면을 제출하거나 구두로 할 수 있다. 이 경우 피고소인은 누구인가를 알 수 있으면 되고 고소인은 고소의 내용을 증명할 수 있는 토지의 매매계약서나 이를 증명할 수 있는 자의 증언 등 고소의 내용을 파악할 수 있는 서류를 제출하면 된다.

그리고 이중매매로 인한 손해를 회복하기 위해서는 고소만으로는 부족하고 이와 함께 지방법원의 민사부에 손해배상의 청구소송을 제기하여야 한다.

전 매

> **Q** 본인은 갑이라는 건설회사로부터 오피스텔을 분양 받았습니다. 그 오피스텔을 분양 받은 후 소유권이전등기를 하지 아니한 채 을에게 이를 매도하였습니다. 그런데 을이 타인의 권리를 매도한 것이라고 이의를 제기하는 데 어떻게 해야 하나요?
>
> **A** 타인의 권리도 매매목적을 위해 사용할 수 있습니다. 다만 이때 매도인은 정당한 권리를 취득해서 매수인에게 이전해주어야 합니다.[1] 그러나 이 경우는 타인의 권리를 매매한 것이 아닙니다.

1. 매매의 효력과 타인의 권리 매매

민법에서는 매매의 효력에 대해 매도인은 매수인에 대하여 매매의 목적이 된 권리를 이전하여야 하며 매수인은 매도인에게 그 대금을 지급하여야 하고 쌍방의무는 특별한 약정이나 관습이 없으면 동시에 이행하여야 한다고 규정하고 있다.[2] 그러므로 매매계약이 성립되면 매도인은 당연히 목적물인 재산권을 매수인에게 이전할 의무를 부담하게 되고, 매수인은 거기에 따른 대금을 매도인에게 지급할 의무를 부담하는 것이다. 그리고 타인의 권리도 매매를 할 수 있는 것이므로 현재는 자기의 소유물이 아니지만 장차 그 소유권을 매수자

---

1) **민법 제569조【타인의 권리의 매매】** 매매의 목적이 된 권리가 타인에게 속한 경우에는 매도인은 그 권리를 취득하여 매수인에게 이전하여야 한다.

2) **민법 제568조【매매의 효력】** ①매도인은 매수인에 대하여 매매의 목적이 된 권리를 이전하여야 하며 매수인은 매도인에게 그 대금을 지급하여야 한다.

②전항의 쌍방의무는 특별한 약정이나 관습이 없으면 동시에 이행하여야 한다.

에게 이전해 주기만 한다면 그 계약목적을 달성할 수 있게 되므로 그 계약은 유효하다. 이것은 민법 제569조에서도 인정하고 있는 사실이다. 그러나 질문의 경우에는 타인의 권리를 매매한 것이 아니다. 다만 소유권이전등기를 하지 않은 상태에서 매매를 한 것이므로 오피스텔을 사실상 처분할 수 있을 뿐 아니라, 법률상으로도 처분할 수 있는 권리에 의하여 매도한 것이므로 이를 민법 제569조 소정의 타인의 권리의 매매에 해당한다고 해석할 수는 없다.

환매와 재매매

> **Q** 본인은 갑에게 5,000만원의 돈을 빌리려고 합니다. 갑은 본인이 소유하고 있는 가옥을 환매특약으로 매도하면 돈을 빌려주겠다고 합니다. 이렇게 환매특약을 하고 돈을 빌렸을 때 그 가옥을 다시 되찾을 수 있는지요?
>
> **A** 가능합니다. 환매 또는 재매매의 예약은 매각한 부동산을 다시 매수할 수 있는 방법입니다.

1. 환매제도

　부동산을 매매함에 있어 여러 가지 사정 때문에 매매를 하겠지만 경우에 따라서는 부득이한 사정에 의해 매매를 하여서는 안될 부동산을 매매하는 경우도 종종 있다. 특히 급박한 자금사정을 원활하게 융통시키기 위해서 부동산을 매매하는 경우이다. 그러한 경우에는 일단 부동산을 매각하기는 하지만 뒤에 다시 자금이 융통되면 매각한 부동산을 매수하기를 원하는 경우도 있다. 이러한 매각방법을 택하는 주된 목적은 단순한 매매를 위한 것이 아니라 일시적인 매매 형식을 취해 돈을 차용하는 경우 차용자가 소유하고 있는 부동산을 양도받아 약속기일 내에 채무를 변제하여 소유권을 회복할 수 있도록 해서 채무자에게 정확하게 채권을 확보케 하는 것이다. 또한 재매매의 예약도 같은 효력을 가진다.

　환매의 경우 매도인이 매매계약과 동시에 특약사항으로 [환매할 권리]를 보장하게 되며 매도인은 보장된 환매권을 행사하여 일정한 기간 내에 매매의 목적물을 다시 사는 것이다. 따라서 환매제도는 채권담보의 경제적 기능을 가지고 있다.

이러한 환매를 통해 금융을 제공하는 자 측에서 보면 담보권을 설정하는 것과 같은 복잡한 법적 절차를 거치지 않고 확실하게 채권을 확보할 수 있어 편리하며, 금융을 제공받는 자 편에서도 목적물의 소유권을 이전하므로 많은 돈을 융통할 수 있다는 장점을 얻을 수 있다. 또 목적물이 부동산인 경우에는 환매등기를 함으로써 제3자에 대하여서도 목적물의 반환을 주장할 수 있는 이익이 있기 때문에 금융수단으로써 이용되고 있다.

민법에서는 여러 가지 환매특약을 할 수 있도록 규정하고 있다. 부동산과 동산은 물론이고 그 밖의 재산권(채권·무체재산권 등)에 관하여도 인정되고 있다.[1] 그러나 환매특약은 주된 계약을 체결할 때 함께 하여야 하며 (민법 제590조 제1항), 환매특약은 매매계약에 종속된 계약이기 때문에 매매계약이 무효 또는 취소될 때에는 환매특약도 무효가 된다. 그리고 부동산매매에 있어서 환매특약은 등기를 할 수 있고 환매특약에 관하여 등기한 때에는 제3자에 대하여서도 그 효력을 가지고 있다.[2] 또한 계약 당사자 사이에서 특약한 바가 없다면, 환매권자는 최초 매매대금과 매수인이 부담하는 매매비용을 반환하고 환매할 수 있지만 여기에 대하여 당사자 사이에 특약이 있었다면 그 특약에 의한다(민법 제590조 제1, 2항).[3]

환매에 있어 주의할 것은 매도인은 약정한 환매 기간 내에 대금과 매매비용

---

1) 민법 제590조【환매의 의의】 ①매도인이 매매계약과 동시에 환매할 권리를 보류한 때에는 그 영수한 대금 및 매수인이 부담한 매매비용을 반환하고 그 목적물을 환매할 수 있다.
②전항의 환매대금에 관하여 특별한 약정이 있으면 그 약정에 의한다.
③전2항의 경우에 목적물의 과실과 대금의 이자는 특별한 약정이 없으면 이를 상계한 것으로 본다.
2) 민법 제592조【환매등기】 매매의 목적물이 부동산인 경우에 매매등기와 동시에 환매권의 보류를 등기한 때에는 제3자에 대하여 그 효력이 있다.
3) 민법 제590조【환매의 의의】 ①매도인이 매매계약과 동시에 환매할 권리를 보류한 때에는 그 영수한 대금 및 매수인이 부담한 매매비용을 반환하고 그 목적물을 환매할 수 있다.
②전항의 환매대금에 관하여 특별한 약정이 있으면 그 약정에 의한다.
③전2항의 경우에 목적물의 과실과 대금의 이자는 특별한 약정이 없으면 이를 상계한 것으로 본다.

을 매수인에게 제공하지 못하면 환매할 권리를 잃게 되어 있으므로 환매될 물건을 너무 오랫동안 환매될 수 있는 불안정한 상태로 방치하여서는 안된다는 것이다. 그 이유는 방치된 상태라면 물건의 개량에 지장을 주는데다가 유통을 방해하고, 오랜 시간이 지나면 환매대금이 일반물가변동에 적응하지 못하는 부당한 결과를 가져올 염려가 있기 때문이다. 그러므로 환매기간을 민법에서 규정하고 있는데 부동산은 5년, 동산은 3년을 넘지 못한다(민법 제591조 제1항 전단).[1]

2. 재매매

재매매의 예약이란 환매처럼 어떤 물건이나 권리를 타인에게 매각하여 대금을 받고 매매목적물의 소유권이나 기타 권리를 매수인에게 이전하여, 장차 매수인으로 하여금 매매목적물을 다시 한번 매도인에게 매각·반환케 할 수 있도록 하는 방법이다. 재매매 예약은 계약 당사자 사이에 장차 당해 목적물을 다시 매매하기로 약속하고 어느 한 쪽이 재매매의 의사표시를 함으로써 원상회복이 이루어지는 것이기 때문에 예약 완결권이 누구에게 있는가는 예약 당시에 당사자들 사이에 정하는 데 보통 매수인 측에 주어진다. 환매와 재매매 제도가 매도·매수인 양자간에 이익을 위한 것이라고는 하지만 매매의 이익이 매수인보다는 매도인에게 있기 때문이다. 재매매 예약은 환매와는 달리 매매계약과 동시에 하지 않아도 상관없고, 또 그 기간에도 제한이 없기 때문에 예약완결권의 존속기간은 당사자가 자유로이 특약할 수도 있다. 또한 재매매 예약은 등기에 관한 규정은 없으며 일반 청구권의 보존문제로써 가등기를 할 수 있다는 것이 환매와 다른 점이다.

---

1) 민법 제591조【환매기간】 ①환매기간은 부동산은 5년, 동산은 3년을 넘지 못한다. 약정기간이 이를 넘는 때에는 부동산은 5년, 동산은 3년으로 단축한다.
②환매기간을 정한 때에는 다시 이를 연장하지 못한다.
③환매기간을 정하지 아니한 때에는 그 기간은 부동산은 5년, 동산은 3년으로 한다.

가처분

> **Q** 본인은 갑으로부터 토지를 매입했습니다. 그런데 등기부상에 처분금지가처분 등기가 기입되어 있는데 이런 경우 갑과 맺은 매매계약은 이행불능이 되는지요?
>
> **A** 가처분등기로 인하여 바로 계약이 이행불능으로 되는 것은 아닙니다.

1. 가처분

가처분이란 집행보전의 한 종류로 쟁송물[1]에 현상변경으로 당사자 권리를 실행하지 못하거나 곤란할 염려가 있는 때 신청하는 법적 처분을 말한다.[2] 여기서 말하는 집행보전이란 장래에 발생하게 될지도 모를 강제집행불능이나 곤란을 예방하기 위해 공권력에 의한 현상보전을 목적으로 하는 법적 절차를 의미하는 것이다. 이 제도는 강제집행에 앞서 이루어지는 부수적인 절차로써 어떤 사안에 대해 강제 집행에 착수할 수 있을 때까지의 시간적인 간격을 이용하여 채무자가 집행불능이나 곤란한 상태를 조성할 것을 방지하고 앞으로 있게 될 강제집행을 보전하기 위한 것이다. 그렇다고 해서 집행보전절차를 누

---

1) **쟁송물** 송사로 인해 다툼이 있는 물건
2) 민사소송법 제714조【가처분의 목적】 ①계쟁물에 관한 가처분은 현상의 변경으로 당사자의 권리를 실행하지 못하거나 이를 실행함에 현저히 곤란할 염려가 있는 때에 한다.
②가처분은 쟁의 있는 권리관계에 대하여 임시의 지위를 정하기 위하여도 할 수 있다. 다만, 이 처분은 특히 계속하는 권리관계에 현저한 손해를 피하거나 급박한 강폭을 방지하기 위하여 또는 기타 필요한 이유에 의하여야 한다. 〈개정 90.1.13〉

구나 행할 수 있는 것은 아니며 공권력의 발동에 의해서만 행할 수 있다. 그러
므로 청구권자가 직접적으로 채무자에게 강제력을 가하여 권리보전을 할 수
있도록 한 제도가 아니라는 사실이다.

집행보전 절차에는 가압류·가처분 두 종류가 있다. 가압류는 장래의 금전
집행보전으로서 집행대상이 될 수 있는 재산을 미리 압류하여 두는 것이며[1],
가처분은 물적 상태 변경을 목적으로 하는 청구권 집행보전으로써 그 현상을
유지하는 강제처분을 말한다. 여기에는 계쟁물에 관한 가처분과 가지위를 정
하는 가처분이 있다. 전자는 집행보전의 목적에 부합되지만, 후자는 분쟁으로
인하여 당사자에게 생길 현재의 위험과 불안을 제거하고 해결이 되기까지 잠
정적 조치를 위한 것이라고 생각하면 된다.

2. 가처분은 어떤 경우에 하는가

계쟁물에 관한 가처분은 현상변경으로 당사자의 권리를 실행하지 못하거나
이를 실행함에 현저히 곤란한 염려가 있을 때 발생하게 된다. 예를 들어 어떤
사람이 부동산을 매입했다고 하자. 그런데 매도인이 목적물을 인도하지 않을
수도 있고, 타인에게 양도하거나 대여해버릴 수도 있을 것이다. 그렇게 된다
면 매도인은 목적물을 매수인에게 인도할 책임과 의무가 있음에도 불구하고
그것을 지키지 않게 되어 분쟁이 발생하게 된다. 이때 매수인은 그 목적물의
인도를 청구하거나 그에 관해 일정한 등기를 청구할 권리를 가지게 된다. 그
러나 물리적으로 그것을 강제할 수는 없기 때문에 자신의 권리를 획득하기 위
해서는 소송과 그에 의거한 강제집행에 의해 자신의 권리를 획득해야만 한다.

그런데 그 매수인이 강제집행을 해도 된다는 승소판결을 획득하기까지의

---

1) 민사소송법 제696조【가압류의 목적】 ①가압류는 금전채권이나 금전으로 환산할 수 있는 채권
에 대하여 동산 또는 부동산에 대한 강제집행을 보전하기 위하여 할 수 있다.
②가압류는 기간이 도래하지 아니한 청구에 대하여도 할 수 있다.

사이에 매도인이 그 부동산을 임의 양도하거나 대여해 버리면 승소하여도 강제집행을 할 수 없게 되는 위험이 발생하게 될 것이다. 이와 같은 위험을 제거하기 위하여 취해지는 것이 바로 계쟁물에 관한 가처분이다.

가처분절차를 취한 자는 아울러 정식 소송을 제기하여야 한다. 그것을 본안소송이라고 부르는 데 원고가 언제나 승소한다고 보장할 수도 없으며 소송을 제기한 원고가 패소한 경우 가처분도 이유가 없었던 것이 된다. 그러므로 예컨대 A 소유 명의로 된 부동산에 대해 B 때문에 양도금지가처분이 되어 있어도 C가 A로부터 이 부동산을 양수할 수도 있으며, 그에 대한 이전등기를 받을 수도 있다. 다만 만약에 A · B 사이의 소송에서 B가 승소한 경우 그 승소 판결 내용에 대해서는 먼저 가처분등기가 된 후에 권리나 등기를 취득한 경우에는 대항할 수 없게 되어 있다. 판결에 의거하여 A로부터 B에게로 이전등기가 행해지면 그와 동시에 C의 등기도 당연히 말소된다.

그리고 처분금지가처분이 행해진 부동산임을 알면서 매수하는 것이면 그 매매계약은 매도인과 매수인 사이에 있어서 법적으로 유효하다. 다만 채권자의 승소가 확정되면 매수인은 그 부동산을 잃게 되거나 법률상 자기의 것으로 할 기회를 잃게 된다. 이때 매수인은 매도인에 대하여 원래 타인을 위한 가처분이 있다는 것을 알고 있을 때는 계약해제만을 할 수 있으며 손해배상을 청구할 수 없다. 또한 가처분을 알고 매수한 경우에는 매도자 · 매수인의 명시나 묵시적인 합의에 따르는 것이기 때문에 매수인이 위험을 감수하겠다는 모험적 행위로 보아 대금액도 싸지게 될 것이다. 이럴 경우에는 매도인은 일체 책임을 지지 않는 결정으로 해석되는 수도 있다.

그러나 질문의 경우처럼 매매목적부동산에 관하여 이미 제3자의 처분금지가처분등기가 기입되었다 할지라도 이는 단지 그에 저촉되는 범위 내에서 가처분 채권자에게 대항할 수 없는 효과가 있다는 것일 뿐 그것에 의하여 곧바로 부동산 위에 어떤 지배관계가 생겨서 채무자가 그 부동산을 임의로 타에 처분하는 행위 자체를 금지하는 것은 아니라 하겠으므로 가처분등기로 인하여 바로 계약이 이행불능으로 되는 것은 아니다.

매도인의 손해배상책임은 어디까지인가

> **Q** 본인은 갑으로부터 가옥을 매입하여 소유권이전등기까지 마쳤습니다. 그런데 아직까지 명도기일이 남아 있으므로 갑이 그곳에 거주하고 있었습니다. 명도 직전 갑의 실수로 화재가 발생하여 집이 모두 전소되었습니다. 이런 경우에 매도인 갑의 책임은 무엇인지요?
>
> **A** 비록 실화이기는 하지만 매도인 갑에게 채무 불이행으로 인한 손해배상을 청구할 수도 있고 불법행위로 인한 손해배상청구권을 행사할 수 있습니다.

1. 손해배상책임의 구분

채무불이행과 불법행위는 위법행위라는 점에서 공통성을 가지고 있지만 민법에서 규정하는 손해배상의 의무는 그 발생 원인에 따라 채무불이행으로 인한 손해배상과 불법행위로 인한 손해배상책임으로 구분된다.

채무불이행

계약과 같은 적법한 채권관계가 존재함에도 불구하고 채무를 이행하지 않는 것인데, 이러한 행위는 법률의 규정이나 계약의 취지, 신의 성실의 원칙 등에 위반함으로써 발생하는 책임이다.

불법행위로 인한 손해배상책임

고의 또는 과실로 인한 위법행위가 발생함으로써 타인에게 손해를 야기시킨 경우에 성립한다.

불법행위란 법률의 근본 목적에 어긋나고, 법질서를 깨뜨리는 행위로써 법률이 그 본질상 이를 허용할 수 없는 행위를 말한다. 불법행위를 판단하는데는 구체적인 사안에서의 타당성을 존중하고, 또 그 손해는 공평하게 부담함을 원칙으로 하고 있으며, 책임 면에서 볼 때는 민사상 손해배상책임 외에도 형사상의 책임을 지는 경우도 있다. 불법행위로 발생한 손해배상방법은 금전배상을 원칙으로 하고 있지만, 당사자간에 특약이 있거나 광업법에 의한 손해배상 그리고 명예훼손의 경우 등에 있어서는 예외적으로 원상회복의 방법이 인정되는 경우도 있다.

이번 질문의 경우는 과실에 의한 것으로 매도인이 매수인에게 매도한 가옥을 인도할 채무를 지고 있었는데, 화재로 인한 가옥소실에 의해 매도인의 채무가 이행불능이 된 것이므로 매수인은 채무이행 불능에 의한 손해배상청구를 할 수 있다. 또 매도인은 매매에 의하여 매수인의 소유로 된 가옥을 실화로 인하여 전소시켜 매수인의 소유권을 침해한 것이므로 매수인은 선택적 또는 쌍방의 권리를 행사하여 소유권침해에 의한 손해배상청구도 할 수 있다. 하지만 이 두 가지는 모두 같은 손해에 대한 배상청구이기 때문에 이중으로 배상받을 수는 없다. 법리적으로 어느 한쪽의 권리를 행사하면 다른 쪽의 권리도 만족시킨 것이 되어 그 손해배상청구권은 소멸하기 때문이다.

그런데 손해배상청구권리를 행사함에 있어서 주의할 것은 〔실화책임에 관한 법률〕에 의하여 소유권 침해의 불법행위를 청구이유로 할 때에는 실화자의 책임은 중과실에 한하고 있다는 점, 중과실의 정도를 인정함에 있어서 법원에서는 신중을 기하고 있기 때문에 그 중과실을 좀처럼 인정하지 않고 있다는 점이다. 그러므로 갑이 비록 실수로 불을 내기는 했지만 중대한 과실이 없는 한 불법행위에 의한 책임은 지지 않을 것이므로 매수인은 채무불이행에 의한 손해배상만을 청구할 수 있는데 불과하다는 점을 염두에 두어야 한다.

손해배상청구의 범위는 가옥을 전소하게 되어 입은 손해에 한한다. 그러나 특별한 사정에 의하여 입은 손해, 예를 들어 집을 매우 비싼 값으로 전매하기로 제3자와 약속되어 있었는데 가옥이 불에 탔기 때문에 전매를 할 수 없어 손해를 본 경우처럼 매도인이 그 특별한 사정을 알았거나 또는 알 수 있었을 경우에는 거기에 대해서도 청구할 수 있다(민법 제393조)[1]

---

1) 민법 제393조【손해배상의 범위】 ①채무불이행으로 인한 손해배상은 통상의 손해를 그 한도로 한다.
②특별한 사정으로 인한 손해는 채무자가 그 사정을 알았거나 알 수 있었을 때에 한하여 배상의 책임이 있다.

부동산 중개수수료의 부당요구

Q 부동산 중개업소에는 수수료 요율표를 게시하여 놓도록 되어 있습니다. 그런데 대부분의 중개업소에서는 그보다 더 많은 수수료를 요구하고 있습니다. 중개업소에서 요구하는 대로 주어야 하는 것인지요?

A 법정 수수료를 초과하는 중개수수료는 무효입니다.

"공인중개사의업무및부동산거래신고에관한법률"(종전의 부동산 중개어법이 2005년 7월 29일에 개정되면서 법률명이 바뀌었음) 제32조에 규정된 중개수수료 내용을 보면 부동산 중개업자(중개사무소의 개설등록을 한 자)는 중개업무에 관하여 중개의뢰인으로부터 소정의 수수료를 받는다. 다만, 중개업자의 고의 또는 과실로 인하여 중개의뢰인간의 거래행위가 무효, 취소 또는 해제된 경우에는 수수료를 받을 수 없다.

또한 주택의 중개에 대한 중개수수료는 특별시, 광역시 또는 도의 조례로 정하도록 되어 있다(p. 196 참조). 따라서 그 범위 내에서 중개수수료를 지급하게 된다.

그 이상을 요구하는 것은 부당한 요구이므로 이를 거절할 수 있다. 만일 부동산 중개수수료율보다 많은 중개료를 지급하게 되는 경우라면 영수증발급을 요구하여 그 영수증을 근거로 하여 해당 관청에 신고하면 환급받을 수 있으며, 해당 중개업자는 행정처분을 받게 되므로 중개의뢰인이 법정수수료 이상의 지급을 거절하게 되면 이를 받을 수 없게 된다.

중개수수료 산정방법은 거래금액에 수수료율을 곱하여 산출하되, 산출금액이 한도액을 초과하는 경우에는 한도액 범위 내에서만 지급하면 된다.

1. 월세에 대한 중개수수료 산정방식

변경 전

* (월세 × 계약한 개월 수) + 임차보증금 = 거래금액
* 중개수수료 = 거래금액 × 수수료 요율

 (예) 월세 300,000원, 12개월 계약에 보증금 5,000,000원일 경우 거래금액은 8,600,000원이 된다. 따라서 8,600,000 × 0.5% = 43,000원이 법정중개수수료가 된다.

변경 후

* (월세 × 100) + 임차보증금 = 거래금액
* 중개수수료 = 거래금액 × 수수료 요율

 (예) 월세 300,000원, 12개월 계약에 보증금 5,000,000원일 경우 거래금액은 3,500,000원이 된다.

 따라서 3,500,000원 × 0.5% = 175,000원이 법정중개수수료가 된다.

 거래금액이 5,000만 원 미만이면 중개수수료 요율이 0.5%이기 때문이다.

| 유익한 상식 |

과세표준 : 세금을 부과하는 기준으로 세금의 종류에 따라 다양한 과세표준이 있다.
* 양도소득세 등 국세는 국세청의 '기준시가'
* 재산세는 행정자치부의 '시가표준액'
* 종합토지세는 건설교통부의 '공시지가'에 일정한 비율을 곱하여 과세표준을 만든다.

기준 시가 : 국세청이 양도세와 상속, 증여세 등 국세를 부과하기 위해 매년 한두 차례씩 아파트 등 공동주택의 가격을 조사해 고시한다.

공시지가 : 건설교통부가 전국 2750만 필지 가운데 대표성이 있는 50만 필지를 골라 표준공시지가를 산정한 뒤 토지보상금과 개별공시지가를 산정하는 기준으로 이용한다.

개별공시지가는 국세와 지방세 등을 부과하는 기준이 된다.

부동산 중개활동의 중지이후 직접 매매계약을 체결한 경우의 중개수수료

Q 집을 구입하려던 중 공인중개사 갑의 소개로 을의 집을 사기로 했습니다. 그런데 중개인의 부동산 중개활동이 쌍방의 제시가격차이로 일시 중단된 상태에서 본인과 을이 직접 만나 절충 끝에 매매계약을 체결하였습니다. 그런데 공인중개사는 수수료를 요구합니다. 이때에 규정된 수수료를 지급해야 하는지요?

A 거래 상대방을 소개받은 이상 매수인은 수수료의 지급의무가 발생합니다.

질문의 경우처럼 중개인의 부동산 중개활동이 쌍방의 제시가격차이로 일시 중단된 상태에서 중개의뢰자들이 직접 만나 절충 끝에 매매계약을 체결하였더라도 중개인은 민법 제686조, 제673조의 취지 및 거래상의 신의 원칙에 비추어 그 중개활동에 상응한 보수를 청구할 수 있다[1]. 다만 그 보수액은 당초 약정액(그 정함이 없는 경우에는 조례상의 중개료 한도액)과 중개인이 중개에 소요한 기간 및 그 노력의 정도, 계약의 성립으로 중개의뢰자가 얻게 된 이익 등의 제반사정을 참작하여 정할 것이다.

---

1) 민법 제686조【수임인의 보수청구권】 ①수임인은 특별한 약정이 없으면 위임인에 대하여 보수를 청구하지 못한다.
②수임인이 보수를 받을 경우에는 위임사무를 완료한 후가 아니면 이를 청구하지 못한다. 그러나 기간으로 보수를 정한 때에는 그 기간이 경과한 후에 이를 청구할 수 있다.
③수임인이 위임사무를 처리하는 중에 수임인의 책임 없는 사유로 인하여 위임이 종료된 때에는 수임인은 이미 처리한 사무의 비율에 따른 보수를 청구할 수 있다.

부동산 중개업자의 실수로 인해 매매목적물의 착오를 일으킨 경우

> **Q** 본인은 얼마 전 부동산 중개업자를 통해 상가를 매입하기로 하였습니다. 그런데 그 부동산 중개인은 매매 목적물이 을 상회가 아닌 병 상회임에도 불구하고 을을 병 상회로 소개하여 계약을 체결하였습니다. 이렇게 해서 본인은 많은 손해를 입게 되었습니다. 이럴 경우 어떻게 해야 하는지요?
>
> **A** 부동산 중개인에게 손해배상을 청구할 수 있습니다.

거래 당사자 사이의 권리의 득실변경에 관한 행위의 알선을 업으로 삼고 있어 고도의 직업적인 주의의무를 부담하고 있는 부동산 중개업자의 지위나 중개행위를 함에 있어 고의 또는 과실로 거래 당사자에게 재산상의 손해를 받게 할 때에는 그 손해를 배상하도록 한다.

부동산 중개업법 제19조의 규정에 비추어 보면, 부동산 중개업자에게 중개를 의뢰하여 매매 등의 계약을 체결하는 일반인으로서는 부동산 중개업자가 전문적인 지식과 경험을 가진 것으로 신뢰하고 그의 개입에 의한 거래 조건의 지시, 설명에 과오가 없을 것이라고 믿고 거래하는 것이다. 또 매수인이 중개업자의 말을 믿어 착오에 빠지게 되었지만 중개업자가 착오에 빠지게 된 과정에 명확하게 당해 점포를 지적하지 아니하였던 매도인의 잘못도 개입되어 있는 점, 중개인을 통하여 하는 부동산 매매 거래에 있어 언제나 매수인 측에서 매매 목적물을 현장에서 확인하여야 할 의무까지 있다고 할 수 없을 뿐만 아니라 매매 당사자에게 중개업자가 매매 목적물을 혼동한 상태에 있는지의 여부까지 미리 확인하거나 주의를 촉구할 의무까지는 없다고 할 것인 점 등 매매 중개와 계약 체결의 경위 및 부동산 매매 중개업의 제반 성질에 비추어 볼 때, 매수인인 질문자에게는 책임이 없다. 매수인과 매도인 쌍방을 위하여 중개행위를 한 중개업자 스스로 매매계약의 목적물을 다른 점포로 오인한 채 매수인에게 알려 준 과실을 바로 매수인 자신의 중대한 과실이라고 평가할 수 없기 때문이다.

단지 매수인이 현황을 직접 확인할 수 있었음에도 불구하고 확인하지 아니한 점에 비추어 볼 때 질문자에게 과실이 없다 할 수는 없을 것이지만, 민법 제109조 제1항 단서에서 규정하고 있는 '중대한 과실'이라 함은 표의자의 직업, 행위의 종류, 목적 등에 비추어 보통 요구되는 주의를 현저히 결여한 것을 말하는 것이다(대법원 1997. 8. 22. 선고 96나26657 판결, 1996. 7. 26. 선고 94다25964 판결). 또 거래 당사자 사이의 권리의 득실변경에 관한 행위의 알선을 업으로 삼고 있어 고도의 직업적인 주의의무를 부담하고 있는 부동산 중개업자의 지위나 중개행위를 함에 있어 고의 또는 과실로 거래 당사자에게 재산상의 손해를 받게 할 때에는 그 손해를 배상하도록 한 부동산 중개업법 제19조의 규정에 비추어 보면 다음과 같다.

부동산 중개업자에게 중개를 의뢰하여 매매 등의 계약을 체결하는 일반인으로서는 부동산 중개업자가 전문적인 지식과 경험을 가진 것으로 신뢰하고 그의 개입에 의한 거래 조건의 지시, 설명에 과오가 없을 것이라고 믿고 거래하는 것이기 때문에 중개인을 통하여 하는 부동산 매매 거래에 있어 언제나 매수인 측에서 매매 목적물을 현장에서 확인하여야 할 의무까지 있다고 할 수 없다. 뿐만 아니라 매매 당사자에게 중개업자가 매매 목적물을 혼동한 상태에 있는지의 여부까지 미리 확인하거나 주의를 촉구할 의무까지는 없기 때문이다.

부동산 중개수수료(2006. 1. 30. 시행)

　부동산중개업자가 중개의뢰를 받아 거래가 성립되었을 경우에는 의뢰인 양쪽으로부터 각각 아래의 중개수수료 범위 안에서 중개수수료를 받는다. 따라서 이 범위를 넘는 중개수수료는 법적으로 인정되지 않는다. 다만, 일반주택을 제외한 상가나 토지 및 매매가액이 6억원 이상의 고급주택은 0.2~0.9% 범위 안에서, 3억원 이상의 임대차에서는 0.2~0.8% 범위 안에서 중개의뢰인과 중개업자가 계약에 따라 정하도록 했다.

　부동산 중개수수료는 공인중개사의업무및부동산거래신고에관한법률의 규정에 따라 특별시, 광역시, 도(道)의 조례로 정한다. 따라서 위 조례로 정한 한도액을 초과한 금액은 중개의뢰인이 지급을 거절하더라도 중개인은 법적으로 청구할 수 없다.

부동산 중개수수료 요율표

구 분	거 래 가 액	요율상한(%)	한 도 액
매매·교환	5000만원 미만	0.6	250,000원
	5000만원 이상 2억원 미만	0.5	800,000원
	2억원 이상 6억원 미만	0.4	—
	6억원 이상	0.2~0.9	—
매매·교환 이외의 임대차	5000만원 미만	0.5	200,000원
	5000만원 이상 1억원 미만	0.4	300,000원
	1억원 이상 3억원 미만	0.3	—
	3억원 이상	0.2~0.8	—

1) 전세의 경우에는 전세금액을, 임대차인 경우에는 임대차금액을 기준으로 하며, 임대차중 월세의 경우에는 (월세보증금+한 달 월세액×100)으로 산출된 금액을 기준으로 한다.
2) 중개수수료는 거래가액에 수수료율을 곱한 금액으로 하되, 요금액이 한도액을 초과하는 경우에는 한도액 범위 안에서만 받을 수 있다.

토지거래허가지역 토지구입 절차와 방법

Q 경기도 회천읍에 용도가 잡종지로 되어 있는 토지 100평을 구입하려고 합니다. 그런데 회천읍이 토지거래허가지역으로 되어 있어서 혹시 등기이전에 무슨 문제가 있는지 걱정입니다. 토지구입에 필요한 절차나 방법은 무엇인지요?

A 국토이용관리법상 토지거래허가구역 내에서는 용도지역별로 기준면적을 초과하는 토지의 거래에 대해서는 관할 관청의 허가를 받아야 가능하도록 되어 있습니다. 토지의 용도지역은 관할 시·군·구 민원실에서 도시계획확인원 또는 국토이용계획확인원을 떼어 확인할 수 있습니다. 토지거래시 허가를 받아야 하는 용도지역별 기준 면적은 다음과 같습니다.

• 주거지역 전체 -270m^2 초과
• 상업지역 -330m^2 초과
• 공업지역 -990m^2 초과
• 녹지지역 -330m^2를 초과할 경우

토지거래허가지역에서 토지를 구입하여 소유권이전등기를 하려면 관할관청 토지관리과에 토지거래허가신청서를 제출하여 허가필증을 받아 첨부해야 등기소에서 이전등기를 신청할 수 있습니다. 거래가액과 구입 목적을 명기하여 제출하면 토지거래허가를 받을 수 있을 것입니다.

2. 매매계약과 책임

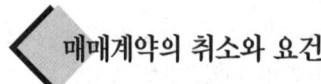 매매계약의 취소와 요건

부동산 계약을 취소하기 위해서는 취소권자가 계약 상대방에게 의사표시를 함으로써 효력을 발생한다. 부동산 계약을 취소할 수 있는 경우는 다음과 같다.

1. 사기·강박에 의한 의사표시의 취소

민법 제110조에서는 사기나 강박에 의한 의사표시는 취소할 수 있다고 규정을 하고 있으므로[1] 사기나 강박에 의한 의사표시에 의한 계약에 있어서는 취소권을 행사할 수 있다. 이것은 채무자가 보증인을 기망하여 보증계약을 체결한 경우 채권자가 이를 알고 있었을 경우와 같은 것이다. 사기에 의한 의사표시가 취소될 수 있기 위해서는 다음과 같은 요건을 필요로 한다.

① 고의적인 기망행위와 그 착오에 의하여 일정한 의사표시를 하게 하고자 하는 고의와의 이중 고의가 있어야 한다.
② 위법한 기망행위가 있어야 하는데 기망행위는 적극적 기망수단 뿐만 아니라 소극적 수단인 침묵만으로도 가능하다.
③ 기망행위 결과로서 의사를 표시하는 자가 착오에 빠지고 그 착오에 의하여 의사표시를 할 것이 필요하다.

---

1) 민법 제110조【사기·강박에 의한 의사표시】 ①사기나 강박에 의한 의사표시는 취소할 수 있다. ②상대방 있는 의사표시에 관하여 제3자가 사기나 강박을 행한 경우에는 상대방이 그 사실을 알았거나 알 수 있었을 경우에 한하여 그 의사표시를 취소할 수 있다.
③전2항의 의사표시의 취소는 선의의 제3자에게 대항하지 못한다.

민법에서 규정하는 착오를 이유로 하는 계약 취소는 그 착오가 중대한 것이어야 한다.

2. 취소 방법

사기에 의한 의사표시를 취소하는 방법에는 다음과 같은 여러 가지가 있다.

① 직접 구두로 전달하는 방법
② 서면으로 작성하는 방법
③ 재판상 취소의 소를 제기하는 방법

취소의 의사표시를 하는데 있어 확실하고 증명력 있는 표시를 하기 위해서는 내용증명우편을 이용하는 방법도 있다. 그러므로 취소할 수 있는 경우 위의 방법 가운데 택일하던가, 아니면 여러 방법을 복합적으로 이용하여 그 상대방에 대한 의사표시로서 하고, 상대방이 확정되지 않은 경우 적당한 방법으로 취소의사를 외부에 표현하면 가능하다.

3. 취소의 효과

취소의 의사표시가 있으면 그 법률행위는 처음부터 무효가 되는데 이를 법률적으로 소급적 무효라고 하고, 그 효과는 본래 무효의 경우와 동일한 효력을 가진다. 즉, 취소할 수 있는 법률행위에 의한 이행 제공은 취소와 동시에 원래대로 반환하여 원래 상태로 회복시킬 의무가 있다. 또한 사기에 의한 의사표시의 취소는 선의의 제3자에게 대항할 수 없고, 취소할 수 있는 법률행위는 추인할 수 있다. 그리고 추인한 후에는 취소할 수 없다. 즉, 추인이 있으면 취소할 수 있는 행위는 확정적으로 유효한 것으로 보기 때문이다.

4. 취소권의 행사기간

취소할 수 있는 법률행위를 무한정 방치해두는 경우 이로 인해 상대방이나 제3자의 입장을 불안정하게 하므로 법률에서는 취소 주장에는 시간적 제한규정이 있다. 그러므로 취소권은 추인할 수 있는 날로부터 3년 내에, 법률 행위를 한 날부터 10년 내에 행사해야만 한다고 규정하고 있다.

계약의 해제

1. 계약의 해제 및 원인

부동산 매매계약의 해제란 유효한 계약을 체결했으나 매매 당사자 가운데 한쪽이 계약을 해제하겠다는 의사표시를 함으로써 그 계약이 처음부터 없었던 것과 같은 상태로 복귀시키는 것을 의미한다. 그 상태로 복귀되면 이행되지 않은 채무는 구태여 이행할 의무가 없으며 이미 이행한 경우에는 계약에 의해 수수된 금전이나 매매목적물을 반환하여 계약 전 상태로 원상회복하여야 한다는 것이 법적 규정이다(민법 제548조).[1] 매매계약을 해제할 수 있는 규정 가운데 하나인 민법 제565조 제1항에 의하면 〔매매당사자 일방이 계약 당시에 금전 기타 물건을 계약금, 보증금 등의 명목으로 상대방에게 교부한 때에는 당사자간에 다른 약정이 없는 한 당사자의 일방이 이행에 착수할 때까지 교부자는 이를 포기하고 수령자는 그 배액(2배의 금액)을 상환하여 매매계약을

---

1) 민법 제548조【해제의 효과, 원상회복의무】 ①당사자 일방이 계약을 해제한 때에는 각 당사자는 그 상대방에 대하여 원상회복의 의무가 있다. 그러나 제3자의 권리를 해하지 못한다.
②전항의 경우에 반환할 금전에는 그 받은 날로부터 이자를 가하여야 한다.

해제할 수 있다)고 했다. 이 규정은 계약이 일단 성립하더라도 당사자의 합의에 의해서 계약을 해제할 수 있으며 또한 일정한 사유가 발생하면 당사자 일방이 이를 해제할 수 있는 권리가 생긴다는 것을 의미한다.

그런데 위 규정에서 〔이행에 착수할 때까지〕라고 하는 것은 만약, 어떤 사람이 갑과 계약을 하면서 중도금 또는 잔금 지급기일을 약속했다면 그 중도금이나 잔금을 지급하는 정도까지 이르지 아니한 때를 의미한다는 것이 일반적인 법리해석이다. 그리고 매매에 있어서 당사자간에 특별한 약속이 없는 한 매매대금의 지불과 소유권이전등기는 동시에 이행하여야 하는 것이다.

그러므로 계약해제가 성립되기 위해서는 일정한 해제원인이 있어야 하며 민법에서 규정하고 있는 공통적인 해제원인은 계약 상대방의 채무불이행이다. 또 민법에서는 매매계약에 한해서만 인정되는 특별한 해제원인까지도 규정하고 있는데,[1] 이를 법정 해제권이라고 하고 부동산의 환매특약이 이루어지는 경우와 같이 법률에 의하여 해제권을 보류한 것으로 다루어지는 것은 약정 해제권이라고 부른다.

---

1) 민법 제543조【해지, 해제권】 ①계약 또는 법률의 규정에 의하여 당사자의 일방이나 쌍방이 해지 또는 해제의 권리가 있는 때에는 그 해지 또는 해제는 상대방에 대한 의사표시로 한다.
②전항의 의사표시는 철회하지 못한다.
제544조【이행지체와 해제】 당사자 일방이 그 채무를 이행하지 아니하는 때에는 상대방은 상당한 기간을 정하여 그 이행을 최고하고 그 기간 내에 이행하지 아니한 때에는 계약을 해제할 수 있다. 그러나 채무자가 미리 이행하지 아니할 의사를 표시한 경우에는 최고를 요하지 아니한다.
제545조【정기행위와 해제】 계약의 성질 또는 당사자의 의사표시에 의하여 일정한 시일 또는 일정한 기간 내에 이행하지 아니하면 계약의 목적을 달성할 수 없을 경우에 당사자 일방이 그 시기에 이행하지 아니한 때에는 상대방은 전조의 최고를 하지 아니하고 계약을 해제할 수 있다.
제546조【이행불능과 해제】 채무자의 책임 있는 사유로 이행이 불능하게 된 때에는 채권자는 계약을 해제할 수 있다.
제547조【해지, 해제권의 불가분성】 ①당사자의 일방 또는 쌍방이 수인인 경우에는 계약의 해지나 해제는 그 전원으로부터 또는 전원에 대하여 하여야 한다.
②전항의 경우에 해지나 해제의 권리가 당사자 1인에 대하여 소멸한 때에는 다른 당사자에 대하여도 소멸한다.

2. 법정해제권

① 채무불이행으로 인한 이행지체[1], 이행불능[2], 불완전이행[3] 등
② 그 외 법정해제권이 인정되는 경우
- 계약 당시에 당사자가 예상하지 못했던 여러 가지 사정 변경이 발생한 경우로서 사정의 변경이 당사자의 책임 있는 이유에 의하지 않아 계약서대로 이행을 강제한다면 계약 당사자간의 신의에 반하는 결과가 발생하기 때문에 계약의 해제권을 인정하는 것
- 매매계약에 관하여 특별히 인정되는 경우로 매도인은 매매계약에 정한 대로 목적물을 매수인에게 이전할 의무를 지게 되어 있음에도 불구하고 매도인의 의무가 완전하게 이루어지지 않을 경우

제548조【해제의 효과, 원상회복의무】 ①당사자 일방이 계약을 해제한 때에는 각 당사자는 그 상대방에 대하여 원상회복의 의무가 있다. 그러나 제3자의 권리를 해하지 못한다.
②전항의 경우에 반환할 금전에는 그 받은 날로부터 이자를 가하여야 한다.
제549조【원상회복의무와 동시이행】 제536조의 규정은 전조의 경우에 준용한다.
제550조【해지의 효과】 당사자 일방이 계약을 해지한 때에는 계약은 장래에 대하여 그 효력을 잃는다.
제551조【해지, 해제와 손해배상】 ①계약의 해지 또는 해제는 손해배상의 청구에 영향을 미치지 아니한다.
제552조【해제권 행사 여부의 최고권】 ①해제권의 행사의 기간을 정하지 아니한 때에는 상대방은 상당한 기간을 정하여 해제권 행사 여부의 확답을 해제권자에게 최고할 수 있다.
②전항의 기간 내에 해제의 통지를 받지 못한 때에는 해제권은 소멸한다.
제553조【훼손 등으로 인한 해제권의 소멸】 해제권자의 고의나 과실로 인하여 계약의 목적물이 현저히 훼손되거나 이를 반환할 수 없게 된 때 또는 가공이나 개조로 인하여 다른 종류의 물건으로 변경된 때에는 해제권은 소멸한다.
1) 이행지체 이행이 가능하지만 이행기가 지나도 채무자가 이행하지 않는 것
2) 이행불능 채무가 성립할 때에는 이행이 가능했으나 후에 채무자의 고의 또는 과실에 의해 이행이 불가능한 것
3) 불완전이행 일단 채무자가 채무를 이행했지만 그 이행이 채무내용을 완전하게 하지 않은 것

계약의 취소

Q 본인은 1997년 12월 27일 갑과 본인 소유의 토지를 5억 5,376만원에 매도키 위한 계약을 체결하였는데, 계약내용은 매수인인 갑이 계약당일 계약금 5,000만원을 지급하고, 중도금 없이 잔금 5억 376만원을 1998년 1월 27일 지급하며, 만일 갑이 잔금지급기일에 잔금을 지급하지 못할 경우에는 그 기일을 같은 해 5월 27일까지 연장할 수 있으나 잔금에 대한 이자로 매월 500만원을 추가로 지급하고, 만약 갑이 당초의 잔금지급기일을 경과한 후 1개월이라도 이자금을 지급하지 아니하거나 또는 연장된 기일까지도 잔금을 지급하지 아니하면 계약을 취소함과 동시에 계약금을 몰수하기로 한다는 것이었습니다.

그러나 계약금 지불만 정상적으로 이루어졌고 당초의 잔금지급기일에 잔금을 지급하지 못하자 위 계약상의 기일연장 약정에 따라 그 지급기일을 연장하였으나 연장된 잔금지급기일에도 지급하지 못하였으며, 이에 본인이 그 지급기일을 같은 해 6월 27일로 다시 1개월 연장하여 주었으나 그 기일까지도 잔금을 지급하지 못하므로 본인은 갑에게 위 매매계약의 해제를 통보했습니다.

그러자 갑은 본인을 만나 자신의 사업에 차질이 생겨 잔금을 마련하지 못하였으나 이제는 사업이 순조롭게 진행되어 잔금을 마련할 수 있으니 대금을 3,000만원을 증액하고 매수인을 자신이 대표로 있는 회사로 하여 다시 매매계약을 체결하자고 요청하므로 본인은 갑의 신용상태를 믿을 수 없다는 이유로 위 요청을 거절하다가 1998년 9월에 다시 계약을 체결하였습니다.

그때 본인은 계약금은 앞서 체결한 매매계약에서 지급된 계약금 5천만원으로 갈음하여 이미 지급된 것으로 하고, 잔금 5억 3,876만원은 1999년 1월 31일 지급하기로 하는 이 사건 매매계약을 체결하였는데 위 계약체결과 동시에 만약 매수인이 위 잔금지급기일에 잔금을 지급하지 아니하면 이 사건 매매계약은 무효가 되어 해약되고 매수인이 계약금을 포기하기로 하는 특약을 맺고, 위 특약이 기재된 각서에 대하여 같은 달 18일 공증인가 병 법무법인에서 사서증서 인증을 받았습니다. 그러나 결국 갑은 또 다시 채무를 이행하지 않게 되고 갑에게 1999년 2월 18일 이 사건 매매계약을 해제한다는 서면을 내용증명으로 우송하였는데 이제 와서 엉뚱한 소리를 합니다. 이 경우 계약해제가 가능한지요?

A 계약해제가 가능합니다.

이 질문의 경우 다음과 같은 두 가지를 짚어 보아야 한다.

① 부동산 매매계약시 매수인이 잔대금 지급기일까지 대금을 지급하지 못하면 계약이 자동해제된다는 약정이 있는 경우, 계약의 자동해제를 위하여 매도인이 잔대금 지급기일에 자기 채무의 이행제공을 하여야 하는지 여부 ② ①항과 같은 약정을 한 경우에 있어 매도인이 이전등기소요서류를 갖추었는지 여부를 묻지 않고 매수인의 지급기일 도과사실 자체만으로 계약을 실효 시키기로 특약을 하였다고 볼 특별한 사정이 있는가 하는 것이다.

우선 부동산 매매계약에 있어서 매수인이 잔대금 지급기일까지 그 대금을 지급하지 못하면 그 계약이 자동적으로 해제된다는 취지의 약정이 있더라도 특별한 사정이 없는 한 매수인의 잔대금 지급의무와 매도인의 소유권이전등기의무는 동시이행의 관계에 있다. 그러므로 매도인이 잔대금 지급기일에 소유권이전등기에 필요한 서류를 준비하여 매수인에게 알리는 등 이행의 제공을 하여 매수인으로 하여금 이행지체에 빠지게 하였을 때에 비로소 자동적으로 매매계약이 해제된다고 보아야 한다. 비록 매수인이 그 약정기한을 도과하였더라도 이행지체에 빠진 것이 아니라면 대금미지급으로 계약이 자동해제된 것으로 볼 수 없다는 것이다.

그러나 이 경우에는 매도인이 소유권이전등기소요서류를 갖추었는지 여부를 묻지 않고 매수인의 지급기일 도과사실 자체만으로 계약을 실효 시키기로 특약을 하였다고 볼 특별한 사정이 있는 경우로서 ①항과 같은 약정에 따라 매수인이 잔금 지급기일까지 잔금을 지급하지 아니함으로써 매매계약이 자동 실효된다고 보아야 한다.

갑은 수회에 걸친 채무불이행에 대하여 책임을 느끼고 그가 대표이사로 있는 원고 회사 명의로 다시 이 사건 매매계약을 체결하면서 그 계약상의 잔금 지급기일인 1999년 1월 31일까지 반드시 잔금을 지급할 것을 확약하면서 질문자에게 이를 다짐하는 의미에서 만일 그날까지 잔금을 지급하지 아니하면 그 불이행 자체로써 이 사건 매매계약이 자동적으로 해제된 것으로 처리하는 불이익을 기꺼이 감수하겠다는 의사로 그와 같은 내용의 특약이 기재된 위 각 서를 매매계약서와는 별도로 작성하였다고 보는 것이 상당하기 때문에 질문자가 소유권이전등기소요서류를 갖추었는지 여부를 묻지 않고 갑의 지급기일 도과사실 자체만으로 계약을 실효 시키기로 특약을 하였다고 볼 특별한 사정이 있다는 취지에서 이 질문의 경우 매매계약은 갑이 잔금지급기일인 1999년 1월 31일까지 잔금을 지급하지 아니함으로써 자동으로 실효되는 것은 정당하다고 볼 수 있다.

매매계약의 해제

> **Q** 본인은 얼마 전 강원도 명주군에 있는 토지를 갑으로부터 매입하
> 였습니다. 대금은 1억 8,000만원에 매수하기로 계약을 체결하면서,
> 계약금 2,000만원은 계약일에, 중도금 8,000만원은 30일 후에 각 지급하
> 고, 잔대금 8,000만원은 2개월 후 소유권이전등기소요서류의 교부와 상
> 환으로 지급하기로 하였습니다. 그런데 갑은 이런 저런 이유를 대며 중
> 도금 수령을 거부했습니다. 하여 본인은 내용증명을 보내어 갑의 중도
> 금 수령거절을 이유로 이 사건 매매계약을 해제하겠으니 계약금을 반
> 환하고 계약금 상당의 위약금을 지급하라고 통고했습니다. 갑이 중도금
> 수령을 거부하고 그 사실을 인정했으므로 이와 같이 계약을 이행하지
> 아니할 의사를 명백히 표시했다면 매매계약을 해제하고 손해를 배상
> 받을 수 있는지요?
>
> **A** 질문자의 계약해제는 적법하고 손해도 보상받을 수 있습니다.

1. 매매계약의 해제사유

법률상 매매는 계약 당사자 일방이 재산권을 상대방에게 이전할 것을 약정
하고 상대방이 그 대금을 지급할 것을 약정함으로써 효력을 발생시키는 계약
관계이다. 그러므로 계약이 성립되면 계약 당사자간에는 권리와 의무가 동시
에 발생하게 되어 있다. 또한 권리의 행사와 의무의 이행은 신의에 좋아 성실
히 이행하여야 하는 것이므로 채권자가 목적물의 수령을 지체하는 경우 채무
자가 이를 공탁하거나 자조 매각할 수 있는 제도를 마련하고 있지만(민법 제
487조, 제490조), 이는 채무자가 계약내용을 유지하려고 할 때에만 사용할 수
있을 뿐이다. 그리고 이 제도들만으로는 채무자의 보호에 불충실하므로, 채권

자에게 계약을 이행할 의사가 전혀 없고 채무자로서도 그 계약관계에서 완전히 벗어나기를 원한다면 특별한 사정이 없는 한 채무자의 이러한 의사를 존중함이 신의성실의 원칙에 비추어 타당하다고 할 것이다.

민법 제568조 제1항에 의하면 매도인은 매수인에 대하여 매매의 목적이 된 권리를 이전하여야 하며 매수인은 매도인에게 그 대금을 지급하여야 한다고 규정하면서 제2항에서 전항의 쌍방의무는 특별한 약정이나 관습이 없는 경우에는 동시에 이행하도록 되어 있다.

그런데 이렇게 법률적으로 유효한 매매계약을 해제하기 위해서는 법적으로 적법한 이유가 있어야 한다. 민법 제543조에 의하면 계약 또는 법률의 규정에 의하여 당사자의 일방이나 쌍방이 해지 또는 해제의 권리가 있는 때에는 그 해지 또는 해제는 상대방에 대한 의사표시로 한다고 분명하게 규정하고 있다. 또한 일단 해제에 대한 의사표시를 한 경우에는 그 표시는 철회하지 못한다고 했다.

2. 이행지체

계약이 성립되면 계약자 쌍방은 신의성실 원칙에 의해 계약을 이행하여야 한다. 그런데 만약 일방이 계약에 의해 성립된 그 채무를 이행하지 아니하는 때에는 상대방은 상당한 기간을 정하여 그 이행을 최고하고 그 기간 내에 채무를 이행하지 아니한 때에는 계약을 해제할 수 있다(민법 제544조).

3. 계약의 목적을 달성할 수 없을 경우

계약의 성질 또는 당사자의 의사표시에 의하여 일정한 시일 또는 일정한 기간 내에 이행하지 아니하면 계약의 목적을 달성할 수 없을 경우에 당사자 일방이 그 시기에 이행하지 아니한 때에는 상대방은 전조의 최고를 하지 아니하고 계약을 해제할 수 있다(민법 제545조).

4. 이행불능에 의한 계약의 해제

채무자의 책임 있는 사유로 이행이 불능하게 된 때에는 계약을 해제할 수 있다(민법 제546조).

5. 해제의 효과 · 원상회복의무

계약자 일방에 의해 이렇게 계약이 해제되면 각 당사자는 그 상대방에 대하여 원상회복해줄 의무를 가지고 있다. 그러므로 원상회복 의무는 계약의 해제와 동시에 이행되어져야 한다. 그리고 반환할 금전이 있는 경우에는 그 받은 날로부터 이자를 더해서 반환하여야 한다.

6. 해약금

매매의 당사자 일방이 계약당시에 금전 기타 물건을 계약금, 보증금 등의 명목으로 상대방에게 교부한 경우에는 당사자간에 다른 약정이 없는 한 당사자의 일방이 이행에 착수할 때까지 교부자는 이를 포기하고 수령자는 그 배액을 상환하여 매매계약을 해제할 수 있으므로(민법 제565조 제1항), 질문의 경우에는 갑이 계약금의 배액을 상환하는 것이 마땅하다.

착오로 인한 계약해제

> **Q** 본인은 1991년 1월에 갑 주택 주식회사에 적당한 가격을 받기로
> 하고 가옥을 팔았습니다. 원래 갑은 본인의 주택을 매수하여 인근
> 의 다른 토지와 함께 아파트 건설용 부지로 사용할 목적이었는데, 이와
> 같은 사정이 미리 인근 토지 소유자들에게 알려지면 지가의 상승을 예
> 상한 토지 소유자들이 해당 토지를 매도하지 않으려고 하는 점 등을
> 고려하여 갑과 같은 계열회사인 을 건설 주식회사 경리과장 병을 내세
> 워 본인의 주택을 매수하였습니다. 매매계약을 체결함에 있어 그 매매
> 계약서상 매도인은 본인으로 하고, 매수인은 병 외 1인으로 표시하여
> 매매계약을 체결하였습니다. 그러나 본인은 그가 어떤 사람인지 알 수
> 없었습니다. 결국 그가 어떤 사람인지조차 모르는 상태에서 매매계약을
> 체결함으로써 생각 외의 많은 양도소득세를 물게 되었습니다. 이런 경
> 우 착오로 인한 매매계약의 해제가 가능한지요?
>
> **A** 부동산 매매계약에 있어 당사자가 상대방에 대하여 구체적으로 알지
> 못하였다는 것만으로 그 매매계약이 성립하지 아니하거나 무효로 되
> 는 것은 아닙니다.

　부동산 매매계약처럼 재산권을 다루는 계약에 있어서는 법률행위의 중요부
분에 착오가 있는 경우 계약을 해제하는 경우도 있으나 질문의 경우에는 신의
성실의 원칙에 비추어 허용될 수 없다.

　이 경우에는 매도인이 착오로 인해 계약에 따른 법률적 문제를 제대로 이해
하지 못했다고 주장하고 있는 것이다. 매도인은 매매계약의 체결 경위 및 당
시 시행되던 소득세법, 같은 법 시행령, 조세감면규제법, 주택건설촉진법 등
관계 규정을 잘 살펴 토지의 매수인이 개인인지 법인인지, 법인이라도 주택건
설사업자인지 및 주택건설사업자라도 양도소득세 면제 신청을 할 것인지 여

부 등 매도인이 부담하게 될 부분에 대하여 알아보아야 할 것이다.

매매계약 체결 당시 시행되던 소득세법 및 같은 법 시행령의 관계규정에 의하면, 양도소득세액 산정에 있어서 양도가액은 자연인에게 양도하는 경우에는 기준시가에 의하나 법인에게 양도하는 경우에는 실지거래가액에 의하도록 되어 있어 법인에게 양도하는 경우에는 다액의 양도소득세를 부담하게 된다. 만일 질문자가 이 사건 매매계약 체결 당시 법인인 을 회사가 매수당사자인 것을 알았더라면 이 사건 매매계약을 체결하지 아니하였거나 적어도 매매조건에서 양도소득세 문제와 관련하여 을 주택회사가 이를 부담하는 조건으로 계약 내용을 달리 정하였을 것이다. 그런데 을 측에서 이 사실을 숨기는 바람에 자연인에게 양도하는 것인 줄 알고 이 사건 매매계약을 체결하게 된 것이니 이는 사기 또는 착오에 의한 의사표시이므로 이를 취소한다는 질문자의 항변에 대하여, 을 회사가 매수당사자임을 사전에 질문자에게 알리지 아니한 사실은 인정할 수 있다.

이것은 매매계약을 체결함에 있어 중대한 영향을 미치게 되어 이 점에 관한 착오는 법률행위 내용의 중요부분에 관한 것이라고 할 수 있지만 소득세법 및 같은 법 시행령의 개정으로 1989년 8월 1일 이후 양도한 것으로 보게 되는 거래에 대하여는 투기거래의 경우를 제외하고는 법인과의 거래에 있어서도 개인과의 거래와 마찬가지로 양도가액을 양도 당시의 기준시가에 의하도록 변경된 점에 비추어 볼 때, 매매계약의 체결에 위와 같은 착오가 있었다 하더라도 소득세법상의 양도시기가 1991년 8월 1일 이후로 보게 되는 관계로 매도인은 당초 예상한 바와 같이 기준시가에 의한 양도소득세액만 부담하면 족한 것으로 확정되어 위 착오로 인한 불이익이 소멸되었다고 보아야 한다. 그러므로 취소의 의사표시는 신의성실의 원칙상 허용될 수 없다.

그리고 질문을 살펴보면, 을 측에서 굳이 질문자로 하여금 양도소득세를 많이 부담하게 할 생각으로 매수 당사자임을 알리지 않은 것으로는 보이지 않기 때문에 을 측에 기망의 고의가 있었다고 할 수 없을 뿐만 아니라, 그 매매대금이 당시의 시세보다 결코 낮은 가격이 아니었던만큼 토지 소유자들이 아파트 건설용 부지로 사용하려는 사정을 알면 지가 상승을 예상하여 매도하지 않으려고 하는 점 등을 고려하여 을이 매입한다는 사실을 알리지 아니한 것뿐이라면 위법한 기망행위가 있었다고 볼 수도 없다. 그러므로 질문의 경우 사기 내지 착오에 관한 질문자의 주장을 인정하기에는 부족하다고 볼 수 있다.

계약금의 포기는 항상 계약해제를 의미하나

> **Q** 본인은 주택을 신축하기 위해 갑 소유의 토지를 2,000만원에 매입하기로 하였으나 갑이 급한 사정에 의해 토지를 팔 수 없게 되었습니다. 본인은 계약금으로 200만원을 지불했으나 갑이 계약금으로 받은 200만원에 대한 배액을 상환하고 계약을 해제하겠다고 합니다. 어떻게 하면 좋은지요?
>
> **A** 계약 당사자의 다른 한 쪽이 이행에 착수할 때까지 취소의사 표시를 하고 계약금을 받은 자는 그 배액을 상환하여 계약을 해제할 수 있습니다.

1. 계약금

부동산 매매계약을 체결할 때 통상적으로 매수인이 매도인에게 계약성립을 위해 금전 또는 기타의 유가물을 지불하는 수가 많다. 통상적인 거래에서는 이러한 금전이나 유가물을 여러 가지 용어로 쓰고 있으나 가장 많이 쓰는 것이 보증금 또는 계약금이다. 계약금은 그 작용에 따라 증약금, 위약계약금, 해약금 등 3가지 형태로 나누어진다.

증약금

이것은 계약을 체결했다는 증거로서의 의미를 갖는 금전을 의미한다.

증약금이란 계약을 체결할 때 계약 당사자간에 매매 계약에 따른 합의에 따라 금전이 교부되는 것으로 그것은 적어도 계약에 따른 합의가 있다는 증거력을 갖게 되는 금전을 말한다.

위약계약금

계약금을 교부한 자가 계약상의 채무를 이행하지 않는 때에 그것을 몰수하여 손해를 보상하는 금전을 말한다.

해약금

계약해제권을 보유하는 기능을 가지고 있는 금전을 의미한다. 민법에서는 계약금이 해약금의 성질을 갖는 것으로 규정하고 있다.

따라서 매매 당사자가 계약을 하면서 특약사항으로 위의 3가지 유형 중 어느 한 가지로 정했다고 하면 그에 따르면 된다. 그러나 계약을 체결하면서 여기에 대한 특약이 없었다면 계약금은 제3의 형태인 해약계약금으로 추정하고 있다(민법 제565조).[1]

2. 해제권의 행사와 기한

매매계약을 함에 있어 계약의 효력을 발생시키기 위해 일반적으로 매수인은 계약금을 교부하고 매도인은 이를 수령한다. 그러나 예기치 못한 사정에 의해 계약을 취소하거나 해제해야만 하는 사정이 생길 수가 있다. 그렇다고는 하지만 매도인인 계약을 취소 또는 해제할 때 매수인으로부터 받은 계약금을 포기한다고 해서 언제든지 해약할 수 있는 것은 아니다.

민법 제565조는 [당사자의 일방이 이행에 착수할 때까지는 매매계약을 해제할 수 있다]고 규정하고 있다. 여기서 [이행에 착수한다]는 것은 이행을 준비하는 상태가 아니라 이행행위 자체를 착수하는 것을 말한다. 즉, 중도금의 제

---

1) 민법 제565조【해약금】 ①매매의 당사자 일방이 계약 당시에 금전 기타 물건을 계약금, 보증금 등의 명목으로 상대방에게 교부한 때에는 당사자간에 다른 약정이 없는 한 당사자의 일방이 이행에 착수할 때까지 교부자는 이를 포기하고 수령자는 그 배액을 상환하여 매매계약을 해제할 수 있다.
②제551조의 규정은 전항의 경우에 이를 적용하지 아니한다.

공과 같은 채무이행 행위의 일부를 행사하거나, 또는 이행을 하는데 필요한 전제 행위(잔금을 지불하기 위해 준비하고 부동산의 명도를 요구하는 등의 행위)를 하는 것을 말한다.

따라서 계약 상대자의 이익을 위해 이행에 착수하는 데에는 통상적으로 거기에 따른 비용이 들기 때문에 그 단계에서 계약을 해제하게 되면 비용을 부담한 자에게 재산적 손실을 부담시키게 되고, 또 이행이 착수될 것이라는 사실에 기대를 걸고 있는 자에게 여러 가지 면에서 손해를 끼칠 수가 있으므로 계약의 해제는 여러 가지 규정을 두고 있는데 계약해제의 원인은 위 장에서 설명한 것과 같다. 그러므로 질문의 경우에는 당사자 일방이 계약금의 배액을 상환하겠다면 계약의 해제가 가능하다.

계약내용의 조정-부동산 거래 후 갑자기 땅값이 폭등할 때

Q 갑은 본인과 토지 매매계약을 체결하였습니다. 그런데 갑자기 땅값이 폭등하자 갑은 계약한 가격으로는 도저히 팔 수가 없다면서 본인에게 체결한 매매계약상의 대금보다 금액을 올려줄 것을 청구하는데 이런 경우 저는 어떻게 해야 하는지요?

A 계약을 했다 하더라도 상당한 사정의 변경이 있는 경우 계약내용을 조정해야만 합니다.

1. 사정변경의 원칙이란 무엇인가

부동산 매매계약은 계약자유의 원칙이다. 그러므로 계약을 할 때 당사자는 자유롭게 계약을 맺을 수 있지만 일단 계약이 체결되면 계약 내용을 성실히 이행하여야만 한다. 그러나 어떤 예기치 못한 특별한 사정이 생길 수도 있어 계약내용에 따라 이행할 것을 무조건 요구할 수는 없는 경우가 발생하게 된다. 그러므로 비록 계약자유의 원칙이라고 해도 이렇게 사정이 변경된 경우에는 계약내용을 완화하여 고치거나 변경을 해야 한다. 그러나 계약 당사자간에 사정 변경이 성립되지 않을 경우 부득이 계약의 해제를 인정해야 한다. 이를 사정변경의 원칙이라고 한다.

부동산 매매계약을 체결함에 있어서 계약 당사자는 당시의 사회·경제적 사정을 고려하고, 장래에 있어서 다소의 변동을 예상하는 것이 통례이다. 예를 들면 어떤 아파트를 소유하고 있는 사람이 매각 처분하려고 한다고 하자. 매각을 하려는 이유가 아파트를 구입하면서 대출을 받은 금액이 많아 그대로 놔두면 이자 부담이 커지기 때문이다. 그러나 이자부담을 감수하고 그대로 두면 얼마 지나지 않아 값이 폭등할 것을 예상할 수 있다면 그 이자부담 폭보다 이익이 더 클 것이라고 믿기 때문에 아파트를 처분하려고 하지 않을 것이다. 그러나 아파트 가격의 변동폭이 이자부담보다 작다면 그는 아파트를 처분할 것이다.

부동산을 매매하려는 사람은 이렇게 사회·경제적 상황을 예견하고 계약을 체결한다. 그런데 사정변경의 원칙이 인정되려면 당사자가 예상하지도 않고 또한 예상할 수도 없었다고 인정할 수 있는 현저한 사정의 변경이 발생하여야 한다.

2. 어떠한 경우에 사정변경을 하게 되는가

사정변경의 원칙은 거래계약사회의 기본이념인 형평과 안전을 위한 중개자로서 역할을 담당하고 있다. 어떠한 계약이라도 약정한 내용은 거래의 안전을 위해 반드시 지켜져야 하지만 불공정한 거래는 정의에 반하므로 계약 당시에는 예상할 수 없는 현저한 사정의 변경이 생겼다면 계약내용은 정정되어야 한다.

질문의 경우처럼 매매목적물의 가격이 폭등한 때에는 원래의 계약대로라면 매도인 측에서는 생각하지 못한 손해가 생기게 되므로 계약을 파기해 버리고자 할 것이다. 따라서 계약내용의 구속력을 인정한다면 사정변경의 원칙은 신의원칙에 반하는 결과가 되는 경우라고 할 수 있지만 이렇게 사정변경의 원칙을 인정하는 경우 계약내용을 일부 고치거나 아니면 계약을 해제하게 된다. 그럴 때에는 우선 양자간에 타협을 하여 좋게 해결하도록 해야 한다.

하지만 질문의 경우에는 매도인 측에서 양보하지 않으려고 할 것이다. 따라서 우선 매수인은 약간 양보하여 해결하도록 하는 것이 좋다. 그렇다고 해서 매도인 측에서 터무니없이 나온다면 상대방의 요구를 모두 받아드릴 수는 없을 것이다.

실제적인 거래에 있어서는 이런 경우처럼 부동산값이 폭등하거나 폭락해도 이를 변경해서 계약내용을 조정하는 경우는 드물고 매수인 쪽에서 계약금을 포기하거나 매도인이 계약금의 배액을 매수인에게 반환해주고 해결하는 것이 일반적이었다. 그러나 만약 매도인이 터무니없는 가격을 요구하거나, 아니면 매수자가 매매목적물을 꼭 매입하겠다고 고집을 부리는 일이 생겨 타협과 양보로 해결이 되지 않는 경우에는 분쟁이 발생할 소지도 있다.

그럴 경우에는 법적으로 해결을 해야 한다. 분쟁에 대비하기 위해서는 소유권이 이전되지 않은 상태라면 매도인이 이를 다른 사람에게 매매하여 소유권을 이전시키기 전에 목적물의 매매를 금지하는 가처분을 신청해 두는 것이 좋다. 또 사정변경원칙을 인정하여서 매매계약대금을 올려야 하는 경우 상당하나고 인정될 때에는 거기에 상당하는 금액을 매도인에게 지불하고, 이를 매도인이 수령하지 않는 경우에는 그 금액을 법원에 공탁하고 소유권이전청구를 하면 된다.

제3자의 지위

Q 본인은 갑이라는 사람과 잘 알고 지내는 사이입니다. 그런데 그가 경영하는 인쇄소가 자금난을 겪자 갑은 자신이 소유하고 있는 회사 건물의 지분 1/2을 본인에게 8억 9,000만원에 매각하게 되었습니다. 계약금이 교부된 후 갑의 채권자인 을의 요청으로 나머지 중도금 및 잔금을 본인이 을에게 직접 지급하기로 하는 약정을 하고 약정 내용을 분명히 하기 위하여 갑이 본인에게 위 중도금 및 잔금에 대한 수령권을 위임한다는 취지의 지불위임장을 작성하고 '을 귀하'라고 표시하여 공증까지 마쳤습니다. 그런데 갑은 위 약정과 달리 자신이 본인에게 1차 중도금을 수령하였다고 을로부터 의심을 받자 이를 불식하기 위해 갑의 요구에 의하여 본인은 을에게 중도금 지급기일보다 앞당겨 이자 상당액인 300만원을 공제한 중도금 2억 9,700만원을 을의 예금구좌에 입금하여 지급한 사실이 있습니다. 이 매매는 본인은 위 중도금과 잔금을 지급하는 대신 이 사건 부동산 지분을 취득하고, 본인이 갑에게 지불할 중도금 및 잔금은 을에게 그 대금 상당의 금원을 지급함으로써 지급에 갈음하기로 한 것이고, 갑의 을에 대한 채무는 본인이 을에게 금원을 지급함으로써 이를 소멸하는 것입니다. 그런데 본인의 사정에 의해 중도금과 잔금을 제때 지급할 수 없게 되어 갑이 이 사건 부동산 지분을 타인에게 매도하는 데 대하여 본인의 동의를 받고 갑과 본인이 이 사건 매매계약을 합의해제하고 이 부동산을 타인에게 매도하는 것을 합의했습니다. 그런데 을이 이러한 계약해제는 무효이며 돈을 갚으라고 하고 있습니다. 이러한 경우에는 어떻게 해야 하는지요?

A 민법 제541조에 의하면, '민법 제539조에 의하여 제3자의 권리가 생긴 후에는 당사자는 이를 변경 또는 소멸시키지 못한다.'라고 규정하고 있어, 계약 당사자는 제3자의 권리가 발생한 후에는 합의해제를 할 수 없고, 설사 합의해제를 하더라도 그로써 이미 제3자가 취득한 권리에는 아무런 영향을 미치지 못한다고 할 것입니다.

질문과 같은 매매계약은 질문자를 낙약자로, 갑을 요약자로, 을을 제3자로 하여 질문자와 갑 사이에 위 ①의 보상관계 및 을 사이에 위 ②의 대가관계가 모두 존재하고, 을로 하여금 본인에 대하여 위 중도금 및 잔금에 대한 직접청구권을 행사할 권리를 취득케 하는 제3자를 위한 계약에 해당하고, 동시에 이 매매 약정은 질문자가 갑의 을에 대한 채무를 인수하는 병존적 채무인수에도 해당한다. 민법 제541조에 의하면, '민법 제539조에 의하여 제3자의 권리가 생긴 후에는 당사자는 이를 변경 또는 소멸시키지 못한다'라고 규정하고 있어, 계약 당사자는 제3자의 권리가 발생한 후에는 합의해제를 할 수 없고, 설사 합의해제를 하더라도 그로써 이미 제3자가 취득한 권리에는 아무런 영향을 미치시 못한다고 할 것이다.

제3자를 위한 계약이라 함은 통상의 계약이 그 효력을 당사자 사이에서만 발생시킬 의사로 체결되는 것과는 달리 계약 당사자가 자기들 명의로 체결한 계약에 의하여 제3자로 하여금 직접 계약 당사자의 일방에 대하여 권리를 취득하게 하는 것을 목적으로 하는 계약이다. 그러므로 어떤 계약이 제3자를 위한 계약에 해당하는지 여부는 당사자의 의사가 그 계약에 의하여 제3자에게 직접 권리를 취득하게 하려는 것인지에 관한 의사해석의 문제로써 이는 계약 체결의 목적, 계약에 있어서의 당사자 행위의 성질, 계약으로 인하여 당사자 사이 또는 당사자와 제3자 사이에 생기는 이해득실, 거래 관행, 제3자를 위한 계약제노가 갖는 사회적 기능 등 제반 사정을 종합하여 계약 당사자의 합리적 의사를 해석함으로써 판별할 수 있다고 할 것이다(대법원 1996. 1. 26. 선고 94다54481 판결).

채무자와 인수인의 계약으로 체결되는 병존적 채무인수는 채권자로 하여금 인수인에 대하여 새로운 권리를 취득하게 하는 것으로 위 제3자를 위한 계약의 하나로 볼 수 있는 바, 이와 비교하여 이행인수는 채무자와 인수인 사이의 계약으로 인수인이 변제 등에 의하여 채무를 소멸케 하여 채무자의 책임을 면하게 할 것을 약정하는 것으로 인수인이 채무자에 대한 관계에서 채무자를 면책케 하는 채무를 부담하게 될 뿐 채권자로 하여금 직접 인수인에 대한 채권을 취득케 하는 것이 아니므로 결국 제3자를 위한 계약과 이행인수의 판별 기준은 계약 당사자에게 제3자 또는 채권자가 계약 당사자 일방 또는 인수인에 대하여 직접 채권을 취득케 할 의사가 있는지 여부에 달려 있다. 구체적으로는 계약 체결의 동기, 경위 및 목적, 계약에 있어서의 당사자의 지위, 당사자 사이 및 당사자와 제3자 사이의 이해관계, 거래 관행 등을 종합적으로 고려하여 그 의사를 해석하여야 한다.

부동산을 매매하면서 매도인과 매수인 사이에 중도금 및 잔금은 매도인의 채권자에게 직접 지급하기로 약정한 경우, 그 약정은 매도인의 채권자로 하여금 매수인에 대하여 그 중도금 및 잔금에 대한 직접청구권을 행사할 권리를 취득케 하는 제3자를 위한 계약에 해당하고 동시에 매수인이 매도인의 그 제3자에 대한 채무를 인수하는 병존적 채무인수에도 해당한다.

근저당이 설정된 부동산의 매입

Q 본인은 부동산 중개업소를 통해 가옥을 매입하기로 하였습니다. 중개업소에서는 그 집이 은행으로부터 대출 받은 돈을 갚지 못해 다른 집에 비해 훨씬 싸게 구입을 할 수 있다고 합니다. 이런 집을 매입할 경우 어떻게 하는 것이 가장 안전한지요?

A 근저당[1]이 설정된 가옥을 구입할 경우 여러 가지 해결방법이 있겠지만 매매 당시 근저당금액을 매수인이 부담하던가, 아니면 그 금액을 공제하고 매도인에게 지급하면 됩니다.

1. 근저당권이란 무엇인가

근저당권이란 계속적인 거래관계를 가지고 있을 때 앞으로 생길 불특정 채권을 담보하려는 권리를 말하고 근저당이라고 부르기도 한다. 근저당권의 설정은 부동산 물권변동의 일반원칙에 따라서 설정에 관한 물권적 합의와 등기에 의한다.[2] 근저당권을 설정할 때는 보통 채무자가 하지만 반드시 채권자일 필요는 없는 것이고 채무자 이외의 자(물상보증인)라고 하더라도 상관없다. 등기할 때에는 반드시 등기 내용이 보통의 저당권이 아니며 근저당권이라는 사실과 담보할 채권의 최고액을 함께 등기해야 한다. 그때 등기되는 채권 최고액은 채권 원본만의 한도액이 아니라 이자까지 포함하는 원리금의 한도액

---

1) 민법 제357조【근저당】 ①저당권은 그 담보할 채무의 최고액만을 정하고 채무의 확정을 장래에 보류하여 이를 설정할 수 있다. 이 경우에는 그 확정될 때까지의 채무의 소멸 또는 이전은 저당권에 영향을 미치지 아니한다.

2) 민법 제186조【부동산물권변동의 효력】 부동산에 관한 법률행위로 인한 물권의 득실변경은 등기하여야 그 효력이 생긴다.

을 의미한다.

2. 근저당권의 범위

근저당권을 설정하는 이유는 장래에 상환 받아야 할 채권에서 원본, 이자, 위약금, 채무불이행으로 인한 손해배상 및 저당권의 실행비용을 담보하기 위한 것이다.[1] 저당권을 행사하는 경우 지연배상에 대하여는 원본의 이행기를 경과한 후의 1년분에 한한다고 민법에서 규정하고 있다. 그리고 근저당권에 있어서의 최고액은 목적물로부터 우선 변제를 받는 최고한도이므로 결국 근저당 최고액은 민법 제360조가 정하는 합계의 일정액이라는 것을 의미하고 그 합계가 최고액한도를 넘고 있으면 넘는 부분은 우선 변제를 받지 못하게 되어 있다.

질문의 경우에는 그 주택을 구입하겠다면 대부 은행에 매매 당시를 기준으로 대출금이 얼마이고 연체이자는 얼마인지 등의 실제거래관계를 확인한 후 대출금을 승계하는 방법과 매매대금에서 상환을 하는 방법을 선택해서 결정할 수 있을 것이다.

3. 근저당권의 소멸

근저당권을 소멸시키기 위해서 제일 쉽게 이용할 수 있는 방법은 이미 발생하고 있는 채무를 변제하는 것이다. 즉, 질문의 경우 주택 매매대금에서 매매 당시의 매도인(채무자)이 은행에 대해서 부담하고 있는 금액(최고액의 한도 내에서)을 공제한 나머지를 매도인에게 지급하고 근저당권을 소멸시키는 것

---

1) 민법 제360조【피담보채권의 범위】 저당권은 원본·이자·위약금·채무불이행으로 인한 손해배상 및 저당권의 실행비용을 담보한다. 그러나 지연배상에 대하여는 원본의 이행기일을 경과한 후의 1년분에 한하여 저당권을 행사할 수 있다.

이다.

　이렇게 되면 질문자가 은행에 대해서 대부금과 지연이자를 부담하게 되는 것이다. 민법에 보면 피담보 채권이 확정되기 전에는 비록 발생한 채권을 채무자가 변제해도 근저당권이 소멸하지 않는다. 다만 피담보 채권이 확정되는 때에 담보할 채권이 전혀 존재하지 않거나, 채권이 있더라도 변제로 소멸한 때나 실행이 종료하면 근저당권이 소멸하게 되어 있다. 그러나 피담보 채권이 확정되기 전에도 근저당권을 소멸시킬 수 있다. 즉, 근저당권 존속기간을 정하고 있지 않는 경우에는 이미 발생하고 있는 채무가 변제 등으로 전부 소멸하고 있으면 기본계약과 설정계약을 해지하여 근저당권을 소멸시킬 수 있는 것이다. 한편 존속기간이나 결산기를 정하고 있는 경우에는 발생한 채권이 소멸하고 있고, 채무자가 거래를 계속하기를 원하지 않으면 설정자는 계약을 해지하고 설정등기말소를 청구할 수 있다는 판례가 있다(대판 1966.3.22{66다68}).

상속등기가 되어 있지 않은 부동산의 매매

> **Q** 상속을 받기는 했지만 이미 사망한 아버지의 명의로 되어 있는 집을 매각하려면 어떠한 절차를 밟아야 되는지요?
>
> **A** 상속인 명의로 상속 등기를 하고 매수인은 소유권이전등기를 받아야 합니다.

1. 부동산의 물권변동과 등기

민법 제186조에 따르면 법률행위로 인한 부동산물권의 득실변경은 등기를 할 때라야 그 효력이 생긴다고 규정하고 있다.[1] 그러나 등기를 필요로 하지 않는 경우도 있는데 상속·공용징수·판결·경매 기타 법률의 규정에 의한 부동산에 관한 물권 취득의 경우이다. 하지만 이러한 물권은 등기를 하지 않으면 처분하지 못하도록 되어 있다.[2]

그러므로 상속에 의한 부동산 물권의 취득에는 별 문제가 없다. 다만 상속을 받은 자가 이것을 다른 사람에게 매각하기 위해서는 먼저 상속등기를 한 후에 매수인에게 소유권이전등기를 해주어야 한다.

---

1) 민법 제186조【부동산물권변동의 효력】 부동산에 관한 법률행위로 인한 물권의 득실변경은 등기하여야 그 효력이 생긴다.

2) 민법 제187조【등기를 요하지 아니하는 부동산물권취득】 상속·공용징수·판결·경매 기타 법률의 규정에 의한 부동산에 관한 물권의 취득은 등기를 요하지 아니한다. 그러나 등기를 하지 아니하면 이를 처분하지 못한다.

2. 중간생략등기

상속받은 부동산 물권을 등기를 하지 않는 경우도 있는데 그것을 중간생략
등기라고 한다. 그러면 질문의 경우 어떻게 할 것인지에 대해 설명을 한다. 여
기서는 상속자를 갑이라 하고 원래 소유주인 아버지를 을이라고 하자. 질문자
는 상속인 갑으로부터 집을 매수한 후에 을의 명의로부터 소유권이전등기를
받아도 소유권 취득에는 영향이 없다. 즉, 갑이 해야 할 소유권이전등기를 생
략하는 것이다. 이러한 중간생략등기는 등록세 기타 세 부담을 줄이고 그 밖
의 절차나 비용을 절약하기 위해서 구 민법시대에는 널리 이용되어 왔다.

질문의 경우 갑은 중간생략등기외 중간자와 같은 지위에 있고, 이러한 중간
생략등기의 유효성이 지금도 인정되기 때문에 갑에게 상속등기가 없는 상태
에서 을로부터 직접 소유권이전등기를 할 수 있는 것이다. 즉, 을 명의의 집의
소유권을 취득하려면 질문자가 갑으로부터 실질적으로 집을 산 후에 을과 질
문자가 공동으로 신청하여 소유권이전등기를 하면 된다. 그러나 주의할 것은
등기신청과정에서 이미 사망한 사람과 공동신청을 하는 것이 되므로 문서위
조의 문제가 야기될 수 있으므로 신중하게 처리를 하여야 한다.

이런 경우 잘못하면 갑은 사문서 위조의 정범으로, 질문자는 사문서 위조의
공동정범 내지는 교사범으로 형사처벌을 받을 수도 있고, 또한 공정증서원본
부실기재죄라는 형사상의 문제도 생길 수 있다.

그러나 이러한 점을 유의하고 을의 사망사실을 정확하게 확인해주면 〔실체
적 권리관계에 부합하는 등기는 그 등기과정에 있어서 사망인 명의의 위조된
등기신청서류에 의하여 행해진 경우도 유효하다 할 것이다〕라는 대법원의 판
례와도 부합되므로 별 문제가 없을 것이다.

따라서 질문자가 실질적으로 갑으로부터 집을 매수하고 형식적으로는 을로
부터 소유권을 이전 받았다 하더라도, 그리고 형식적인 명의이전자인 을이 사
망한 후, 그 명의를 위조한 등기신청서류에 의해서 이전등기를 했더라도 질문
자가 취득한 소유권은 유효한 것이다.

이와는 달리 매매계약을 체결한 후 그 계약이 이행되기 전에 매도인이 사망했다면, 그 상속인과의 사이에 매매계약조항을 이전한 경우 등기 신청을 이행하기 위해 동 상속인 명의로 작성한 매도증서는 적법 유효하다는 판결이 있다. 또한 계약서에 매도인의 명의가 비록 사망자 명의로 되어 있다 하더라도 사실상의 매도인과 계약서에 기재된 매수인 사이의 매매계약은 유효한 것이다.

부동산의 인도와 대금지급의 관계

Q 건설업체에서 지은 다세대주택을 분양 받았습니다. 계약서의 내용을 보면 소유권 인도와 잔금 지급을 동시에 이행한다고 되어 있으나 아직까지 다 완공도 되지 않은 상태에서 잔금 지급기일이 지났다고 독촉을 하고 있습니다. 본인은 건물이 완성되는 시점에 맞춰 현재 살고 있는 전셋집의 전세금을 빼 연립주택으로 이사를 가면서 지불할 생각이었는데 완공이 되지 않아 입주가 지연되고 있으므로 전세금을 빼지 못해 잔금을 못 치르고 있는 실정입니다. 회사측에 아직도 소유권 이전등기도 되지 않았는데 무슨 잔금을 치르느냐고 말을 하기는 했지만 이런 경우에도 잔금을 지급해야 하는지요. 그리고 이런 경우 세금과 기타 공과금은 어느 쪽에서 부담해야 하는지요?

A 잔금의 완납과 동시에 소유권을 이전할 것만을 관계토록 한 특약이므로 건물을 인도 받을 수 없다고 해서 매수인의 지급거부는 인정될 수 없습니다.

1. 소유권 이전이 없는 상태에서의 대금지급

요즘 우리 사회가 외환위기로 인해 IMF 관리체제로 들어가면서 부동산 경기의 침체로 인해 많은 건설회사들이 부도가 나는 바람에 건설이 중단된 아파트와 주택들이 많이 생겨나고 있다. 질문의 경우에도 건설회사가 자금사정의 악화로 어려움에 처해 아직 건물이 완공되지 않은 것으로 추정된다. 그러나 건물이 미완성일지라도 매도인이 잔대금의 지급기일까지 건물인도는 불가능하더라도 소유권의 이전등기는 가능한 것 같아 보인다. 그런데 질문자는 건물의 인도가 불가능한데 대금지급을 거절할 수 있는가 하는 점을 물어 왔다.

대법원에서는 〔부동산매매에 있어서 특별한 사정이 없는 한 매수인의 잔대금 지급의무와 매도인의 이전등기절차 이행의무는 서로 동시이행관계에 있으나 목적부동산의 명도의무는 특약 등 특별한 사정이 없는 한 동시이행관계에 있다고 할 수 없다]고 판시한 바가 있다. 이 판례의 취지는 건물 인도가 불가능하더라도 소유권이전등기가 가능하다면 인도 불가능을 이유로 매수인의 잔대금 지급 거절은 인정될 수 없다는 것이다.

그러나 질문의 경우와 같이 거주를 목적으로 하는 분양주택의 경우에는 소유권이전등기, 건물 인도와 잔대금 지급의 관계를 동시이행관계로 합의한 것으로 이해하는 것이 일반적이다.

이럴 때에는 매수인이 동시이행의 항변권을 주장하여 잔대금 지급을 거절할 수 있다. 건물이 미완성 상태로 되어 있어서 건물 인도는 고사하고 건물의 완성상태로 보아 건물보존등기조차도 할 수 없는 경우라면 일반적인 상식에 비추어봐도 잔대금을 지급하라는 것은 무리한 행위이므로 건물이 완성되어 소유권이전등기가 가능할 때까지 지급을 거절할 수 있을 것이다.

그리고 질문자는 계약서에 건물인도기일의 약정이 있는데도 불구하고 건물을 인도하지 않고 있다면 언제까지 건물을 명도하라고 이행기를 정해 회사측에 최고하고 최고 후에도 이행하지 않는다면 계약의 해제는 물론이고 손해배상을 청구할 수도 있다.

2. 세금과 공과금을 누가 부담해야 하는가

부동산 매매계약을 함에 있어 세금 및 공과금의 부담의무는 양 당사자가 어떻게 계약을 했는가에 따라 달라질 수 있다. 이 의무는 회사 측과 매수인이 각각 부담하는 방법, 합의에 의해 한쪽만이 부담하는 방법이 있을 것이다. 그러나 재산세 등과 같이 재산 자체에 부과되는 공과금은 보통 부동산의 인도일을 기준으로 하여 인도 전에는 매도인이 하고, 인도 후에는 매수인이 부담하는 것이 일반적인 관례이다. 하지만 이러한 세금과 공과금의 부담에 관해서는 당사자간 특약에 의해 정할 수 있는 것이며 별다른 규정은 따로 정해진 것이 없다.

매매대금 지급방법

> **Q** 본인은 갑에게 토지와 건물을 팔기로 약속하였습니다. 그런데 갑은 자신이 운영하던 회사가 부도가 나자 자금사정이 악화되어 대금을 곧 지급해 줄만한 준비가 되어 있지 않다고 통보를 해왔습니다. 그 사람이 고의로 대금지급을 늦추려고 하는 것이 아니라는 것을 알고 있기 때문에 지급방법을 고쳐 대금을 지급 받으려고 합니다. 대금지급 방법을 고치게 되더라도 괜찮은 것인지요? 또 안심하고 지급받을 수 있는 방법은 무엇인지요?
>
> **A** 대금지급방법을 매도인이 유리한 쪽을 고칠 수 있고 안전하게 하기 위해서는 저당권설정이나 소유권유보부 대물변제의 예약을 하면 됩니다.

1. 분할 지급과 후불

경제사정이 악화되면서부터 부동산 매매계약을 체결했으나 대금지급이 지연되거나 하는 경우가 빈번하게 발생하고 있다. 어떤 사람은 마음에 드는 토지와 건물이 있으나 바로 대금을 마련하지 못하는 경우 또는 이미 계약을 했으나 대금마련에 애를 먹고 있는 경우도 종종 있다. 이러한 어려움을 해소하는 방법으로 매수인은 매도인과 타협하여 그 지급방법으로 대금을 분할하여 지급하는 방법을 택하든가 후불방법으로 할 수 있다.

분할 지급의 예
① 매매대금 중의 일부 내지 상당부분의 지급을 부동산 인도 후, 약정에 따라 매월 분할 지급하는 방법

② 매도자 측에서 금융기관과 제휴, 구입자금을 금융기관으로부터 차용할 수 있도록 알선하는 방법

③ 부동산 구입자가 자금을 직접 금융기관으로부터 차용하여 후에 월부로 변제해 가는 방법

후불

계약금을 지급하고 토지·건물의 인도를 받고 나머지 대금을 월부로 하거나 전액을 후불로 하는 방법이 있다.

2. 후불·분할지급을 할 때 매도인의 담보 확보 방법

매수인의 편의를 도모하기 위해 분할지급 방법이나 후불지급방법을 택한다 하더라도 지금과 같이 불안한 경제사정 하에서는 매수인이 분할지급이나 후불의 대금지급을 제대로 이행할 것인지 확신을 할 수도 없는 상태이고, 불안하기도 하므로 매도인은 대금지급을 확보하려 할 것은 당연하다. 대금지급을 확보하는 방법으로는 통상 보증인을 세우거나 저당권을 설정하는 등 이른바 인적·물적 담보를 확보하는 수단을 강구할 수 있을 것이다.

소유권 유보

매도인이 매매대금이 완불될 때까지 매매 목적물 부동산의 소유권을 이전하지 않고 매도인이 보유하고 대금지급이 완료되면 소유권을 이전하는 방법이다. 소유권을 이전시킬 경우 대금의 지급이 전부 끝나기 전에 매수인이 다른 제3자에게 매도하거나 저당을 잡힐 수도 있기 때문에 매도인이 매매대금을 가장 안전하게 지급받을 수 있는 방법이다.

저당권의 설정

불입금을 지급함과 동시에 매도인은 매매 목적 부동산에 저당권을 설정하

는 방법이다. 만약 매수인이 부득이한 사정이나 불손한 동기에 의해 매매목적 부동산을 처분하더라도 매수인이 나머지 매매 대금을 지불하지 않는 경우 강제집행을 하여 우선 변제를 받을 수 있도록 하는 것이다.

　소유권유보나 저당권의 설정의 경우 매수인이 월부금이나 나머지 대금지급을 게을리할 경우 특약사항을 정하여 두는 것이 좋다.

대물변제의 예약 또는 정지조건부 대물변제계약

　불입금 지급과 동시에 부동산의 소유권을 매수인에게 이전하고 등기도 행하기는 하지만 나머지 대금을 지급하지 않은 것이 있으면 매매 부동산을 채권자(여기서는 매도인을 의미)에게 되돌려주도록 하는 방법이다. 특히 이러한 경우에는 그 예약사항을 등기 원인으로 하는 〔소유권이전청구권보전의 가등기〕를 할 수 있는데 〔소유권이전청구권보전의 가등기〕를 해둠으로써 매도인은 매수인뿐만 아니라 제3자에 대하여도 대항할 수 있는 권리를 가진다.

공정증서

> **Q** 본인의 아들이 결혼과 동시에 분가를 하게 되어 있습니다. 집을 구하던 중 아들 친구인 갑의 집을 사기로 했습니다. 그런데 사정이 생겨 갑이 명도해주기로 했던 집을 기일 안에 비울 수가 없게 되었다고 합니다. 갑도 다른 사람에게 집을 사 이사를 가기로 했던 모양인데 그 집이 완공이 되지를 않았다고 합니다. 아들도 사정이 생겨 잔금을 약속기일에 일시급으로 지급을 할 수 없게 되었다고 합니다. 서로 아는 사이라 별 탈이야 없겠지만 이러한 내용을 확실하게 해두고 싶습니다. 어떻게 하면 좋을까요?
>
> **A** 이런 경우에는 공정증서를 작성하는 것이 좋습니다.

1. 공정증서란 무엇인가

공정증서란 공증인이나 합동법률사무소에서 개인의 촉탁에 의하여 작성하는 법률행위에 관한 문서(계약서 등을 포함), 또는 권리에 관한 사항을 기재한 문서를 말한다. 공정증서는 공증인이나 합동법률사무소에서 개인의 촉탁에 의하여 작성하도록 되어 있다. 이 문서를 작성할 수 있는 공증인과 공증사무소의 자격은 법무부장관이 임명하거나 또는 인가하는데 각 지방검찰청 소속으로 개설하게 되어 있다(공증인법 제11조). 그리고 공정증서는 간이절차에 의한 민사 분쟁 사건처리 특례법 제12조에 의거하여 개인의 촉탁에 의하여 작성하게 되어 있다.

일반적으로 개인 사이의 법률행위나 권리에 관한 사항에 대해여 문서를 작성할 때에는 반드시 공증인의 입회하에 작성한다.

2. 작성방법

문서를 공정증서로 작성하기 위해서는 문서를 작성해야 하는 당사자들이 공증인사무소나 합동법률사무소에 참석하여 구두 또는 문서를 제시하고 일정한 수수료를 지급하면 촉탁을 받은 공증인은 정당한 이유가 없는 한 촉탁을 거절할 수가 없으므로 공정증서를 작성해 준다. 공정증서를 촉탁하러 갈 때에는 신원 확인에 필요한 인감증명서나 주민등록증을 가지고 가야 한다.

이런 과정을 거쳐 작성되므로 일정한 사람으로부터 일정한 내용에 관한 공정증서의 촉탁을 받았다는 진실성을 확보할 수 있게 된다. 공정문서는 일반적으로 계약내용의 확인·채무의 지불 등과 같은 것을 확실하게 하기 위한 내용을 적고, 공증인은 작성한 공정증서를 참여자에게 읽어 주고 각자의 증서에 서명·날인케 함으로써 공정증서의 작성은 끝나게 된다.

3. 효력

공정증서는 그 기재내용과 작성년월일을 공적으로 증명하는 기능을 가지고 있는데다가 공증인의 자격이 대한민국 국민으로서 법률전문가로 제한하고 있기 때문에 공정증서는 장래에 발생하게 될지도 모르는 분쟁을 예방할 수 있고 설사 분쟁이 발생했디 하더라도 증서내용을 조사하면 간단히 해결할 수 있는 효력을 가지게 된다. 또한 공증인은 법령을 위반한 사항이나 무효인 법률행위와 무능력으로 인하여 취소할 수 있는 법률행위에 관해서는 작성을 할 수 없으므로 효력이 법적으로 인정되고 있다.

또한 공정증서는 이러한 효력 외에도 공정증서에 기재된 금전지급 등의 청구에 관하여는 곧 강제집행을 받아도 이의가 없음을 승낙한 조항을 기재함으로써 1심 판결과 같은 효력을 발생하므로 직접 강제집행을 할 수 있게 된다.

채무를 회피하기 위해 채무자의 부동산을 채무자 아내에게 이전한 경우

Q 본인은 평소 잘 알고 지내는 갑에게 돈 1,000만원을 빌려주었습니다. 언제까지 변제하겠다고 약속을 한 차용증서까지 작성을 했지만 차일피일 미루고 있었습니다. 본인도 여유가 있는 사람이 아니라 여러 차례에 걸쳐 독촉을 한 결과 마지막으로 변제기일을 정하고 만약 그때 가서도 변제를 할 수 없으면 자신의 주택을 팔아서 갚겠다고 하였습니다. 그러나 그후 변제기일에도 돈을 갚지 않아 압류를 하려고 알아보니 얼마 전에 그 주택을 배우자인 을에게 팔은 것으로 되어 있습니다. 그 사람은 압류를 피하기 위한 것 같은데 어떻게 하는 것이 좋은지요?

A 압류를 피하기 위한 위장매매라면 매매를 취소하여 강제집행을 할 수 있습니다.

1. 채권자의 구제방법은 어떤 것이 있는가

채권·채무관계를 해소할 수 있는 가장 좋은 방법은 채무자가 약속한 기일 안에 채무를 이행하는 것이다. 그러나 그와는 달리 채무자가 약속한 기일에 채무를 이행하지 않는 경우가 더 많다. 그러므로 법률은 정당한 채권자의 권리를 보호하는 여러 가지 규정을 두고 있다.

채권적 보호방법

채권자 대위권과 채권자 취소권, 강제이행과 같은 방법이 있다. 그런데 채무자가 채무를 회피하고 채무를 이행하지 않는 경우 채권자는 채권을 보장받기 위해 위에서 설명한 권리를 청구하여 부동산을 압류하는 경우가 있다.

채무자가 이런 압류를 피하기 위해 채권자가 채권확보를 할 수 있는 부동산이나 중요한 동산을 상당한 가격으로 팔아 넘기는 경우도 종종 있는데 이러한 행위는 채권자에게 손해를 줄 수 있는 것이고, 증여뿐만 아니라 부동산이나 동산을 싼 가격으로 파는 것도 채권자에게 손해를 주는 사해행위인 것이다.

질문의 경우도 같은 것이다. 갑이 질문자의 압류를 피하기 위해 배우자에게 매매의 형식을 취해 소유권을 이전했다면 역시 채권자를 속여 손해를 주는 사해행위이다.

비록 그렇지만 이를 이유로 해서 곧바로 매매가 무효가 되는 것은 아니며, 또 그 매매를 취소시키고 곧바로 압류를 할 수 있는 것도 아니다. 질문자가 갑에게 가지고 있는 채권을 확보하기 위한 부동산 압류를 목적으로 하고 있다면 먼저 갑과 그 배우자 사이의 매매를 취소하여야만 한다. 그 후 갑의 배우자 이름으로 된 소유권이전등기를 말소시키고 갑의 이름으로 소유권을 회복하여야 한다.

그러나 이러한 행위는 물론 법적으로 하여야 한다.

물권적 보호방법
유치권[1], 질권[2], 저당권과 같은 담보물권을 설정하여 채무자가 채무를 이행하지 않았을 때 이를 실행할 수 있도록 하고 있다.

2. 채권자 취소권이란 무엇인가

채권자 취소권은 채권자의 권리를 해하는 사해행위를 행한 채무자의 법률행위를 취소시키는 권리를 말한다. 채권자 취소권의 목적은 채무자의 재산을

---

1) 유치권 남의 물건을 압류하고 있는 사람이 그 물건에 관하여 생긴 채권의 변제를 받을 때까지 그 물건을 유치할 수 있는 권리를 말한다.
2) 질권 담보 물권의 한 가지, 채권자가 채무를 갚을 때까지 목적물을 맡아 두었다가 갚지 않을 때 그 목적물로 우선 변제받을 수 있는 권리

회복시켜주기 위한 것이며 채권의 부수적 권리이다.

채권자 취소권의 성립 이유

- 그 채권이 채무자의 사해행위 이전에 발생한 것일 것
- 채권자를 해치는 사해행위일 것
- 채무자는 이런 사해행위가 채권자를 해할 것이라는 사실을 알고 있을 것

또한 이 권리는 다른 사람들의 권리와 깊은 관계가 있으므로 반드시 소송을 통해 행사해야만 한다. 이때 피고는 갑의 배우자가 된다. 또한 취소에도 한도가 있어 취소권을 행사하는 채권자의 채권액을 표준으로 하고 그 채권액은 사해행위 당시를 표준으로 하여 그 후에 발생한 채권액은 더할 수 없도록 되어 있다. 그러나 이러한 원칙이 적용되는 것은 사해 행위의 목적물을 나눌 수 있을 때이고 질문의 경우처럼 목적물이 나눌 수 없는 건물과 같은 부동산의 경우에는 종합채권액을 초과하더라도 그 전부를 취소할 수 있다.

그러므로 질문의 경우에서는 갑과 그 배우자의 매매 전부를 취소할 것을 청구 할 수 있다. 소송에서 매매 취소 판결이 확정되면 매매는 당연히 무효가 된다.

그렇다고 해서 채권자 취소권을 언제까지나 행사할 수 있는 것은 아니다. 민법에서는 취소권자가 취소원인을 안 날로부터 1년이 지나거나 법률행위가 있는 날로부터 5년 안에 소송을 제기하지 않으면 그 권리가 소멸되도록 규정하고 있다.[1]

---

1) 민법 제406조【채권자 취소권】 ①채무자가 채권자를 해함을 알고 재산권을 목적으로 한 법률행위를 한 때에는 채권자는 그 취소 및 원상회복을 법원에 청구할 수 있다. 그러나 그 행위로 인하여 이익을 받은 자나 전득한 자가 그 행위 또는 전득당시에 채권자를 해함을 알지 못하는 경우에는 그러하지 아니한다.
②전항의 소는 채권자가 취소원인을 안 날로부터 1년, 법률행위가 있는 날로부터 5년 내에 제기하여야 한다.

제 3 장

주택임대차 보호법 해설

I. 주택임대차보호법에 관한 Q&A

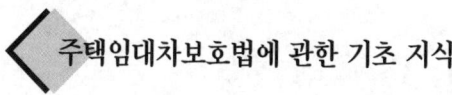

주택임대차보호법에 관한 기초 지식

1. 주택임대차보호법이란 무엇인가

주택소유자에 비하여 상대적으로 사회적 약자의 지위에 있는 주택임차인을 보호하여 국민 주거생활의 안정을 도모한다는 사회정책적 목적을 달성하기 위하여 1981년 3월 5일 제정된 특별법으로서 주택임대차에 관하여 민법에 대한 여러 가지 특례를 규정하고 있다.

2. 주택임대차보호법의 주요 내용

대항요건을 갖춘 임차인의 대항력

선순위 저당권 등이 없는 임차주택에 주택임차인이 입주하고 주민등록전입신고를 마치면(이를 대항요건이라고 한다) 그 다음날부터 임차주택이 다른 사람에게 양도되거나 경락되더라도 새로운 집주인(양수인·경락인)에게 임차권을 주장하여 임대기간이 끝날 때까지 거주할 수 있고 또 임대기간이 만료되더라도 임대보증금 전액을 반환받을 때까지는 집을 비워 주지 않을 수 있다. 다만 대항력이 있어도 확정일자를 갖추거나 소액임차인에 해당하지 않는 경우에는 경매절차에 참가하여 보증금을 우선 배당받을 수 없다.

대항요건과 주택임대차계약서상에 확정일자를 갖춘 임차인의 우선변제권

대항요건과 주택임대차계약서상에 확정일자를 갖춘 임차인(이하 '확정일자부 임차인'이라고 함)은 임차주택이 경매·공매되는 경우에 임차주택(대지 포함)의 환가대금에서 후순위 담보권자나 기타 일반채권자에 우선하여 보증금을 변제받을 수 있다.

소액임차인의 최우선변제권

임대보증금이 소액인 경우{수도권정비계획법에 의한 수도권중 과밀억제권역은 4,000만원 이하, 광역시〔군지역과 인천광역시 지역은 제외〕는 3,500만원 이하, 그 밖의 지역은 3,000만원 이하} 임차주택이 경매되더라도 임차주택(대지 포함) 가액의 1/2 범위안에서 일정 금액{수도권정비계획법에 의한 수도권중 과밀억제권역은 1,600만원, 광역시〔군지역과 인천광역시 지역은 제외〕는 1,400만원, 그 밖의 지역은 1,200만원}까지는 후순위 담보권자 및 일반채권자 뿐만 아니라 선순위 담보권자보다도 우선하여 변제받을 수 있다. 다만 이러한 보호를 받기 위하여는 임차주택에 대하여 경매신청기입등기가 경료되기 전에 입주 및 주민등록전입신고를 마쳐야 한다.

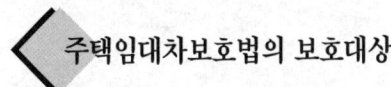

주택임대차보호법의 보호대상

1. 주택임차인이 법인인 경우

Q 법인이 사원용 주택의 마련을 위하여 주택을 임차하고 사원을 입주시킨 후 입주한 사원 명의로 주민등록을 마쳤습니다. 이러한 경우 법인도 주택임대차보호법상 주택임차인으로서 보호받을 수 있는지요 ?

A 보호받을 수 없습니다 왜냐하면 주택임대차보호법은 자연인인 무주택자의 주거 안정을 입법목적으로 하고 있고, 법인은 애당초 대항요건의 하나인 주민등록을 자신의 명의로 할 수 없을 뿐만 아니라 그 직원 명의로 주민등록을 마쳤다고 하더라도 이를 법인의 주민등록으로 볼 수 없기 때문입니다.

2. 주택임차인이 외국인인 경우

Q 저는 일본국적의 외국인으로 주택을 임차하여 입주하였으나 주민등록법상의 전입신고를 할 수 없기 때문에 주택소재지를 신체류지로 하여 전입신고를 하였습니다. 이러한 경우 주민등록을 갖추지 못하는 데 주택임대차보호법상 주택임차인으로서 보호받을 수 있는지요 ?

A 보호받을 수 있습니다. 왜냐하면 출입국관리법 제31조 및 제36조는 90일을 초과하여 국내에 체류하는 외국인은 외국인등록을 하여야 하고, 등록외국인이 체류지를 변경한 때에는 신체류지에 전입신고를 하여야 한다고 규정하고 있습니다. 또 주민등록법 시행령 제6조는 외국인은 주민등록에 관한 신고 대신에 출입국관리법에 의한 외국인등록을 하면 된다는 내용을 규정하고 있으므로 귀하의 경우에는 대항요건을 갖추었다고 볼 수 있기 때문입니다.

주택임대차보호법의 적용대상

> ❏ **주택임대차보호법은 원칙적으로 주거용건물(주택)을 적용대상으로 함**
> - 주거용건물과 비주거용건물의 구분은 임차건물이 현재 일상생활을 하는데 사용되느냐 하는 사실상의 용도를 기준으로 판단하여야 하고 공부(등기부·건축물관리대장)상의 용도를 기준으로 판단할 것은 아님
> - 건물의 등기·건축허가 여부와는 무관함
> - 주거용건물인지 여부의 판단시점은 계약체결시임

1. 공부상 용도는 공장이나 현재 주거로 사용하는 경우

Q 저는 건축물관리대장상의 용도는 공장으로 되어 있지만 현재 내부구조를 변경하여 주거로 사용하고 있는 건물을 임차하여 입주와 전입신고를 마쳤습니다. 이러한 건물도 주택임대차보호법의 적용을 받을 수 있는지요?

A 적용을 받을 수 있습니다. 어떤 건물이 주택임대차보호법의 적용의 대상이 되는 주거용건물인지 여부는 등기부·건축물관리대장 등 공부상 표시만을 기준으로 하는 것이 아니라 사실상 주거로 사용하는지 여부를 기준으로 결정합니다. 따라서 공부상 용도가 상가, 공장으로 되어 있어도 이미 건물의 내부구조 및 형태가 주거용으로 용도 변경된 건물을 귀하가 임차하여 그곳에서 일상생활을 영위하면서 사실상 주거로 사용하고 있다면 주택임대차보호법이 적용됩니다.

☞ 최근 다가구용 단독주택에서 옥상의 옥탑을 주거용으로 용도 변경하는 경우를 종종 볼 수 있는데 이러한 경우도 임차하여 실제로 주거용으로 사용하고 있으면 주택임대차보

호법의 적용을 받는다.

2. 주택의 일부를 점포로 개조한 경우

Q 저는 현재 주택의 일부를 구멍가게로 개조한 건물을 임차하여 입주와 동시에 전입신고를 마치고 그곳에서 거주하면서 구멍가게를 경영하고 있습니다. 이러한 건물도 주택임대차보호법의 적용을 받을 수 있는지요 ?

A 적용을 받을 수 있습니다. 왜냐하면 주택임대차보호법 제2조 단서는 임차주택의 일부를 주거 이외의 목적으로 사용하는 경우에도 같은 법이 적용된다고 규정하고 있기 때문입니다. 그러나 귀하의 주장과는 달리 건물 중 주택과 점포의 구조와 점유면적, 건물의 주된 용도 등을 참작할 때 오히려 비주거용건물의 일부를 주거로 사용하고 있는 경우라고 판단된다면 주택임대차보호법이 적용되지 않을 수도 있습니다.

3. 비주거용건물의 일부를 주거로 사용하는 경우

Q 저는 현재 방 2개와 주방이 있는 다방 40평을 임차하여 그곳에서 살면서 다방을 경영하고 있는데 전체 면적 중 다방영업을 위한 부분이 27평 정도이고, 방과 부엌을 합한 주거면적이 13평 정도입니다. 이러한 경우에도 주택임대차보호법의 적용을 받을 수 있는지요 ?

A 적용을 받을 수 없습니다. 왜냐하면 귀하의 경우에는 비주거용건물 중 일부인 방과 주방을 어디까지나 다방 영업에 부수하여 주거목적으로 사용하는 것에 불과하기 때문입니다.

4. 임대기간 중에 비주거용건물을 주거용으로 개조한 경우

Q 저는 점포용 건물을 임차하여 장사를 하다가 영업이 잘 되지 아니하여 현재는 주거용으로 내부를 개조하여 거주하고 있습니다. 이러한 경우에도 주택임대차보호법의 적용을 받을 수 있는지요 ?

A 원칙적으로 적용을 받을 수 없습니다. 왜냐하면 주택임대차보호법이 적용되기 위하여는 임대차계약 당시에 이미 임대건물이 주거용도로 사용할 수 있어야 합니다. 따라서 귀하의 경우와 같이 계약 당시에 점포용 건물이었다면 그후 임차인이 임의로 주거용으로 개조하더라도 주택임대차보호법의 적용을 받을 수 없습니다. 다만 귀하가 임대인의 승낙을 얻어 주거용으로 개조한 경우에는 개조한 때부터 주택임대차보호법의 적용을 받을 수 있습니다.

5. 임차주택이 미등기건물인 경우

Q 제가 현재 임차하고자 하는 주택이 미등기인데 이러한 건물에도 주택임대차보호법이 적용되어 임대차계약서에 확정일자를 받아 두면 우선변제권을 행사할 수 있는지요 ?

A 미등기건물이라도 주택인 이상 주택임대차보호법의 적용을 받습니다. 따라서 귀하의 경우에도 임대차계약서에 확정일자를 받아 두면 앞으로 이 주택에 보존등기가 경료되고 저당권이 설정되어 경매되더라도 저당권자에 우선하여 임대보증금을 변제받을 수 있습니다. 다만 임대차계약을 체결하기 전에 귀하에게 임대하는 사람이 실제소유자(건축물관리대장에 의하여 건물 소유자로 확인된 신축자)이거나 그로부터 임대권한을 부여받은 사람인지 여부를 확인해 보아야 합니다.

대항요건인 주택인도와 주민등록

❑ 주택임차인은 등기 없이도 주택의 인도와 주민등록만으로 대항력을 취득한다.

❑ 주택임차인의 대항력은 인도 및 주민등록을 마친 다음 날부터 발생한다.

1. 동거가족만 전입신고를 한 경우

Q 저는 주택을 임차하여 가족과 함께 입주하여 거주하고 있으나 사정이 있어서 처와 자녀만 주민등록전입신고를 하고 임차인인 저는 전입신고를 하지 못하고 있습니다. 이러한 경우에도 대항요건을 갖추었다고 할 수 있는지요?

A 할 수 있습니다. 왜냐하면 임차인의 처나 자녀와 같이 임차인 본인과 공동생활을 영위하는 가족만이 주민등록전입신고를 하여도 주택임대차보호법상의 대항요건인 주민등록을 마친 것으로 볼 수 있기 때문입니다.

2. 임차인이 점유보조자를 통하여 점유하는 경우

Q 저는 시골 출신인 대학 1학년생인데 현재 방 1칸을 임차하여 전입신고를 하고 입주하여 자취를 하고 있습니다. 그런데 아직 미성년자이기 때문에 시골에 거주하는 부친이 임대차계약을 체결하였습니다. 이러한 경우에도 주택임대차보호법의 보호를 받을 수 있는지요 ?

A 보호를 받을 수 있습니다. 왜냐하면 임차인인 부친이 귀하를 통하여 점유하는 것으로 되기 때문에(이러한 경우 귀하는 부친의 점유보조자가 되는 것입니다) 귀하가 점유와 주민등록이라는 대항요건을 갖춘 이상 임차인인 부친이 대항력을 취득하는 것으로 되기 때문입니다.

3. 전입신고를 잘못한 경우

Q 저는 주민등록전입신고를 하면서 착오로 임차주택의 소재지 지번을 잘못 기재하여 주민등록부에 다른 지번이 기재되고 말았습니다. 이러한 경우에도 주택임대차보호법의 보호를 받을 수 있는지요?

A 현재 상태로는 보호를 받을 수 없습니다. 그 이유는 임차인이 착오로 전입신고를 잘못하여 다른 지번에 주민등록이 되어 버린 경우에는 주민등록이 실제 지번과 일치하지 아니하여 주택임대차보호법상의 유효한 공시방법을 갖추었다고 볼 수 없기 때문입니다. 따라서 귀하께서는 제3자가 임차주택을 양수받거나 저당권·가압류·압류의 등기가 되기 전에 실제지번에 맞도록 주민등록을 신속하게 정정하여야만 그때부터 비로소 보호를 받을 수 있습니다.

4. 공무원의 실수로 주민등록부가 잘못 작성된 경우

Q 저는 임차인으로서 임차건물 소재지 지번으로 전입신고를 올바르게 하였는데, 담당공무원의 착오로 주민등록부에 지번이 다소 틀리게 등재되고 말았습니다. 이러한 경우에도 주택임대차보호법상의 보호를 받을 수 있는지요?

A 보호를 받을 수 있습니다(대법원 91.8.13 선고, 91다18118 판결).

5. 건물의 실제 동표시가 공부와 다른 경우

Q 저는 실제 동표시가 '라동'인 신축 다세대주택 101호를 임차하여 사전 입주하면서 주민등록전입신고도 '라동 101호'로 마쳤습니다. 그런데 준공검사 후 건축물관리대장이 작성되면서 '가동'으로 등재되고 그에 따라 등기부도 '가동 101호'로 보존등기됨으로써 주민등록이 공부상의 동표시와 불일치하게 되었습니다. 이러한 경우에도 주택임대차보호법의 보호를 받을 수 있는지요?

A 보호를 받을 수 없습니다. 왜냐하면 주민등록이 공부상의 동표시와 일치하지 않는 경우에는 주택임대차보호법이 요구하는 유효한 공시방법인 주민등록에 해당하지 않기 때문입니다. 따라서 귀하께서는 주민등록을 가동 101호로 정정하여야 그때부터 비로소 주택임대차보호법의 보호를 받을 수 있게 됩니다.

6. 주민등록상 동 · 호수 표시가 기재되지 않은 경우

Q 저는 다세대주택(여러 가구가 거주할 수 있는 건물 중 아파트처럼 각 호실마다 구분등기를 할 수 있는 주택)을 임차하여 거주하고 있는데 주민등록상에 주택소재지의 지번만 기재되어 있고 동호수 표시는 기재되어 있지 않습니다. 이러한 경우에도 주택임대차보호법의 보호를 받을 수 있는지요?

A 보호를 받을 수 없습니다. 왜냐하면 주민등록법 시행령 제5조 제5항은 다세대주택과 같은 공동주택의 경우에는 지번 다음에 공동주택의 명칭과 동·호수를 기재하도록 규정하고 있고(예 : ○○빌라 ○동 ○호), 주민등록에 동·호수를 기재하지 않으면 제3자의 입장에서 임차인이 그 다세대주택의 몇 동·몇 호에 주소를 가지고 있는지 여부를 알 수 없기 때문입니다. 다만 공동주택이 아닌 다가구용 단독주택(1동의 주택에 출입문을 별도로 설치하는 등 2가구 이상이 독립된 생활을 할 수 있도록 건축되었으나 아파트처럼 각 호실마다 구분등기를 할 수 없는 단독주택)의 층·호수는 편의상 구분하여 놓은 데 불과하고 주민등록법 시행령에 기재하도록 규정되어 있지 않기 때문에 임차인이 전입신고를 하면서 주택소재지의 지번만 기재하여도 주택임대차보호법의 보호를 받을 수 있습니다.

7. 2필지 위에 축조된 다가구용 단독주택의 전입신고

Q 저는 신축된 다가구용 단독주택 중 1실을 임차하여 입주한 후 등기부를 열람하여 보니 위 주택이 ○○동 3의 1, 3의 2필지 위에 축조되어 있는 사실을 발견하게 되었습니다. 이러한 경우에 주민등록에 주택소재지의 양 지번 중 하나인 3의 1만 기재되어 있어도 주택임대차보호법의 보호를 받을 수 있는지요?

A 보호를 받을 수 있습니다. 왜냐하면 건축법 제2조 제1항 제1호, 같은 시행령 제3조 제1항은 한 채의 건물이 2필지 이상에 걸쳐 건축된 경우에는 이를 하나의 대지로 보도록 규정하고 있고, 행정관서에서도 이와 같은 경우에 주민등록상에 한 필지의 지번만을 기재하고 있으므로 주택의 대지인 여러 필지 지번 중 하나만 기재한 주민등록도 유효한 공시방법이라고 할 수 있기 때문입니다.

8. 일시적으로 주민등록을 이전한 경우

Q 저는 주택을 임차하여 주민등록전입신고까지 마치고 거주하던 중 사정이 생겨서 가족 전원의 주민등록만을 다른 곳으로 일시이전을 하였다가 다시 전입을 하였습니다. 그런데 그 사이에 저당권이 설정되고 그에 따른 경매가 실시되어 현재 경락인이 저에게 집을 비워줄 것을 요구하고 있습니다. 임대보증금의 반환을 받지 못한 채 무조건 비워주어야 하는지요 ?

A 유감스럽지만 경락인에게 무조건 집을 비워주어야 합니다. 왜냐하면 귀하와 같이 임대기간 중에 주민등록을 옮기면 비록 그 집에서 가족과 함께 계속 거주하고 있었다 하여도 대항력을 상실하며 그후 다시 전입신고를 하더라도 그때부터 새로운 대항력이 다시 발생하므로 그 사이에 저당권이 설정되면 그에 기한 경매절차에서의 경락인에 대하여서는 임차권을 주장할 수 없습니다. 다만 귀하가 가족의 주민등록은 그대로 둔 채 본인의 주민등록만을 일시적으로 옮겼다면 대항력을 상실하지 않기 때문에 경락인에게 임대보증금의 반환을 요구할 수 있습니다.

9. 임차주택에 입주한 후 전입신고 전에 저당권이 설정된 경우

Q 저는 주택을 임차하여 입주한 후 사정이 생겨 며칠이 경과한 후에 주민등록전입신고를 마쳤습니다. 그런데 그후 등기부를 열람하여 보니 제가 임차주택에 입주한 후 전입신고를 하기 전에 임대인이 은행에서 돈을 차용하면서 저당권을 설정한 사실을 알게 되었습니다. 임대인은 이 주택 이외에는 특별한 재산없이 사업을 하는 사람인데 만일 저당권실행을 위한 경매절차가 실시된다면 제가 임차주택을 경락받은 사람에게 대항할 수 있는지요?

A 대항할 수 없습니다. 왜냐하면 저당권설정등기 전에 주택의 인도 및 주민등록을 모두 갖추어야만 주택임차인이 경락인에 대하여 대항력을 취득하는데, 귀하의 경우는 저당권이 설정된 후에 전입신고를 하였기 때문입니다.

10. 가압류등기가 된 주택을 임차한 경우

Q 저는 가압류등기가 된 집을 임차하여 입주한 후 주민등록을 마쳤습니다. 그런데 그후 가압류채권자가 본안소송에서 승소판결을 받아 임차주택에 관한 강제경매신청을 하였습니다. 제가 그 강제경매절차에서 임차주택을 경락받은 사람에게 대항할 수 있는지요?

A 대항할 수 없습니다. 왜냐하면 귀하가 가압류등기시보다 나중에 대항요건을 모두 갖춘 이상 경락인에게 대항할 수 없기 때문입니다. 다만 귀하가 확정일자를 갖추었다면 선순위 가압류채권자보다 우선변제를 받을 수는 없지만 채권액에 비례하여 평등배당을 받게 됩니다. 예컨대 주택의 경락대금이 8,000만원, 선순위 가압류채권권자의 채권액이 6,000만원, 귀하의 임차보증금이 4,000만원인 경우 가압류채권자가 4,800만원(8,000만원의 6/10), 귀하가 3,200만원(8,000만원의 4/10)을 각 배당받게 됩니다.

11. 소유권이전등기청구권보전을 위한 가등기나 처분금지가처분이 된 주택을 임차하여 대항요건을 갖춘 경우

Q 저는 주택을 임차하여 입주 및 전입신고를 마쳤는데, 그 당시에 이미 임차주택에 다른 사람 명의로 소유권이전청구권보전의 가등기가 되어 있었습니다. 그런데 그 후 가등기권자가 가등기에 기한 소유권이전의 본등기를 마친 후 저에게 명도를 요구하고 있습니다. 임대보증금의 반환을 받지 못한

채 무조건 비위주어야 하는지요 ?

A 유감스럽지만 무조건 집을 비위주어야 하고 임대보증금은 종전 소유자인 임대인으로부터 반환받을 수밖에 없습니다. 왜냐하면 귀하가 가등기 경료시보다 나중에 대항요건을 갖춘 이상 설사 가등기에 기한 소유권이전의 본등기시보다는 앞선다 하더라도 본등기를 경료한 자에 대하여 대항할 수 없기 때문입니다. 이것은 처분금지가처분자가 본안소송에서 승소확정판결을 받아 소유권이전등기를 경료한 경우에도 마찬가지입니다.

그러나 반대로 만일 임차인이 대항요건을 구비한 후에 가등기가 경료된 경우에는 본등기를 경료한 자에 대하여 대항할 수 있습니다.

12. 후순위 저당권자가 경매를 신청하였지만 선순위 저당권이 존재하여 대항력이 없는 임차인의 보호방법

Q 저는 1996년 주택을 보증금 5,000만원에 임차하여 입주 및 전입신고를 마쳤는데, 그 당시에 이미 임차주택에 A은행 명의로 채권최고액 1,200만원의 근저당권등기가 되어 있었고, 그 후 1997년 집주인이 B은행으로부터 다시 대출을 받으면서 B은행 명의로 채권최고액 5,000만원의 근저당권설정등기를 하였습니다. 그런데 현재 임차주택에 관하여 B은행이 경매를 신청하여 절차가 진행 중에 있습니다. 저는 어떠한 방법으로 보호받을 수 있는지요 ?

A 귀하처럼 1순위 저당권과 2순위 저당권 사이에 주택임차인의 대항요건이 구비된 경우에 경락인의 지위는 1순위 저당권을 기준으로 정하여지기 때문에 경락인에게 대항할 수 없습니다. 다만 귀하가 경락되기 전에 선순위인 A은행의 근저당채무 1,200만원을 대위변제하여 그 근저당권설정등기를 말소하면 경락인에 대하여 대항력을 행사할 수 있게 되어(대법원 1996. 2. 9 선고 95다49523 판결) 임대보증금 5,000만원을 회수할 수 있으므로 1순위 근

저당채무가 임대보증금보다 소액인 경우에는 이와 같이 대위변제하는 방법도 고려하여 볼만합니다.

또 귀하가 대항요건 이외에 계약서에 확정일자를 갖추었다면 경매절차에서 배당요구를 하여 경락대금 중 1순위 저당권자의 변제에 충당하고 남은 금액에서 2순위 저당권자보다 우선하여 임대보증금의 변제를 받을 수 있습니다.

대항력의 내용

> **□ 임대인의 지위 당연승계**
> • 임차인이 대항력이 있다는 것은 임차주택의 양수인이 임대인의 지위를 당연 승계하므로 임대기간 동안 계속 거주할 수 있고 임대기간이 만료되면 양수인으로부터 보증금을 반환받을 때까지 임차주택을 비워주지 않아도 된다는 것을 의미함
> • 양수인에는 매매·증여·상속 및 경매·공매 뿐만 아니라 미등기인 무허가 건물의 소유권을 사실상 양수한 경우도 포함되나 양도담보에 의한 권리취득은 해당되지 않음
> • 대항력이 있으면 임대인의 지위가 양수인에게 당연승계되므로 임차인은 양수인에 대하여만 임대보증금 반환청구를 할 수 있음

1. 대항요건 구비 후 임차주택이 다른 사람에게 양도된 경우

Q 저는 주택을 임차하여 입주 후 주민등록을 마쳤는데 임대인이 임차주택을 다른 사람에게 양도하였습니다. 제가 임차주택의 양수인에게 임차권을 주장할 수 있는지요. 만일 임대기간이 끝난 후 임대보증금을 반환받지 못하고 있는 사이에 주택이 양도되면 어떻게 되는지요 ?

A 귀하는 양수인에게 임차권을 주장할 수 있습니다. 왜냐하면 주택임차인이 대항요건을 갖춘 후 주택이 양도되면 양수인은 임대인의 지위를 당연히 승계하는 것으로 되기 때문입니다. 따라서 귀하는 양수인과 다시 임대차계약을 체결할 필요없이 나머지 임대기간 동안 계속 거주하다가 임대기간이 끝나면 양수인으로부터 보증금을 반환받을 수 있습니다.

그리고 임대기간이 끝난 경우에도 귀하가 임대보증금을 반환받을 때까지는 임대차관계는 계속하는 것으로 보게 되고, 그 상태에서 임차주택을 양수한 자는 임대인의 지위를 승계하게 되므로 설사 양수인이 명도를 청구하는 경우에도 보증금을 반환받을 때까지는 임차주택을 비워 줄 의무가 없습니다.

2. 임차권의 양도와 대항력

Q 저는 주택소유자인 임대인의 동의를 받아 대항력있는 임차인으로부터 임차권을 양도받았습니다. 그런데 원래의 임차인이 대항력을 취득한 후 제가 임차권을 양도받기 전에 임차주택에 관하여 저당권이 설정되고 그 저당권에 기한 경매절차가 현재 진행 중에 있습니다. 저는 경락인에 대하여 임대보증금을 반환받을 때까지 임차주택을 비워주지 않아도 됩니까?

A 귀하처럼 임대인의 동의를 얻어 대항력을 갖춘 임차인으로부터 적법하게 임차권을 양도받은 경우 임차인의 주민등록 퇴거일부터 주민등록법상의 전입신고기간인 14일 이내에 전입신고를 마치고 주택에 입주하였다면 원래의 임차인이 갖고 있던 대항력을 주장할 수 있습니다. 따라서 귀하가 위 요건을 갖추었다면 임차권을 양도받기 전에 저당권이 설정되었어도 그 실행을 위한 경매절차에서 경락받은 자에 대하여 임대보증금을 반환받을 때까지 임차주택을 비워주지 않아도 됩니다.

3. 대항력이 없는 주택임차인의 임대보증금 회수

Q 저는 주택을 4,000만원에 임차하여 입주하고 주민등록전입신고를 마쳤습니다. 그런데 그후 등기부를 열람하여 보니 제가 임차하기 전에 이미 임대인이 은행에서 돈을 차용하면서 저당권을 설정한 사실을 알게 되었습니다. 만일 앞으로 이 임차주택에 대한 저당권실행을 위한 경매절차가 개시된다면 저는 어떠한 방법으로 임대보증금을 회수할 수 있습니까?

A 귀하의 경우는 주택인도 및 주민등록을 갖추기 전에 이미 저당권이 설정되어 있었기 때문에 경락인에게 대항력을 행사할 수 없습니다. 그러나 계약서에 확정일자를 받아두면 앞으로 경매절차에서 배당요구를 하여 선순위 근저당권자의 채무 변제에 충당하고 남은 배당대금이 있는 경우 후순위 저당권자와 기타 일반채권자에 우선하여 보증금을 변제받을 수 있으므로 임차주택의 담보가치가 충분하다면 지금이라도 계약서에 확정일자를 받아두는 것이 좋습니다.

4. 가압류된 주택을 양수한 사람(제3취득자)과 임대차계약을 체결한 경우

Q 저는 가압류된 주택을 양수한 사람으로부터 가압류가 해제될 것이라는 말을 믿고 주택을 임차하여 입주 후 주민등록을 마치고 확정일자까지 갖추었습니다. 그런데 그후 가압류 채권자가 본안소송에서 승소판결을 얻어 이 주택에 대한 강제경매를 신청하였습니다. 저는 어떠한 방법으로 보호를 받을 수 있습니까 ?

A 귀하의 경우에는 경락인에게 대항할 수 없고, 확정일자를 갖추거나 소액임차인이라도 배당요구를 할 수 없습니다. 다만 배당을 실시한 결과 잉여액이 있는 경우에는 제3취득자에게 교부될 잉여금교부청구권을 가압류한 후 압류 및 추심명령 또는 전부명령을 받아 임대보증금 중 일부를 회수할 수도 있습니다.

확정일자부 임차인의 우선변제권

☐ 확정일자부 임차인과 담보권자와의 우선순위는 대항요건 및 확정일자를 모두 구비한 최종시점과 담보권설정등기 시점을 기준으로 판단함

☐ 다만 확정일자부 임차인의 우선변제권은 임차주택의 소유권이 경매 · 공매에 의하여 변경된 경우에만 적용되고 매매 · 증여 등 법률행위에 의하여 양도된 경우에는 인정되지 아니함

1. 확정일자 부여방법

Q 확정일자란 무엇이고 임대차계약서에 어떠한 방법으로 부여받습니까 ?

A 임대차계약서상의 확정일자란 그 날짜 현재 그 문서가 존재하고 있었다는 사실을 증명하기 위하여 임대차계약서의 여백에 기부(記簿)번호를 기입하고 확정일자인을 찍어 주는 것을 말합니다. 확정일자는 임대차계약서에 공증기관에서 확정일자인을 찍어 주는 방법, 임대차계약서에 법원 · 등기소의 공무원과 읍 · 면 · 동사무소의 공무원이 확정일자인을 찍어 주는 방법의 세 가지 유형에 의하여 부여받을 수 있습니다. 그런데 현재 일반 국민들은 주로 인근 읍 · 면 · 동사무소를 이용하는데 주민등록전입신고를 하면서 동시에 확정일자를 부여받을 수 있으므로 시간과 노력을 절약할 수 있기 때문입니다. 그리고 임대차계약서의 확정일자는 임대인의 동의없이 임차인 또는 계약서 소지인이 언제든지 계약서 원본을 제시하고 구두로 청구하면 받을 수 있고 수수료는 1건당 600원(공증기관은 1,000원임)입니다. 그리고 공증인사무소, 법무법인 또는 공증인가 합동사무소 등 공증기관에서 임대차계약서를 공정증서

로 작성하여도 확정일자를 받은 것과 동일한 효력이 있습니다.

확정일자를 받지 않으면 선순위 담보권자 등이 있는 경우 경락으로 임차권이 소멸하여 경락인에게 대항하지 못하고 소액임차인이 아닌한 배당을 받을 수 없으나, 확정일자를 받아두면 후순위 담보권자나 일반채권자에 우선하여 배당받을 수 있습니다. 따라서 확정일자는 임차인에게 우선변제권을 인정하는 반면 그 절차가 간단하고 비용도 거의 들지 않기 때문에 받아두면 편리합니다.

2. 경매신청기입등기 후 확정일자를 부여받은 경우

Q 임차주택에 관하여 경매신청기입등기가 경료된 후에도 임대차계약서에 확정일자를 부여받을 수 있는지요, 또 부여받은 경우 그 효력은 어떻게 되는지요?

A 확정일자부 임차인으로서 우선변제를 받기 위하여는 반드시 경매신청기입등기 이전에 확정일자를 갖출 필요가 없습니다. 따라서 경매신청기입등기가 경료된 이후에 확정일자를 받은 경우에도 별도의 채무명의 없이 배당요구를 할 수 있고, 선순위 담보권자나 압류·가압류채권자에게 우선할 수 없지만 후순위 남보권자나 기다 일반채권자보다는 우선하여 배당받을 수 있습니다.

3. 확정일자부 계약서 분실시 구제방법

Q 저는 주택임대차계약서에 확정일자를 받아 보관하던 중 부주의로 분실하고 말았습니다. 만일 현재 거주하고 있는 임차주택에 관한 경매절차가 개시되는 경우 배당요구를 하려면 계약서가 필요하다고 하는데 어떠한 구제방법이 있는지요?

A 귀하께서는 임대인의 동의하에 임대차계약서를 다시 작성하더라도 소급하여 최초 계약서에 받은 확정일자인과 같은 날짜의 확정일자를 받을 수 없습니다. 왜냐하면 현재 확정일자부여 기관의 확정일자부여 업무처리를 보면 단순히 주택임대차계약서에 확정일자를 찍어 줄 뿐이고 보증금액수 등 그 계약서의 내용을 확인한 후 그에 관한 자료를 남겨두지 않기 때문입니다. 따라서 현재 귀하가 선택할 수 있는 최선의 방법은 계약서를 다시 작성하여 현재의 시점에서 새로 확정일자를 부여받는 것입니다.

4. 확정일자부 임차인이 일시적으로 주민등록을 이전한 경우

Q 저는 주택을 임차하여 입주 및 주민등록을 마치고 계약서에 확정일자를 받았으나 임대기간 중에 개인사정으로 일시 다른 곳으로 주민등록을 이전하였다가 최근에 다시 전입신고를 하였습니다. 계약서에 확정일자를 다시 부여받아야 하는지요?

A 귀하는 확정일자를 다시 부여받을 필요는 없습니다. 그러나 주민등록을 전출한 시점에 우선변제권을 상실하였다가 재전입신고를 한 때에 다시 우선변제권을 취득하게 됩니다. 따라서 주민등록을 다시 전입한 때를 기준으로 후순위 담보권자에 대하여는 우선하지만 귀하가 일시 주민등록을 이전한 사이에 설정된 저당권자 등 다른 담보권자에 대하여는 후순위로 됩니다.

5. 대항요건과 확정일자를 구비한 후 저당권이 설정된 경우

Q 저는 주택을 임차하고 입주하여 주민등록을 마친 후 계약서에 확정일자도 받았는데, 집주인이 그 후 은행에서 사업자금을 빌리면서 임차주택에 저당권을 설정하였고 대출금을 변제하지 아니하여 현재 경매절차가 진행 중에 있습니다. 저는 주택임대차보호법상 어떠한 보호를 받을 수 있는지요?

A 귀하는 근저당권보다 대항요건과 우선변제권 취득요건을 모두 갖추었으
므로, 첫째 경락인에게 대항하여 나머지 임대기간 동안 그리고 기간만료
후에는 보증금의 반환을 받을 때까지 임차주택의 반환을 거부할 수 있고, 둘
째 경매절차에서 배당요구를 하여 보증금의 우선변제를 받을 수도 있습니다.

위의 두 가지 권리중 어느 것을 행사할 것인지 여부는 귀하가 자유롭게 결
정할 수 있고, 우선변제권을 행사한 경우 만일 보증금 전액을 배당받지 못하
더라도 나머지 보증금을 반환받을 때까지 경락인에게 임차주택을 비워주지
않아도 됩니다. 다만 저당권설정등기 후에 임대인과 계약을 갱신하면서 보증
금을 인상한 경우에는 인상전 보증금액에 한하여 경락인에게 대항할 수 있고,
보증금 중 인상된 부분에 대하여는 대항력이나 우선변제를 주장할 수 없습니
다.

6. 확정일자일과 저당권설정등기일이 같은 날짜인 경우

Q 저는 주택임대차계약을 체결하고 먼저 입주 및 주민등록을 모두 갖춘
다음날에 계약서에 확정일자도 받았습니다. 그런데 우연히 확정일자를
받은 날에 저당권설정등기가 경료되었습니다. 저와 저당권자 중 누가 우선하
는지요?

A 같은 순위입니다. 왜냐하면 임차인과 저당권자 사이의 우선순위는 임차
인이 대항요건과 확정일자를 모두 갖춘 최종 시점과 저당권설정등기를
마친 시점의 전후에 의하여 결정되기 때문입니다. 따라서 귀하는 저당권자와
같은 순위에서 채권액에 비례하여 평등배당을 받습니다.

7. 전입신고일과 저당권설정등기일이 같은 날짜인 경우

Q 저는 주택임대차계약을 체결하고 입주를 한 후 계약서에 확정일자도 받았으나 개인 사정으로 주민등록전입신고를 그보다 늦게 하였습니다. 그런데 나중에 등기부를 열람해 보니 전입신고를 한 날에 저당권설정등기가 된 사실을 발견하게 되었습니다. 저와 저당권자 중 누가 우선하는지요?

A 저당권자가 우선합니다. 왜냐하면 우선변제권은 확정일자를 입주 및 주민등록일과 같은 날 또는 그보다 먼저 갖춘 경우에는 대항력과 마찬가지로 인도와 주민등록을 마친 다음날에 발생하므로 귀하의 우선변제권도 전입신고를 한 다음날(즉 저당권설정등기일 다음날)에 발생하기 때문에 저당권자가 우선하게 됩니다.

8. 확정일자일과 같은 날짜에 여러 개의 저당권이 설정된 경우

Q 저는 주택임대차계약을 체결하고 입주와 주민등록을 모두 갖춘 다음날에 계약서에 확정일자도 받았습니다. 그런데 우연히 확정일자를 받은 날에 순위 1, 2, 3의 저당권이 설정되었습니다. 저와 저당권자들 사이의 우선순위는 어떻게 되는지요?

A 먼저 임차인의 임대보증금액과 각 저당권자의 피담보채권액에 비례하여 평등배당을 하고, 저당권자 상호간에는 선순위 저당권자가 그 채권액을 만족받을 때까지 후순위 저당권자의 배당액을 다 가져갑니다. 예컨대 경락대금이 8,000만원이고, 임차인의 보증금액이 4,000만원, 저당권자들의 채권액이 각 2,000만원이라면 임차인은 3,200만원(8,000만원의 4/10)을 배당받고, 저당권자들의 배당액은 각 1,600만원(8,000만원의 2/10)이 되지만 실제로는 1, 2순위 저당권자가 각 2,000만원(1,600+400)을 배당받고, 3순위 근저당권

자는 800만원(1,600-400-400)만을 배당받게 됩니다. 그 이유는 저당권자 상호간에는 우선순위가 분명히 정해지나 임차인이 대항요건과 확정일자를 모두 갖춘 최종시점과 저당권설정등기를 경료한 시점의 선후를 정하는 것은 사실상 불가능하기 때문입니다.

9. 저당권자에 우선하는 확정일자부 임차인이 여러 명 있는 경우

Q 제가 임차하여 거주하는 주택에는 임차인이 여러 명 있고 각 임차인은 모두 입주와 전입신고를 마친 후 확정일자도 갖추었는데 대항요건 및 확정일자를 갖춘 최종 시점이 모두 저당권자보다 우선합니다. 임차인간의 우선순위는 어떻게 되는지요 ?

A 임차인별로 저당권자에 대한 우선변제권을 인정하되 그들 상호간에는 대항요건 및 확정일자를 최종적으로 갖춘 순서대로 우선순위가 결정됩니다.

10. 상환이행판결을 받은 확정일자부 임차인이 경매신청을 하는 경우 우선변제권의 존부

Q 제가 주택을 임차하여 입주와 전입신고를 모두 마친 후 확정일자도 받고 거주하다가 임대기간이 끝나자 임대인을 상대로 보증금반환 청구소송을 제기하였으나 임대인이 임차주택의 명도와 상환으로 변제하겠다는 동시이행의 항변을 하여 상환이행의 일부승소확정판결을 받았습니다. 이제 이 판결을 채무명의로 강제경매신청을 하려고 하는데 그 경매절차에서도 제가 우선변제권을 행사할 수 있는지요 ?

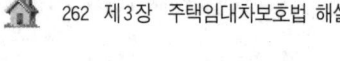

A 행사할 수 없습니다. 왜냐하면 귀하가 상환이행판결에 기하여 강제경매를 신청하기 위하여는 먼저 임차주택을 임대인에게 명도하였다는 사실을 증명하여야 경매절차가 개시되는데, 이를 위하여 귀하가 경락기일 이전에 임대인에게 일단 임차주택을 비워주면 우선변제권을 상실하게 되기 때문입니다. 따라서 결과적으로 귀하는 자신이 신청한 강제경매절차에서는 우선변제를 받지 못하고 일반 채권자와 평등하게 배당을 받을 수밖에 없으므로 이 점을 주의하여야 합니다.

 소액임차인

> ❐ 소액보증금 중 일정액에 관하여 선순위 담보권자보다도 우선하여 임차주택
>   (대지 포함) 경락가액의 1/2의 범위 내에서 배당을 받음
> ❐ 다만 근로기준법 제30조의 2 제2항 소정의 임금우선채권과는 같은 순위로
>   배당을 받음

1. 소액임차인에 관한 규정의 개정 경과

Q 소액임차인의 범위와 보증금 중 우선변제액에 관한 주택임대차보호법
의 관련 규정이 언제 어떤 내용으로 개정되었는지요?

A 다음과 같이 화폐가치, 부동산 가격의 변동 등 사회경제적 여건의 변화
에 따라 여러 차례 개정되었습니다.

구분 시기	특별시·광역시 (군지역 제외)	기타 지역
1990. 2. 19 ~ 1995. 10. 18	2,000만원 이하 임차인 중 700만원 한도	1,500만원 이하 임차인 중 500만원 한도
1995. 10. 19 ~ 2001. 9. 14	3,000만원 이하 중 1,200만원 한도	2,000만원 이하 중 800만원 한도
2001. 9. 15 ~ 현재	수도권 중 과밀억제권역은 4,000만원 이하 중 1,600만원 광역시(인천광역시 제외)는 3,500만원 중 1,400만원	3,000만원 이하 중 1,200만원

그러나 이 일자 이전에 담보물권을 취득한 자에 대하여는 종전 규정이 적용됩니다. 따라서 현재는 소액임차인에 해당하더라도 구법하에서는 소액임차인에 해당하지 않는 경우 구법하에서 설정된 저당권자에 대하여는 소액임차인의 우선변제권을 주장할 수 없습니다(예컨대, 1995. 10. 1 저당권이 설정된 서울 소재 주택을 1996. 1. 3 보증금 3,000만원에 임차한 경우 임차인은 현행법에 의하면 소액임차인이더라도 구법하에서는 소액임차인이 아니고 저당권은 구법하에서 설정된 것이므로 소액임차인에서 제외됩니다. 만일 이 사안에서 임차보증금이 2,000만원이었다면 구법하에서도 소액임차인에 해당하므로 구법에 따라 700만원까지는 저당권자보다도 우선하여 변제받을 수 있습니다).

2. 소액임차인의 우선변제권 행사요건

Q 소액임차인으로서 우선변제권을 행사하기 위하여는 어떠한 요건을 갖추어야 하는지요?

A 임대보증금액에 관한 요건 이외에 다음 두 가지 요건을 갖추어야 합니다. 첫째 주택의 인도 및 주민등록(대항요건)을 경매신청기입등기 전까지 갖추고 이를 경락기일까지 계속 유지하여야 합니다. 둘째 임차주택이 경매 또는 공매에 의하여 매각되어야 합니다.

따라서 낙찰기일 이전에 임차주택에서 다른 곳으로 이사가거나 주민등록을 전출함으로써 대항요건을 상실하거나, 임차주택이 매매 등 법률행위에 의하여 양도된 경우에는 대항력의 유무만 문제되고 우선변제권은 인정될 여지가 없습니다.

3. 한 채의 주택에 소액임차인이 여러 명 있는 경우

Q 저는 소액임차인(보증금 1,500만원)으로서 한 채의 주택에서 다른 2인의 소액임차인(보증금 각 2,000만원, 1,200만원)과 함께 거주하고 있습니다. 이 주택에 관하여 경매절차가 개시되어 6,000만원에 경락되었는데, 저와 다른 소액임차인들은 모두 경매신청기입등기 전에 대항요건을 구비하였습니다. 저는 어느 정도의 금액을 배당받을 수 있는지요?

A 하나의 주택에 소액임차인이 여러 명이고 각 보증금액이 1,200만원 이상이며(서울특별시 및 광역시), 1,200만원에 임차인 수를 곱한 금액이 주택(대지 포함, 이하 같다) 가액의 1/2을 초과하는 경우에는 각 임대차계약의 선후나 보증금액수와는 관계없이 주택가액의 1/2에 해당하는 금액을 평등하게 분할하여 배당을 받게 됩니다(주택임대차보호법 시행령 제3조 제3항). 따라서 귀하께서는 주택가액의 1/2인 3,000만원을 평등 분할한 1,000만원(3,000만원÷3)을 배당받게 됩니다.

4. 처와 남편 명의로 소액임대차계약서가 별도 작성된 경우

Q 저는 본인과 처 명의로 각각 별도의 소액보증금 주택임대차계약서를 작성하였으나 실제로는 하나의 주택에 함께 살고 있습니다. 이러한 경우에도 저와 처가 각각 소액임차인으로 보호받을 수 있는지요?

A 귀하의 경우는 귀하와 처를 1인의 임차인으로 보아야 하므로 소액임차인으로 각각 보호를 받을 수 없습니다. 왜냐하면 하나의 주택에 임차인이 2인 이상인데 이들이 그 주택에서 가정공동생활을 하는 경우에는 1인의 임차인으로 보아 각 보증금을 합산한 금액을 기준으로 소액보증금에 해당하는지 여부를 판단하여야 하기 때문입니다.

5. 경락기일까지 배당요구를 하지 않은 경우

Q 소액임차인이라도 경락기일까지 배당요구를 하지 않으면 우선변제를 받을 수 없는지요. 만일 우선변제를 받을 수 없다면 어떠한 구제방법이 있는지요?

A 우선변제를 받을 수 없습니다. 왜냐하면 소액임차인이라도 경매법원에 경락기일까지 배당요구를 하여야만 우선변제를 받을 수 있기 때문입니다. 따라서 경락인이 명도를 청구하는 경우에는 무조건 집을 비워 주어야 합니다. 다만 귀하가 소액임차인으로 배당요구를 하지 아니하여 근저당권자가 귀하가 배당받아야 할 금액까지 배당받았다면 근저당권자에 대하여 같은 금액의 돈을 반환하라고 청구할 수 있습니다. 또 배당요구를 하지 아니하여 배당을 받지 못하더라도 최선순위 담보물권 등이 등기되기 전에 임차주택에 입주하고 전입신고를 하여 대항력이 있는 경우에는 경락인으로부터 보증금을 반환받을 때까지 임차주택을 비워 주지 않아도 됩니다.

6. 보증금을 소액으로 감액한 경우

Q 저는 1996년 2월 처음 주택임대차계약 체결 당시에는 임대보증금액이 4,000만원이었는데 1998년 2월 임대계약을 갱신하면서 임대인과 합의하여 보증금액을 3,000만원으로 감액하였습니다. 이러한 경우에도 소액임차인으로 보호를 받을 수 있는지요?

A 만일 귀하가 보증금액수를 이와 같이 감액할 당시에 임차주택에 관하여 경매신청기입등기가 경료되지 아니하였다면, 앞으로 경매절차가 개시되더라도 귀하는 소액임차인으로 우선변제권을 행사할 수 있습니다.

7. 확정일자부 소액임차인

Q 저는 임대보증금액수가 2,000만원인 소액임차인인데 우선변제를 받을 수 있는 보증금 중 일정액(1,200만원)의 범위를 넘은 800만원에 대하여 우선변제를 받으려면 어떻게 하면 되는지요 ?

A 귀하가 임대차계약서상에 확정일자를 받아 두면 보증금 중 우선변제를 받지 못하는 800만원에 대하여 후순위 담보권자, 기타 일반채권자에 우선하여 변제를 받을 수 있습니다.

8. 임차인으로부터 주택을 전차한 소액전차인의 우선변제권

Q 저는 임대보증금이 4,000만원인 임차인으로부터 임대인(집주인)의 동의하에 방1칸을 보증금 1,500만원에 다시 빌려(전차하여) 입주한 후 주민등록까지 마쳤습니다. 소액전차인으로 보호받을 수 있는지요 ?

A 보호받을 수 없습니다. 왜냐하면 귀하에게 방1칸을 빌려준 임차인(전대인)이 소액임차인에 해당하여야만 그로부터 임차한 귀하(전차인)도 소액전자인으로 보호받을 수 있기 때문입니다.

확정일자부 임차인 및 소액임차인의 우선변제권 행사

1. 우선변제권 행사절차

Q 확정일자부 임차인이나 소액임차인이 경매절차에서 우선변제를 받으려면 어떠한 요건을 갖추어야 하는지요?

A 다음과 같은 요건을 갖추어야 합니다.

배당요구신청

임대차계약서(확정일자부 임차인의 경우에는 임대차계약서가 공정증서로 작성되거나 임대차계약서에 확정일자가 찍혀 있어야 한다) 사본, 주민등록등본(임차인 본인의 전입일자 및 임차인의 동거 가족이 표시된 것이어야 한다) 및 연체된 차임 등이 있을 때에는 이를 공제한 보증금 잔액에 관한 계산서를 첨부하여 경매법원에 배당요구신청서를 제출하여야 합니다. 배당요구는 반드시 경락기일까지 하여야 하고 배당요구신청서 양식(별첨 – '권리신고 겸 배당요구신청서양식' 참조)은 법원에 비치되어 있습니다.

임대차종료

임대기간이 끝나지 아니한 경우 우선변제권이 있는 주택임차인이 경매절차에 참가하여 우선변제를 받으려면 임대차가 종료되어야 하지만(주택임대차보호법 제3조의1 제1항 단서, 제8조 제2항), 주택임차인은 임대인에게 별도의 해지 의사표시를 할 필요는 없습니다. 왜냐하면 주택임차인이 배당요구를 하면 집행법원이 민사소송법 제606조 제1항에 의하여 임대인에 대하여 그 배당요구사실을 통지함으로써 임차인의 해지의사표시가 집행법원을 통하여 임대인에게 전달되기 때문입니다.

임차주택의 명도

우선변제권이 있는 주택임차인이 경매법원으로부터 자신에게 우선배당된 배당금을 실제로 수령하기 위하여는 임차주택을 명도받았다는 경락인의 명도확인서를 경매법원에 제출하여야 합니다. 다만 귀하가 대항력도 있는데 보증금 중 일부만 배당받은 경우에는 나머지 보증금을 반환받을 때까지 경락인에게 임차주택을 비워주지 않아도 됩니다.

2. 대항력 있는 확정일자부임차인이 경락기일 이후에 배당요구를 한 경우

Q 저는 1995년 2월 1일 전세보증금 5,000만원, 전세기간을 1995년 2월 20일부터 2년간으로 하는 주택임대차계약을 체결하고 입주한 후 1995년 4월 8일 전입신고를 마치고 1995년 12월 17일 확정일자도 받았습니다. 그런데 위 주택에 1997년 1월 3일 채권최고액 1억원의 근저당권이 설정되었고, 그 근저당권에 따른 경매절차가 개시되어 1997년 6월 19일 경락되었습니다. 그런데 저는 1997년 2월 19일 경락기일이 경과한 후인 1997년 7월 7일에야 비로소 배당요구를 하였습니다. 배당기일에 임대보증금 우선변제를 받을 수 있는지요 ?

A 배당요구는 경락기일까지 하여야 하므로 귀하는 우선변제를 받을 수 없습니다. 다만 귀하는 저당권설정등기 전에 대항요건을 구비하여 경락인에게 임차권을 대항할 수 있기 때문에 경락인으로부터 보증금을 반환받을 때까지 임차주택을 비워 주지 않아도 됩니다.

3. 확정일자부 임차인이 배당요구 후 경락기일 전에 주민등록을 이전한 경우

Q 저는 주택을 임차하여 입주 및 주민등록을 마치고 계약서에 확정일자까지 받았습니다. 그런데 그후 임차주택에 대한 경매가 개시되자 저는 배당요구를 한 후 경락기일 이전에 자녀들의 진학 편의를 위하여 다른 곳으로 주민등록을 옮겼습니다. 저와 같은 경우에 주민등록을 전출하였기 때문에 확정일자부임차인이라도 우선변제를 받을 수 없다고 하는데 사실인지요 ?

A 유감스럽지만 귀하처럼 경락기일 이전에 주민등록을 다른 곳으로 이전한 경우에는 우선변제를 받을 수 없습니다. 그 이유는 확정일자부임차인으로서 경매절차상 배당요구를 하였더라도 우선변제를 받기 위하여는 주택의 점유와 주민등록을 경락기일까지 계속 갖추고 있어야 하기 때문입니다. 이것은 소액임차인의 경우에도 마찬가지입니다.

임대차기간과 계약의 갱신

1. 임대기간 2년 미만의 임대차계약이 가능한지 여부

Q 저는 내년도에 국외이민을 갈 예정이기 때문에 임대기간을 1년으로 하는 임대차계약을 체결하고 싶은데 기간의 정함이 없거나 기간을 2년 미만으로 정한 임대차는 그 기간을 2년으로 본다는 주택임대차보호법 제4조 제1항의 규정 때문에 임대기간을 2년 미만으로 정할 수 없다는 이야기를 들었습니다. 파연 그리한지요 ?

A 그렇지 않습니다. 왜냐하면 이 법이 임대기간을 최소한 2년으로 규정한 취지는 임차인의 주거 안정을 도모하기 위한 것이므로 임차인이 원하는 경우에는 임대기간을 2년 미만으로 정하는 것이 얼마든지 가능합니다. 따라서 귀하께서는 2년 미만으로 정한 임대기간이 끝난 후에 스스로 임대기간의 만료를 이유로 임대인에게 임대보증금의 반환을 청구할 수 있습니다.

2. 임대기간 만료와 계약의 갱신

Q 저는 전세 입주자인데 집주인으로부터 임대기간이 끝나기 불과 몇 일 전에 임대보증금을 인상하여 주거나 그것이 불가능하면 기간 만료와 동시에 집을 비워 달라는 통고를 받았습니다. 임대기간이 끝나면 반드시 집을 비워 주어야 하는지요 ?

A 임차주택을 비워 줄 의무가 없습니다. 그 이유는 임대인이 계약을 묵시적으로 갱신되는 것을 막기 위하여는 임차인인 귀하에게 임대기간 만료시의 명도 또는 계약갱신거절의 통지를 임대기간 만료 전 6개월부터 1개월까

지 사이에 하여야 하는데 이를 하지 않았기 때문입니다. 따라서 귀하의 경우에는 계약이 종전과 동일한 조건으로 묵시적으로 갱신되었기 때문에 앞으로 2년간 임차인으로 계속 점유를 할 수 있습니다. 다만 귀하가 임대기간이 끝날 당시에 차임의 지급을 2번 이상 연체하거나 임차주택에서 마약 제조를 하는 등 주거 이외의 목적으로 사용하는 등 임차인으로서의 의무를 현저하게 위반한 경우에는 보호받을 수 없습니다.

3. 계약을 갱신하면서 임대보증금을 인상하는 경우의 대항력 및 우선변제권

Q 저는 갑과 1994년 5월 20일 전세보증금 3,200만원, 전세기간 2년의 전세계약을 체결하고, 1994년 6월 20일 입주와 전입신고를 마침과 동시에 계약서상에도 확정일자를 받았습니다. 그 후 1995년 7월 20일 임차주택에 저당권이 설정되었는데, 1996년 5월 20일 이 계약을 갱신하면서 보증금액수를 3,700만원으로 인상하였습니다. 만일 이 저당권실행을 위한 경매가 개시되는 경우 저는 인상된 보증금 3,700만원을 받을 때까지 경락인에게 주택을 비워 주지 않아도 되는지요. 또 경매절차에서 이 저당권자에 우선하여 인상된 보증금 3,700만원의 배당을 받을 수 있는지요?

A 임대인과 임차인이 임대차계약을 갱신하면서 임대보증금을 인상하기로 합의한 경우, 인상된 금액은 인상되기 전에 설정된 저당권에 기한 경매절차의 경락인에 대하여 대항할 수 없을 뿐만 아니라 이 저당권자에 우선하여 배당을 받을 수도 없습니다. 왜냐하면 이 저당권자는 인상 전의 임대보증금을 전제로 저당권을 취득하는 것이고 장래 임대보증금이 얼마나 인상될지도 예상할 수 없기 때문에 인상된 보증금 전액에 대하여 대항력과 우선변제권을 인정한다면 저당권자의 이익을 너무 침해하는 것이 되기 때문입니다. 따라서 귀하의 경우 저당권 설정 전의 보증금액인 3,200만원에 한하여 경락인에게 대항력을 행사할 수 있고 배당절차에 참가하더라도 3,200만원에 한하여 저당권

자에 우선하여 변제받을 수 있습니다. 다만 인상된 보증금 3,700만원에 대하여 재계약서를 작성하고 이에 대하여 확정일자를 받았다면 이보다 후순위인 담보권자나 일반채권자에 대하여 우선변제권을 주장할 수 있습니다.

4. 인상된 보증금영수증에 확정일자를 받은 경우와 우선변제권

Q 만일 전항의 경우에 계약갱신과 더불어 인상된 전세보증금에 관하여 재계약서를 작성하지 않고 임대인에게 인상된 보증금을 지급한 후 그 영수증에 확정일자를 받은 경우에도 우선변제권이 있는지요?

A 없습니다. 왜냐하면 주택임대차보호법 제3조의2 제1항은 우선변제권이 인정되기 위하여는 임대차계약서에 확정일자를 갖출 것이 요구되기 때문입니다.

기타 사항

1. 주택의 명의신탁자와 임대차계약을 체결한 경우

Q 임대차계약상의 임대인은 반드시 주택의 등기부상 소유자라야 하는지요?

A 그렇지 않습니다. 임대차는 임대인이 반드시 주택의 등기부상 소유자이어야 하는 것이 아니므로, 등기부상 소유자는 아니지만 임대차계약을 체결할 수 있는 권한을 가진 자와도 임대차계약을 체결할 수 있습니다. 따라서 예컨대 임대인이 주택의 등기부상 소유자가 아니라고 하더라도 주택의 실제 소유자로서 사실상 이를 제3자에게 임대할 권한을 가지는 이상 임차인은 등기부상 소유명의자에 대하여도 임차권을 주장할 수 있다고 봅니다(대법원 1995.10.12 선고 95다22283 판결).

2. 공유자 중 일부와 주택임대차계약을 체결한 경우

Q 저는 갑·을·병 3인이 각 1/3의 지분비율로 공유하고 있는 주택을 갑·을 2인으로부터 임차하여 현재 거주하고 있습니다. 그런데 주변에서 공유주택에 관한 임대차계약은 공유자 전원과 체결하여야 유효하다고 하여 불안합니다. 제가 병에 대하여 임차권을 주장할 수 없는지요?

A 그렇지 않습니다. 왜냐하면 민법 제265조 본문은 공유물의 관리에 관한 사항은 지분의 과반수로써 결정하도록 규정하고 있고 공유주택의 임대 행위는 이 관리행위에 해당하는데, 귀하의 경우 2/3의 공유지분을 보유한 갑·을과의 사이에 임대차계약을 체결하였기 때문에 비록 병이 임대인에서

제외되었다고 하여도 병에 대하여 유효한 임차권을 가지고 대항할 수 있습니다.

3. 임대인의 동의없이 전대차계약을 체결한 경우

Q 저는 임대차계약 체결시 임차주택에 살고 있던 갑을 소유자로 알고 계약을 체결하고 입주하여 주민등록을 마쳤습니다. 그런데 나중에 소유자는 따로 있고 갑은 임차인으로서 저에게 소유자의 동의없이 전대를 한 것을 알게 되었습니다. 현재 주택소유자가 저에게 임차주택을 비워달라고 요구하고 있는데 임대보증금을 반환받을 때까지 이를 거부할 수 있는지요 ?

A 거부할 수 없습니다. 왜냐하면 임차인이 임대기간 중에 임차주택을 다른 사람에게 전대하였더라도 임대인의 동의가 없으면 전차인은 임대인에게 자신의 전차권을 주장할 수 없기 때문입니다. 따라서 귀하는 비록 대항요건을 갖추었더라도 소유자에 대하여 임차인 갑과의 사이에 체결한 임대차계약관계를 주장하여 명도를 거부할 수 없고 임대보증금도 임차인 갑에 대하여만 그 반환을 청구할 수 있을 뿐입니다.

4. 대지에만 저당권이 설정된 후 그 지상에 신축된 주택을 임차한 경우

Q 저는 대지에만 근저당권이 설정된 후 그 지상에 신축된 주택을 임차하여 입주 후 주민등록까지 마쳤는데 대지의 근저당권자가 대지 외에 건물도 경매신청하였습니다. 저는 경락인에게 대항하여 계속 거주할 수 있는지요 ?

A 건물을 건축하기 이전에 대지에 저당권이 설정되었고 그후 건물이 건축된 경우에 대지의 저당권자는 대지뿐만 아니라 건물에 대하여도 일괄경

매를 청구할 수 있습니다(민법 제365조). 그러나 저당권은 대지상에만 설정된 것이고 건물에 대해 설정된 것은 아니기 때문에 일괄경매 되더라도 건물에 대해 저당권의 효력을 주장할 수는 없습니다. 따라서 건물에 아무런 저당권이 설정되지 않은 상태에서 입주 및 주민등록의 대항요건을 마친 건물임차인은 건물경락인에 대해 대항력을 가지므로 나머지 임대기간 동안 계속 거주하다가 임대기간이 끝나면 경락인으로부터 보증금을 반환받을 때까지 임차주택을 비워 주지 않아도 됩니다.

5. 주택임대차계약 체결시 유의할 사항

Q 주택소유자와 임대차계약을 체결할 때 주의하여야 할 사항은 무엇인지요?

A 첫째 등기부열람을 통한 저당권 등 담보권의 설정 여부 · 가압류 · 압류 · 가처분등기 및 가등기의 경료 여부 등을 확인하고, 둘째 등기부상 드러나지 않는 우선변제권 있는 소액임차인 · 확정일자부임차인의 유무를 확인한 후, 마지막으로 임대차계약서상에 확정일자인을 받아두어야 합니다.

6. 주택임차인에 대한 인도명령

Q 저는 1996년 주택 중 방 2칸을 임차하여 입주하고 주민등록전입신고를 마쳤습니다. 그런데 입주 후 5개월 만에 임차주택에 대한 경매절차가 개시되어 등기부를 열람하여 보니 제가 임차하기 전에 이미 임대인이 저당권을 설정한 사실을 알게 되었고 그후 6개월 만에 다른 사람이 경락을 받았습니다. 그런데 경락인이 대금납부 후 경매법원으로부터 인도명령을 받아 소유자가 거주하던 방 등을 인도받은 후 저에게도 인도명령을 받아 집행하겠다고 합니다. 저도 인도명령의 상대방이 되는지요?

A 부동산인도명령이란 경락대금 납부 후 6개월 이내에 경락인의 신청이 있는 때에 법원이 채무자·소유자 또는 압류의 효력이 있은 후에 점유를 시작한 점유자에 대하여 부동산을 경락인에게 인도할 것을 명하는 제도입니다(민사소송법 제647조 제1항). 그런데 귀하는 주택이 압류되기 5개월 전에 임차하여 점유를 시작하여 인도명령의 상대방이 되지 않기 때문에 일단 부동산인도명령에 의하여 방을 명도당하지는 않습니다. 그러나 귀하는 저당권설정 후에 대항요건을 구비하여 대항력이 없으므로 경락인이 별도의 주택명도소송을 제기하면 패소할 수밖에 없습니다.

7. 임대보증금의 감액청구

Q 저는 1997년 10월 임대기간을 2년으로 하는 주택임대차계약을 체결하였는데 그후 얼마 안되어 주택가격 및 임대보증금이 큰폭으로 하락하였습니다. 임대인에게 임대기간만료 전에는 임대보증금의 감액을 청구할 수 없는지요?

A 주택임대차보호법 제7조는 약정한 차임 또는 보증금이 임차주택에 관한 조세·공과금 기타 부담의 증감이나 경제사정의 변동으로 인하여 상당하지 아니하게 된 때에는 당사자는 장래에 대하여 그 증감을 청구할 수 있다고 규정하고 있습니다. 따라서 임차인은 경제상황의 변화로 주택가격과 임대보증금이 급락함에 따라 당초 약정한 임대보증금이 인근 주택의 임대보증금과 비교할 때 부당하게 과다한 때에는 임대인에게 장래를 향하여 객관적으로 적정한 임대보증금으로 감액하여 줄 것을 청구할 수는 있으나 아직 법원에 이에 관한 선례가 없기 때문에 어느 정도 임대보증금이 하락하면 감액청구가 인정된다고 단정적으로 말할 수 없습니다.

2. 민사조정절차에 관한 Q&A

민사조정절차에 관한 기초지식

1. 민사조정절차의 의의

민사분쟁을 해결하는 제도에는 크게 소송절차와 조정절차가 있다. 소송절차는 분쟁당사자 쌍방이 권리를 주장하고 다툼있는 사실관계에 대한 증거를 제출하면 법원이 어느 당사자의 주장이 옳은지를 판단하여 판결로써 분쟁을 강제적으로 해결하는 제도이다. 이에 반하여 조정절차는 조정담당판사 또는 조정위원회가 분쟁당사자로부터 주장을 듣고 여러 사정을 참작하여 조정안을 제시하고 서로 양보와 타협을 통하여 합의에 이르게 함으로써 분쟁을 평화적이고, 간이·신속하게 해결하는 제도이다.

☞ 특히 분쟁이 상호 타협과 양보에 의하여 평화적으로 해결되기 때문에 상대방과 감정 대립이나 원한 관계가 남지 않고 상대방의 임의 이행을 기대할 수 있다.

2. 민사조정절차의 진행

일반적으로 민사조정절차는 조정담당판사 혹은 조정위원회(판사 및 2인 이상의 사회 각계각층의 지도층 인사로 구성됨)가 딱딱한 법정이 아닌 자유로운 분위기의 조정실에서 당사자의 말을 충분히 듣고 실정에 맞게 분쟁을 해결하고, 비공개로 진행되기 때문에 비밀이 철저히 보장된다.

조정신청부터 종료시까지의 민사조정절차의 흐름을 도표로 표시하면 다음과 같다.

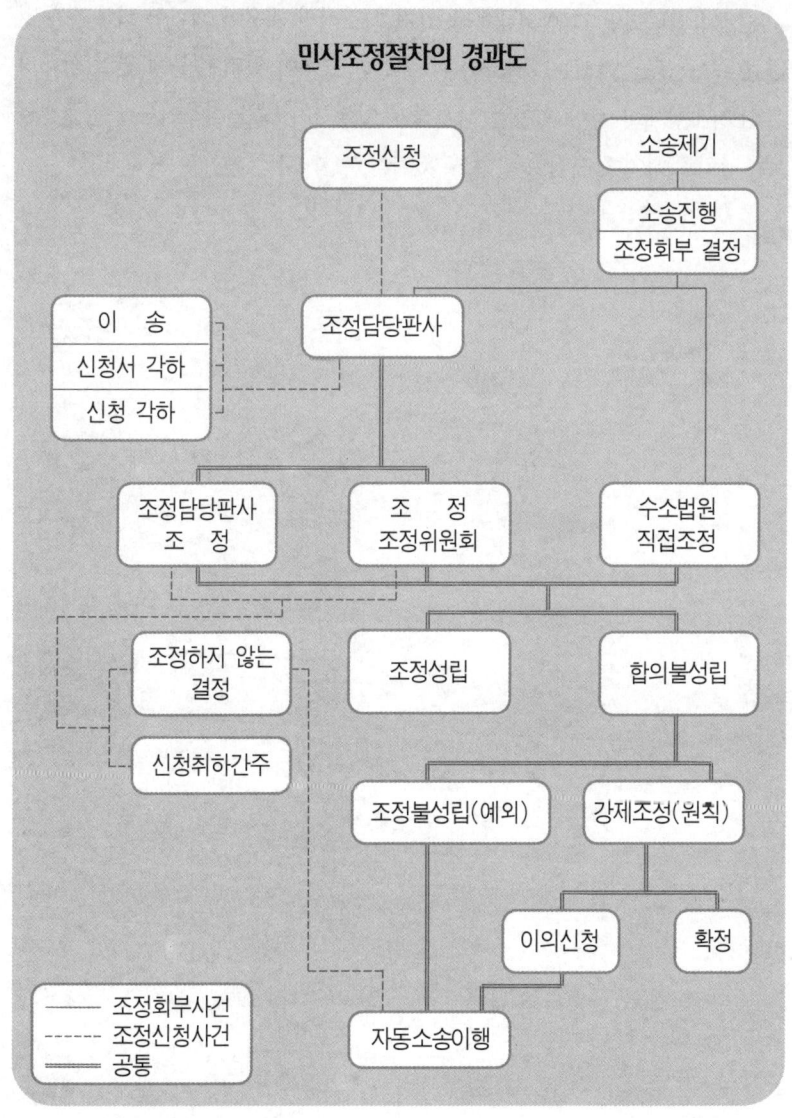

3. 조정이 성립된 경우의 효력

조정이 성립되면 그 합의내용을 기재한 조서의 내용이 재판상 화해와 동일한 효력이 있고, 화해는 확정판결과 동일한 효력이 있기 때문에 만일 상대방이 조정조항에서 정한 의무를 성실하게 이행하지 않는 경우에는 조정조서를 채무명의로 하여 강제집행을 할 수 있다.

민사조정신청 안내

1. 관할법원

민사조정신청은 피신청인(상대방)의 주소지, 사무소 또는 영업소 소재지, 근무지, 분쟁목적물의 소재지 또는 손해발생지를 관할하는 지방법원, 지방법원 지원, 시·군법원에 접수시키면 된다. 또 당사자 쌍방이 미리 특정법원에서 조정하기로 합의한 때에는 그 법원에 접수할 수도 있다.

2. 민사조정신청방법

민사조정신청은 본인 스스로 또는 변호사나 법무사에게 의뢰하여 작성한 조정신청서를 제출할 수도 있지만, 직접 관할법원에 오면 민사민원상담관의 도움을 받아 법원에 비치된 민사조정신청서 양식을 이용하여 손쉽게 조정신청서를 작성하여 제출할 수 있다. 그리고 만일 손을 다치는 등으로 스스로 신청서를 작성할 수 없을 때에는 법원직원에게 구술로 신청할 수도 있다.

☞ 법원 접수창구에 전형적인 민사분쟁에 관하여 다양한 조정신청서 양식이 비치되어 있으며 필요로 하는 당사자는 무료로 교부받을 수 있다.

3. 조정신청수수료 및 송달비용

민사조정신청시 소요되는 조정수수료(소제기시 첨부할 인지액의 1/5)와 송달료는 다음과 같다.

조정수수료

조정신청금액	조정수수료액
1,000만원 미만	조정신청금액×0.1%
1,000만원 이상 ～ 1억원 미만	조정신청금액×0.09%＋1,000원
1억원 이상 ～ 10억원 미만	조정신청금액×0.08%＋11,000원

송달료

조정신청금액	송달료액
2,000만원 이하(소액)	22,600원
2,000만원 초과 ～ 5,000만원 이하(중액)	36,160원
5,000만원 초과(합의)	45,200원

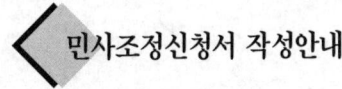

민사조정신청서 작성안내

1. '당사자란' 작성방법

신청인 및 피신청인의 성명을 한글과 한자로 정확하게 기재하고, 조정절차 진행중 당사자 쌍방에게 기일소환장을 송달하거나 연락할 때 필요하므로 정확한 주소(우편번호)와 연락가능한 전화(FAX 또는 호출)번호를 확인한 다음 빠짐없이 기재하여야 한다.

2. '신청취지란' 작성방법

현재 피신청인과의 사이에 분쟁 중인 법률관계에 대하여 신청인이 어떠한 해결을 구하는지를 결론만 간단하게 기재하여야 한다. 기재할 때 주의할 점은 만일 신청인측이 너무 자신에게 유리한 내용만을 강조하여 기재하는 것은 바람직하지 않다는 것이다. 그 이유는 상대방이 그 내용을 보게 되면 감정이 상하여 이후 조정절차의 진행에 악영향을 줄 우려가 있기 때문이다.

3. '분쟁내용란' 작성방법

현재 피신청인과 사이에 다툼이 있는 사실관계를 간략하고 요령있게 정리하여 기재하여야 한다. 왜냐하면 자세한 사정은 조정기일에 구두로 설명할 수 있기 때문이다. 여기서도 신청취지 기재시와 마찬가지로 피신청인측을 자극하여 조정성립에 악영향을 줄 수 있는 내용의 기재는 삼가는 것이 바람직하다.

4. 조정신청서 작성예시

임대기간 만료를 원인으로 임대보증금의 반환을 구하는 조정신청서 양식은
다음과 같다.

권리신고 겸 배당요구신청서양식

권리신고 겸 배당요구신청서

사　건　　　　　　타경　　부동산강제(임의)경매
채 권 자　　　○　　　○　　　○
채 무 자　　　○　　　○　　　○
소 유 자　　　○　　　○　　　○

본인은 이 사건 경매절차에서 임대보증금을 우선변제받기 위하여 아래와 같이 권리신고 겸 배당요구를 하오니 경락대금에서 우선배당을 하여 주시기 바랍니다.

아　래

1. 계 약 일 : 19 . . .
2. 계약당사자 : 임대인(소유자) ○　○　○
　　　　　　　　임　차　인 ○　○　○
3. 임대차기간 : 19 . . .부터 19 . . .까지(년 간)
4. 임대보증금 : 전세　　　　　원
　　　　　　　　보증금　　　　　원에 월세
5. 임차 부분 : 전부(방 칸), 일부(층 방 칸)
(※ 뒷면에 임차부분을 특정한 내부구조도를 그려주시기 바랍니다)
6. 주택인도일(입주한 날) : 19 . . .
7. 주민등록전입신고일 : 19 . . .
8. 확 정 일 자 유무 : 유(19 . . .), 무
9. 전세권 등기 유무 : 유(19 . . .), 무

〔첨부서류〕

1. 임대차계약서 사본 1통
2. 주민등록등본 1통

　　　　　　　　　　　　　　　　　. . .

　　　권리신고 겸 배당요구자　　　　　　　㊞
○ ○ 지방법원 귀중

조정신청서

신 청 인   김 갑 동 (金甲童)
　　　　　　 서울 강남구 신사동 234의 5
　　　　　　 ☎: 654 - 321, FAX: 765 - 432

피신청인   이 을 남 (李乙男)
　　　　　　 서울 중구 서소문동 123의 4
　　　　　　 ☎: 321 - 654, FAX: 432 - 765

사 건 명   임대보증금 반환

신 청 취 지
피신청인은 신청인에게 금 50,000,000원을 지급한다. 라는 조정을 구합니다.

분 쟁 내 용
1. 신청인은 1996. 2. 20. 피신청인로부터 그의 소유인 서울 강남구 신사동 234의 5 소재 주택을 임대보증금 50,000,000원, 임대기간 1996. 3. 1.부터 2년으로 하여 임차하고, 임대보증금 전액을 지급하였습니다.
2. 그후 1998. 3. 1. 임대기간이 만료되었으나 피신청인은 자금사정이 어렵다는 이유로 임대보증금을 반환하지 아니하므로 그 지급을 받기 위하여 조정을 신청합니다.

증 거 서 류
1. 임대차계약서 1통
2. 주민등록등본 1통
3. 영수증 1통

19 . . .

　　신 청 인　　　　　　　　　　　 ㉑
○○지방법원 귀중

제 4 장

부동산 임대차와 관련된
여러 가지 문제들

> **임대차계약**

> **Q** 부동산 임대차계약을 할 때 어떤 점을 주의하여 계약을 해야 하는지요?
>
> **A** 임대차계약을 체결할 때는 계약 당사자를 분명히 해야 합니다.

1. 계약 당사자

부동산 임대차계약은 부동산을 빌려주는 사람이 부동산을 빌려쓰는 사람에게 임대한 부동산을 사용하여 수익을 올릴 수 있도록 해주고 그 대가인 차임을 지급할 것을 약정함으로써 성립하는 계약이다. 그러므로 부동산 임대차계약을 할 때에는 제일 먼저 계약 당사자를 분명히 해야 한다. 그리고 계약을 하는 사람이 처분할 능력이 있는 자인가를 확인하는 것이다. 만약 임대인이 처분할 권한이 없는 미성년자, 또는 한정치산자[1]인 경우에는 법적으로 여러 가지 복잡한 문제가 발생하기 때문이다

또한 임대차계약을 맺을 때에는 본인과 하는 경우도 있을 수 있고 대리인, 임대주가 부재자인 경우는 그의 재산관리인, 상속재산의 경우는 그 관리인과 계약을 체결할 수도 있다. 그리고 금치산자[2]인 경우에는 그 후견인과도 임대

---

1) 한정치산자 : 심신박약자 · 벙어리 · 농아 · 맹인 · 낭비자 등 의사능력이 불충분한 자가 재산을 관리하는 일을 법원에서 금지하는 처분을 한정치산이라고 부르고 그 처분을 받은 자를 말한다.
2) 금치산자 : 자기 행위의 결과를 합리적으로 판단할 수 없다고 인정된 심신상실자에게 자기 재산을 관리 · 처분할 수 없도록 법률적으로 금지하는 일을 금치산이라고 부르고 그에 관한 처분은 법원에서 한다. 금치산자는 본인 · 배우자 · 4촌 이내의 친족 · 후견인 · 보좌인 또는 검찰의 청구에 의한다.

차계약을 맺을 수 있다. 그런데 특히 임의대리인과 계약을 체결할 때에는 반드시 위임장을 확인해 볼 필요가 있다. 또한 더 정확하게 하기 위해서는 임대주에게 반드시 권한을 위임한 사람이 진정한 대리인이며 대리권의 범위에 해당하는 사항인가를 사전에 조사·확인하고 계약을 체결해야 한다. 임대인이 금치산자인 경우에도 그의 후견인과 계약을 체결해야만 효력이 발생한다.

2. 계약내용

토지와 건물의 경우를 나누어서 설명한다.

토지

토지를 빌려쓰기 위해 계약을 체결하는 경우에는 그 기간이 오랜 동안 지속되는 계약관계가 될 수 있다는 점을 고려해야 하는데, 그 위에 건축을 하는 경우에는 더욱 신중을 기하여야 한다. 장래 증·개축을 하거나 건물구조를 변경할 일이 생길 수도 있기 때문에 계약을 할 때에는 이러한 사정을 고려하여 이러한 내용까지도 자세하게 일괄적으로 계약내용에 기재할 필요가 있다. 따라서 토지 임대차계약에 있어서는 부동산 중개업소나 중개사에게 맡기기보다는 본인이 직접 계약서에 서명·날인하는 것이 좋다.

그렇지 않고 부동산 중개업소나 중개사에게 일임했다가 나중에 문제가 발생하거나 분쟁이 생겼을 경우에는 여러 가지로 곤란한 일이 발생할 수 있기 때문이다. 토지 임대차에 관한 계약서 용지는 시중에서 판매하는 것을 쓰거나 중개업소에 비치된 검인 계약서를 사용해도 무방하다.

가옥을 빌릴 때 주의점

① 가옥의 소재지, 구조, 건평, 통풍, 일조관계, 부지이용관계, 주변환경, 교통편 등을 살펴 생활에 불편이 없는가를 알아본다.

② 사용할 수 있는 범위를 정확하게 한다. 독채일 때에는 별 문제가 없겠지

토지임대계약서

임대인 홍길동을 갑, 임차인 이몽룡을 을로 하고 다음과 같이 토지임대차계약을 체결한다.

제1조 토지의 표시 : 서울특별시 광진구 구의동 65번지

　　　　　택지 - 250 평방미터

제2조 임대차의 목적 : 임차인 이몽룡은 본건 토지를 목조 (또는 콘크리트조) 건물 소유의 목적으로 임차한다.

제3조 임대차기간 : 1990년 5월 1일부터 1999년 4월 30일까지 9년으로 한다.

제4조 임대료 : 임대료는 1개월에 금 오십만원(₩500,000)으로 하고 매월 1일 임대인 홍길동의 주소지에 지참하여 지급한다. 그리고 그 임대료가 경제사정의 변동, 공과금의 증액, 인근 토지의 임대료와 비교하여 상당하지 않는 경우에는 계약기간 중에도 임대인은 임대료의 증액을 청구할 수 있다. 단, 계약체결 후 3년간은 임대료의 증액을 요구할 수 없다.

제5조 임차인은 다음과 같은 사정이 발생할 때에는 사전에 임대인에게 서면으로 통지하고 승낙을 얻어야 한다. 만약 승낙 없이 아래 사항을 위반할 때에는 계약을 해제할 수 있다.

　　1. 임차권의 양도·전대 또는 그밖에 이와 같은 목적에 부합한 행위를 할 때

　　2. 본건 토지 위에 소유하는 건물의 증축 또는 개축할 경우

제6조 임차인이 다음과 같은 경우에 해당할 때에는 본 계약을 해제할 수 있다.

　　1. 임차인이 차임연체액이 2기의 차임액에 해당할 때

　　2. 임차인이 전조의 사항을 위반했을 때

　　3. 기타 본 계약을 위반하는 행위를 할 때

제7조 연대보증인의 책임 : 본건 계약을 체결함에 있어 연대보증인은 임대료의 지불 등 본 계약을 이행하는 데 있어 일체의 채무를 보증하고 임차인과 연대하여 이행의 책임을 부담한다.

제8조 본 계약에 관한 분쟁이 발생할 때에는 임대인의 거주지 법원을 제1심의 관할법원으로 한다.

제9조 위와 같은 계약이 성립되었음을 증명하기 위하여 계약서를 작성하여 각자 서명하고 각 1통씩 보관한다.

1998년 5월 1일

임대인

주소 : 서울 광진구 구의동 65번지(전화 02-○○○-○○○○)

성명 : 홍길동 　(인)

임차인

주소 : 경기도 의정부시 의정부1동 5번지(전화 ○○○○-○○○-○○○○)

성명 : 이몽룡 　(인)

연대보증인

주소 : 경기도 의정부시 의정부2동 15번지(전화 ○○○○-○○○-○○○○)

성명 : 성춘향 　(인)

만 다른 임차인이 있는 경우에는 자신이 사용할 수 있는 전용부분과 다른 임차인과의 공용부분 등을 명확히 한다.

③ 가옥명도예정일을 구체적으로 약정한다.

④ 등기를 열람하여 가옥의 소유자, 건물임대차 등의 처분금지의 가처분, 압류나 경매개시결정의 등기 유무, 저당권이 설정되었는지 등을 확인해 보고 전세일 경우 전세권 등기 등을 하여 임차인의 권리를 최대한 보장받을 수 있는 법적 장치를 해두어야 한다.

계약서 작성

부동산 임대차계약은 물건의 사용·수익을 목적으로 하는 채권계약이므로 임대차에 따른 문제가 발생하지 않도록 다음과 같은 사항을 정확하게 작성하여야 한다.

계약서의 내용

① 계약 당사자로서 대주와 차주

② 대차계약의 목적물건

③ 차임(임료)

④ 용도

⑤ 일정한 기간

⑥ 그밖에 증축이나 개축 또는 무단 임대권의 양도 금지

⑦ 수선비의 부담

⑧ 임료 증감

⑨ 해지

⑩ 보증금

등을 결정하는 것이 통례이다. 또한 임료에 대해서 6개월분이나 1년분을 한꺼번에 지급할 것을 약정 하였을 경우에는 그 지급방법도 계약서에 기재하는 것이 필요하다.

1) 임대목적물 ― 부동산 기재시 부동산 위치와 평수를 정확히 확인한 후 임대계약 여부를 자세히 기재해야 한다.

이때 만약 목적부동산을 잘못 기재하였거나 사실과 다르게 기재한 경우 착오이론을 적용하여 그 착오가 중대한 과실로 인하지 않았고 또 외부적으로 보아 목적부동산이 어떤 것인지를 알 수 있는 경우처럼 약간의 착오가 있는 경우라면 원하는 대로 계약성립을 인정하게 되므로 기재 자체가 아닌 당사자 사이의 바라는 바의 계약내용으로 해석해야 한다. 그러나 임차목적을 제대로 이룰 수 없는 정도의 중대한 중요부분의 착오라면 취소할 수 있다.

2) 임대료 ― 임대료에 관해서는 보통 전세형식을 따르는 경우에는 일시에 지급하지만 월세형태로 지불하는 경우도 많다. 그러므로 주택시가를 고려하여 임대료를 정하게 되며 어느 날짜에 어느 장소에서 지급하며 연체가 된 때에는 어떻게 한다는 등의 내용을 자세히 기재해야 한다.

3) 용도 ― 통상 임대인은 그의 부동산을 있는 그대로의 용도로 사용하기를 요구하면서 임대하는 것이 보통이므로 그대로 사용하는 것이 대부분이다. 임대물은 임의로 용도를 바꾸어 사용하지는 못하며 이때에는 계약을 해지할 수도 있게 된다는 것을 필요하면 기재한다.

4) 임대차기간 ― 임대차기간은 계약 당사자의 자유로운 의사에 따라 마음대로 정할 수 있다. 그러나 원칙적으로 20년을 넘지는 못하므로 20년 이상의 기간으로 정한 경우 20년으로 본다. 또한 단기로 주택임대차계약 기간이 1년 미만인 경우 기간의 정함이 없는 것으로 보며 법에 의하여 자동 1년으로 간주하게 된다. 또 계약에 의해 다시 임대차기간을 갱신할 수도 있다.

5) 증·개축과 전대의 금지 ― 임대부동산의 증축과 개축은 어떻게 할 것이냐에 대한 것과 함께 다시 다른 사람에게 임대하는 전대를 금지하는 내용을 기재하게 된다. 증·개축이 일정한 범위 내에서 허용되는 경우라면 그 비용 등에 관해서까지도 규정하는 것이 좋다.

6) 계약의 해지 ― 어떤 행위가 있으면 이로써 임대차계약을 해지할 수 있다는 내용을 적게 되는데 이에 관해서는 되도록 상세하게 가정하여 서로의 이

해를 전제로 하여 기재되어야 한다.

7) 기타 제반사항 — 위에서 설명한 이외에도 계약서 작성에는 필요한 사항을 포함시켜서 할 수 있으므로 임대에 있어 꼭 필요하다고 생각하는 사항이 있으면 이를 명시하고 그에 의해 법률효과를 얻을 수 있다.

8) 계약 당사자로서의 임대인과 임차인 — 마지막으로 계약하는 당사자의 기재가 있어야 한다. 이 기재에는 주소와 본적, 그리고 주민등록번호를 기재하고 서명 · 날인하면 된다. 진실한 임대권한이 있는 임대인이어야 하며 대리인인 경우에는 진정한 대리권자여야 한다.

임대계약의 해지

Q 본인은 자동차부품 제작의 하청공장으로 사용하기 위하여 갑이 정미소로 사용하고 있던 건물을 1989년 1월 4일 갑으로부터 임차보증금 1,000만원, 임대차기간은 1989년 2월 15일부터 3년간, 차임은 월 60만원으로 정하여 임차하고 그날 임차보증금 500만원을 지급하였습니다. 갑은 위 정미소를 임대하기 위한 준비로서 정미소의 가동을 중단하고 기계 등도 모두 처분하였는데, 본인은 당초 계획과는 달리 이 건물에 공장을 운영할 수 없는 사정이 생겨 갑에게 위 임대차계약을 종료시킬 것을 제의하였다가 거절당했습니다. 인도예정일인 1989년 2월 15일 임차보증금 중 잔금 500만원을 지급하였습니다. 그런데 이 건물은 일반주거지역 내에 위치하여 공업배치법과 건축법규정에 의하여 공정설치허가를 받을 수 없는 지역 내에 있는데도, 본인은 이를 모르는 상태에서(갑도 본인으로부터 통고를 받기 전에는 모르고 있었습니다) 이 건물을 전혀 사용하지 아니하다가 1989년 3월 2일에 이를 알게 되어, 3월 10일 갑에게 이 건물이 행정구역상 공장이 가동될 수 없는 일반주거지역 내에 있다는 이유로 "본 계약을 파기하며 임차보증금 1,000만원을 3월 20일까지 반환하여 주시기 바라며"라는 내용의 해약 통고서를 보냈고, 이에 갑은 3월 17일 본인의 내부사정으로 이 건물을 사용하지 않으면서 해약통고서를 보낸 것은 신의성실에 위배된다며 "부득이 임대차계약을 할 수 없다고 하시면 계약서 제7조에 의하여 계약금은 무효로 처리하고 잔액금 500만원은 지급해 줄 의사가 있습니다. 그러나 또다시 이런 식으로 귀하께서 행동하신다면 잔액금 500만원에 대하여도 최고인의 손해배상청구채권으로 대항하겠다는 의사를 명백히 밝혀둡니다"라는 내용의 답변서를 보내왔습니다. 그후 본인은 5월 30일 경 갑에게 이 건물에 공장설치허가가 불가능하고 건물에 관하여 근저당권이 설정되어 그에 기한 경매절차가 진행됨으로써 정상적인 공장운영이 불가능하다는 이유를 내세워 "본인은 다시 한번 임대차계약의 해제를 통고하고 당사자가 지불한 임차보증금 1,000만원의 반환을 요구하는 바입니다"라는 내용의 통고서를 보내자, 갑은 6월 5일 갑이 본인을 속인 일이

없고 이 건물에 근저당권이 설정된 것은 임대차계약에 장애사유가 되지 않는다고 하면서 "이건 계약은 이내 해제된 것이며 단, 계약불이행의 책임이 누구에게 있느냐의 문제로 귀결된다고 생각합니다. 귀사에서 언제든지 임차보증금 5백만원의 반환을 요구하시면 비록 이 건으로 본인이 많은 피해를 입었지만 반환해 줄 생각입니다. 그러나 귀사에서 본인에게 정중히 사과를 하면서 위 금액을 요구시 응한다는 생각에는 변함이 없으며 이와 같은 행위를 계속해 온다면 본인의 손해청구금으로 대항하겠다는 것을 다짐해 둡니다"라는 내용의 답변서를 본인에게 보냈습니다. 어떻게 해야 되는지요?

A 계약이 합의해제 되기 위해서는 쌍방당사자의 표시행위에 나타난 의사의 내용이 객관적으로 일치하여야 합니다.

1. 계약의 합의해제 또는 해제계약의 의의 및 요건

부동산 임대차계약에 있어 임차인이 임대인의 귀책사유에 의한 채무불이행 또는 임대차목적물에 관한 하자담보책임을 이유로 임대차계약을 해제하고 이미 지급한 임차보증금을 반환하라는 내용의 최고를 하고, 이에 대하여 임대인이 임차인에게 계약불이행의 책임이 있지만 부득이 해제를 원한다면 임차보증금 중 계약금으로 받은 액수는 몰취하고 나머지는 반환해 줄 용의가 있다는 취지의 답변을 한 경우에, 임대인과 임차인 사이에 임대차계약의 합의해제가 있었다고 볼 수 있는 것인지의 여부가 질문의 핵심이다. 이에 관하여 1심 법원에서는 임대인과 임차인 사이에 계약의 소멸을 원하는 점에서는 쌍방의 의사가 합치되었으므로 합의해제가 성립하였다고 보고, 다만 임대인이 임차인에게 임대차보증금 전액을 반환할 것인지 아니면 일부만 반환할 것인지의 여부에 관하여는 쌍방의 의사가 합치되지 않았으므로 계약해제로 인하여 임대인이 입은 손해배상의 문제는 유보해 둔 채 합의해제되었다는 취지로 판단하였는 데, 위 판단의 타당성 여부가 문제된 것이다.

2. 합의해제의 의의

합의해제 또는 계약해제라 함은 제2의 계약에 의한 제1의 계약의 해제 (대법원 1960. 10. 6.선고 4293민상 275 판결 : 판례계약해제법 상, 和田于一, 139)라거나, 계약에 의하여 발생한 권리관계의 변동을 원상으로 회복시키기로 하는 새로운 계약 (대법원 1987.11.10.선고 87누607 판결 , 또는 기존의 계약을 해소시켜 계약이 없었던 것과 동일한 상태를 만들기로 하는 계약 (債權各論 上, 我妻榮, 213) 등으로 정의하고 있다. 즉 합의해제는 계약이므로 그 해제의 효력은 계약내용에 의하여 결정할 것이고, 상대방이 있는 단독행위로서의 해제권의 행사에 관하여 규정하고 있는 민법의 제규정은 합의해제에는 적용이 없다는 점에 대하여는 이론이 없다. 그러므로 계약의 합의해제 효과로서의 원상회복이나 손해배상에 관하여는 당사자간에 약정이 있는 경우에는 당연히 이에 따르고, 이에 관하여 당사자간에 별단의 의사표시가 없는 경우에는 당사자의 의사가 무엇인가를 해석하는 것에 의하여 결정되어야 한다.[1]

3. 합의해제의 성립

① 합의해제도 계약인 이상에는 다른 일반 계약과 마찬가지로 청약과 승낙의 일치, 즉 합의에 의하여 성립한다. 계약에 있어서는 대항하는 2개 이상

---

1) 대법원 1982. 7. 27.선고 80다 2968판결은 매매계약이 합의해제된 경우에 매수인에게 이전되었던 소유권은 당연히 매수인에게 복귀하는 것이므로 합의해제에 따른 매도인의 원상회복청구권은 소유권에 기한 물권적 청구권이라고 할 것이고 이는 소멸시효의 대상이 되지 아니한다고 판시하고 있는 바, 그 근거에 관하여는 명시하고 있지 아니하지만 합의해제도 해제와 마찬가지로 당사자의 의사가 계약이 체결되지 않았던 것과 마찬가지로 원상으로 회복시키려는 것이라는 점에 위 원상회복의무를 인정하는 근거가 있는 것이 아닌가 생각된다.

의 의사표시가 내용적으로 합치할 것을 요구하는 데, 이 경우 외부에서 나타난 표시행위에서 추단되는 이른바 표시상의 효과의사가 그 내용에 있어서 객관적으로 서로 일치하고 그 일치하는 바에 따라서 그에 대응하는 통일적인 법률효과의 발생을 갖는다고 보여질 경우에 합의가 되었고 따라서 계약이 성립되었다고 말할 수 있다(의사표시에 관한 표시주의이론). 그리고 표시상의 효과의사가 그 내용에 있어서 어떠한 점까지 일치할 것을 요하는 가는 어느 한쪽 당사자가 표시행위에 의하여 지시하고 있는 사항에 관하여는 모두 합의가 이루어지지 않으면 안된다고 한다(法律文化編纂會譯 契約法 總, 各論, 末川博著, 31).[1]

예를 들면, 갑이 특정의 시계를 5만원에 팔겠다고 하고, 을은 그 시계를 5만원에 사겠다고 하면 합의는 성립되는 것이지만, 을이 4만원에 사겠다고 한다면 합의는 성립되지 않는다. 만약 을이 그 시계를 4만원인 것으로 오인하고 "사겠습니다"라고 말한 경우에도 을의 의사표시는 객관적으로는 5만원에 사겠다는 뜻으로 해석되므로 합의는 성립한다(이 경우 을에 관하여는 착오의 문제가 생길 뿐이다).

② 위와 같은 계약의 성립에 관한 일반론적인 이해를 염두에 둘 때 이 사건 사안의 경우에 합의해제가 성립되었다고 볼 수 있을 것인가? 즉 사안처럼 서로 상대방에게 임대차계약 불이행의 귀책사유가 있다고 주장하면서 임차인은 계약해제에 따른 원상회복으로서 임차보증금 전액의 반환을 요구하고 있고, 임대인은 계약금으로 받은 액수를 제외한 나머지 보증금만을 반환하겠다고 주장해 온 경우에 과연 1심의 판단처럼 임대차계약의 존속을 원하지 않는 점에서는 쌍방의 의사가 일치한다고 하여 손해배상에 관한 문제는 유보해 둔 채 합의해제가 성립되었다고 볼 수 있을 것인가의 문제는 다음의 세 가지 관점에서 접근이 가능할 것이다. 첫째, 계약 당사자의 해제 의사표

---

1) 종래 계약의 구성요소를 요소(要素)·상소(常素)·우소(偶素)로 나누어 요소(要素)에 관하여만 합의가 있으면 된다고 설명하는 견해가 있으나, 이러한 구별은 무의미하다.

시를 어떻게 해석하느냐의 문제이다. 즉 계약 당사자의 의사표시를 합의해제의 청약과 승낙에 해당한다고 볼 수 있는지가 관건인 것이다. 둘째, 사안과 같은 경우 계약의 성립이 일반이론에 비추어볼 때 쌍방간에 합의가 있었다고 볼 수 있는지의 문제이다. 셋째, 임대차계약을 합의해제하는 경우에 임대차보증금의 반환이나 손해배상에 관한 문제에 대하여 아무런 언급이나 약정 없이 임대차계약을 합의해제한다고 함은 우리의 경험칙에 반하는 것이 아닌가 하는 점이다. 즉 임대차보증금의 반환이나 손해배상의 문제에 대하여 의견이 불일치하고 있는데도 합의해제의 성립을 인정할 수 있는가의 문제이다. 이상 세 가지 문제의 해답은 서로 밀접한 관련성이 있는 것이나, 설명의 편의성 위 3가지 항목으로 나누어 대법원의 판시 취지를 살펴보자.

4. 질문의 해결

① 이 사건에 있어서 질문자가 보낸 해약통고서와 갑이 2회에 걸쳐 발송한 답변서의 취지를 어떻게 해석할 것인가 하는 점이 문제이다. 이는 의사표시의 해석의 문제로 1심의 결론처럼 질문자와 갑 사이에 합의해제가 성립하였다고 하려면 질문자와 갑이 한쪽에서는 해제계약의 청약을 하고 다른 한쪽에서는 해제계약의 승낙을 하였다고 할 수 있는 관계에 있어야 할 것이다. 그런데 임차인인 질문자가 2번에 걸쳐 갑에게 보낸 해약통고서와 통고서는 이 사건 임대차계약이 임대인의 귀책사유로 이행할 수 없게 되었으니 임대차계약을 해제하고 그 원상회복으로서 임차보증금 전액을 반환해 달라는 취지로서 자신의 법정해제권을 행사하는 취지로 보일 뿐 해제계약의 청약을 한 것으로는 보이지 아니한다. 또한 임대인인 갑이 질문자에게 보낸 2회의 답변서는 질문자가 군이 임대차계약의 해제를 주장한다면 해제할 용의가 있으나 다만 임대차보증금 1,000만원 중 500만원은 손해배상금으로 하고 나머지 500만원만 반환하겠다는 취지로서 그것이 질문자의 계약해제의 청약을 그대로 받아들이는 승낙으로는 보기 어려운 것이고, 오히려 임대차

보증금 중 500만원만을 반환하고 임대차계약을 해제하자는 새로운 해제계약의 청약으로는 볼 수 있을 것이다. 만일 갑의 답변을 해제계약의 청약이라고 보더라도 이에 대한 질문자의 의사표시를 위와 같은 청약에 대하여 승낙한 것이라고 보기는 어렵다. 그러므로 이 질문에 있어서 임대차계약의 합의해제를 인정하기 위한 전제로서의 해제계약의 청약과 승낙이 있었다고 볼 수 없는 것이다.

② 질문과 같이 계약을 해제하겠으니 임차보증금전액을 돌려달라는 의사표시에 대하여 임대차계약을 끝내는 데에는 이의가 없으나 임차보증금에서 계약금을 공제한 액수만 반환하겠다고 답변한 경우 당사자간에 합의가 있었다고 볼 수 있는가 하는 점이다. 당사자간에 합의가 있었다고 하기 위하여는 표시행위로부터 추단되는 효과의사, 즉 표시상의 효과의사가 객관적으로 일치되어 있어야 한다. 위와 같은 경우 계약을 끝내겠다고 하는 점에 있어서는 당사자의 의사가 일치되어 있다고 하더라도 임차보증금의 반환액수에 관하여는 서로 다툼이 있는 것인 이상 결국 질문자와 갑 사이에는 서로의 의사가 일치하지 아니하고 있는 것이므로 합의가 성립되었다고 볼 수는 없다. 이 결론은 앞에서 예를 든 바와 같이 갑이 을에게 시계를 5만원에 팔겠다고 하고 을이 시계를 4만원에 사겠다고 대답한 경우 결국 갑·을간에는 의사의 불일치로 매매가 성립되지 않았다고 보아야 할 것이지 갑·을간에 금액에 관한 문제는 유보해 둔 채 매매가 성립되었다고 할 수 없는 것과 마찬가지라고 할 것이다.

③ 다음으로 임대차계약을 합의해제하는 경우에 이미 지급한 임차보증금의 반환여부는 당사자들의 중요한 관심사가 되고 있는 것이 보통이므로 이에 관한 아무런 약정없이 임대차계약을 종료시키기로 합의만 하는 것은 우리의 경험칙에 비추어 특별한 사정이 없는 한 납득하기 힘든 것이 아닌가 한다.

4. 대법원 1964. 4.14.선고 63다536판결

해제한 뒤의 처리로서 계약금의 반환이나 매매계약상의 비용부담약정 따위는 응당 있었으리라고 짐작된다. 위 판례들은 모두 매매계약에 관한 것이나 임대차계약의 경우에도 마찬가지라 할 것이고, 위 판례들의 태도에 비추어보면 임대차보증금의 반환 문제에 관하여 아무런 약정이 없이 임대차계약을 합의해제한다고 함은 거래통념에 반하는 것이라고 할 것이다. 그렇다면 특별한 사정이 없는 한 임대차보증금의 반환이나 손해배상에 관한 약정 없이는 임대차계약의 합의해제를 인정하기는 어려운 것이라고 할 것이다. 그런데 계약 당사자간에 임차보증금의 반환에 관하여 의견이 불일치하고 있는데도 그렇게 된 이유에 관한 특별한 해설도 없이 합의해제를 인정하는 것은 우리의 거래통념 내지 경험칙에 반하는 판단을 한 것이라고 할 것이다.

이상에서 살펴본 바와 같이 계약의 성립에 관한 일반이론의 관점이나 계약의 합의해제 성립에 관한 종전 대법원판례의 태도에 비추어 보더라도 질문의 임대차계약의 합의해제를 인정하는 것은 부당하다.

임대차계약의 묵시적 합의해제의 성립 범위에 관한 사례

Q 본인은 1992년 4월 11일에 갑으로부터 부산 동래구 온천동 000 번지 지상에 건축 중이던 갑 소유의 지하 1층, 지상 5층의 여관 건물을 임차보증금 2억원, 월차임금 300만원, 임차기간 24개월로 정하여 임차하되, 계약금 2,000만원은 계약 당일에, 중도금 1억원은 같은 달 21일에, 잔금 8,000만원은 같은 해 5월 20일에 각 지급하고 잔금지급과 동시에 여관업을 할 수 있는 설비를 갖춘 여관건물을 인도 받기로 하는 내용의 임대차계약을 체결하고, 갑에게 당일 계약금으로 2,000만원을 지급했습니다. 그런데 본인에게 사정이 생겨 임대차계약 4일 후인 같은 해 4월 15일 및 약정 중도금 지급기일인 같은 달 2일에 갑에게 이 계약을 해제하고 계약금을 반환하여 달라는 요구를 했습니다. 그러자 갑은 세가 나간 후에 보자고만 하였을 뿐 별다른 의사표시를 하지 않았습니다. 그 후 갑은 본인에게 중도금 및 잔금의 이행최고도 없이 계약을 방치하다가 약정 잔금지급기일을 넘긴 같은 해 6월 25일에 이르러서야 본인과의 계약이 제대로 이행되지 않을 것으로 여긴 나머지 을과 여관 건물을 임차보증금 1억 7,000만원, 월차임금 300만원, 기간 24개월로 정하여 임대하는 내용의 임대차계약을 체결하였습니다. 그런데 본인은 갑에게 해약 및 계약금반환을 요구한 후로부터는 갑이 여관건물에 관한 새로운 임차인으로부터 임차보증금을 받으면 본인에게 계약금을 반환하여 줄 것으로만 믿고 계약을 방치했습니다. 그런데 갑은 막상 을과 임대차계약이 다시 성립되자 자신도 손해를 보았다며 계약금 전액을 줄 수 없다고 합니다. 이런 경우 어떻게 되는 지요?

A 임대인 갑은 질문자의 중도금 등 지급 불이행을 들어 계약을 해제하고 계약금을 몰취할 수 있는 지위에 있으므로 계약금 전액을 반환 받을 수 없습니다.

위 임대차계약은 계약성립 후 당사자 사이에 계약을 실현하지 아니할 의사의 일치로 묵시적으로 합의해제되었다고 봄이 상당하다.

이 질문에 대해서는 일반적인 생각으로는 질문자가 임대인인 갑에게 계약 해제 및 계약금 반환요구에 별다른 의사표시를 하지 아니한 채 중도금 및 잔금의 이행최고도 없이 그 계약을 방치하다가 잔금지급기일 도과 후 제3자에게 임대한 사정으로 인해 이 사건 임대차계약은 그 계약 성립 후 쌍방간에 갑이 계약금 전액을 반환하기로 하면서 임대차계약을 실현하지 아니하기로 하는 묵시적인 합의해제가 성립된 것으로 판단하고, 이에 의해 질문자에게 계약금 전액의 반환을 돌려주어야 할 것처럼 이해가 된다.

그러나 이러한 경우 법원의 판결은 다르다.

질문자는 이 임대차계약을 체결한지 불과 4일 후인 같은 해 4월 15일부터 계약의 해제 및 계약금 반환을 요구하고 중도금 지급기일인 같은 달 21일에도 중도금 지급채무를 이행하지 아니한 채 여전히 계약의 해제 및 계약금 반환을 요구하는 등 이 임대차계약에 따른 채무를 이행하지 아니할 의사를 분명히 표시하였다고 볼 수 있는 한편, 갑 또한 질문자의 중도금 및 잔금 지급채무불이행을 들어 임대차계약을 해제한다는 의사표시를 분명히 하지 아니한 채 방치하다가 이 사건 임대차계약의 존속과 모순되는 새로운 임대차계약을 체결하였으므로, 이 사건 임대차계약을 존속시키지 아니하기로 한다는 점에서는 쌍방간에 의사의 합치가 묵시적으로 이루어졌다고 볼 수는 있다.

그러니 갑이 계약금 명목으로 지급 받은 임차보증금을 그대로 반환한다는 점에 대하여도 객관적으로 의사의 합치가 이루어졌다고 볼 수 없다. 보통 부동산 임대차계약서에는 임대인이 위약할 경우에는 계약금으로 받은 금액의 2배를 임차인에게 주기로 하고 임차인이 위약하였을 경우에는 계약금은 무효가 되고 그 반환을 청구할 수 없도록 약정되어 있다. 따라서 갑으로서는 질문자의 중도금 등 지급 불이행을 들어 계약을 해제하고 계약금을 몰취할 수 있는 지위에 있는 한편, 제3자에게 이 사건 여관건물을 임대한다고 하더라도 질문자의 당초 입주예정일로부터 새로운 임차인의 입주시까지의 차임상당 및 이 사건 임대차계약과 새로운 임대차계약의 각 임차보증금의 차액에 대한 이자 상당 등의 손해가 발생할 수 있음은 쉽게 예상되므로, 갑이 자신의 손해를 감수하고 계약금 전액을 질문자에게 반환하기로 한다는 것은 그럴만한 특별한 사정이 없는 한 경험칙에 비추어 납득하기 어렵기 때문이다.

사정이 이와 같다면, 임대인 갑이 계약금 반환을 요구하는 질문자에게 말한 세가 나간 후에 보자는 말의 의미는 갑이 이 사건 임대차계약의 존속을 바라지 아니하는 질문자의 요구를 받아들이되 제3자와 새로운 임대차계약을 체결하게 되고 그로 인하여 자신에게 손해가 생길 경우 위 계약금에서 그 손해를 공제한 나머지를 반환하겠다는 의사를 표시한 것이라고 해석함이 상당하다.

그렇다면, 결국 이 임대차계약은 계약성립 후 쌍방간에 계약금에서 새로운 임대차계약 체결로 인한 손해를 공제한 나머지를 반환한다는 한도 내에서 그 계약을 실현하지 아니하기로 하는 묵시적인 합의해제가 성립되었다고 볼 수 있다.

법인과의 임대차계약

> **Q** 본인은 갑 법인의 대표자입니다. 본인이 대표이사로 있는 법인에서 본사에 근무하고 있는 외국인을 위해 주택을 임차하면서 소속 직원 명의로 주민등록을 하고 확정일자를 구비했습니다. 그런데 임차한 건물이 경매로 넘어가게 되었습니다. 이러한 경우 주택임대차보호법상 우선변제권을 인정받을 수 있는지요?
>
> **A** 주택 임차인이 주택임대차보호법 제3조의2 제1항 소정의 우선변제권을 주장하기 위해서는 같은 법 제3조 제1항 소정의 대항요건과 임대차계약증서상의 확정일자를 갖추어야 하고, 그 대항요건은 주택의 인도와 주민등록을 마친 때에 구비되지만 법인은 여기에 해당되지 않습니다.

주택 임차인이 주택임대차보호법 제3조의2 제1항 소정의 우선변제권을 주장하기 위해서는 같은 법 제3조 제1항 소정의 대항요건과 임대차계약증서상의 확정일자를 갖추어야 하고, 그 대항요건은 주택의 인도와 주민등록을 마친 때에 구비되는 것이다. 그러나 같은 법 제1조는 "이 법은 주거용 건물의 임대차에 관하여 민법에 대한 특례를 규정함으로써 국민의 주거생활의 안정을 보장함을 목적으로 한다"라고 규정하고 있어 이 법이 자연인인 서민들의 주거생활의 안정을 보호하려는 취지에서 제정된 것이지 법인을 그 보호 대상으로 삼고 있다고는 할 수 없다. 그리고 법인은 애당초 같은 법 제3조 제1항 소정의 대항요건의 하나인 주민등록을 구비할 수 없는 점 등에 비추어 보면, 법인의 직원이 주민등록을 마쳤다 하여 이를 법인의 주민등록으로 볼 수는 없으므로, 법인이 임차주택을 인도 받고 임대차계약서상의 확정일자를 구비하였다 하더라도 우선변제권을 주장할 수는 없다.

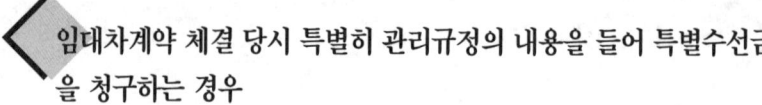

임대차계약 체결 당시 특별히 관리규정의 내용을 들어 특별수선금을 청구하는 경우

> **Q** 본인은 제주시 노형동에 소재하고 있는 제주하와이 오피스텔의 지하 1층 253.31평의 소유자로서, 갑과의 사이에 위 지하 1층을 임대보증금 1억 5,000만원, 임대기간 1991년 12월 20일부터 1993년 12월 20일까지, 사용목적은 목욕탕 업으로 정하여 갑에게 임대하기로 하는 임대차계약을 체결하였고, 갑은 계약기간 동안 이 장소에서 목욕탕을 운영하여 왔습니다. 그런데 갑이 오피스텔의 지하 1층에서 이와 같이 목욕탕을 운영하는 동안 위 지하 1층 목욕탕 부분에 대하여 부과된 관리비 및 기타 비용 중, 1993년 4월 1일부터 같은 해 12월 20일까지의 기간에 해당하는 특별수선충당금(매월 178,380원) 1,545,960원과 1992년 7월 21일부터 1994년 12월 20일까지의 기간에 해당하는 환경개선부담금 5,430,979원 등 총합계 6,976,939원을 납부하지 않았습니다. 그러므로 본인은 쌍방 사이에 체결된 임대차계약 및 본건 오피스텔의 관리규정에 기하여 갑에 대하여 미납된 특별수선충당금 및 환경개선부담금 상당원의 지급을 청구하였으나 갑은 자신이 받은 관리규정이 다르다는 이유를 내세워 거부하고 있습니다. 위 관리규정 제3조 및 부칙에서 이 전세입자 및 임차인에게도 적용된다고 규정하고 있습니다. 이런 경우 청구된 금액을 지급 받을 수 있는지요?
>
> **A** 오피스텔의 소유자는 오피스텔 관리규정만을 근거로 임차인에 대하여 특별수선충당금 및 환경개선부담금의 지급을 구할 수 없습니다.

갑이 오피스텔의 지하 1층을 임차하여 목욕탕으로 사용하는 기간 동안 위 지하 1층 목욕탕 부분에 대하여 부과되는 관리비 및 공동 사용비(전기 및 수도요금) 이외에 이와 같은 특별수선충당금 및 환경개선부담금을 부담하기로 약정하기로 하였다는 효력을 인정할만한 계약서가 없을 경우에는 불가능하다. 질문자가 말하는 오피스텔 관리규정과 임차인 갑의 주장이 다르기 때문에 발생한 문제인데 그 규정내용에 차이가 있고, 구체적으로 어느 관리규정이 어느 시기에 적용되는 것인가에 관하여는 분명치 않은 듯하다. 질문자가 말하는 관리규정에는 지하 1층을 임차하여 목욕탕으로 사용하여 온 갑이 그 사용기간 동안에 대한 특별수선충당금을 부담할 책임이 있는 듯이 볼 여지가 있으나, 쌍방이 임대차계약을 체결할 당시에 오피스텔 관리규정의 내용을 위 임대차계약의 내용으로 포함시킨다거나 갑이 위 관리규정의 내용을 준수할 것을 약정하였음을 인정할 아무런 증거가 없어 갑에 대하여는 효력이 없다고 할 것이므로(위 관리규정 제3조 및 부칙에서 이 규정은 전세입자 및 임차자에게도 적용된다고 규정하고 있으나, 실제로 관리규정의 약정 당사자도 아니고 별도의 약정으로 관리규정의 내용을 준수하기로 약정하지도 아니한 제3자에 대하여 위 관리규정의 효력이 미친다고 볼 수는 없다), 다른 특별한 사정이 없는 한, 위 관리규정만을 근거로 갑에 대하여 특별수선충당금의 부담책임을 인정할 수는 없는 것이다.

또한 특별수선충당금 및 환경개선부담금의 성질상 이는 당연히 그 건물 부분의 소유자가 아니라 실제로 이를 점유·사용한 사용자가 부담하여야 할 비용이며 실제로도 사용자가 그 비용을 부담하는 것이 관례로 되어 있다. 이 지하 1층 목욕탕 부분의 사용자인 갑에 대하여 금액 상당원의 지급을 구한다는 취지의 수장을 살펴보면 오피스텔 관리규정 제2조에서 '입주자'라 함은 소유권의 목적으로 오피스텔의 전유부분의 소유자를 말하고, '사용자'라 함은 입주자 이외의 자로서 오피스텔 내에 상주하는 자를 의미한다고 규정하고 있다. 제57조에서 공동건물의 장기수선에 관한 기준에서 정하는 바에 따라 공용부분에 대한 장기수선 계획에 의하여 매월 입주자 또는 사용자별로 특별수선충당금을 부담하여야 한다고 규정하고 있는 점 및 환경개선비용부담법 제9조에 의하면 환경처장관은 유통·소비과정에서 환경오염물질의 다량 배출로 인하여 환경오염의 직접적인 원인이 되는 건물 기타 시설물의 소유자 또는 점유자로부터 환경개선부담금을 부과·징수하도록 규정되어 있다. 또 같은 법 시행령 제5조에 의하면 시설물에 대한 환경개선부담금의 부과대상자는 부과기준일 현재 당해 시설물을 소유하고 있는 자로 하되 동일한 시설물을 공동 또는 분할하여 소유하고 있는 경우에는 각각 그 소유지분에 따라 개선부담금을 부담하고, 다만 소유자를 알 수 없는 경우에는 그 점유자가 개선부담금을 부담하도록 규정하고 있는 점 등에 비추어 볼 때 공동건물의 전유부분에 대한 소유자(임대인)와 사용자(임차인) 사이에 별도의 약정이 없더라도 당연히 사용자(임차인)가 그 부분에 대한 특별수선충당금 및 환경개선부담금을 부담하여야 한다고 보기는 어렵다. 사용자가 특별수선충당금 및 환경개선부담금을 부담하는 것이 관례라고 주장할 수 있으나 이를 인정하기는 어렵다.

주택임차인의 대항력과 우선변제권과의 관계

Q 본인은 경매로 가옥을 경락 받았습니다. 그 건물에 1998년 2월 4일자로 근저당권설정등기가 되어 있었습니다. 그 건물에 갑이라는 사람이 원주인인 을에게 500만원의 보증금으로 임차하여 이를 명도받아 주거로 사용하면서 1995년 9월 2일 주민등록전입신고를 마치고, 다시 1996년 9월 5일에 이와 같은 보증금에 임차기간을 1년으로 하는 내용의 임대차계약을 새로이 체결하면서 계속하여 이 건물부분을 점유·사용하고 있었다고 합니다. 그런데 갑은 그 건물이 경매에 넘어간다고 하자 배딩요구신청을 했다가 취하를 했습니다. 본인은 갑이 사용하고 있는 부분을 반환받고 싶습니다. 이런 경우 어떻게 하여야 하는지요?

A 주택임대차보호법 소정의 요건을 갖춘 임차인은 임차인의 보호를 위한 동법의 취지에 비추어 볼 때, 임차인이 경매절차에서 배당요구신청을 하였다가 이를 취하하였다 하여 이를 그 권리의 포기라고 볼 수는 없습니다.

질문의 경우를 살펴보면 임대차계약은 원래 가옥 소유주와의 사이에 기간 만료 후에도 묵시적으로 갱신되어 왔다 할 수 있을 것이다. 이런 경우에는 갑의 주민등록전입신고일 이후에 성립된 근저당권의 실행에 따른 경락인으로서 건물의 전소유자인 을의 임대인으로서의 지위를 승계한 것으로 보아야 할 것이다. 질문자는 갑에 대하여 임차보증금을 반환 또는 상환하여서만 임차목적물의 명도를 구할 수 있는 것이고, 이 건물의 경락당시 갑의 임대차계약이 유효하게 존속하고 있었던 이상 갑이 건물의 경매절차에서 그 보증금을 우선변제 받아야 할 의무가 있다고 할 수는 없다. 그러므로 비록 갑이 경매절차에서 그 배당요구를 하지 아니하였다 하여 그것만으로 그 보증금 반환청구권을 포기한 것이라고 단정할 수는 없기 때문에 질문자가 말하는 포기 주장은 그 이유가 없다.

주택임대차보호법은 소정의 요건을 갖춘 임차인을 보호하기 위한 것이므로 임차주택의 양수인에게 대항하여 보증금의 반환을 받을 때까지 임대차관계의 존속을 주장할 수 있는 권리와 소액의 보증금에 관하여 임차주택의 가액으로부터 우선 변제를 받음과 동시에 임차목적물을 명도할 수 있는 권리를 겸유하고 있다고 해석되고 이 두 가지 권리중 하나를 선택하여 행사할 수 있다고 보아야 한다(대법원 1986.7.22 선고, 86다카466,467,468,469 판결). 또 경매절차에서 배당요구신청을 하였다가 이를 취하하였다 하여 이를 그 권리의 포기라고 볼 수는 없는 것이다.

건물임대차에 있어서의 임차보증금의 성질

> **Q** 본인은 갑에게 1997년 4월 16일 지하실 122평을 임대차기간 1년, 임대차보증금은 1,000만원으로 하고 매월 월임료 60만원과 이에 대한 부가가치세를 아울러 지급하며, 그 관리비 및 수도사용료는 별도로 지급하기로 하고 임차하였습니다. 그런데 갑은 1997년 5월 16일 이후부터 월임료의 지급을 연체하였기 때문에 월임료의 지급을 2회 이상 연체하면 임대인이 그 임대차계약을 해지할 수 있도록 한 당초의 약정에 따라, 같은 해 8월 30일 임대차계약 해지의 의사표시를 한 후 명도청구 소송에서 승소하여 1998년 9월 14일 명도집행을 함으로써 지하실을 명도 받았습니다. 그런데 갑이 을에게 지고 있던 미지급채무가 있었던 모양입니다. 을이 보증금이 있다는 사실을 알고 을이 본인에 대해 임차보증금반환청구를 하였습니다. 이런 경우 어떻게 되는지요?
>
> **A** 을이 임차보증금반환 청구채권을 전부 받았다고 하더라도, 그 전부명령과 이에 의한 집행채권 소멸의 효력은 명도시에 구체적으로 청산절차를 거치고 남은 금액을 기준으로 하여 발생합니다.

부동산 임대차에 있어서 임차인이 임대인에게 지급하는 보증금은 임대차관계가 종료되어 목적물을 반환하는 때까지 그 임대차관계에서 발생하는 임차인의 모든 채무를 담보하는 것으로서, 임차인의 채무불이행이 없으면 그 전액을 반환해야 한다. 만약 임차인이 차임을 지급하지 아니하거나, 목적물을 멸실·훼손하여 부담하는 손해배상채무, 또는 임대차 종료 후 목적물 반환시까지 목적물 사용으로 인한 손해배상 내지 부당이득반환채무 등을 부담하고 있다면, 임대인은 그 보증금 중에서 이를 공제하고 나머지 금액만을 반환하면 된다. 그러므로 임대인의 보증금반환의무는 임대차관계가 종료되는 경우에 그 보증금 중에서 목적물을 반환 받을 때까지 생긴 연체된 차임 등 임차인의 모든 채무를 공제한 나머지 금액에 관하여서만 비로소 이행기에 도달하여 임차인의 목적물 반환 의무와 서로 동시이행 관계에 있다고 봄이 타당하다(대법원 1969.12.26선고,69다853 판결; 1976.8.24 선고, 76다1032 판결;1977.9.28 선고, 77다12411242 판결; 1983.11.22 선고, 82다카1696).

왜냐하면 임대차보증금은 임대인이 이를 타에 활용함으로써 임료 일부를 받는 것과 같은 효과를 얻는 것일 뿐, 거기에 아무런 담보적 효력도 없다고 한다면, 보증금이라는 그 본래의 성질에도 맞지 아니할 뿐만 아니라 당사자의 의사에도 합치되지 아니한다. 또 임대차관계가 존속하고 있는데도 임차인의 채권자가 그 보증금을 전부(轉付)받았다고 하여 그 보증금채권이 즉시 임차인으로부터 전부채권자에게 이전된다고 한다면, 보증금의 수익을 고려하여 월임료액을 정한 임대인으로 하여금 보증금 없이 월임료만을 받게 하는 결과를 가져올 뿐만 아니라, 그 후 임차목적물에 관하여 발생한 임차인의 채무를 전혀 변제 받지 못한 상태에서 전부채권자에게 보증금을 내주어야 하는 불합리한 결과를 가져오게 되어 정의와 형평에 반하게 되기 때문이다.

거래에 있어서 선의의 제3자는 보호되어야 하지만 합리적인 이유 없이 임대인의 이익을 희생하면서까지 임차인의 채권자에 불과한 전부채권자를 보호할 수만은 없을 것이다.그러므로 임대인은 임차인에게 지급받아야할 제반 채무액을 보증금에서 공제하고 남는 경우 그것을 반환하면 된다.

부동산 중개업법 제19조 제1항 소정의 '중개행위'의 의미

> **Q** 부동산 중개업법 제19조 제1항 소정의 '중개행위'의 의미는 무엇이며 부동산 중개업법 제35조의 2에 의한 공제제도의 취지 및 그 공제약관에 중개업자의 고의에 의한 사고까지 공제금을 지급하도록 규정한 것이 상법 제659조에 위반되어 무효가 되는지요?
>
> **A** 부동산 중개업법 제19조 제1항은 중개업자가 중개행위를 함에 있어서 고의 또는 과실로 인하여 거래 당사자에게 재산상의 손해를 발생하게 한 때에는 그 손해를 배상할 책임이 있습니다.

부동산 중개업법 제19조 제1항은 중개업자가 중개행위를 함에 있어서 고의 또는 과실로 인하여 거래 당사자에게 재산상의 손해를 발생하게 한 때에는 그 손해를 배상할 책임이 있다고 규정하고 있는 바, 여기서의 중개행위에 해당하는지 여부는 거래 당사자의 보호에 목적을 둔 위 규정의 취지에 비추어 볼 때 중개업자가 진정으로 거래 당사자를 위하여 거래를 알선·중개하려는 의사를 갖고 있었느냐고 하는 중개업자의 주관적 의사에 의하여 결정할 것이 아니라 중개업자의 행위를 객관적으로 보아 사회통념상 거래의 알선·중개를 위한 행위라고 인정되는지 여부에 의하여 결정된다. 한편 중개행위란 중개업자가 거래의 쌍방 당사자로부터 중개 의뢰를 받은 경우뿐만 아니라 거래의 일방 당사자의 의뢰에 의하여 중개 대상물의 매매·교환·임대차 기타 권리의 득실·변경에 관한 행위를 알선·중개하는 경우도 포함하는 것이다.

부동산 중개업법(1993.12.27 법률 제4628호로 개정되기 전의 것) 제19조 제2항(현행 제3항), 제35조의 2에 근거하여 전국부동산중개협회가 운영하는 공제제도는 중개업자가 그의 불법행위 또는 채무불이행으로 인하여 거래

당사자에게 부담하게 되는 손해배상책임을 보증하는 보증보험적 성격을 가진 제도라고 보아야 할 것이므로, 그 공제약관에 공제 가입자인 중개업자의 고의로 인한 사고의 경우까지 공제금을 지급하도록 규정되었다고 하여 이것이 공제제도의 본질에 어긋난다거나 고의, 중과실로 인한 보험사고의 경우 보험자의 면책을 규정한 상법 제659조의 취지에 어긋난다고 볼 수 없다.

임차인의 차임지급의무의 범위

Q 본인 소유로 되어 있는 건물을 갑에게 1997년 4월 1일에 임대보증금 1,200만원에 월임료 56만원으로 임대하여 갑은 이곳에 치과병원을 경영하였고, 이 임대차계약은 1998년 9월 30일에 기간만료로 종료되었습니다. 그런데 1997년 6월 22일 7시경 이 점포에 인접한 건물에서 화재가 발생하여 병원의 일부 및 병원에 있던 가구, 가전제품, 비품 등이 연소되었습니다. 이 화재로 인하여 갑은 이곳에서 의료행위를 할 수 없게 되자 본인이 내준 비슷한 평수의 인접 사무실에서 임시로 진료를 하였으나 이 역시 여의치 않아 1998년 8월경 이곳에 시정장치를 해둔 채 다른 장소로 치과를 이전했습니다. 화재 발생 이후부터 임대차 종료시까지 건물을 그 임차목적에 맞게 사용·수익하지 못하였지만 본인은 이 건물과 비슷한 평수의 인접 사무실을 갑에게 내주어 갑이 그곳에서 종전과 같이 진료를 할 수 있게 되었으므로 갑은 본인에게 이 기간 동안의 임대료 등을 지급해 줄것을 요구했음에도 불구하고 임대료를 주지 못하겠다고 합니다. 이럴 경우에는 어떻게 해야 되는지요?

A 목적물의 사용·수익이 부분적으로 지장이 있는 상태인 경우에는 그 지장의 한도 내에서 차임의 지급을 거절할 수 있을 뿐 그 전부의 지급을 거절할 수는 없습니다.

임대차계약에 있어서 목적물을 사용·수익하게 할 임대인의 의무와 임차인의 차임지급의무는 상호 대응관계에 있으므로 임대인이 목적물을 사용·수익하게 할 의무를 불이행하여 임차인이 목적물을 전혀 사용할 수 없을 경우에는 임차인은 차임 전부의 지급을 거절할 수 있으나 목적물의 사용·수익이 부분적으로 지장이 있는 상태인 경우에는 그 지장의 한도 내에서 차임의 지급을 거절할 수 있을 뿐 그 전부의 지급을 거절할 수는 없다(대법원 1989. 6. 13 선고 88다카13332, 13349 판결). 갑이 화재 후 질문자가 내어 준 인접 사무실에 서 1998년 8월경까지 치과진료를 하여 왔다면, 갑은 임차목적과 같은 사용 · 수익에 부분적으로 지장을 받았을지언정 사용 · 수익을 전혀 할 수 없었다고 보이지는 않는다. 그러므로 임대료는 지급하여야 한다. 다만 임대인과 협의하 여 임대료를 차감할 수 있을 것이다.

차임의 변경

Q 본인은 갑과 김포 버스터미널 지하에 볼링장을 개설하기 위해 300평의 지하 1층을 임대보증금 5,000만원, 월임료 65만원, 임차기간은 3년으로 임차하는 가계약을 체결하였습니다. 계약을 체결하면서 가계약의 보증금으로 500만원을 지불했습니다. 계약 당시 쌍방은 "임대인은 임대차계약 기간중이라도 부근 토지건물가격 및 임대료, 점용료, 물가상승 등의 제반여건의 변동으로 인하여 보증금 및 임대료의 변경요인이 발생하였을 때에는 1개월 전에 임차인에게 사전 통지하여 조정할 수 있으며, 임차인은 이에 대하여 이의를 제기할 수 없다"고 약정을 했습니다. 임대인이 이 규정을 들어 1년이 지난 1998년 5월에 일방적으로 차임을 인상해달라며 통보를 해왔습니다. 이런 경우 임대인의 요구를 들어주어야 하는 것인지요?

A 임대인 일방의 요구로 인한 차임인상은 불가능합니다.

임대차계약에 있어서 차임은 당사자간에 합의가 있어야 하고, 임대차기간 중에 당사자의 일방이 차임을 변경하고자 할 때도 상대방의 동의를 얻어서 하여야 하며, 그렇지 않은 경우에는 민법 제628조에 의하여 차임의 증감을 청구하여야 한다. 민법 제628조에 의하면 차임증감청구권을 행사할 수 있는 것은 임대물에 대한 공과부담의 증감 기타 경제사정의 변동으로 인하여 약정한 차임이 상당하지 아니하게 된 때에 당사자가 장래에 대한 차임의 증감을 청구할 수 있다고 강제적으로 규정하고 있다.

그런데 질문처럼 임대차계약 체결시에 임대인이 일방적으로 차임을 인상할 수 있고 상대방은 이의를 할 수 없다고 약정하였다면, 이는 강제규정인 민법 제628조에 위반하는 약정으로서 임차인에게 불리한 것이 되기 때문에 임차인이나 전차인에게 불리한 것은 그 효력이 없다.

질문처럼 임대차계약시 "임대인은 임대차계약 기간중이라도 제세공과 부근 토지건물가격 및 임대료, 점용료, 물가상승 등의 제반여건의 변동으로 인하여 보증금 및 임대료의 변경요인이 발생하였을 때에는 1개월 전에 임차인에게 사전 통지하여 조정할 수 있으며, 임차인은 이에 대하여 이의를 제기할 수 없다"고 약정했다 하더라도 민법 제628조, 제652조의 규정에 비추어 보면 위 약정은 임대인에게만 차임증액청구를 인정하는 약정으로 무효이다.

차임연체와 매수청구권

Q 본인은 기간을 1995년 1월 1일부터 1998년 12월 31일까지, 차임을 분기별(3개월) 222,630원으로 각각 약정하여 임대차계약을 체결한 후 갑에게 대지를 임대하였습니다. 이 계약은 건물소유를 목적으로 한 임대차계약으로써 임대 후 갑은 계약에 따라 그 위에 건물을 신축하여 소유하고 있었습니다. 그러나 갑은 두번의 차임 지급 후에는 임대계약이 종료되는 시점까지 차임을 지급하지 않았습니다. 하여 본인은 임대차계약도 종료된 데다가 차임까지 연체를 하므로 계약종료와 차임 연체로 인한 위 건물의 철거와 부지의 인도를 요구했습니다. 그러나 갑은 임대차계약이 기간이 만료되기는 하였지만 묵시적으로 갱신되었다고 주장하면서 대지 위에 신축한 건물의 매수를 청구하고 있습니다. 이러한 때에 본인이 건물을 매수하여야 하는지요?

A 건물의 소유를 목적으로 한 토지의 임대차에 있어서 임차인의 차임 연체로 임대차계약이 해지되었을 때에는 임차인에게 그 지상건물에 관한 매수청구권이 발생하지 않습니다.

1. 임차인의 보호

계약에 의해 토지를 임대하는 경우 임차한 토지 위에 건물을 신축·소유를 목적으로 하는 경우가 있다. 이러한 때에는 임대차계약 기간이 종료할 때 임차인은 토지를 원상회복시켜야 하는 의무가 있다. 그러나 건물 또는 기타 공작물이 현존하고 있는 경우 당사자간에 계약갱신을 통해 계속적으로 건물을 소유하여 이용할 수 있지만 임대인이 계약갱신을 거절하는 경우에는 건물을 철거하여 원상으로 회복하여 반환하여야 한다. 이렇게 된다면 건물을 파괴하게 되어 임차인에게는 경제적으로도 막대한 불이익을 가져올 뿐만 아니라 임차인이 투자한 자본가치를 충분히 유지하지 못하게 된다.

　이러한 불이익과 손해를 회복하고 투자자본을 회수할 수 있는 방법을 강구하게 되는데 그것이 바로 매수청구권이다. 그러나 무조건적인 매수청구권을 행사할 수 있는 것은 아니다. 민법에서는 임대인의 이익을 우선적으로 고려하고 있기 때문이다. 임차한 토지 위에 터잡은 건물 또는 기타의 공작물이 있는 경우 임대인이 원하는 경우라면 언제든지 매수청구를 할 수 있도록 하고 있지만 임차인에게는 제한된 경우에만 그 권리를 인정하는 것이다.

2. 임차인의 매수청구권

　민법 제643조는 건물 기타 공작물의 소유 또는 식목 · 채염 · 축산을 목적으로 한 토지임대차의 기간이 만료된 경우에 건물 · 수목 기타의 지상시설이 현존하고 있을 때에는 당해 토지임차인은 임대차계약의 갱신을 청구할 수 있고, 이에 대하여 임대인이 그 갱신에 불응하는 때에는 임차인은 임대인에 대하여 상당한 가액으로 현존하는 지상시설의 매수를 청구할 수 있는 권리를 인정하고 있는 바, 이를 임대차에 있어서 임차인의 매수청구권이라고 한다. 이러한 임차인의 매수청구권은 임대차기간이 만료되었다고 하더라도 견고하고 내용연수가 커 사회적 · 경제적으로 효용가치가 있는 건물 등 지상 시설을 무작정 철거할 수 없도록 한다는 국민 경제적 요청과 임차인이 건물 등의 지상시설에 투자한 비용을 금전적으로 회수하도록 한다는 임차인 보호의 요청에 부응한 제도인 것이다. 민법은 임차인의 매수청구권의 실효성을 보장하기 위해 이에 위반하여 임차인을 불리하게 하는 당사자간의 약정을 무효라고 규정하고 있으므로(민법 제652조) 매수청구권에 관한 규정은 편면적 강행규정이다.

　그러므로 임차인이 차지 위에 지은 지상건물의 매수청구권은 형성권으로서의 성질을 갖게 되는 것이다. 따라서 매수청구권을 행사하면 매매는 성립되며 매매에 유사한 법률관계가 성립하게 된다. 건물의 대금결정은 별개의 문제이나 판례에 따르면 [매수청구권을 행사하면 그 효력은 즉시 발생하고 그 매수가액은 당시의 시가 상당액이다]고 하여 매매대금에 대해 일정한 액수를 제시하지 않거나, 요구한 금액이 많은 경우에는 시가상당액으로 환산하도록 되어 있으므로 거기에 대해서는 서로 교섭하여 결정할 사항이다. 임차인이 매수청구권을 행사할 수 있는 요건은 다음과 같다.

① 건물 기타 공작물의 소유나 식목 · 채염 · 축산을 목적으로 한 토지임대차기간이 종료한 경우
② 만료할 당시에 건물 · 식목 · 기타 지상시설이 존재하는 경우
③ 토지임차인이 민법 제283조 제1항의 규정에 의한 임대차계약갱신청구를 하였는데도 불구하고 임대인이 이를 거절한 경우

이에 관한 규정은 강행규정이므로 이에 위반하여 임차권자에게 불리한 약정을 하는 것은 무효가 된다. 그러나 판례에 의하면 임차인이 차임을 지급하지 않음으로써 임대차계약이 해지된 경우에는 임차인이 매수청구권을 행사할 수 없으며, 또한 당사자간의 합의에 의한 계약을 해제하고 임차인이 지상건물을 철거하기로 약정한 경우에도 매수청구를 할 수 없다.

3. 질문의 경우

우리 민법은 민법 제646조가 '임대차의 종료시'에 임차인의 부속물 매수청구권이 있음을 규정하고 있음에 대하여, 민법 제643조에서 '토지임대차의 기간이 만료한 경우'에 임차인의 경신청구권이나 지상물 매수청구권이 발생함을 명시하고 있어 임차인의 채무불이행으로 임대차계약이 해지되고 임대차관계가 종료된 경우에는 임차인의 건물매수청구권이 발생할 수 없다고 보아야 할 것이다. 대법원 1972. 12. 26.선고 72다2013 판결 및 대법원 1990. 1. 23. 선고 88다카7245, 7252 판결도 같은 견해를 취하고 있다. 이에 대하여 임차인의 계약위반적 행위가 임대인에 대하여 지나친 배신적 행위로서 임대인에 대

한 불신의 정도가 그 신뢰관계를 저버렸다고 인정되는 경우에만 임차인의 매수청구권을 부정하고 그렇지 않을 경우에는 이를 인정하는 것이 국민경제적 필요성이나 임차권의 보호라는 요청에서 바람직할 것이라는 견해가 있다.[1]

---

1) 임대차에 있어서의 매수청구권, 조열래, 재판자료, 제32집, 397.

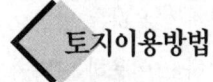

토지이용방법

> **Q** 본인은 타인의 토지를 빌려 공장을 설립하려고 합니다. 타인 소유의 토지를 임대하여 사용할 때에는 여러 가지 제약이 있을 것 같은데 임대하여 사용할 때 그 목적에 합당하게 사용하기 위해서 어떤 방법을 취하는 것이 좋은지요?
>
> **A** 지상권을 설정하거나 토지임대차계약에 의한 토지임차권이 있습니다.

1. 임대토지 이용방법

우리 사회에서 부동산이 차지하는 경제 · 사회적 가치는 다른 나라에 비교할 수 없을 정도로 높다. 비록 우리 사회가 경제상황의 악화로 인해 부동산의 경제적 가치가 하락하기는 했다고 하지만 아직도 경제 생활의 근간을 이루고 있다고 해도 과언이 아닐 정도이다. 그동안 급격한 경제성장에 따른 지가상승으로 인하여 토지를 매입하여 소유하기가 어려워지고 있기 때문에 타인의 토지를 이용하는 사례가 날로 증가추세에 있다.

토지와 같은 부동산을 이용하는 방법으로는 소유자로서 이용하는 경우와 소유자가 아닌 자로서 이용하는 경우 두 가지로 구분할 수 있다.

소유자가 아닌 자로서 이용하는 경우에는 임대차와 같은 채권계약을 체결하여 목적물을 이용하는 채권적 권리를 이용하는 방법이 있다.

목적물을 배타적으로 이용하는 이른바 물권적 이용권을 취득하는 방법이 있다. 여기서 말하는 물권적 이용방법은 지상권 · 지역권 · 전세권을 설정하는 방법을 말한다.

　질문자가 공장을 세우기 위하여 타인의 토지를 안전하게 이용하는 방법으로는 물권적 방법을 설정하는 방식을 취해 지상권을 설정하고 이용하는 방법과 채권관계인 토지임차권의 방식으로도 할 수 있다.

　그러나 계약자유의 원칙이 지배하는 사회에서 물권적 방법인 지상권이 임차권에 비하여 그 효력이 강하므로 이 방법을 택하는 것이 좋을 것이다. 임대하는 토지소유자 역시 강한 구속을 받게 되기 때문이다. 지상권이란 전장에서 설명한 바와 같이 타인의 토지에 건물 기타의 공작물이나 수목을 소유하기 위하여 그 토지를 사용할 수 있는 용익물권이며 토지임대차는 임대인이 상대방에게 토지를 사용·수익하게 할 것을 약정하고 임차인이 이에 대하여 임료를 지급할 것을 약정함으로써 성립하는 채권관계이므로 임대인은 물권적 이용보다는 임대차형식을 취하려고 하는 경우가 더 많다. 두 이용방법의 차이는 다음과 같다.

	지상권	임대차 형식의 채권
성 격	배타적이며 생활이익의 독점적 향수를 가능하게 하고 토지를 직접 지배할 수 있는 권리를 가진다.	임대인이 임차인에게 토지를 임대하여 그 토지를 사용 · 수익하게 할 것을 청구할 수 있는 채권에 불과하다.
대 항 력	지상권은 제3자에 대하여 이를 대항할 수 있는 절대권을 가진다.	등기를 하지 않는 한 제3자에 대하여 대항할 수 없다.
구 속 력	토지소유자가 바꾸어질 경우라도 새로운 소유자는 지상권에 의하여 구속되어진다.	구속당하지 않으므로 새로운 소유자는 임차인에 대하여 토지명도를 청구할 수 있다.
양 도	양도 · 임대 · 담보 제공 가능	임대인의 동의 없이 양도 · 전대 불가
존 속 기 간	지상권 - 최장기간의 제한 없음*	20년을 넘지 못한다.
계약해제요건	2년 이상 지대의 지급이 연체된 때에만 그 소멸을 청구	차임 연체액이 2기의 차임액에 달하면 계약을 해지할 수 있다.

* 지상권에서는 최단기간에 관하여 일정한 제한을 두어 석조 · 석회조 · 연와조나 이와 유사한 견고한 건물과 수목의 소유를 목적으로 하는 경우는 30년, 이와 같은 건물 이외의 건물의 소유를 목적으로 하는 경우 15년, 건물 이외의 공작물 소유를 목적으로 하는 경우 5년의 기간을 정하고 있다. 기간의 약정이 없는 경우에는 지상권에 있어선 토지사용목적에 따라 30년, 15년, 5년의 존속기간으로 하지만 임대차에 있어서는 각 당사자는 언제든지 계약을 해지할 수 있다.

임차인의 권리와 의무

> **Q** 본인은 타인 소유의 대지를 임차하여 집을 지으려고 합니다. 토지를 빌려 사용할 때 임차인은 어떤 권리와 의무를 갖게 되는지요?
>
> **A** 임차인에게는 임차한 토지를 사용ㆍ수익할 수 있는 권리와 선관주의 의무ㆍ차임지급 의무가 있습니다.

1. 토지의 사용과 수익

임차한 토지를 사용하고 수익을 꾀할 수 있는 권리는 토지임차인이 가질 수 있는 권리 가운데 가장 중요한 권리이다. 토지를 임차한 사람은 그 토지를 이용하여 수익할 수 있어야 하기 때문이다. 이러한 권리를 임차권이라 하는데 그 목적물의 성질에 따라 정해진 방법으로 사용ㆍ수익해야 한다. 그러나 임차권을 가진 임차인은 임대인의 허락없이 임차한 토지를 임의대로 타인에게 사용ㆍ수익하게 할 수 없다. 본인이 사용하겠다고 하고 임차한 토지를 타인에게 다시 전대하여 사용ㆍ수용케 하면 이것은 계약의 목적에 어긋나기 때문이다. 이렇게 불법으로 타인에게 사용ㆍ수익하게 할 때에는 임대인은 그러한 불법행위를 중지하게 하거나 손해배상을 청구할 수도 있고 때에 따라서는 계약을 해지할 수도 있다. 다만 임대인의 허락이 있는 경우에는 가능하다.

2. 비용상환청구권은 무엇인가

토지를 임차한 사람은 토지를 사용ㆍ수익함에 있어 토지의 원상을 유지하기 위해 또는 원상회복을 위하여 비용을 지출할 수 있으며 목적물을 통상용법에 맞도록 보존하기 위해 비용을 지출할 수도 있고, 목적물의 가치를 증가시키기 위하여 지출하는 비용들 즉, 필요비와 유익비(돌담을 축조한다거나 하수도와 도로를 시설하는 등과 같은 시설비용)를 사용할 수 있는데 이러한 때에는 임대인이 그 비용을 상환해야 한다. 이것을 비용상환청구권이라고 한다.

3. 임차인에게 부여되는 선관주의 의무

타인의 토지를 임차한 사람에게는 권리와 함께 의무도 부여된다. 즉, 임차인은 임대차관계의 계약종료로 인해 임차토지를 반환할 때까지 선량한 관리자로서 보관하고 주의의 의무를 가지게 되는데 이것을 선관주의 의무라고 한다.

예로 임차한 토지가 허물어지거나 돌담을 쌓아야만 하는 상태인 경우 이를 수선해야 하고, 소유권자가 아닌 자가 임차토지에 대해 권리를 주장하는 경우가 있다면 이 사실을 지체없이 임대인에게 통지해야 한다. 임차인이 선관주의 의무를 이행하지 않으면 임대인은 손해배상을 청구할 수 있다.

또한 경우에 따라서 토지임대인이 토지보존에 필요한 행위를 하고자 할 때에는 임차인으로서는 이를 거절하지 못한다. 그러나 토지보존에 필요한 행위라 하더라도 임차목적을 현저하게 방해하거나 달성할 수 없을 때에는 임차인은 계약을 해지할 수 있다.

4. 임차인의 차임지급 의무

토지임차인의 의무 중에서 가장 중요한 의무가 바로 차임지급의 의무이다. 이것은 토지를 사용·수익하는 대가이기 때문이다. 법률에서는 임차금의 액수에 대한 규정은 없으므로 당사자의 약정에 따르는 것이 통례이다. 그러나 토지에 대한 공과금 부담이 증감 또는 기타 경제사정의 급격한 변동으로 약정된 차임이 거기에 상당하지 않을 때에는 계약 당사자간에 차임증감을 청구할 수 있다.

5. 차지의 반환

임차인은 임대차가 종료하면 임차물을 반환할 의무를 진다. 임차물의 반환 시기는 임대차계약이 종료하는 때인데 계약에 의해 임대차 존속기간이 약정된 때에는 그 기간이 만료기이며, 약정하지 않은 경우에는 임대인이 계약의 해지를 통고한 후 법정기간이 경과된 때로 한다.

전세제도

> **Q** 우리나라에는 우리나라만이 가지고 있는 특유의 제도로서 전세라는 것이 있습니다. 통상 관행적으로 사회에서 말하는 전세라는 개념과 법률적으로 규정되어 있는 전세라는 개념이 다른 법률적 효과를 의미한다고 하는데 그 차이가 무엇인지요?
>
> **A** 통상 관행적 전세권은 채권적 전세권이며, 민법상의 전세권은 물권적 전세권을 의미합니다.

1. 물권적 전세권

전세권은 일반적인 물권과는 다른 특수한 용익물권이다. 그러므로 전세권은 계약에 의해 타인의 부동산을 임대하여 사용·수익하며, 그 부동산 전부에 대하여 후순위 권리자나 기타 채권자보다 전세금에 관하여 우선적으로 변제의 권리를 인정받을 수 있다.

2. 관행적 전세권 제도

전세계약의 관행은 우리나라만의 고유한 부동산 임대차 방법으로, 보통의 임대차와 다른 점은 목적물 사용에 대한 대가 지급방법, 즉 전세에 있어서 그 건물시가의 6내지 7할의 해당금액이 일시에 임대인에게 교부되고 계약종료시 전세계약을 맺은 임차인은 그 금액을 전액 반환받게 되어 있다. 전세금의 이자는 차임과 상계되므로 건물소유자 내지 전세임대인은 전세에 의해 그의 소유권물을 담보화할 수 있다.

이러한 담보적 기능은 전세권자의 입장에서는 임차인인 동시에 금전채권자이며 담보권자라는 결과를 발생시키지만 담보권이 담보권으로서의 역할을 하려면 그 물권성이 요구된다.

3. 민법상 물권적 전세권과 관행상 채권적 전세권의 차이점

민법상 물권적 전세권과 관행상 채권적 전세권의 차이는 표와 같다.

	물권적 전세권	채권적 전세권
권　리	목적물을 직접 지배할 수 있는 물권	임대인에 대한 목적부동산을 사용 · 수익하게 할 것을 청구할 수 있는 채권
대항력	제3자에 대하여 언제나 이를 대항할 수 있다.	대항력을 가지지 못함 *
구속력	구속력 있음	구속력 없음
처분의 자유	처분의 자유가 인정되어 이를 양도나 임대하거나 전세할 수 있다.	임대인의 동의 없이는 양도 또는 전대를 하지 못한다.
우선 변제권	전세권자에게 경매권과 우선변제권 인정	인정되지 않음

* 채권적 전세권은 등기하여야 제3자에게 대항할 수 있지만 임대인은 물권적 전세권을 확보하는 수단인 등기를 해주는 것을 싫어하므로 등기를 갖추지 못하게 되는 경우가 많다. 그렇게 되었을 때에는 대항력을 가지지 못한다.

주택의 임대차기간

Q 주택을 임대하는 경우 주택임대차보호법에 의해서 임대차기간이 법적으로 보호를 받는 것으로 알고 있습니다. 여기에 대해서 자세히 설명해주시기 바랍니다.

A 주택임대차보호법에서는 국민의 주거 안정을 위해 2년을 보장하고 있습니다.

1. 주택 임대차기간

주택임대차보호법은 건물임대차에 관하여 민법에 대한 특례를 규정함으로써 국민의 주거생활의 안정을 보장하는 것이다. 주택임대차보호법에서 2년을 보장하고 있는 이유는 임대기간이 너무 단기일 경우 임차인의 생활을 불안하게 하는 부당성을 가지고 있다고 보기 때문이다.

따라서 기간의 정함이 없거나 임대기간을 2년 미만으로 정했다 하더라도 그 임대기간은 2년으로 본다. 그러나 임차인(세입자) 쪽의 희망에 따라 2년 미만으로 정한 경우에는 그대로 인정된다. 이는 주택임대차 보호법의 취지가 임차인의 보호에 역점을 두고 있음에 비추어 볼 때 당연하다 하겠다.

2. 묵시적 계약 갱신의 경우 계약의 해지

주택임대차기간을 정한 경우라 하더라도 임대인(집주인)이 임대기간 만료 전 6개월부터 1개월까지 임차인(세입자)에게 계약갱신을 않겠다는 통지 또는 계약기간의 만료와 동시에 집을 비우라는 통지를 하지 않은 경우에는 종전 임대차와 똑같은 조건으로 다시 임대한 것이 된다(자동 계약 갱신). 또한 임차인(세입자) 쪽에서도 기간 만료전 1개월전까지 기간만료와 동시에 집을 비우겠다 라는 통지를 아니한 경우에도 마찬가지로 다시 임대차 한 것으로 된다.

위의 경우와 같이 종전 임대차와 같은 조건으로 다시 임대차 한 것이 될 경우에 있어서의 그 기간은 정함이 없는 것으로 보기 때문에 임차인은 임대인에 대하여 언제든지 계약해지의 통지를 할 수 있으며, 임대인이 그 통지를 받은 날부터 3개월이 지나면 계약해지의 효력이 발생하고, 임대인이 계약 해지의 통지를 할 때에는 6개월이 지나야 계약해지의 효력이 발생한다.

(참고) 임대차가 종료한 경우라 하더라도 세입자가 집주인으로부터 임차보증금(전세금)을 돌려 받을 때까지는 임대차관계는 존속하는 것으로 본다. 따라서 세입자는 주택임대차 보호법상 임차인으로서의 보호를 받게 된다.

임대차 종료후 임대차보증금을 반환 받지 못한 임차인이 목적물을 계속 점유하는 경우의 법률관계

Q 본인은 갑으로부터 상가건물을 임차하여 점유 · 사용하였습니다. 계약이 만료되어 이사를 가야 하는데 보증금을 돌려주지 않아 계속 사용할 수밖에 없었습니다. 그런데 갑이 두 달 후 임대보증금을 돌려주면서 2개월 동안 장사를 해왔으니 그동안 불법적으로 상가를 점유하고 사용해서 얻은 이익은 부당이득이라고 하며 자기 멋대로 200만원을 공제하겠다고 합니다. 이런 경우 임대인의 요구에 응해야 하는 것인지요?

A 임차 부동산의 불법 사용 · 수익으로 인하여 실질적으로 얻은 이익이 있으면 부당이득으로서 반환하여야 합니다.

이러한 경우가 발생할 수도 있다. 원래 임대차계약이 종료되면 임차인은 임차목적물을 명도할 의무가 있으며 임대인 또한 연체차임이 있다거나 기타 임차에 따른 손해가 발생했을 경우 거기에 대한 배상금을 보증금에서 공제하고 남은 임대차보증금을 반환해줄 의무가 있다. 이것은 동시이행의 관계에 있다. 그러나 질문의 경우처럼 보증금 반환이 늦어져 점유하고 있었을 경우에는 임대인이 동시이행 관계를 이행하지 않았기 때문에 발생한 것이므로 임차인이 동시이행의 항변권에 의하여 임차목적물을 점유하고 사용 · 수익한 경우 그 점유는 불법점유라 할 수 없고, 또 그로 인한 손해배상책임은 지지 않아도 된다. 그러나 다만 임차상가를 사용 · 수익하여 실질적으로 얻은 이익이 있는 경우 부당이득으로서 반환하여야 한다.

 양도

> **Q** 본인은 갑과 임대보증금 6백 6십만원에 주택을 임차하여 보증금 전액을 지급하고 주택인도와 주민등록전입신고를 마쳐 주택임대 차보호법, 제3조 1항에 의한 제3자에 대한 임차권의 대항력을 갖추고 점유·사용해오다가 소유자 갑의 동의를 얻어 위 주택을 을에게 전대 하여 전차인 을이 보증금 전액에 해당하는 돈을 본인에게 전대차보증 금으로 지급하고 본인으로부터 주택을 인도 받아 주민등록전입신고를 마치고 점유·사용해 왔습니다. 그리고 본인은 주민등록까지 퇴거하였 습니다. 그런데 소유자 갑은 본인이 주택임차권의 대항력을 갖춘 후 을 에게 전대하기 전에 위 주택에 관하여 병 앞으로 근저당권을 설정하였 고, 그 근저당권을 실행하는 경매절차에서 정이 경락을 받아 위 주택소 유권을 취득하게 되었습니다. 이 건물을 경락 받은 병이 전차인 을을 상대로 불법점유라며 가옥명도와 임료 상당 손해금의 지급을 요구하고 있습니다. 이런 경우에는 어떻게 되는지요? 을은 보증금을 반환 받기 전에는 나갈 수 없다고 버티고 있습니다.
>
> **A** 주택임대차보호법 제3조 제1항에 의한 대항력을 갖춘 주택임차인이 임대인의 동의를 얻어 적법하게 임차권을 양도하거나 전대한 경우에 있어서 임차인이 보증금의 반환을 받을 때까지 위 주택을 적법하게 점유· 사용할 권리를 갖게 됩니다.

주택임대차보호법 제3조 제1항에 의한 대항력을 갖춘 주택임차인의 동의를 얻어 적법하게 임차권을 양도하거나 전대한 경우에 있어서 양수인이나 전차 인이 임차인의 주민등록 퇴거일로부터 주민등록법상의 전입신고기간 내에 전 입신고를 마치고 주택을 인도 받아 점유를 계속하고 있다면 비록 위 임차권의 양도나 전대에 의하여 임차권의 공시방법인 점유와 주민등록이 변경되었다 하더라도 원래의 임차인이 갖는 임차권의 대항력은 소멸되지 않고 동일성을 유지한 채로 존속한다고 보아야 한다.

왜냐하면, 주택임대차보호법 제3조 제1항에 의한 임차권의 대항력은 그 공시방법인 점유와 주민등록의 계속을 그 존속요건으로 하고 있는데(대법원 1987.2.24 선고, 86다카1695 판결) 임대인의 동의가 있는 양수인이나 전차인은 그 점유와 주민등록으로 원래의 임차권에 대한 공시방법에 갈음할 수 있어 그 임대차 자체에 대한 공시방법은 계속된다고 보아야 한다. 또 이와 같이 공시방법의 변경에 따른 대항력의 존속을 인정한다 하여 이미 원래의 임대차에 의한 대항을 받고 있는 제3자에게 그 이상의 불이익을 주는 것이 아닌 반면에 이와 같이 해석하는 것이 임차인으로 하여금 양도나 전대에 의한 임차보증금 등의 회수를 용이하게 할 수 있어 주택임차인의 주거생활의 안정을 보호하려고 하는 주택임대차보호법의 취지에도 부합하는 것이기 때문이다. 따라서 질문자가 을에게 전대한 이후에도 그의 임차권의 대항력이 소멸되지 않고 그대로 존속하고 있다면 을은 그의 임차권의 대항력을 취득한 후에 경료된 근저당권의 실행으로 소유권을 취득하게 된 병에 대하여 임대보증금 반환청구권에 기한 동시이행항변권을 행사하여 그 반환을 받을 때까지는 주택을 적법하게 점유할 권리를 갖게 되는 것이고, 주택을 전차한 을 또한 그의 동시이행항변권을 원용하여 질문자가 보증금의 반환을 받을 때까지 주택을 적법하게 점유·사용할 권리를 갖게 된다.

1. 주택임차권의 양도·전대와 대항력의 승계

주택임차권의 공시방법

주택임대차보호법 제3조 제1항에서 주택임대자는 그 등기가 없는 경우에도 임차인이 주택의 인도와 주민등록을 마친 때에는 그 익일부터 제3자에 대하여 효력이 있다고 규정하여 임차권의 점유와 주민등록을 공시방법으로 하여 임차권에 대항력을 부여하고 있는데, 이 공시방법인 점유와 주민등록은 대항력의 취득요건일 뿐 아니라 그 존속의 요건이기도 하다.

이 점에 관하여 대법원 1987. 2. 24. 선고 86다카1695 판결은 임차인이 임대차 계속중 일시 주민등록을 퇴거한 사이에 제3자 앞으로 근저당이 설정되고 그 후 다시 임차인이 주민등록 전입신고를 마친 사안에서 임차인은 그 주민등록을 퇴거한 사이에 설정된 근저당권의 실행으로 소유권을 취득한 자에게 대항할 수 없다고 판시하여 점유와 주민등록이 대항력의 취득요건일 뿐 아니라 그 존속요건임을 분명히 하고 있다.

그리고 점유와 주민등록은 반드시 임차인 자신의 직접점유와 주민등록일 것을 요하는 것은 아니고 점유보조자를 통한 간접점유와 그 주민등록으로 판가름할 수 있다고 해석해야 할 것이다(처의 주민등록으로 임차인인 남편의 주민등록에 갈음할 수 있다고 한 대법원 1987. 10. 26 선고 87다카14 판결).

공시방법의 변동과 대항력의 소멸여부

① 대항력 있는 임차권의 양도 또는 전대가 있더라도 원래의 임대차는 동일성을 유지한 채로 존속하고 다만 그 대항력의 공시방법인 점유와 주민등록만이 양수인 또는 전차인의 것으로 바뀌게 된다. 그런데 주택임차권 대항력의 공시방법인 점유와 주민등록은 등기와는 달리 권리의 발생·변경·소멸을 모두 공시하지 못하고 현재의 임대차관계의 존부만을 공시하는 것이기 때문에 임차권의 양도·전대로 그 공시방법이 변동된 경우에 그 대항력의 존속을 인정할 수 있느냐가 문제로 되고 이는 변동된 공시방법이 변동 전의 공시방법에 갈음하는 것으로 그 계속성이 유지되는가에 의하여 판가름하여야 할 것이다.

② 일본의 건물보호법은 건물등기 있는 차지권에 관하여는 건물등기를, 또그 차가법은 점유만을 각 대항요건으로 하여 차지권과 차가권에 대항력을 부여하고 있는데, 이 공시방법의 변동에 따른 대항력의 소멸여부에 관한 일본판례를 보면, 우선 건물등기의 이전으로 지상권인 차지권이 양도된 경우에는 그 차지권 대항역의 승계를 인정하고(대판대 15. 12. 23. 민집 5, 873면), 건물등기의 이전으로 임차권인 차지권이 양도되는 경우에는 그 차지권

대항력의 승계를 인정하지 않고 양수인 자신과 토지상 권리취득자의 등기의 선후에 의하여 대항력을 가리며(대판대 16. 11. 20. 민집 20, 1401면), 한편 차가권 전대의 경우에는 차가인이 전대를 하더라도 전차인을 통한 차가인의 간접점유가 계속되는 것을 근거로 차가권대항력의 존속을 인정한다(대판대 38. 9. 26. 민집 17. 8. 1025면).

이와 같은 판례이론중 지상권인 차지권이 양도된 경우에 관하여는 이론이 없으나 임차권인 차지권이 양도된 경우에 대하여는 판례이론에 동조하는 견해도 있지만(아처, 판민 87.), 건물보호법의 대항요건은 공시방법으로서는 지극히 불완전한 터에 차지권이 지상권인지 임차권인지를 구별할 수 없는 것인데도 양자의 대항력의 승계여부를 달리하는 것은 불합리하다고 비판하는 견해가 유력하며(주교 민상 15권 5호 93면 이하), 차가권 전대의 경우 판례이론과 관련하여서는 차가권이 양도된 경우에는 원임차인이 임대차관계에서 이탈되기 때문에 문제가 없지 아니하나 소유자(즉 임대인) 교체시까지 종전 소유자가 가진 임대차관계를 그대로 새로운 소유를 구속하게 할 것인 지의 점에서는 차가권 양도와 전대에 차이가 없으므로 차가권 양도의 경우에도 전대와 마찬가지로 대항력의 존속과 그 승계를 인정하여야 한다는 견해가 있다(일본 주석민법(15) 채권(6), 169).

③ 전대의 경우에는 전대인이 임대차관계에서 이탈됨이 없이 임차인으로서의 지위를 갖고 있으므로 임차권대항요건으로서의 점유와 주민등록이 반드시 임차인 자신의 것임을 요하지 아니하고 점유보조자를 통한 간접점유와 그 주민등록으로서도 족한 것이라고 한다면 그 대항력의 존속을 인정하는데 별로 어려움이 없다. 그리고 임차권 양도의 경우에 있어서도 원래의 임대차가 동일성을 유지하면서 존속하고 다만 그 대항력의 공시방법이 비록 그 권리변동관계까지 공시하지는 못한다 하더라도 그것이 새로운 별개의 임차권을 공시하는 것이 아니라 원래의 임대차 자체를 공시하는 점에서 원래의 공시방법에 가름하는 것이라 할 수 있으므로 결국 그 공시방법의 계속성을 인정하는 데에는 이론상 무리가 없다.

이와 같이 볼 때 임차권의 양도·전대가 있는 경우에는 그 공시방법의 계속성을 인정할 수 있어 그 대항력 또한 소멸됨이 없이 그대로 존속한다고 할 수 있을 것이고, 이는 공시방법이 단절되는 대법원 1987. 2. 24. 선고 86다카1695 사건의 사안과 다르다 할 것이다. 다만, 이와 같이 임차권이 양도·전대된 경우 그 대항력의 존속을 인정한다 하더라도 그 양도·전대가 적법한 것이어야 함은 물론 변경된 공시방법과 변경전 공시방법은 연속성이 있어야 할 것이고, 그 연속성 유무는 주민등록법상의 전입신고기간을 일응의 기준으로 할 수 있을 것이다.

대항력의 존속과 주택임대차보호법의 취지

이와 같이 임차권이 양도·전대된 경우에 그 대항력의 존속과 승계를 인정하더라도 이미 원래의 임대차에 의한 대항을 받고 있는 제3자에게 그 이상의 불이익을 주는 것은 아니고, 또 그 제3자의 승계인으로서도 대항력의 승계여부를 용이하게 조사할 수 있는 것이므로 부동산거래에 별 지장이 없다 할 것이나 그 대항력의 존속과 승계를 인정하지 않으면 임차인의 대항력 취득 후 권리를 취득한 제3자가 있는 경우에 임차인의 임차권 양도·전대에 의한 보증금 회수 등이 어렵게 되어 주택임차인의 주거생활의 안정을 보호하려는 법의 취지는 반감된다고 하지 않을 수 없으므로 이와 같은 측면에서 보더라도 임차권 양도·전대의 경우 그 대항력의 존속과 승계를 인정하는 것이 바람직한 해석이라 할 수 있겠다.

결 론

앞에서 본 바와 같은 이론적 근거와 입법취지를 토대로 임차권이 양도·전대된 경우에 그 대항력의 존속과 승계 여부에 대한 명문규정이 없는 주택임대차보호법의 해석론으로 그 대항력의 존속과 승계를 인정한 것이라고 이해할 수 있다. 이와 같은 해석에 의하여 임차권 양수인은 그 대항력의 승계인으로서 제3자에게 이를 주장할 수 있고 또 전차인은 전대인이 갖는 대항력을 원용함으로써 결국 자기의 전차권을 보호받을 수 있게 되는 것이다.

핵심포인트

다세대 주택의 동·호수를 정확하게 기재하지 않은 경우

임차인들이 다세대주택의 동·호수 표시 없이 그 부지 중 일부 지번으로만 주민등록을 한 경우, 그 주민등록으로써는 일반의 사회통념상 그 임차인들이 그 다세대주택의 특정 동·호수에 주소를 가진 것으로 제3자가 인식할 수는 없는 것이므로, 임차인들은 그 임차 주택에 관한 임대의 유효한 공시방법을 갖추었다고 볼 수 없다.

무단양도

Q 본인은 갑으로부터 대지를 임차하여 그 위에 건물을 건축하여 소유하면서 가구점을 경영하다가, 본인의 처 앞으로 소유권이전등기를 해주었습니다. 그런데 갑이 갑자기 임대차계약을 위반했다며(무단양도) 건물을 철거하고 대지를 반환하라고 합니다. 갑은 본인이 처에게 임차권을 양도할 때 그 사실을 알렸고 또 알겠다고 추인을 한 상태였습니다. 그런데도 갑은 부득불 무단양도라며 건물을 철거하고 대지를 반환하라고 독촉을 하고 있습니다. 어떻게 하면 좋을지요?

A 실질적으로 임대인의 인적신뢰나 경제적 이익을 해치는 것이 아니고, 이와 같은 경우에는 임대차 관계를 계속시키기 어려운 배신적 행위라고 인정할 수 없는 것이므로 계약해지권이 발생하지 않습니다.

1. 민법 제629조에 대한 종래의 판례의 태도

민법이 임차권의 무단양도 또는 무단전대를 금하고 있는 것은 물건의 사용·수익의 방법이 사람에 따라서 차이가 있기 때문에 임차권의 양도나 전대를 자유롭게 인정한다면 임대인의 이익을 해치게 된다는 이유에서 임대인을 보호하기 위함에 있다고 보아 무단양도·무단전대에 관하여 엄격한 태도를 취하였다.

대법원 1972. 1. 31. 선고, 71다2400 판결은 임차인이 임대인의 동의없이 임대물을 전대하더라도 그것이 임차인의 임대인에 대한 배신행위라고 인정함에 족하지 않는 특단의 사정이 있는 경우에는 임대인에 있어서 동의없는 무단전대를 이유로 하는 임대차계약의 해제권을 발생치 않는다고 풀이하고 있다.

2. 종전의 판례에 대한 비판

이에 대하여 이 법조는 임차인의 자본 회수를 곤란하게 하고 임차권의 물권화 경향에 역행하는 규정으로서 입법론적으로는 물론(주석채권각칙 2, 김증한, 230), 이를 해석 적용하는 데에 의문을 갖게 하였다.

더구나 건물소유를 목적으로 하는 토지임대차와 같이 이를 사용 · 수익하는 방법이 사람에 따라서 아무런 차이가 없는 경우나, 본래의 임차권자나 그 양수인 또는 전차인을 동일시 할 수 있는 사정이 있어 그러한 양도나 전대행위가 실제로 임대인의 이익을 해친다고 볼 수 없는 경우에까지 위 규정을 적용하는 것은 상식에도 맞지 않아 이를 제한하여야 할 필요가 절실하게 되었다.

3. 무단양도 제한을 완화하는 판례와 이론의 등장

대법원은 대법원 1993. 4.13. 92다24950 판결에서 "임차인의 변경이 당사자의 개인적인 신뢰를 기초로 하는 계속적 법률관계인 임대차를 더 이상 지속시키기 어려울 정도로 당사자간의 신뢰관계를 파괴하는 임대인에 대한 배신행위가 아니라고 인정되는 특별한 사정이 있는 때에는 임대인은 자신의 동의 없이 임차권이 이전되었다는 것만을 이유로 민법 제629조 제2항에 따라서 임내차계약을 해지할 수 없고, 이와 같은 특별한 사정이 있는 점은 양수인이 주장 입증하여야 한다"고 판시하여 배신행위이론을 채택하였다.

4. 질문의 경우

임대인에게는 실제로 아무런 불이익이나 상황의 변경이 없고 단지 임차인 명의의 형식적 변경에 불과한 이 질문과 같은 사안에서 임대인의 동의나 승낙이 없다는 이유로 임대인에게 계약해지권을 인정하는 것은 임차인이나 그 양수인에게 너무나 불이익한 결과를 초래하게 되어 구체적 타당성 면에서 도저히 납득할 수 없다.

위에서 본 대법원 92다24950 판결에서는 구체적으로 배신행위 이론을 적용하지 않은 사안이었으나, 이 질문은 이 이론을 구체적으로 적용한 최초의 판례이다. 앞으로 우리나라에서도 특히 토지 건물의 임대차를 중심으로 이러한 배신행위 이론을 적용한 판결이 집적되어 무단양도 제한을 완화하는 이론으로 확립될 것이다.

재계약과 차임증액

Q 본인은 갑과 상가 건물에 대한 임대차계약을 맺어 점유·사용하다가 계약이 종료되어 재계약을 하려고 합니다. 그런데 갑은 터무니없는 임대료를 요구합니다. 그 동안 이곳에서 오랫동안 장사를 해왔기 때문에 장소를 옮기면 많은 손해를 입을 염려가 있기 때문에 재계약을 해야 할 입장입니다. 이런 경우 임대인의 요구를 꼭 들어주어야 하는 것인지요?

A 차임의 증감을 청구할 수 있지만 그 범위는 대통령령이 정하는 기준에 따른 비율을 초과하지 못하도록 되어 있습니다.

주택임대차보호법 제7조의 규정[1]은 약정한 차임 또는 보증금이 그 후의 사정 변경으로 인하여 상당하지 아니하게 된 때에는 당사자는 장래에 대하여 그 증감을 청구할 수 있고, 증액의 경우에는 대통령령이 정하는 기준에 따른 비율을 초과하지 못한다고 규정하고 있으므로, 이 규정은 임대차계약의 존속 중 당사자 일방이 약정한 차임 등의 증감을 청구한 때에 한하여 적용되고, 임대차계약이 종료된 후 재계약을 하거나 또는 임대차계약 종료 전이라도 당사자의 합의로 차임 등이 증액된 경우에는 적용되지 않는 것이다.

질문의 경우를 보면 차임의 증액은 매년 원고와 피고들이 임대차계약 종료 후 다시 임대차계약을 체결하면서 합의에 의하여 증액한 경우로 보아 이 규정의 적용을 배제하는 것이 옳다고 보아야 한다.

---

1) **주택임대차보호법 제7조【차임등의 증감청구권】**약정한 차임 또는 보증금이 임차주택에 관한 조세·공과금 기타 부담의 증감이나 경제사정의 변동으로 인하여 상당하지 아니하게 된 때에는 당사자는 장래에 대하여 그 증감을 청구할 수 있다. 그러나 증액의 경우에는 대통령령이 정하는 기준에 따른 비율을 초과하지 못한다. 〈본조신설 83.12.30〉

재계약의 거절

Q 본인은 대구에 있는 임대아파트를 임차하여 살고 있는 사람입니다. 그런데 얼마 전 임대아파트 소유권자가 임대주택건설촉진법에 정해진 분양제한 기간이 만료되자 이 임대아파트를 평당 235만원에 분양하기로 하고, 임차인들에 대하여 그들이 임대 받은 아파트에 관하여 분양계약을 체결할 것을 통고했는데 이 분양가격이 너무 높기 때문에 거절을 했습니다. 그러자 회사측에서 분양가격을 30만원 정도 낮추었지만 그것도 높아 거절을 하자 이번에는 분양을 하지 않을 터이니 임대료를 현 시세에 따라 재조정한 다음 계속하여 임대하겠다고 통고하면서 만약 이번의 요구에도 응하지 않으면 임대기간이 만료되는 1999년 5월 1일을 기하여 임대차계약을 해지하겠다고 합니다. 이런 경우 우선분양권을 박탈하는 것은 아닌지요? 또 임대차계약이 종료되면 아파트를 비워주어야 하는지요?

A 그러한 통고에도 불구하고 분양계약의 체결은 물론 새로운 임대차계약의 체결에도 응하지 아니하였다면 임대권자에게는 당해 임대주택을 다른 사람에게 분양할 것을 의도할 수 있으며 임대권자의 의사에 일임되어 있다고 보아야 할 것이므로, 위의 통고 후에 이루어진 임대차계약해지의 통지는 유효합니다.

1. 주택건설촉진법과 임대주택건설촉진법

주택건설촉진법 제32조 제1항에 의하면, 같은 법에 의하여 주택건설사업을 시행하는 사업주체는 주택의 공급질서를 유지하기 위하여 건설부장관이 정하는 주택의 공급조건, 방법 및 절차 등에 따라 주택을 건설·공급하여야 한다고 되어 있다. 그에 따라 주택의 공급조건, 방법 및 절차 등에 관한 사항을 규정한 주택공급에 관한 규칙 제3조, 제8조, 제9조의 규정에 의하면 같은 규칙은 주로 단독주택은 20호 이상, 공동주택은 20세대 이상의 주택을 공급하는 경우에 이를 적용하되, 사업주체가 입주자를 모집하고자 할 때에는 입주자 모집 공고안 등 일정서류를 갖추어 시장 또는 군수의 승인을 얻어야 하고, 시장 또는 군수는 사업주체로부터 입주자 모집공고의 승인신청이 있을 때에는 분양가격 등의 내용이 포함된 입주자 모집공고안의 타당성 여부 등을 확인하여 그 승인여부를 결정하도록 규정되어 있어 행정당국이 주택의 분양가격을 합리적이고 타당한 범위 내로 제한할 수 있도록 하고 있다.

그러나 임대주택건설촉진법 제10조 제2항은 임대주택의 분양조건, 방법 및 절차에 관하여는 건설부령이 정하는 바에 의한다고 규정되어 있다. 같은 법 시행규칙 제10조 제1항은 임대인이 임대주택을 분양하고자 할 때에는 미리 별지 제1호 서식의 분양계획서를 관할시장·군수에게 제출하여야 한다고 규정하고, 제2항은 임대인이 임대주택을 분양하고자 하는 경우에는 분양당시의 임차인에게 우선적으로 분양하여야 한다고만 규정하고 있을 뿐 그 분양가격의 타당성여부에 대한 행정당국의 승인을 받아야 한다는 등의 제한규정이 마련되어 있지 않다. 다만 위 제2항 단서에는 분양당시의 임차인이 분양 받기를 희망하지 아니하는 임대주택의 수가 20호 이상인 경우에는 그 주택은 주택공급에 관한 규칙이 정하는 바에 의하여 분양하여야 한다고 규정되어 있다.

그 규정의 취지는 주택공급에 관한 규칙이 20호 이상의 주택을 공급하는 경우에만 적용되는 것과의 균형을 고려하여 임대주택을 분양하는 경우에 있어서도 분양당시의 임차인이 분양 받기를 희망하지 아니하여 분양당시의 임차인이 아닌 사람에게 20호 이상의 주택을 분양하는 때에는 주택공급에 관한 규칙의 적용을 받도록 한다. 다만 분양 당시의 임차인에게 분양하는 경우나 분양당시의 임차인이 아닌 사람에게 분양하더라도 그 분양호수가 20호 미만인 경우에는 그 적용을 받지 않도록 한 것으로 보여지므로, 임대인이 임대주택을 분양당시의 임차인에게 분양하는 경우에는 원칙적으로 주택공급에 관한 규칙의 적용을 받지 않고 그 분양가격은 임대인이 임의로 정할 수 있다고 보아야 한다.

그렇지만 그 분양가격이 지나치게 높아서 임차인의 우선 분양권을 사실상 박탈하는 것과 같은 정도에 이르는 것은 임대주택건설촉진법시행규칙 제10조 제2항에 위배되어 허용될 수 없다고 할 것이다.

2. 질문의 경우

주택건설업자가 주택건설촉진법에 의한 국민주택기금의 자금지원을 받아 임대주택을 건설하였다고 하더라도 이를 분양함에 있어 분양가격의 책정에 관한 제한규정이 마련되어 있지 아니한 이상 분양가격을 주택건설업자가 자유로이 책정할 수밖에 없다. 질문의 경우에는 주변시세와 비교해 이 임대아파트의 분양가격이 지나치게 높아 임차인의 우선분양권을 사실상 박탈하는 것과 같은 정도에 이른 것으로 보여지지는 않는다. 그러므로 임차인에게 부여된 우선분양권을 박탈한 것은 아니다.

임대주택건설촉진법시행규칙 제4조 제3항을 들어 임대주택의 분양가격이 주택건설촉진법 제33조의 규정에 의하여 승인된 사업비에 적정이윤을 더한 금액을 초과할 수 없다는 것이나, 이의 규정은 임대주택의 임대보증금 및 임대료 등의 기준을 정하는 규정이지 분양가격의 기준을 정하는 규정으로 볼 수 없다.

소유권 상실과 이행불능

Q 본인은 서울 중구 남창동에 소재하고 있는 지하 1층, 지상 2층의 상가건물 내 2층에 있는 1평형 점포의 입주상인입니다. 이 건물이 지하철 공사로 인한 토지수용으로 상가일대 12필지 정도의 상가 건물들이 철거되고 대신 같은 동 다른 대지 위에 수용토지 소유자 공동으로 신축될 지하 2층, 지상 5층의 상가건물에 기왕의 입주상인들이 입주할 수 있는 기득권을 인정하여 주기로 하는 협의에 따라, 종전 상가 공유자 중의 1인인 본인과의 사이에 신축상가 내 점포에 관한 임대분양 가계약을 체결하였습니다. 분양내금(추후 협의에 의해 정함)은 3회 분할로 납부하기로 하되 종전 상가에 대한 임대보증금을 계약금으로 대체하고, 점포의 위치는 지상 1, 2층별로 추첨을 하여 정하고 기존상인들 중에 추첨에서 빠진 자는 지하 1, 2층과 지상 3, 4층 중에서 선택권을 부여하기로 하며, 지정시일까지 분양대금을 납부하지 아니하면 계약이 실효되어 입주권을 상실하도록 약정하였습니다. 그런데 1, 2차 중도금까지 지불하고 나서 추첨일에는 사정이 생겨 참가하지 못하였습니다. 그랬더니 건물 완공 후 신축상가 공유자들은 당시 추첨을 마친 종전 입주상인들과 사이에서만 층별 잔금액수 및 납입기일을 지정통보하고 정식임대계약을 체결하고는 갑에게 신축상가 전부를 매도해버렸습니다. 신축상가 공유자들에게 이것은 적법하지 못하다며 항의를 했지만 그쪽에서는 본인의 질못이라고만 합니다. 이런 경우에는 어떻게 처리를 해야 하는지요?

A 계약의 이행불능여부는 사회통념에 의하여 판정하여야 할 것이므로 임대차계약상의 임대인의 의무는 목적물을 사용·수익케 할 의무로서, 목적물에 대한 소유권 있음을 성립요건으로 하고 있는 것이 아니므로 임대인이 소유권을 상실하였다는 이유만으로 그 의무가 불능하게 된 것이라고 단정할 수 없습니다(대법원1978.9.12.선고, 78다1103 판결).

　　질문의 경우 분양가계약에 따라 1층 점포 각 1칸에 관하여 중도금을 납부하였음에도 무슨 연고인지 분명하지는 아니하나 점포위치 추첨에 빠지게 되었다면 피고로서 약정에 따라 적어도 잔금을 지급 받음과 동시에 신축상가의 지하 1, 2층 또는 지상 3, 4층 점포 1칸씩을 그의 선택대로 임대하여 줄 의무가 있고, 질문자가 추첨에 응하지 아니하였다는 사정만으로는 계약이행의 의사가 없음을 명백히 표시한 것으로 단정할 수 없을 것이다. 그렇다면 질문자에게 점포선택 및 잔금지급을 최고하는 등의 자신의 반대의무를 제공하여 질문자가 이행지체에 빠뜨리지 아니하는 한 질문자의 귀책사유로 위 계약이 당연히 실효되었다고 볼 수 없다. 계약의 이행불능여부는 사회통념에 의하여 이를 판정하여야 할 것인 바, 임대차계약상의 임대인의 의무는 목적물을 사용 · 수익케 할 의무로서, 목적물에 대한 소유권 있음을 성립요건으로 하고 있지 아니하여 임대인이 소유권을 상실하였다는 이유만으로 그 의무가 불능하게 된 것이라고 단정할 수 없고(대법원 1978.9.12.선고, 78다1103 판결), 더욱이 가계약상의 의무가 질문자의 기왕의 임차권을 존중하여 이들이 신축상가의 임대차 본계약을 체결할 수 있도록 보장하는 내용의 약정으로서 가계약상의 임대인이 반드시 본 계약상의 임대인이 되는 것이 아닌 점에도 그렇다. 그리고 갑이 건물을 양수하면서 존속하고 있던 모든 임대차계약 관계를 인정하여 이를 자신이 승계하기로 하고 이에 따라 질문자를 비롯한 미계약자들에게 점포 입주를 위한 점포선택 및 잔금지급을 수 차례에 걸쳐 최고했고, 그 무렵까지도 미계약의 점포가 상당수 있어 질문자가 본 계약 체결에는 별다른 지장이 없었다면 갑은 자신이 인수한 가계약상의 의무를 이행할 의사가 있었던 것으로 보기에 충분하며 달리 본 계약 체결의 장애요인이 없는 한 갑을 통하여 가계약상의 의무를 실제적으로도 이행할 수 있는 상태에 있었다고 볼 여지가 충분하다. 비록 건물 소유자가 바뀌었다는 이유만으로 곧바로 가계약상의 의무가 이행불능된 것으로 볼 것이 아니라, 여러 가지 사정을 고려하여 과연 가계약상의 의무가 거래통념에 비추어 실질적으로 그 이행을 기대하기 어려운 것으로 볼 수 있는지 여부를 살펴보아야 한다.

유익비

> **Q** 본인은 갑과 건물 임대차계약을 체결하여 카페를 운영하는 사람입니다. 처음 건물에 입주한 후 본인은 이 건물에서 카페영업을 하기 위한 공사를 하고, 또 카페의 규모 확장을 위한 내부시설공사와 창고지붕의 보수공사비로 1,200만원을 지출했습니다. 본인은 임대계약이 종료되어 건물을 반환하면서 이 공사비가 건물의 가치를 증가시키는 유익비라고 생각하여 반환을 청구했더니 갑은 반환할 수 없다고 합니다. 이런 경우 공사비를 받을 수 없는 것인지요?
>
> **A** 목적물을 통상용법에 맞도록 보존하기 위해 필요비와 유익비를 임차인이 지불했을 때에는 임대인이 그 비용을 상환해야 합니다.

1. 비용상환청구권

목적물을 통상용법에 맞도록 보존하기 위해 비용을 지출하거나 목적물의 가치를 증가시키기 위하여 지출하는 비용들을 필요비 또는 유익비라고 한다. 예를 들이 건물의 가치를 증대시키기 위해 돌담을 축조한다거나, 하수도와 도로를 시설하는 등과 같은 시설비용이 임차인이 부담했을 때에는 건물반환과 동시에 임대인이 그 비용을 상환해야 한다. 그런데 질문자가 창고지붕을 보수하면서 들어간 공사비는 통상의 관리비에 속하고, 나머지 점포의 내부 시설공사는 질문자가 카페를 운영하기 위한 필요에 의하여 행하여 진 것이므로 그로 인하여 이 건물의 객관적 가치가 증가한 것은 아니다. 그러므로 이를 위하여 지출한 돈은 원임대인이 상환의무를 지는 유익비에 해당하지 않는다. 민법 제 626조 제2항에서 임대인의 상환의무를 규정하고 있는 유익비란 임차인이 임차물의 객관적 가치를 증가시키기 위하여 투입한 비용을 말하는 것인데, 질문의 경우에는 여기에 해당한다고 할 수 없다(대법원 1980. 10. 14. 선고, 80다 1851, 1852 판결, 1991. 8.27. 선고, 91다 15591, 15607 판결).

임대인과 임차인 쌍방의 수선의무

Q 본인은 갑으로부터 여관건물에 대한 임대차계약을 맺고 1998년 10월 경 임차했습니다. 그 당시부터 배관 및 보일러시설이 상당히 노후되어 있었으나, 갑은 이같은 사정을 모른 채 임차하여 도배 정도를 하고 여관을 경영하여 왔는데, 같은 해 임차한지 1개월도 안돼 배관이 터져 온 여관이 물바다가 되고 보일러가 제대로 작동하지 아니하여 온수공급과 난방이 되지 아니하는 등 문제점이 드러나기 시작하여 같은 해 11월경부터는 반 이상의 여관방을 사용할 수 없게 되었습니다. 본인은 수리에 거액이 소요되는 사실을 확인한 다음 갑에 대하여 강력하게 여러 차례에 걸쳐 그 수리를 요청하였으나 거부당하여 급기야 같은 해 11월 말 경부터는 여관 전체를 운영하지 못할 지경에 이르렀습니다. 그러나 갑은 오히려 당초에는 배관과 보일러시설이 여관 경영을 할 수 없을 만큼 하자가 있는 것이 아니었으나 본인이 보일러에 질이 낮은 기름을 넣고 배관을 제때에 수리하지 아니하는 등 관리를 잘못하는 바람에 하자가 생긴 것이라고 주장을 하고 있습니다. 그리고 갑은 계약서의 특약사항인 "여관 수리는 임차인이 부담하고, 보일러 고장을 수리하는 것은 목욕탕을 가동할 때 임대인이 그 수리비의 반을 부담하고, 가동하지 않을 때는 그 전액을 부담한다"는 내용과 이 여관이 시세에 비해 싸게 임대되었다는 점을 들어, 건물의 임차목적을 달성할 수 없을 정도임에도 불구하고 수리를 해주지 않습니다. 어떻게 헤야 될까요?

A 임대차계약에 있어서 임대인은 목적물을 계약 존속 중 그 사용·수익에 필요한 상태를 유지하게 할 의무를 부담해야 합니다.

임대차계약에 있어서 임대인은 목적물을 계약 존속 중 그 사용·수익에 필요한 상태를 유지하게 할 의무를 부담하도록 되어 있다(민법 제623조). 그러나 목적물에 파손 또는 장애가 생긴 경우 그것이 임차인이 별 비용을 들이지 않고도 손쉽게 고칠 수 있을 정도의 사소한 것이어서 임차인의 사용·수익을 방해할 정도의 것이 아니라면 임대인은 수선의무를 부담하지 않지만, 그것을 수선하지 않으면 임차인이 계약에 의하여 정해진 목적에 따라 사용·수익할 수 없는 상태라면 임대인은 그 수선의무를 부담해야 한다.

이러한 임대인의 수선의무는 특약에 의하여 이를 면제하거나 임차인의 부담으로 돌릴 수 있으나, 그러한 특약에서 수선의무의 범위를 명시하고 있는 등의 특별한 사정이 없는 한 그러한 특약에 의하여 임대인이 수선의무를 면하거나 임차인이 그 수선의무를 부담하게 되는 것은 통상 생길 수 있는 파손의 수선 등 소규모의 수선에 한한다. 대파손의 수리, 건물의 주요 구성부분에 대한 대수선, 기본적 설비부분의 교체 등과 같은 대규모의 수선은 이에 포함되지 않고 여전히 임대인이 그 수선의무를 부담해야 한다.

임대차계약 당시 "여관 수리는 임차인이 부담하고, 보일러 고장을 수리하는 것은 목욕탕을 가동할 때 임대인이 그 수리비의 반을 부담하고 가동하지 않을 때는 그 전액을 부담한다"는 내용의 특약을 맺었지만 위 특약에 의하여 임차인이 부담할 수선의무의 범위가 구체적으로 명시된 것은 아니다. 한편 이 문제의 배관 및 보일러시설은 건물의 주요 구성부분 또는 기본적 설비부분을 이루는 것으로서 그 파손의 정도는 전면적인 교체를 요하는 정도였고, 그 비용 또한 거액이 소요되는 점 등으로 보아 이는 대규모의 수선이 필요한 경우에 해당하기 때문에 달리 특별한 사정이 없는 한 이 특약에 의하여 임대인이 이와 같은 배관 및 보일러시설의 파손에 대한 수선의무를 면하고 임차인이 이를 부담하는 것은 아니라고 보는 것이 타당하다. 그리고 이 여관이 시세보다 저렴하게 임대된 것이라고 해도 이와 같은 대규모의 수선까지 부담하기로 할 특별한 사정이 있다고 볼 수는 없다. 그러므로 임대인이 수리비를 부담하여야 한다.

임대권

> **Q** 본인은 갑으로부터 토지를 임차하였습니다. 그런데 나중에 알고 보니 그는 그 토지의 소유권이 없었으며 임대할 권리도 없는 사람이었습니다. 이런 경우 임대차계약이 적법하게 인정을 받을 수 있는 지요?
>
> **A** 임대인이 임대차 목적물에 대한 소유권 기타 이를 임대할 권한이 없다고 하더라도 임대차계약은 유효하게 성립합니다.

임대차계약이란 당사자 일방이 상대방에게 목적물을 사용·수익하게 할 것을 약정하고 상대방이 이에 대하여 차임을 지급할 것을 약정함으로써 성립하는 것이다(민법 제618조). 나아가 임대인이 그 목적물에 대한 소유권 기타 이를 임대할 권한이 없다고 하더라도 임대차계약은 유효하게 성립한다. 따라서 임대인은 임차인으로 하여금 그 목적물을 완전하게 사용·수익케 할 의무가 있고, 또한 이러한 임대인의 의무가 이행불능으로 되지 아니하는 한 그 사용·수익의 내가로 차임을 지급할 의무가 있다고 할 것이며, 그 임대차관계가 종료되면 임차인은 임차목적물을 임대인에게 반환하여야 할 계약상의 의무가 있다.

다만 이러한 경우 임차인이 진실한 소유자로부터 목적물의 반환청구나 임료 내지 그 해당액의 지급요구를 받는 등의 이유로 임대인이 임차인으로 하여금 사용·수익케 할 수가 없게 되면 임대인의 채무는 이행불능으로 되고 임차인은 이행불능으로 인한 임대차의 종료를 이유로 그 때 이후의 임대인의 차임지급 청구를 거절할 수 있다(당원 1972. 6. 27. 선고 71다1848 판결, 1978. 9. 12. 선고 78다1103 판결).

대물변제예약

Q 본인은 갑에게 10년 전 5천만원을 빌려주면서 쌍방 사이에 약정 변제기까지 이를 변제하지 못할 경우 그 변제에 갈음하여 갑 소유의 건물을 본인에게 양도하기로 하는 내용의 대물변제예약을 했습니다. 그런데 갑은 금전을 변제할 약속기일을 차일피일 미루다 벌써 10년이 넘어버렸습니다. 그렇지만 그 안에 본인이 대물변제예약에 의해 갑의 건물을 명도 받기 위한 이전단계로 5년 전 처분금지가처분을 법원에 청구하여 그에 대한 결정을 받아둔 적이 있습니다. 그러나 결국 갑이 차용한 돈을 변제를 못하므로 이 건물을 매수하기 위해 10년이 지난 지금에서야 소유권이전등기를 해달라고 요구하였습니다. 그런데 갑은 그 기간이 넘었다며 요구에 응하지 않습니다. 본인의 권리를 포기해야 하는지요?

A 대물변제예약 변제 기간 전에 여기에 갈음할 수 있는 법적 행위가 있었다면 대물변제예약 완결권은 인정됩니다.

대물변제예약 완결권은 일종의 형성권으로서 당사자 사이에 그 행사기간을 약정한 때에는 그 기간 내에, 약정이 없는 때에는 그 권리가 발생한 때로부터 10년 내에 행사하여야 하고, 이 기간을 도과한 때에는 예약완결권은 제척기간의 경과로 인하여 소멸하는 것이다(대법원 1992. 7. 28. 선고 91다44766, 44773 판결, 1995. 11. 10. 선고 94다22682, 22699 판결). 그러나 대물변제예약 완결의 의사표시는 특별한 방식을 요하는 것이 아니고 단순히 예약 의무자에 대한 의사표시로써 할 수 있는 것이다. 만약 질문자가 담보권 실행을 위하여 건물에 관한 처분금지가처분신청을 하여 같은 내용의 결정을 받았다면 예약완결권은 그 때에 이미 행사되었다고 봄이 상당하고, 또 질문자의 예약완결권 행사는 그 제척기간 내에 적법하게 이루어졌다 할 것이다.

제 5 장

이웃과의 분쟁해결

용도에 필요한 통로가 없는 경우 주위토지를 사용할 수 있는가

Q 본인은 용인에 살고 있는 사람입니다. 본인의 집에서 공로로 나가 기 위해서는 본인의 집 앞에 있는 상가건물의 주차장으로 사용하고 있는 대지를 통과해야만 합니다. 그 동안 이곳은 상가 건물에 출입하는 사람들뿐만 아니라 인근주민들이 통로로 이용하고 있습니다. 그런데 어느 날 갑자기 그곳에 건물을 신축한다면서 막아버렸습니다. 이곳을 막게 되면 본인의 가족은 공로인 47번 국도까지 나갈 수도 없을 뿐만 아니라, 통행조차 불가능합니다. 이런 경우 어떻게 해야 하는지요?

A 특정 토지와 공로 사이에 용도에 필요한 통로가 없는 경우 그 토지 소유자는 주위의 토지를 사용하여 통행할 수 있습니다.

민법 제219조에 규정된 주위토지통행권은 공로와의 사이에 통로가 없는 토지의 이용을 위하여 주위토지의 이용을 제한하는 것이므로, 그 통행권의 범위는 통행에 필요한 범위 내에서 인정하되, 이로 인한 주위토지소유자의 손해가 가장 적은 상소와 방법의 범위 내에서만 허용된다.[1]

---

1) 민법 제219조【주위토지통행권】 ①어느 토지와 공로 사이에 그 토지의 용도에 필요한 통로가 없는 경우에 그 토지소유자는 주위의 토지를 통행 또는 통로로 하지 아니하면 공로에 출입할 수 없거나 과다한 비용을 요하는 때에는 그 주위의 토지를 통행할 수 있고 필요한 경우에는 통로를 개설할 수 있다. 그러나 이로 인한 손해가 가장 적은 장소와 방법을 선택하여야 한다.
②전항의 통행권자는 통행지소유자의 손해를 보상하여야 한다.
민법 제220조【분할, 일부양도와 주위통행권】 ①분할로 인하여 공로에 통하지 못하는 토지가 있는 때에는 그 토지소유자는 공로에 출입하기 위하여 다른 분할자의 토지를 통행할 수 있다. 이 경우에는 보상의 의무가 없다.
②전항의 규정은 토지소유자가 그 토지의 일부를 양도한 경우에 준용한다.

통행지역권이란 무엇인가

Q 본인의 집은 공로와 떨어져 있는데다가 다른 토지들로 둘러싸여 있어 타인의 토지를 통하지 않으면 통행이 불가능합니다. 그렇기 때문에 집 앞의 타인 소유의 토지를 20년 이상 사용하여 왔습니다. 이 렇게 일상 통로 형태를 유지하고 있는 경우에 시효로 인한 지역권이 취득되는지요?

A 지역권은 〔계속되고 표현된 것에 한하여〕 시효취득으로 인하여 취득 될 수 있습니다.

1. 지역권

지역권이란 설정행위에 의하여 정해진, 일정한 목적을 위하여 타인의 토지를 자기 토지의 편익에 이용할 수 있는 부동산 용익물권의 일종이다. 여기서 편익을 받는 토지를 요역지라 하고 편익을 제공하는 토지를 승역지라 한다.

그러므로 지역권이 인정되기 위해서는 다음과 같은 요건이 구비되어야 한다.

① 지역권은 타인의 토지를 자기 토지의 편익에 이용하는 권리로서 토지용익 물권의 일종이기 때문에 두 개의 토지, 즉 요역지와 승역지가 존재하고 승역지는 요역지의 편익을 위하여 제공된다는 관계에 있어야 한다. 승역지가 요역지의 편익에 사용된다는 것은 요역지의 사용가치를 증대케 하는 것을 의미하기 때문에 승역지를 이용할 때에는 요역지 거주자 개인의 이익을 위해서는 지역권을 설정하지 못한다.

② 지역권은 요역지 소유자와 승역지 소유자와의 사이에서만 성립하는 것이 아니기 때문에 지역권이 설정된 후에는 요역지의 지상권자, 전세권자, 임차인도 지역권을 동일하게 행사할 수 있다. 그러므로 승역지의 지상권자, 전세권자, 임차인이 설정된 지역권에 의한 제한을 받는다.

③ 지역권은 요역지 위의 권리에 종속된 권리이다.

④ 지역권은 불가분성을 가지고 있다.

2. 지역권의 시효취득

통행지역권의 시효취득에 관하여 민법 제294조에서는 지역권은 [계속되고 표현된 것에 한하여 민법 제245조의 규정을 준용한다]고 규정하고 있으므로, 요역지의 소유자가 승역지에 통로를 개설하여 그 통로를 사용하는 상태가 민법 제245조에 규정된 기간이 계속된 경우에 한하여 통행지역권의 시효취득을 인정할 수 있다는 것이 대법원의 견해이다(1966.9.6.선고, 65다2205,2306 판결; 1970.7.21.선고, 70다772,773 판결; 1979.4.10.선고, 78다2482 판결).

그리고 요역지 소유자가 승역지에 대하여 통행지역권을 시효취득하기 위해서는 요역지 소유자가 스스로 승역지상에 통로를 개설한 경우거나 요역지 소유자와 승역지 소유자 사이에 합의하에 승역지상에 사도를 개설한 경우와 같은 특별한 사성이 있는 경우에 한하여 통행지역권의 시효취득을 인정할 수 있다고 전제하고 있다. 그러므로 질문의 경우 20년 이상을 소유의 의사로 평온 · 공평하게 점유해 왔으므로 시효취득이 가능하다.

지역권은 설정계약과 등기에 의하여 취득되는 것이 일반적이지만 그 외에도 유언이나 양도 · 상속 등에 의해서도 취득할 수 있다. 그리고 지역권의 시효취득도 등기하여야 효력이 생긴다.

사도 통행권

> **Q** 본인이 조성된 토지를 구입하고 각 구입자는 그의 일부를 제공하여 사도를 만들었습니다. 그런데 인근 주민들이 공로가 있음에도 불구하고 토지를 구입한 본인과 구입자들이 개설한 사도가 지름길이라는 이유로 무단으로 통행을 하고 있습니다. 이러한 행동을 금지하게 할 수는 없는지요?
>
> **A** 사도는 공로처럼 누구나 자유롭게 통행할 수 있는 것이 아닙니다.

1. 사도 통행권

새로운 택지를 조성하거나 개인이 토지를 구입 또는 기존에 소유하고 있는 토지를 정지하여 필요한 도로를 만들 경우 그것은 엄연히 소유자에게 속한 개인자산이며 사도이다. 그러므로 개인이 개설한 사도는 아무나 자유롭게 통행할 수가 없도록 되어 있다. 다만 소유자가 공중의 통행에 공용하도록 하는 경우에는 누구나 자유롭게 통행할 수 있다. 그러므로 사도를 통행하기 위해서는 통행권을 취득하여야 한다. 이러한 권리에는 주위토지통행권, 통행지역권, 임대차·사용대차 등과 같은 계약에 의한 통행권, 관습상 통행권 등이 있으며 이에 의해서만 통행을 자유롭게 할 수 있다.

2. 사도 통행권의 종류

주위토지통행권

특정된 어느 토지에 그 토지용도에 필요한 공로가 없는 경우나, 공로에 통

하려면 과다한 비용을 요하는 경우에 인정되는 권리이다(민법 제219조 제1
항).¹⁾ 그러나 이와 같은 사유로 다른 토지를 통행하거나 통로를 개설할 때에
는 통행지나 통행개설지로서 가장 손해가 적은 장소와 방법을 선택해야 하며
(동조 1항 단서), 통행권자는 통행지 소유자에게 거기에 알맞은 손해를 보상
해야 한다.

한편 본래 공로에 통하고 있었던 토지였으나 그 토지가 분할되거나 일부 양
도로 인해 공로에 통하지 못하게 된 경우에는, 그 토지소유자는 다른 분할자
나 양수인의 토지를 통행할 수 있고 통행권자의 허락을 얻어 사실상 통행하고
있는 경우에는 그 손해의 보상을 청구할 수 없으며 보상의무도 없다(민법 제
220조).²⁾

통행지역권

지역권이란 설정행위에서 정한 일정한 목적을 위하여 타인의 토지를 자기
토지의 편익에 이용하는 부동산용익물권의 일종이다. 통행지역권은 시효취득
에 의해 권리를 취득할 수 있다.

계약에 의한 통행권

사도를 통행할 권리를 취득하는 방법으로는 통행하려는 토지의 소유주와
임대차·사용대차 등과 같은 계약을 체결함으로써도 취득할 수 있다. 임대차

---

1) 민법 제219조【주위토지통행권】 ①어느 토지와 공로 사이에 그 토지의 용도에 필요한 통로가 없
는 경우에 그 토지소유자는 주위의 토지를 통행 또는 통로로 하지 아니하면 공로에 출입할 수 없거나
과다한 비용을 요하는 때에는 그 주위의 토지를 통행할 수 있고 필요한 경우에는 통로를 개설할 수 있
다. 그러나 이로 인한 손해가 가장 적은 장소와 방법을 선택하여야 한다.
②전항의 통행권자는 통행지 소유자의 손해를 보상하여야 한다.
2) 민법 제220조【분할, 일부양도와 주위통행권】 ①분할로 인하여 공로에 통하지 못하는 토지가
있는 때에는 그 토지소유자는 공로에 출입하기 위하여 다른 분할자의 토지를 통행할 수 있다. 이 경우
에는 보상의 의무가 없다.
②전항의 규정은 토지소유자가 그 토지의 일부를 양도한 경우에 준용한다.

에 의한 방법은 유상계약이며 사용대차계약은 무상계약이다.

관습법상의 통행권

관습법상의 통행권은 판례에 의하여 인정되고 있다. 이것은 본래 통로가 존재하지 않았으나 오랫동안 타인의 토지를 통행한 결과 자연적으로 통로가 생기게 됨으로써 누가 보아도 통로라고 인정되는 통로일 경우 그의 통행은 관습에 기한 통행이라고 인정하는 통행권을 말한다.

권리남용

> **Q** 본인은 부산에 있는 토지 264평방미터를 매입하여 건물을 신축하였습니다. 그런데 공사 전 관습적으로 인정된 경계만을 믿고 측량을 하지 않은 탓에 인접 토지 약 11.6평방미터 정도를 침범하였습니다. 건물이 침범한 범위는 그 집 뒷마당이기 때문에 그렇게 불편하지도 않은데 침범한 부분을 철거하던지, 아니면 그 대지를 매입하라고 하면서 터무니없는 가격을 요구합니다. 이런 경우 그 사람의 요구는 권리남용에 해당하는 것이 아닌지요?
>
> **A** 권리남용에 해당합니다.

질문의 경우와 같은 사례들이 종종 일어난다. 그런데 질문의 경우를 검토해보면 건물이 침범한 범위가 그 집의 뒷마당이고 생활에 불편을 주지 않는 경우라면 뒷집 주인의 요구는 명백히 권리남용에 해당한다.

권리남용은 외견상으로는 정당한 권리를 행사하는 것처럼 여겨지지만 실질적으로는 권리의 공공성·사회성에 위배되는 것으로 정당한 권리의 행사로 시인할 수 없는 행위를 말한다. 그러므로 민법에서는 권리남용을 금지하고 있다. 그러나 민법 제2조 제2항[1]은 권리남용금지에 대한 법이념을 선언하고 있을 뿐이며 그의 요건이나 효과에 대해서는 규정하고 있지 않다. 하지만 권리남용금지의 법리와 민법 제2조 제2항의 정신에 비추어 보면 권리남용의 일반적 요건은 다음과 같다.

---

1) 민법 제2조【신의성실】 ①권리의 행사와 의무의 이행은 신의에 좇아 성실히 하여야 한다.
②권리는 남용하지 못한다.

1. 권리남용의 요건

① 정당한 권리행사라고 볼 수 없는 행위가 있어야 하는데 소극적 개념으로 권리의 불성실한 불행사도 포함된다.

② 사회적 목적에 반하는 권리행사가 있어야 한다. 즉 신의원칙을 위반하거나, 사회질서를 위반하는 행위 등이 있을 때에도 권리남용의 요건이 인정된다.

③ 비록 권리를 행사하는 자의 의도가 권리를 남용하기 위한 것이 아니라고 주관적으로 생각하고 있지만 그 행위에 있어 가해의 의사가 인정되거나 목적이 있는 경우에는 권리남용이 인정된다.

2. 권리남용의 효과

주관적 관점에서 정당한 권리행사라고 하지만 그 행위가 권리를 남용하는 것으로 인정되면 정당한 권리행사가 되지 못하며 더불어서 거기에 따르는 법률효과도 발생하지 않는다.

① 청구권일 경우 : 법의 조력을 받을 수 없다.
② 형성권일 경우 : 효과가 발생하지 않는다.
③ 남용의 결과 타인에게 손해를 주는 경우 : 손해배상의 책임을 지게 된다.
④ 법률 규정에 따라 권리의 박탈도 할 수 있게 된다.

일조권의 침해

Q 본인은 서울 중구 오장동 소재 대지 위에 1996년 6월 4층 건물을 신축하여 1997년 4월에 완공하였습니다. 이 건물은 갑이 소유한 대지와 인접해 있습니다. 그런데 건물이 완공된 지 2년 6개월이 지난 시점에 와서 갑이 일조권 침해라며 손해배상을 요구하고 있습니다. 이럴 경우 갑의 요구를 들어주어야 하는 것인지요?

A 이웃 토지상의 건물로 인하여 직사광선이 차단되는 불이익을 받는 경우에 그것이 사회통념상 일반적으로 인용할 정도를 넘지 않는다면 이를 감수해야 합니다.

헌법에서는 국민의 행복추구권을 인정하고 있으며 헌법에서 보장하고 있는 권리에 의해 국민 누구나 사생활의 침해를 받거나 권리를 침해받을 때에는 이를 시정할 수 있도록 하고 있다. 일조권 역시 행복추구권에 있어서 중요한 권리 가운데 하나이다. 일조권 분쟁은 도시의 고층화와 함께 건물주와 인근 주민간의 관계에서뿐만 아니라 건축행정상에서도 여러 가지 문제를 야기시키고 있다. 일조이익은 쾌적하고 건강한 생활에 필요한 생활이익으로 인접지 외 어느 일방이 차단하는 것은 용인될 수가 없다 할 것이다.

그러므로 이와 같은 일조이익을 보호하기 위한 법률적 구성이 나오게 되었고, 이를 침해하는 경우 법률적인 견해로는 토지소유자의 권리로서 일조이익의 침해가 일정한 한도를 넘으면 이를 권리남용으로 보아 위법성을 인정하고 손해배상 또는 방지청구권을 인정하는 입장(권리남용론)과 토지소유자의 권리라고는 보지 않지만 주로 불법행위 성립여부를 중심으로 나온 견해로서 타인의 이익의 침해는 원칙적으로 위법하고 그것이 일정한 한도이하의 경우에 한하여 위법성이 없다는 입장(수인한도론)으로 대별되고 여기에 환경권으로 보호하자는 입장이 있는 것으로 보인다.

권리적 구성을 한다면 일조권익보호의 측면에서는 유리할 수 있다. 그러나 불법행위를 원인으로 손해배상을 청구하는 면에서 본다면 그 어느 쪽에서도 결국 수인한도를 정함에 있어 제요소로 생각되는 피해의 종류·피해이익의 공익성·피해자에 대한 기대불가능성·피해자의 과실 및 가해행위의 공공성·사회성 방치 기대불가능성 공법상의 기준과 지역성 등에 대하여 구체적인 사안에서 어느 요소에 중점을 두고 판단하느냐는 차이에 지나지 않는다. 그렇지만 이러한 자료가 구체적 사건에서 모두 법원에 현출되기도 어려우므로 일응 건축이라고 하는 전문적인 분야에서 판단이 앞서야 할 것으로 보이며, 그 실무에서 채광의 정도 등에 대한 감정이 종종 실시되고 있는 것으로 생각된다.

여기서 우리 판례를 살펴보면 〔3층 건물의 건축법 위반부분이 각층 5평방미터에 지나지 않음에도 철거에는 막대한 비용이 드는 반면 그 철거의무를 방치할 경우 이웃집 채광에 다소 지장이 있을 듯하나 이 사건 증평부분은 그 집 후면이기 때문에 참기 어려울 정도로는 인정되지 아니한다〕고 하여 위 법률적 구성 이론 중 어느 설을 취하고 있는 것인지는 불분명하다(대판 1982. 5.11. 81누232).

일본의 예로는 〔남쪽 토지상의 가옥이 용적률을 위반하여 무허가로 건축되었고 북쪽의 토지 가옥 소유자는 위 건물로 일조를 거의 차단 당하고 통풍도 현저히 나쁘게 된 경우 남쪽가옥의 소유자는 불법행위로 인한 손해배상을 할 의무가 있다〕고 하여 수인한도론의 입장에서 판시한 바 있다(最高判 昭和 47. 6.27. 민집26권5호 1067).

아무튼 일조이익의 침해가 불법행위가 되기 위해서는 구체적인 사건에서 그 지역의 특수성 등 앞서 본 제 요소를 종합 판단하여 사회의 통념상 수인의 한도를 넘는다고 인정되어야 할 것이다.

이 경우에서도 이웃에 있는 건물로 인하여 직사광선이 차단되는 불이익을 받는다 하여도 사회통념상 일반적으로 인용할 정도를 넘지 아니하는 한 이에 대해서 손해배상을 해줄 의무는 없다.

환경권
– 인간다운 생활을 영위할 권리

Q 정부에서는 1995년 4월 부산광역시에 소재하고 있는 국립 부산대학교 인근에 신축하고 있는 모 건설회사의 아파트 건설공사를 중지해달라는 가처분신청을 했습니다. 건설회사에서 신축하고 있는 아파트의 건축은 국민들의 주거 환경을 개선하고 주택 보급률을 높이기 위한 공사였는데 가처분을 받아들여 허가된 24층 건물에서 18층 이상을 초과하는 건물 신축공사는 해서는 안된다고 결정했습니다. 이러한 경우 무슨 까닭에서 가처분이 받아들여진 것인지요?

A 헌법상 규정된 '환경권'은 사람이 인간다운 생활을 영위함으로써 인간으로서의 존엄을 유지하기 위하여 필요적으로 요구되는 인간의 생래적인 기본권의 하나로서, 이러한 환경권의 내용인 환경에는 자연적 환경은 물론이고, 역사적·문화적 유산인 문화적 환경, 사람이 사회적 활동을 하는 데 필요한 사회적 시설 등 사회적 환경 등도 이에 포함되기 때문입니다.

1. 행복추구권

헌법 제35조 제1항

"모든 국민은 건강하고 쾌적한 환경에서 생활할 권리를 가지며, 국가와 국민은 환경보전을 위하여 노력하여야 한다"라고 규정하고 있는 바, 위 헌법상 규정된 '환경권'은 사람이 인간다운 생활을 영위함으로써 인간으로서의 존엄을 유지하기 위하여 필요적으로 요구되는 것이며 인간의 생래적인 기본권의 하나로서 인간다운 생활을 위한 필수적인 절대권이다. 이는 모든 사람에게 다같이 보장되는 보편적인 권리로서의 성질을 가진다 할 것이고, 이러한 환경권의 내용인 환경에는 자연적 환경은 물론이고, 역사적·문화적 유산인 문화적 환경도 환경권의 대상인 환경의 범주에 포함시켜야 하며, 그 뿐만 아니라 사람이 사회적 활동을 하는 데 필요한 사회적 시설도 인간의 생활에 필요불가결한 사회적 환경으로서 이에 포함됨은 당연하며, 신청인이 내세우는 주장의 요지 또한 교육환경의 일종으로서 역시 위 사회적·문화적 환경의 범주에 속한다고 할 것이다.

그런데 이러한 '환경권'의 법적 성질에 관하여는 사법상의 구체적인 권리로까지 인정하여 환경권 자체의 침해 또는 침해의 우려에 대하여 그 배제청구권을 인정할 수 있을 것인지의 여부를 놓고 권리의 대상이 된 환경의 범위와 이에 대한 지배의 내용, 권리의 주체, 객체 및 그 내용, 나아가 법적 안정성의 문제를 둘러싸고 다툼이 있는 것은 주지의 사실이다.

그러나, 신청인이 내세우고 있는 교육환경은 넓은 의미의 주거환경의 범주에 속하는 것으로서 이러한 주거환경에는 일조, 통풍, 정온, 청정한 대기, 조망, 압박감 없는 상태 등 자연적 환경이익이 포함된다. 이러한 주거환경은 사회의 진보에 응하여 필연적으로 변화하는 것이기 때문에 정지된 일시점에 있어서의 환경, 그 상태를 영속시키는 것을 목적으로 하는 취지의 권리를 인정하는 것은 곤란하지만, 그것은 주로 인위적 변화이기 때문에, 때에 따라서는 부당한 환경변화나 유해무익한 환경파괴를 초래하는 경우가 있을 수 있다. 이 경우 현재 환경이익을 누리고 있는 구성원들은 그 환경이익이 아무런 합리적 이유도 없이 박탈되거나 부당한 환경악화를 강요당하는 것은 도저히 묵과할 수 없는 중대한 사태이고 특히 그 손해는 물질적으로나 정신적으로 현저함은 명백하다. 따라서 그 구성원이 현재 누리고 있는 환경이익은 그 환경으로부터 받고 있는 현재의 이익에 대한 정당한 보지(保持)를 목적으로 하는 법익으로서 정당하게 보호받아야 할 필요가 있다. 이러한 환경이익에 대한 부당한 침해 즉 부당하게 환경을 악화시켜 손해를 주는 것은 당연히 법률상 불법행위를 구성하여 그 손해배상책임을 부담한다고 할 것이나, 환경이익은 그 법익의 성질상 원래 금전에 의한 평가가 극히 곤란하고 금전배상만으로는 거의 그 목적을 달성할 수 없는 것이므로 환경이익 보호의 방법으로서는 손해배상만으로는 충분하지 않고 그 부당한 침해행위 즉 환경의 부당악화 그 자체를 유효 적절하게 금지시키는 방법이 강구되어야 한다.

그래서 현재 환경이익을 누리는 구성원은 그 환경이 명백히 부당하게 파괴될 우려, 다시 말하면 환경이익이 명백히 부당하게 침해될 위험이 발생한 경우에는 그와 같은 부당한 침해를 사전에 거절하거나 미리 방지할 수 있는 권리, 이른바 '환경이익의 부당침해 방지권'을 가진다고 봄이 상당하고, 따라서 현실적으로 부당한 침해의 위험이 있거나 이미 부당한 침해가 발생하고 있는 경우에는 특단의 사정, 예를 들면 금전적 보상에 의한 해결을 수인(受忍)할 수 있는 사유 등이 없는 한 위 방지권에 기하여 위험방지를 위한 충분하고 필요한 한도 내에서 구체적인 금지청구권을 취득하고 이를 행사함으로써 환경이익을 보전할 수 있는 것으로 해석했기 때문이다.

2 방해배제 청구권

민법 제217조

'토지소유자는 매연, 소음, 진동 등 기타 이에 유사한 것으로서 이웃 토지의 사용을 방해하거나 이웃 거주자의 생활에 고통을 주지 아니하도록 적당한 조치를 할 의무가 있다'고 규정하고 있는 바, 이는 토지 그 자체의 지배 내지 이용과는 별노로 그 토지 위에 엉위히는 인간의 건강하고 쾌적한 생활이익이 소음, 진동, 매연 등으로 인하여 적극적으로 침해되었을 때에는 생활이익의 침해를 토지 소유권의 침해와 동일시하여 토지 소유권에 터잡아 이러한 생활이익의 침해행위에 대한 방해배제청구권을 인정한 것이다.

그리고 앞서 본 일조, 통풍, 정온, 조망 등 교육환경을 포함한 주거환경도 넓은 의미의 '토지' 위의 '자원'으로 보고 이러한 주거환경은 자연으로부터 부여받은 만인 공유의 공동자원이기 때문에 어느 한 사람의 토지 소유자만의 독점물로 하는 것은 부당하고 상린지 토지 소유자 상호간에 민법의 위 규정에서 정한 상호배려의무를 부과시키고, 동시에 이러한 환경이익이 이웃 토지의 통상의 용도에 적당하지 않음으로 인하여 사회 통념상 수인할 수 있는 정도를 초과하여 침해당하거나 방해 당할 염려가 있을 때에는 당해 토지의 소유자는 그 토지의 소유권에 기하여 위 침해나 방해행위에 대하여 방해배제청구권을 가진다고 할 것이다.

민법 제217조

소정의 생활방해나 앞서 본 주거환경의 침해는 토지 소유권의 침해의 범주에 넣어 볼 수 있는 것이지만, 그 주된 피해법익은 인간의 건강하고 쾌적한 생활이익으로서 이러한 주거환경의 이익은 그 법익의 법적 성격으로 보아 종래의 생명, 신체, 자유, 명예, 정조, 초상권, 신용권 등과 마찬가지로 인격권의 일종에 속한다고 보아야 하고 이러한 인격권은 그 지배권 내지 절대권적 성격으로부터 물권적 청구권에 준하는 방해배제청구권이 인정되고 있다.

따라서 위 생활방해나 주거환경의 침해는 실질적으로는 신체적 자유 내지 정신적 자유의 침해에 속하는 것이고 이 경우 일정한 한도를 초과하는 침해에 대하여는 방해배제청구권이 인정되는 토지 소유권 기타 물권을 가지고 있지 않는 자라고 하더라도 막바로 인격권의 침해를 이유로 인격권에 터잡아 방해배제 또는 방해예방청구권을 행사할 수 있다고 봄이 상당하다.

매연, 소음, 진동 등에 의한 생활방해나 일조, 통풍, 정온, 조망 등 주거환경의 침해는 토지소유권의 침해의 범주에 넣어 볼 수 있지만, 그 주된 피해법익은 인간의 건강하고 쾌적한 생활이익으로서 이러한 주거환경의 이익은 그 법익의 법적 성격으로 보아 종래의 생명 · 신체 · 자유 · 명예 · 정조 · 초상권 · 신용권 등과 같이 인격권의 일종에 속한다고 보아야 하고 이러한 인격권은 그 지배권 내지 절대권적 성격으로부터 물권적 청구권에 준하는 방해배제청구권이 인정되고 있으므로, 생활방해나 주거환경의 침해는 실질적으로는 신체적 자유 내지 정신적 자유의 침해에 속하는 것이고, 이 경우 일정한 한도를 초과하는 침해에 대하여는 방해배제청구권이 인정되는 토지소유권 기타 물권을 가지고 있지 않은 자라고 하더라도 곧 바로 인격권의 침해를 이유로 인격권에 터잡아 방해배제 또는 방해예방청구권을 행사할 수 있다고 봄이 상당하다.

환경이익의 부당침해 또는 생활방해 등에 대하여 환경이익 그 자체의 침해로서의 부당침해방지청구권, 또는 토지 등의 소유권 침해로서의 물권적 청구권, 쾌적한 생활이익의 침해로서의 인격권에 기한 방해배제청구권 등 어느 권리에 근거하더라도 그 권리의 행사는 일정한 요건 하에서만 그 행사가 가능하다고 할 것이므로, 그것이 타인의 사유재산권의 행사와 저촉되는 경우에는 헌법 제23조 제1항의 사유재산권의 보호와 환경이익의 보호 및 상린관계 등 양자를 조화시켜서 상호간의 충돌을 합리적으로 조정할 수밖에 없다.

3. 관련규정

소음 · 진동규제법 제9조

① 소음 · 진동배출시설을 설치하고자 하는 자는 특별시장 · 광역시장 또는 도지사에게 신고하여야 한다. 다만, 학교 또는 종합병원의 주변 등 대통령령이 정하는 지역에 있어서는 특별시장 · 광역시장 또는 도지사의 허가를 받아야 한다.

② 제1항의 규정에 의하여 신고를 한 자 또는 허가를 받은 자가 신고한 사항이나 허가받은 사항을 변경하고자 할 때에는 환경부령이 정하는 바에 의하여 신고하여야 한다.

소음 · 진동규제법 제23조

① 특별시장 · 광역시장 또는 도지사는 주민의 생활환경을 유지하기 위하여 사업장 및 공사장에서 발생되는 소음 · 진동을 규제하여야 한다.

② 제1항의 규정에 의한 생활소음 · 진동의 규제 대상 및 규제기준은 환경부령으로 정한다.

소음 · 진동규제법 제25조

생활소음 · 진동을 발생하는 공사로서 환경부령이 정하는 특정공사를 시행하고자 하는 자는 환경부령이 정하는 바에 의하여 관할 특별시장 · 광역시장 또는 도지사에게 신고하여야 한다.

소음 · 진동규제법 제26조

① 특별시장 · 광역시장 또는 도지사는 생활소음 · 진동이 제23조 제2항의 규정에 의한 규제기준을 초과하는 경우에는 소음 · 진동을 발생하는 자에 대하여 작업시간의 조정 소음 · 진동발생 행위의 중지, 방음 · 방진시설의 설치 등 필요한 조치를 명할 수 있다.

② 특별시장 · 광역시장 또는 도지사는 제1항의 규정에 의한 조치명령을 받은 자가 이를 이행하지 아니한 때에는 당해 규제대상의 사용금지, 당해 공사의 중지 또는 폐쇄를 명할 수 있다.

건축법 제9조

① 대지는 배수에 지상이 있거나 건축물의 용도상 방습의 필요가 없는 경우는 그러하지 아니한다

② 습한 토지, 출수의 우려가 많은 토지 또는 먼지, 기타 이와 유사한 것으로 매립된 토지에 건축물을 건축할 때에는 성토, 지반의 개량 기타 필요한 조치를 하여야 한다.

③ 대지에는 우수 및 오수를 배출하거나 처리하기 위해 필요한 하수관 · 하수구 또는 유수탱크 기타 이와 유사한 시설을 해야 한다.

④ 손괴의 우려가 있는 토지에 대지를 조성하고자 할 때에는 대통령령이 정하는 바에 따라 옹벽을 설치하거나 기타 필요한 조치를 해야 한다.

그러므로 법원에서는 이러한 건물이 들어서면 대학교의 교육환경을 침해할 수 있다는 이유 때문에 그 인접 대지 위에 건축중인 24층 아파트 중 18층 초과 부분에 대한 건축공사를 금지했던 것이다.

경계확정

> **Q** 본인은 얼마 전 전원주택을 신축하기 위해 모 건설회사에서 분양하는 토지를 구입했습니다. 이 토지는 꽤 오래 전에 조성된 택지였던 관계로 명확한 경계가 없었습니다. 본인은 단지 분양회사가 제시한 토지대장과 등기부 그리고 지적도만 믿고 구입했는데 막상 건물을 신축하려고 보니 이웃 택지 소유자와 경계 때문에 분쟁이 발생하였습니다. 합리적으로 해결하고 싶습니다. 어떻게 하는 것이 가장 좋은지요?
>
> **A** 등기부와 지적도, 토지 대장 등을 근거로 하여 전문적인 측량사에게 의뢰하여 경계를 확정하는 방법과 토지경계확정의 소를 제기하여 해결하는 방법이 있습니다.

토지는 인위적으로 구획된 일정범위의 지면에 사회관념상 정당한 이익이 있는 범위 내에서의 상하를 포함하는 것으로서, 토지의 개수는 지적법에 의한 지적공부상의 필수, 경계선에 의하여 결정되는 것이고, 어떤 토지가 지적공부상 1필의 토지로 등록되면 그 지적공부상의 경계가 현실의 경계와 다르다 하더라도 다른 특별한 사정이 없는 한 그 경계는 지적공부상의 등록, 즉 지적도상의 경계에 의하여 특정되는 것이므로 이러한 의미에서 토지의 경계는 공적으로 설정·인증된 것이기 때문에 단순히 사적관계에 있어서의 소유권의 한계선과는 그 본질을 달리하는 것이다. 경계확정소송의 대상이 되는 '경계'란 공적으로 설정·인증된 지번과 지번과의 경계선을 가리키는 것이고, 사적인 소유권의 경계선을 가리키는 것은 아니다.

경계가 불분명하여 분쟁이 발생할 때에는 먼저 등기부와 지적도, 토지 대장 등을 근거로 하여 전문적인 측량사에게 의뢰하여 경계를 확정하는 방법이 좋다. 그러나 그것이 불가능할 때에는 토지경계확정의 소를 제기하여 해결하는 방법이 있다. 토지경계확정의 소는 인접한 토지의 경계가 사실상 불분명하여 다툼이 있는 경우에 재판에 의하여 그 경계를 확정하여 줄 것을 구하는 소송으로서, 토지소유권의 범위의 확인을 목적으로 하는 소와는 다르다.

토지경계확정의 소에 있어서 법원으로서는 당사자들이 소유하고 있는 토지들 내의 일정한 지점을 기초점으로 선택하고 이를 기준으로 방향과 거리 등에 따라 위치를 특정하는 등의 방법으로 지적도상의 경계가 현실의 어느 부분에 해당하는지를 명확하게 표시할 필요가 있고, 당사자가 쌍방이 주장하는 경계선에 기속되지 아니하고 스스로 진실하다고 인정하는 바에 따라 경계를 확정한다.

그리고 지적공부에 등록된 각 필지에 있어 그 토지의 소재, 지번, 지목, 지적, 경계는 이 등록으로 특정되므로 인접한 토지 사이의 경계의 확정을 구하는 소송에서의 경계를 확정함에 있어서도 지적도가 기술적 착오로 잘못 작성되었다는 등의 특별한 사정이 없는 한 지적도상의 경계에 의하여야 한다.

지적법 제38조 제1항, 제25조 제2항, 제19조 제1항에 의하면 경계 정정을 위하여는 측량을 하도록 규정하고 있으나 지적도의 재조제 과정에서 지적도가 잘못 작성되어 종전의 지적도와 재조제된 지적도만을 대조하여 보더라도 경계의 표시에 오류가 있음을 쉽게 확인할 수 있고 또 따로 측량을 하지 않더라도 그 오류를 쉽게 정정할 수 있는 경우에 경계 정정을 하기 위하여 측량을 할 필요는 없다.

공작물의 하자

Q 본인은 갑 소유와 인접한 가옥의 소유주입니다. 1998년 여름 폭우로 인해 갑 소유의 집 뒤의 석축이 무너지면서 본인의 집을 덮쳐 가옥이 완파되었고 본인의 아들이 크게 다쳤습니다. 그때 이 집은 갑이 을에게 임대를 하고 있던 터라 사고가 났을 때에는 갑이 그곳에 없었습니다. 그런데 을은 폭우가 쏟아지기 전 기상예보를 듣고 갑에게 무너질지도 모르니까 조치를 취해달라고 하였습니다. 전체 높이가 5m 이상이 되는 구조물이므로 철근 콘크리트 옹벽을 설치하여 쌓아야 안전함에도 불구하고 위와 같이 석축과 시멘트 벽돌만을 쌓아 옹벽의 역할을 하게 하였고 석축을 설치할 경우 수평방향 또는 연직방향으로 1내지 2m 이내의 간격으로 배수 파이프를 반드시 설치하여 뒷채움 토사에 스며드는 물을 항상 배수할 수 있도록 하여야 안전함에도 이러한 설치를 하지 아니하였을 뿐만 아니라 위 석축 아래 부분에는 손가락 하나가 들어갈 정도의 금이 나 있었다는 사실도 임차인에 의해 밝혀졌습니다. 이런 경우 누구에게 손해배상을 청구할 수 있는지요?

A 점유자인 임차인이 손해방지에 필요한 주의의무를 다했을 경우에는 점유자에게는 책임이 없고 소유권자에게 손해배상을 청구해야 합니다.

민법 제758조에 따라 공작물의 설치 또는 보존의 하자로 인하여 타인에게 가한 손해를 배상할 책임은 제1차적으로 공작물을 직접적·구체적으로 지배하면서 사실상 점유·관리하는 공작물의 점유자에게 있다.

임차인이 대지와 건물들을 모두 임차함에 있어서 축대를 임차목적물에 포함시키지 않기로 약정을 하였다는 등의 특별한 사정이 없는 한, 축대까지도 함께 임차하여 점유·관리하게 된 것이라고 보는 것이 거래의 관행과 경험칙에 합치된다. 그러나 질문을 살펴보면 임차인은 주의의무를 다했으며, 또 미래에 발생하게 될지도 모르는 피해사실을 예견하고 소유권자인 갑에서 수리를 의뢰하는 등 공작물의 점유자로서 손해의 방지에 필요한 주의를 해태하지 아니하였음을 입증했으므로 점유자인 임차인 을의 책임은 면책된다. 이럴 경우에는 제2차적으로 공작물의 소유자가 손해를 배상할 책임을 지게 된다. 그러므로 질문자는 이웃 건물의 소유권자인 갑에게 손해배상을 청구하면 된다.

  그리고 소유자 또는 점유자로서 책임을 지고 피해보상을 했으나 그 손해원인의 책임을 가지고 있는 자가 있는 경우에는 그에게 구상권을 행사할 수 있다.

도급인과 수급인의 책임 소재

Q 본인은 본인이 거주할 2층 주택의 건축주 겸 시공자로서 벽돌공사 등 일부공사는 직접 인부들을 고용하여 시공하고, 나머지 대부분의 공사는 각 부분별로 도급을 주어 시공하게 하였습니다. 그런데 공사가 진행되면서 콘크리트 공사를 수급한 갑이 2층 슬래브를 치기 위해 레미콘을 시공하던 중 그가 고용한 인부의 실수로 이웃집 쪽으로 레미콘 투입구를 돌려대는 바람에 이웃집이 크게 파손되었습니다. 이일로 인해 이웃집에서 본인에게 손해배상을 청구하고 있습니다. 본인이 알고 있기로는 이런 경우에는 콘크리트 시공을 수급한 갑의 책임이 아닌가 합니다. 공사를 시작하기 전 본인은 수급인에게 위험을 알리고 주의할 것을 당부하기까지 했었습니다. 그런데도 이웃집에서는 막무가내로 본인에게 손해를 배상하라고 합니다. 어떻게 해야 할까요?

A 원칙적으로 도급인은 수급인과 그의 사용인이 행한 과실에 따르는 손해배상은 부담하지 않습니다.

도급이란 수급인이 어떤 일을 완성할 것을 약정하고, 도급인이 그 일의 결과에 대하여 보수를 지급할 것을 약정함으로써 성립하는 계약이다. 도급계약의 목적은 어떤 일의 완성을 통해 거기에 대한 대가를 교부 받는 것이므로 일의 완성에 이르기까지 수반되는 위험은 수급인이 부담함을 원칙으로 한다. 도급계약의 가장 대표적인 것이 바로 건설공사 도급이다. 계약을 통해 수급을 받은 자는 그 일이 완성되기까지 수반되는 재산보호, 안전 등에 주의를 기울여야 한다. 그런데 수급이 수급인으로서 다해야 할 책임을 다하지 못해 발생하는 손해라던가, 피해에 대해서는 전적으로 부담을 하여야 한다. 그러므로 도급인은 수급인 또는 그 사용인이 공사를 하는데 관련하여 제3자에게 가한 손해에 대하여는 손해배상의 책임이 없다.

그러나 민법 제757조[1]에 의하면 발주 또는 설계에 관하여 발주자에게 과실이 있는 경우에는 도급인이 책임을 부담하도록 되어 있다.

질문의 경우를 살펴보면 원칙적으로 수급인의 책임이며 도급인인 질문자에게는 책임이 없다. 그러나 위험성이 있는 공사임에도 불구하고 도급인이 그에 대한 아무런 배려가 없었다면 민법 제757조의 [도급 또는 지시에 관하여 도급인에게 중대한 과실이 있을 때]라고 하여 도급인에게도 일정부분 책임이 있을 수 있다고 보고 있다. 하지만 질문의 경우에는 위험성을 주지시켰다고 볼 수 있으므로 질문자에게는 책임이 없다.

---

1) 민법 제757조【도급인의 책임】 도급인은 수급인이 그 일에 관하여 제3자에게 가한 손해를 배상할 책임이 없다. 그러나 도급 또는 지시에 관하여 도급인에게 중대한 과실이 있는 때에는 그러하지 아니한다.

창 너머로 이웃집을 넘겨다보면 안된다

Q 이웃집과의 경계선 가까이 2층집을 세웠더니 이웃집에서는 2층의 창으로부터 자기 집이 훤히 들여다보이니까 창에 차면 시설을 하도록 요구하고 있습니다. 상대방의 요구에 응할 의무가 있는지요? 차면 시설을 하지 않으면 안될 경우에 대해서도 설명해주시기 바랍니다.

A 인접된 건물이 타인의 사생활을 방해하는 경우 타인의 사생활을 보호해주어야 하므로 차면 시설이 필요할 때가 있습니다.

1. 창의 차면 시설

택지가격의 폭등으로 인하여 그의 고도이용이 절실히 필요해지고 경계선에 근접하여 고층건물을 세우는 경향이 차츰 강해지고 있다. 이에 따라 타인이 자기집을 들여다보지 않을까 하는 불안이나 긴장에서 평온한 가정생활이 방해를 받게 된다. 이 점에 대하여 법률은 경계선으로부터 2미터 이내의 거리에서 타인의 댁지를 관망할 수 있는 창이나 마루를 설치하는 경우에는 차면 시설 할 의무를 부과하고 있다(민법 제243조).[1]

질문자의 경우 경계선에 근접하여 건물을 세웠다고 했는데 그 건물의 2층 창으로부터 인지와의 경계선까지의 직근거리가 2m미만이라면 이웃집에서 요구하는 것처럼 창에 차면 시설을 갖출 의무가 있다. 이에 반하여 그 거리가 2m미터 이상이라면 아무리 타인의 택지를 관망할 수 있는 위치에 있다고 할

---

[1] 민법 제243조【차면시설의무】 경계로부터 2미터 이내의 거리에서 이웃 주택의 내부를 관망할 수 있는 창이나 마루를 설치하는 경우에는 적당한 차면 시설을 하여야 한다.

지라도 법률상 차면 시설을 해야 할 의무는 없다.

차면 시설의 정도는 이웃집의 택지가 창이 있는 방(또는 복도)을 보통으로 이용할 때 보이지 않을 정도면 충분하다. 더구나 창의 차면 시설에 대하여서는 그 지방에 관습이 있을 때는 그 관습이 우선한다.

경계 담의 설치비용은 반씩 부담한다

Q 본인의 집은 이웃과 인접해 있고 경계 위에 있는 담장이 낮아 사생활이 보장되지 않는 등 불편이 따르고 있습니다. 그런데 이웃집 주인은 그 집을 임대해서 세를 놓은 탓에 무관심합니다. 이럴 경우 경계 담을 단독으로 세우고 이웃집 주인에게 소요된 비용을 청구할 수 있는지요?

A 협의되지 않은 상태에서 단독으로 세우는 경우 그 비용을 청구할 수 없습니다.

1. 경계표의 설치권

소유자가 다른 2동의 건물 사이에 공지가 있을 때는 각 건물의 소유자는 상대방과 공동으로 경계상에 공동표나 담을 설치할 수 있다. 그렇기 때문에 상대방을 설득하여 협력을 청하고 각자가 비용의 반씩을 부담하는 것이 좋을 것이다. 그러나 상대방과 타협이 제대로 이루어지지 않을 때는 질문자의 권리로써 그 비용을 상대방에게 청구할 수 있게 되어 있다.[1] 그러나 타협이 이루어지지 않아 단독으로 설치한다면 비용을 청구할 수 없다.

상대방과 타협이 잘 이루어지지 않아도 경계표와 담 등을 설치하고자 한다면 법원에 대하여 상대방의 협력을 요청할 재판을 제기하는 수밖에 없다.

---

1) 민법 제237조【경계표, 담의 설치권】 ①인접하여 토지를 소유한 자는 공동비용으로 통상의 경계표나 담을 설치할 수 있다.
②전항의 비용은 쌍방이 절반하여 부담한다. 그러나 측량비용은 토지의 면적에 비례하여 부담한다.
③전2항의 규정은 다른 관습이 있으면 그 관습에 의한다.

개축공사를 할 때 인접지를 이용할 수 있다

> **Q** 가옥의 개축을 계획중입니다. 부지가 좁기 때문에 공사를 하는데 불편이 따르므로 인접지를 사용했으면 합니다. 이러한 경우 이웃 집을 이용할 수 있다고 들었는데 그 범위에 대해서 설명해 주십시오.
>
> **A** 개축공사에 필요한 범위 내에서 사용을 청구할 수 있고, 인접지 소유 자가 승낙하지 않는 경우 법원에 승낙에 갈음하는 판결을 구할 수 있 습니다.

1. 인접지 사용청구권

부득이한 사정에 의해 인접한 토지를 사용하는 경우가 있다. 이것을 법률적 으로 인접지 사용청구권이라고 하는데 무작정 인접한 토지를 사용할 수 있는 것은 아니다. 인접 토지를 사용할 수 있는 경우로는 경계 또는 그 근방에 있는 울타리, 벽 또는 건물의 구조 수선이 필요할 때이다. 이럴 때에는 허용되는 범 위 내에서 인접지의 사용을 청구할 수 있는데 인접 토지의 소유권자가 승낙을 하지 않는 경우가 있기 때문에 법원을 통해 승낙에 갈음하는 판결을 구할 수 있다(민법 제216조).

인접지 사용청구권이 허용되는 이유는 서로 인접한 토지를 이용하는데 있 어서는 서로에 대한 협력의무가 있다고 보기 때문이다. 따라서 질문의 경우처 럼 가옥을 개축하는 때에는 공사의 규모, 내용, 인접지의 이용상황 및 그에 따 라 입게 될 손해 등의 사정을 종합적으로 판단하여 범위를 정한다. 그리고 공 사를 진행하면서 관계자의 출입으로 인해 인접지 토지 소유권자가 손해를 입 었을 때에는 거기에 대한 손해배상을 할 의무가 있다(민법 제216조 제2항).

제 6 장

부동산 관련 법률문제와 해결

I. 분쟁의 해결 방법

분쟁해결제도

인간 관계 속에서 발생하는 문제를 해결하기 위해서 국가는 재판과 함께 이와 비슷한 제도들을 만들어 시행·보장하고 있다. 그러나 국가의 개입에 앞서서 사건에 따라 당사자간에 구체적이고 개별적인 합의가 가장 좋은 문제 해결 방법이다.

1. 합 의

어떤 문제가 발생했을 때 가장 좋은 해결 방법은 당사자간에 합의를 하여 해결하는 것이다. 합의를 하기 위해서는 우선 조건이 간단해야 한다. 그리고 조건에 부합되고 분위기가 조성되면 재빨리 결단을 내려 합의를 해야 한다. 그러므로 합의는 어디까지나 그 내용을 즉시 해결하는 것을 원칙으로 하여 서로 타협하려는 분위기가 이루어졌을 때 쌍방의 조건을 교환적으로 동시에 이행하도록 해서 뒤에 다시 분쟁이 일어날 여지를 없애도록 하는 것이다 .

2. 화해

화해의 종류
화해에는 민법상과 재판상의 화해가 있는데 민법상의 화해는 당사자가 서로 양보하여 그들 사이의 다툼을 해결하고 분쟁을 종결할 것을 약속함으로써 성립하는 계약이며, 재판상의 화해는 다툼이 있는 당사자끼리 법원에서 서로 양보하여 분쟁을 종료하는 것이며 구체적으로는 [소송상의 화해]와 [제소전의 화해]가 있다. 이 재판상의 화해는 우선 그것이 법원에서 해야 한다는 점에서 민법상의 화해와는 다른 것이다. 뿐만 아니라 그 요건과 효력에 있어서도 민법상의 화해와는 크게 다르다. 즉 재판상의 화해라고 하지만, 제소전의 화해는 상대방의 보통재판적 소재지 지방법원에서 해야 하고 소송상의 화해는 그 소송사건을 담당하는 법원에서 해야 된다.

제소전 화해

일반 민사분쟁의 소송으로 발전하는 것을 방지하기 위해 소를 제기하기 전에 지방법원 단독판사 앞에서 화해 신청을 하여 해결하는 절차이다. 이렇게 해서 성립한 화해 내용이 조서에 기재되면 확정판결과 같은 효력을 가지며 더구나 공정증서와는 달리 금전청구는 물론 명도 강제집행도 할 수 있으므로 이행을 강제적으로라도 확보할 수 있는 것이다. 제소전 화해는 원래 본지대로 현존하는 [민사상의 쟁의]의 해결보다 이미 당사자간에 성립된 다툼없는 계약내용을 조서에 기재하여 재판상의 화해를 성립시키거나 이행을 확보하는 방법으로 전용되는 실정이다. 이러한 신청은 상대방의 보통재판적 소재지 지방법원에 [화해신청서]를 제출하게 되면 기일에 법원으로 쌍방이 출두하여 판사로부터 화해권고가 있게 되며 거기서 화해되면 화해조서가 작성된다. 그러나 만약에 분쟁 당사자가 이에 협조하지 않아 화해가 이루어지지 않으면 결국 소송에 의해 해결할 수밖에 없게 될 것이다.

재판상 화해조서의 효력

화해조서가 작성되면 확정판결과 동일한 효력이 있기 때문에 그 범위 내에서 당연히 소송은 종료된다. 기판력에 있어서도 정도의 차이는 있으나 인정하고 있으며 화해조서의 기재가 구체적인 이행의무를 내용으로 할 때에는 집행력을 갖는다.

재판상 화해조서의 효력발생요건

재판상의 화해에는 화해조서가 작성되며, 조서는 확정판결과 같은 효력을 갖게 된다. 화해조서가 그러한 효력을 발휘하려면 법률상 유효하게 성립된 것이어야 한다.

화해계약을 확실히 하는 방법

시간이 흐르게 되면 그 합의한 사항에 대해 위반을 할 염려가 있으므로 장래 이행을 확보하기 위해 그때의 합의조건을 문서사항으로 확실하게 할 필요가 있다. 상대방이 합의조건을 이행하지 않으면 재판을 통해 상대방에게 강제집행을 할 수 있는데, 이 경우 합의할 때 작성한 문서는 증거자료가 된다. 그러므로 합의할 때 서약서, 각서, 계약서 등에 합의사항을 기재하고 도장을 찍게 해야 한다.

화해계약의 실효

화해계약도 계약이므로 무효·취소·해제에 관한 규정이 모두 적용되므로 화해계약을 맺을 때에는 모든 점을 주의 깊게 점검할 필요가 있다.

가처분 신청과 재심소송

소송이 제기되었다고 화해조서가 효력을 잃는 것은 아니므로 강제집행 역시 정지되지 않는 것이다. 강제집행을 당하면 앞에서 제기한 재심소송에서 승소한다해도 아무런 소용이 없게 된다. 이를 막기 위해서는 가처분신청을 하여 그 결정을 받아야 한다.

가처분제도는 원래 채권자를 위해 인정된 것으로 장래의 강제집행이 불가능하게 되거나 현저히 곤란하게 될 염려가 있을 때 채무자의 처분을 금하는 등의 방법으로 강제집행을 보전하는 절차인데 소송사건의 판결선고시까지 강제집행을 정지하거나 또는 이미 일부 이행에 착수하였다면 그 취지를 구하는 방법으로 그 이유를 설명하는 자료와 함께 법원에 신청하면 된다.

법원은 이유있다고 인정될 때 그 집행의 정지 및 취소를 명하게 되는데 이때는 거의 모든 담보를 제공하게 된다. 이 명령에 의해 화해조서에 의거한 집행력이 정지되므로 집달관이 와서 강제집행을 하려할 때에 이를 명령할 취지를 기재한 재판정본을 제시하면 집행하지 못한다.

민사조정

분쟁을 해결하는 방법에서 소송은 엄격한 절차를 거쳐야 하고 법률에 대한 전문지식과 소송기술이 필요하다. 반면, 조정은 서로 양보와 타협을 통하여 합의에 이르게 하는 제도이므로 절차가 간편하고 신속하게 종결되며 당사자가 직접 참가할 수 있다.

1. 민사조정제도의 장점

민사조정절차는 통상의 소송절차와는 달리 엄격한 제한이 없으므로 융통성이 많고, 법률지식이 없는 사람도 쉽게 이용할 수 있다. 조정을 신청하면 즉시 조정기일이 정하여지고, 단 한번의 출석으로 절차가 끝나는 것이 보통이므로 분쟁이 단기간 내에 해결된다. 또한 신청수수료가 소송사건의 5분의 1밖에 되지 않는다는 장점이 있다. 거기다가 자유로운 분위기의 조정실에서 당사자는 자기가 하고 싶은 말을 충분히 할 수 있고, 절차는 비공개로 진행될 수 있으므로 비밀유지가 가능하고 조정위원은 사회 각계의 전문가가 참여함으로써, 그들의 경험과 전문적 지식이 분쟁해결에 큰 도움을 준다는 장점을 가지고 있다. 소송에서 무조건 이행을 명하는 판결에 비하여, 채무자의 경제적 사정 등을 고려한 원만하고 융통성 있는 조정을 함으로써 당사자 사이의 날카로운 감정의 대립을 방지할 수 있다.

2. 민사조정신청

민사조정의 시작

민사조정은 분쟁의 당사자 일방 또는 쌍방이 조정신청을 하거나, 소송사건을 심리하고 있는 판사가 직권으로 그 사건을 조정에 회부함으로써 시작된다.

관할법원

조정은 피신청인(상대방)의 주소지, 사무소 또는 영업소의 소재지, 근무지, 분쟁의 목적물 소재지 또는 손해발생지를 관할하는 지방법원, 지방법원지원, 시·군 법원에 신청할 수 있다. 당사자는 합의에 의하여 관할법원을 정할 수도 있다. 따라서 당사자 쌍방이 합의한 경우에는 어느 곳이든 편리한 법원에 조정을 신청할 수 있다.

조정신청방법

조정신청은 본인 스스로 또는 변호사나 법무사에게 의뢰하여 작성한 조정신청서를 관할법원에 제출하면 되는데 구술로도 할 수 있다. 이는 신청인이 직접 관할법원에 가서 담당직원에게 신청내용을 진술하고, 법원직원이 그 내용을 무료로 조정신청조서에 기재하는 방법이다.

조정신청시 유의할 점

조정신청을 할 때에는 당사자의 성명, 신청의 취지 및 분쟁의 내용을 명확히 하여야 한다. 조정절차가 진행되려면 당사자 쌍방에게 소환장 등이 송달되어야 하므로, 신청인 본인과 상대방의 주소 또는 송달장소를 정확히 기재하고, 우편번호와 전화번호도 함께 기재하는 것이 좋다.

조정을 서면으로 신청하는 경우에는 상대방 인원수만큼의 신청서 부본을 함께 제출하여야 한다. 예컨대 상대방이 두 사람이면 신청서는 3통(원본용 1통과 부본용 2통)을 제출하여야 한다. 조정절차가 신속히 처리되게 하려면,

분쟁에 관련된 증거서류를 조정신청을 할 때 함께 제출하는 것이 좋다.

조정수수료 및 송달료

조정신청을 할 때에는 조정수수료를 수입인지로 납부하여야 한다. 그 금액은 민사소송을 제기할 때 내는 금액의 5분의 1로서, 매우 경제적이다.

그밖에 대법원 예규가 정한 일정금액의 송달료를 예납하여야 한다. 예납한 송달료 중 사용하고 남은 금액은 절차가 종료된 뒤 신청인에게 반환된다.

3. 민사조정절차

조정기관

조정사건은 조정담당 판사가 처리한다. 다만, 조정담당 판사가 직권으로 조정위원회로 하여금 조정하게 하거나, 당사자가 특별히 조정위원회에 의한 조정을 신청한 때에는 조정위원회에서 처리한다. 조정위원회는 판사 중에서 지정된 조정장 1인과 학식과 덕망이 있는 인사들 중에서 위촉된 2인 이상의 조정위원으로 구성된다. 다만 당사자는 합의하여 조정위원을 따로 선정할 수도 있다.

조정기일

조정신청이 있으면 즉시 조정기일이 정하여지고, 신청인과 상대방에게 그 일시·장소가 통지된다. 당사자 쌍방이 법원에 출석하여 조정신청을 한 때에는 특별한 사정이 없는 한 그 신청당일이 조정기일이 된다.

당사자 및 이해관계인의 출석과 대리

당사자는 지정된 일시·장소에 본인이 직접 출석하여야 한다. 다만 조정담당 판사의 허가가 있으면 당사자의 친족이나 피용자 등을 보조인으로 동반하거나 대리인으로 출석하게 할 수 있다. 조정의 결과에 관하여 이해관계가 있는 사람도 조정담당 판사의 허가를 얻어 조정에 참가할 수 있다. 신청인이 두 번 조정기일에 출석하지 아니하면 조정신청은 취하된 것으로 처리된다. 반대로 피신청인이 출석하지 아니하면 조정담당판사는 상당한 이유가 없는 한 피신청인의 진술을 듣지 아니하고 직권으로 「조정에 갈음하는 결정」을 한다.

진술청취와 증거조사

당사자들이 조정기일에 출석하면 조정담당판사나 조정장이 이끄는 바에 따라 신청인이 먼저 자기의 주장을 진술하고, 다음에 피신청인이 신청인 주장에 대한 답변을 한다. 조정담당판사나 조정위원회는 당사자 쌍방의 의견을 고루 듣고 당사자가 제시하는 자료를 검토하고 필요한 경우 적당한 방법으로 여러 가지 사실과 증거를 조사하여 쌍방이 납득할 수 있는 선에서 합의를 권고하는 등 조정절차를 진행한다.

4. 조정의 성립과 불성립

조정의 성립

조정기일에 당사자 사이에 합의가 이루어지면 그 내용이 조서에 기재됨으로써 조정이 성립된다. 다만 예외적으로 당사자의 합의내용이 상당하지 아니한 경우에는 조정담당판사(또는 조정위원회)가 합의를 무시하고 조정이 성립되지 아니한 것으로 하여 사건을 종결시키거나 합의내용과 다른 내용으로 조정에 갈음하는 결정을 할 수도 있다.

조정에 갈음하는 결정

조정기일에 피신청인이 출석하지 아니한 경우 또는 당사자 쌍방이 출석하였더라도 합의가 성립되지 아니한 경우에는, 조정담당판사(또는 조정위원회)는 상당한 이유가 없는 한 직권으로 「조정에 갈음하는 결정」을 하게 된다. 이는 당사자의 이익 기타 모든 사정을 참작하여 사건의 공평한 해결을 위하여 이른바 강제조정을 할 수 있도록 한 것이다.

이 결정에 대하여 당사자는 그 내용이 기재된 조서정본 또는 결정서 정본을 송달받은 날로부터 2주일 내에 이의신청을 할 수 있고, 이의신청이 있으면 그 결정은 효력을 상실하고, 사건은 자동적으로 소송으로 이행된다.

당사자 쌍방이 2주일 내에 이의신청을 하지 아니하면 그 결정 내용대로 조정이 성립된 것과 동일한 효력이 생기게 된다.

조정을 하지 아니하는 결정

사건의 성질상 조정을 함에 적당하지 아니하다고 인정되거나, 당사자가 부당한 목적으로 조정을 신청하였다고 인정되는 경우에는 조정담당판사는 [조정을 하지 아니하는 결정]으로 사건을 종결시킬 수 있다.

조정의 불성립

당사자 사이에 합의가 이루어지지 아니하고, 직권으로 [조정에 갈음하는 결정]을 하기에도 적절치 못한 사건으로 인정되면 조정담당판사(조정위원회)는 조정이 성립되지 아니한 것으로 사건을 종결시킨다.

5. 소송으로의 이행

조정신청을 하였으나 [조정을 하지 아니하는 결정]이 있거나(위 4의 다의 경우), 조정이 성립되지 아니한 경우(위 4의 라의 경우) 또는 「조정에 갈음하는 결정」에 대하여 당사자가 이의신청을 한 경우에는 당사자가 별도의 신청을 하지 않더라도 그 사건은 자동으로 소송으로 이행되어 소송절차에 의하여 심리 판단된다. 그러나 이처럼 조정이 성사되지 못한 경우라도 신청인에게는 아무런 불이익이 없다. 즉, 조정신청시에 소가 제기된 것으로 처리되므로 그 때를 기준으로 소멸시효중단 등의 효력이 생기고, 한편 소송으로 이행됨에 따라 추가로 인지를 붙여야 하지만 이 때는 처음부터 소를 제기하였다면 소장에 붙

엾어야 할 금액에서 조정신청을 할 때 이미 납부한 수수료만큼을 공제한 차액
만 붙이면 되므로, 결과적으로 신청인에게는 아무런 손해도 없는 것이다.

6. 조정의 효력과 집행

조정이 성립한 경우 또는 조정에 갈음하는 결정에 대하여 이의신청이 없거
나 이의신청이 취하된 경우 및 이의신청의 각하 결정이 확정된 경우에는 그
조정 또는 결정은 모두 재판상 화해와 같은 효력이 있다. 따라서 당사자 사이
의 분쟁은 판결이 확정된 경우와 마찬가지로 최종적으로 매듭지어지게 된다.

조정이 성립되었거나 조정에 갈음하는 결정이 확정되었는데도 상대방이 그
의무를 이행하지 아니하는 때에는, 확정판결과 마찬가지로 위 조정 또는 결정
을 가지고 강제집행을 할 수 있다. 또한 채무의 내용이 금전채무인 경우에는
법원에 채무자의 재산관계의 명시를 요구하는 신청을 하거나 일정한 경우 채
무자를 채무불이행자 명부에 등재하여 줄 것을 요구하는 신청을 할 수 있다.

7. 조정사건에 적합한 사건

원칙적으로 모든 민사에 관한 분쟁을 그 대상으로 하나 특히 다음과 같은
사건은 조정으로 해결하는 것이 좋다.

- 주택임대차 관련 사건
- 교통사고, 산재사고로 인한 손해배상사건
- 인간관계가 중요한 친척·친구사이의 사건
- 원만한 해결이 요구되는 건물명도 또는 철거사건
- 전문적인 지식이 요구되는 의료사고, 건축공사에 관한 분쟁, 환경오염사건
- 양쪽이 모두 피해자이어서 서로 양보할 필요가 있는 사건(빚보증으로 인
  한 사건, 도난수표의 분실자와 취득자 사이의 분쟁 등)

민사소송

1. 소를 제기하려면

조정이 성립되지 않아 법원에 소를 제기하려면 우선 소장을 작성하여 제출하여야 한다. 소장의 양식은 서울지방법원의 경우 종합접수실 민원실에 유형별로 견본을 작성하여 비치해 두고 있으며 각급 법원 민원실에도 견본을 비치하고 있다. 소장의 중요한 기재사항은 다음과 같다.

- 원·피고 당사자의 성명, 명칭 또는 상호와 주소
- 대리인이 있는 경우 대리인의 성명과 주소
- 청구취지 (청구를 구하는 내용·범위 등을 간결하게 표시)
- 청구원인 (권리 또는 법률관계의 성립원인 사실을 기재)
- 부속서류의 표시(소장에 첨부하는 증거서류 등)
- 작성 연월일
- 법원의 표시
- 작성자의 기명날인 및 간인

2. 소가 산정방법

소가는 원고가 청구취지로서 구하는 범위 내에서 원고의 입장에서 보아 전부 승소할 경우에 직접 받게될 경제적 이익을 객관적으로 평가하여 정한 금액을 말하는 바, 소송목적에 따라 산정표준이 다음과 같이 다르다.

통상의 소
① 확인의 소(소극적 확인의 소 포함) — 권리의 가액

② 증서진부확인의 소
- 유가증권 — 그 가액
- 기타증서 — 200,000원

③ 금전지급청구의 소 — 청구금액 (이자, 손해배상, 위약금 또는 비용의 청구가 소송의 부대목적이 되는 때에는 가액에 산입하지 않는다)

④ 기간이 확정되지 아니한 정기금 청구의 소 — 기 발생분 및 1년분의 전기금 합산액

⑤ 물건의 인도·명도 또는 방해배제를 구하는 소
- 소유권에 기한 경우 — 목적물건 가액의 2분의 1
- 지상권, 전세권, 임차권, 담보물권에 기한 경우, 또는 그 계약의 해지·해제, 계약 기간의 만료를 원인으로 하는 경우 — 목적물건 가액의 2분의 1
- 점유권에 기한 경우 — 목적물건 가액의 3분의 1
- 소유권의 이전을 목적으로 하는 계약에 기한 동산인도청구 — 목적물건의 가액

⑥ 상린관계상의 청구 — 부담을 받는 이웃 토지부분 가액의 3분의 1

⑦ 공유물분할청구의 소 — 목적물건의 가액에 원고의 공유지분 비율을 곱하여 산출한 가액의 3분의 1

⑧ 경계확정의 소 — 다툼이 있는 범위의 토지부분의 가액

⑨ 사해행위취소의 소 취소되는 법률행위의 목적의 가액을 한도로 한 원고의 채권액

등기·등록 등 절차에 관한 소

① 소유권이전등기 — 목적물건의 가액

② 지상권, 임차권 — 목적물건의 가액의 2분의 1

③ 담보물권, 전세권 — 목적물건의 가액을 한도로 한 피담보채권액(근저당권의 경우에는 채권최고액)

④ 지역권 — 승역지 가액의 3분의 1

3. 인지액 계산방법

소장에는 소송목적 가액에 따라 아래 금액 상당의 인지를 첨부하여야 한다.

① 소가가 1,000만원 미만인 경우 — 소가 ×10,000분의 50 = 인지액
② 소가가 1,000만원이상 1억원미만인 경우 — 소가×10,000분의 45+5,000원 = 인지액
③ 소가가 1억원 이상 10억원 미만인 경우 — 소가×10,000분의 40+55,000원 = 인지액
④ 소가가 10억원 이상인 경우 — 소가×10,000분의 35+555,000원 = 인지액

유의사항
① 산출된 인지액이 1,000원 미만인 때에는 이를 1,000원으로 하고,
② 1,000원 이상인 경우에 100원 미만의 단수가 있는 때에는 그 단수는 계산하지 않는다.
• 재산권상의 소로서 그 소가를 산출할 수 없는 것과 비재산권을 목적으로 하는 소송의 소가는 1,000만 100원으로 한다.
• 항소장, 상고장의 인지액 — 항소장에는 위 규정액의 1.5배, 상고장에는 2배의 인지를 붙여야 한다.
③ 소장 등에 첨부하거나 보정할 인지액이 20만원을 초과하는 때에는 전액을 현금으로 납부하여야 한다.
④ 인지액이 20만원을 초과하지 않는 경우에도 현금으로 납부할 수 있다.
⑤ 현금수납 기관은 송달료 수납은행에 납부하며 대부분 법원구내에 위치하고 있다.
⑥ 인지액 상당의 금액을 현금으로 납부한 후 과오납금이 있음을 발견한 때에는 세입징수관에게 반환을 청구 할 수 있다.

4. 송달료 납부액

소장을 제출할 때에는 당사자 수에 따른 계산방식에 의한 송달료를 송달료 수납은행 (대부분 법원구내 은행)에 납부하고 그 은행으로부터 교부받은 송달료 납부서를 소장에 첨부하여야 하는데 각 사건의 송달료 계산방식은 다음과 같다.

- 민사 제1심 소액사건 — 당사자 수×2,260×5회분 = 송달료
- 민사 제1심 단독사건 — 당사자 수×2,260×8회분 = 송달료
- 민사 제1심 합의사건 — 당사자 수×2,260×10회분 = 송달료
- 민사 항소사건 — 당사자 수×2,260×10회분 = 송달료
- 민사 상고사건(다) — 당사자 수×2,260×8회분 = 송달료
- 민사 조정사건(머) — 당사자 수×2,260×5회분 = 송달료
- 부동산등 경매사건(타경) — (신청서상의 이해관계인 수+3)×2,260×10회분 = 송달료

예 당사자 수(2명인 경우)×2,260(우편료)×5회분 = 22,600원

5. 송달료잔액의 횐급

① 당해 심급의 소송절차가 종결된 때에는 납부인이 송달료잔액 계좌입금 신청을 한 경우 신고한 예금계좌로 입금해준다.
② 계좌입금신청을 하지 아니한 경우, 예금계좌의 부정확한 신고등으로 송달료 잔액의 계좌입금이 되지 아니한 경우 및 송달료잔액이 계좌입금수수료보다 부족한 경우에는 송달료 관리은행에서 납부인에게 잔액환급 통지를 해준다.
③ 송달료잔액 환급통지가 이사 등의 사유로 송달불능이 되는 경우 이를 알

지 못하여 일정 기간 경과 후 국고수납이 되는 수가 있으니 송달료 납부시 예금계좌를 정확히 기재해야 한다.

6. 소장제출 법원

민사소송 소장을 작성하여 법원에 제출하려면 국내에 있는 여러 곳의 법원 중 그 사건과 관련된 법원에 제출해야 되는데, 일반적으로 이것을 관할이라고 한다. 관할에는 일반적인 경우와 특별한 경우가 있는데 다음 사항을 참고하기 바란다.

일반적으로 인정되는 소장 제출 법원

① 자연인 ― 피고의 주소지 관할법원, 주소가 없거나, 주소를 알 수 없는 때에는 거소(현재 사실상 거주), 거소가 없거나 알 수 없는 때에는 최후의 주소지 관할법원

② 법인 기타 단체 ― 주된 사무소 또는 영업소(본점)소재지, 주된 영업소 가 없는 때에는 주된 업무담당자의 주소지 관할법원

특별히 인정되는 소장 제출 법원

① 근무지 법원 ― 사무소 또는 영업소에 계속하여 근무하는 자에 대한 소

② 거소지 또는 의무이행지 법원 ― 재산권에 관한 소

③ 어음·수표의 지급지 법원 ― 어음·수표에 관한 소, 단 이득상환 청구 나 소구통지의 해태로 인한 손해배상청구와 같은 어음·수표상의 권리에 관한 소는 이에 해당하지 않는다.

④ 사무소, 영업소 소재지 ― 사무소 또는 영업소가 있는 자에 대한 소는 그 사무소 또는 영업소의 업무에 관한 것에 한하여 그 소재지 법원에 제기할 수 있다.

⑤ 불법행위지 ― 불법행위에 관한 소는 그 행위지의 법원

⑥ 부동산 소재지 — 부동산에 관한 소
⑦ 등기·등록지 — 등기·등록에 관한 소는 등기 또는 등록할 공무소 소재지 법원

유의 사항

위와 같이 특별히 인정된 법원이 있는 경우에는 일반적으로 인정된 법원과 비교하여 원고에게 유리한 법원을 선택할 수 있다.

당사자의 합의에 의하여 인정되는 소장 제출법원

법률상의 전속관할로 지정된 경우를 제외하고는 당사자가 일정한 법률관계에 기인한 소에 관하여 서면으로써 합의에 의하여 제1심 관할법원을 정할 수도 있다.

집행보전

1. 집행보전으로서의 가압류

가압류는 금전채권이나 금전으로 환산할 수 있는 채권에 관하여 장래 그 집행을 보전하려는 목적으로 미리 채무자의 재산을 압류하여 채무자가 처분하지 못하도록 하는 제도이다. 즉, 현재의 상태를 방치해 두면 장래의 강제집행이 불가능하게 되거나 현저하게 곤란하게 될 우려가 있는 경우에 채무자의 처분을 금지하는 등의 방법으로 현재상태의 변경을 금하고 강제집행을 보전하기 위한 절차로서 채권의 이행기가 도래하기만을 기다리다가 채무자가 자신의 재산을 낭비해 버린다거나 재산을 감추는 것, 매각하는 것 등의 행위로 채권자의 피해를 입을 염려가 있을 때 인정되는 채권의 집행보전의 제도이다.

따라서 가압류신청을 해서 그 결정에 따라 채무자의 재산을 가압류해 둠으로써 채권을 보존하게 된다.

가압류는 일종의 긴급조치로 어느 경우에나 할 수 있는 것은 아니다. 금전채권 또는 금전으로 환산할 수 있을 청구에 한해서만 가능하다. 그리고 가압류는 소송을 해서 판결을 얻을 때까지 강제집행을 보전하여야 할 필요성이 있는 경우에만 허용되는 것이다. 법치국가에서 함부로 타인의 재산을 압류한다는 것은 있을 수 없는 일이기 때문이다.

2. 가압류신청의 관할법원

민사소송법상 가압류사건은 가압류할 물건의 소재지 지방법원이나 본안소송이 계속중이거나 앞으로 본안이 제소되었을 때 이를 관할 할 수 있는 법원 중 한 곳에 제출하여야 한다. 강제집행에 관하여는 당사자의 합의에 의한 합의관할은 인정되지 않는다.

3. 신청서의 기재사항 및 수수료

가압류신청서에는 당사자 및 법정대리인의 표시, 소송대리인의 표시, 신청의 취지, 신청의 이유, 법원의 표시, 소명방법의 표시, 년 · 월 · 일의 표시, 당사자 또는 대리인의 기명날인을 하여야 한다.

신청서에는 2,000원(지급보증위탁문서의 제출을 동시에 신청하는 경우에는 2,500원)의 수입인지 및 송달료(당사자 수×3회분)를 납부하여야 한다. 단, 시 · 군 법원에 신청서를 제출하는 경우에는 당사자 수×1회분의 송달료를 반드시 우표로 납부하여야 한다.

법원에서 가압류신청을 인용하는 재판은 담보를 조건으로 하는 경우와 담보 없이 하는 경우가 있는 바, 담보제공을 조건으로 하는 경우에는 그 조건에 따라 현금 공탁 후 공탁서 사본을 제출하거나 공탁보증보험증권을 제출하여야 한다.

부동산에 대한 가압류결정의 경우 신청인은 재산소재지를 관할하는 시·구·군청에서 가압류 할 금액의 2/1000에 해당하는 등록세와 등록세액의 20/100에 해당하는 교육세를 납부한 후 영수필증을 제출하여야 한다.

등록세액이 3,000원 미만인 경우에도 3,000원을 납부하여야 한다.

자동차·선박 가압류의 경우 등록세액은 1건당 7,500원, 건설기계와 항공기의 경우는 1건당 6,000원이며, 교육세액은 등록세액의 20/100이다.

4. 가압류의 집행기관

유체동산의 가압류는 집행관이 이를 집행한다. 채권자는 가압류결정정본을 가지고 가압류할 유체동산의 소재장소를 관할하는 지방법원 관할 집행관에게 집행위임을 하고 수수료를 납부하면 집행관은 14일 이내에 집행에 착수함과 동시에 재판서 정본을 채무자에게 송달하게 된다. 집행위임을 위한 신청서는 집행관 사무소에 비치되어 있다.

5. 가처분

채권자가 금전채권이 아닌 특정계쟁물에 관하여 청구권을 가지고 있을 때 판결이 확정되어 그 강제집행시까지 방치하면 그 계쟁물이 처분되거나 멸실되는 등 법률적 사실적 변경이 생기는 것을 방지하고자 판결을 받기 전에 그 계쟁물의 현상변경을 금지시키는 집행보전제도로서 그 방법은 천태만상이므로 가처분의 형식도 일정하지 않으나, 일반적으로는 처분행위를 금지하는 처분금지가처분과 점유 이전행위를 금지하는 점유이전금지가처분이 있다. 또한 당사자간에 현재 다툼이 있는 권리관계 또는 법률관계가 존재하고 그에 대한 확정판결이 있기까지 현상의 진행을 그대로 방치한다면 권리자가 현저한 손해를 입거나 목적을 달성하기 어려운 경우에 잠정적으로 임시의 조치를 행하는 보전제도로서 예컨대 건물의 명도청구권을 본안의 권리로 가지고 있는 자에게 임시로 그 건물 점유자의 지위를 준다든지, 해고의 무효를 주장하는 자에게 임금의 계속 지급을 명하는 따위의 가처분을 할 수 있다.

6. 가처분 신청방법

가처분신청의 관할법원은 현재 본안소송(통상의 소송절차 및 독촉절차, 제소전 화해절차, 조정절차, 중재판정절차 등)이 계속중 이라면 그 법원이 관할법원이 되고, 현재 본안이 계속 중에 있지 않으면 앞으로 본안이 제소되었을 때 이를 관할할 수 있는 법원에 제출하면 된다.

신청서에는 2,000원(지급보증위탁문서의 제출을 동시에 신청하는 경우에는 2,500원)의 인지와 송달료를 납부하여야 한다. 송달료는 당사자 수×3회분을 납부하여야 하며 단, 시·군법원에 제출하는 가처분신청서에는 당사자 수×1회분의 송달료를 반드시 우표로 납부하여야 한다.

법원에서 가처분신청을 인용하는 재판은 담보를 조건으로 하는 경우와 담보 없이 하는 경우가 있는 바, 담보제공을 조건으로 하는 경우에는 그 조건에 따라 현금 공탁 후 공탁서 사본을 제출하거나 공탁보증보험증권을 제출하여야 한다. 부동산에 대한 가처분 촉탁시에는 등록세를 납부한 후 영수필증을 첨부하여야 한다.

① 납부할 액수 — 피보전권리의 가액(소유권이전등기청구권인 때에는 부동산가액)의 2/1000에 해당하는 등록세와 등록세액의 20/100에 해당하는 교육세
② 납부할 장소 — 부동산 소재지 시·구·군청

가처분의 종류

① 계쟁물에 관한 가처분 — 계쟁물에 관한 가처분은 특정물의 인도를 청구

하는 것인데, 상대방이 그 특정물 위에 건축하고 있을 경우에 채권자가 이 청구권에 근거하여 장차 강제 집행하는 것이 현재 이상으로 어렵게 되었을 때 후일 집행보전을 위하여 인정하는 것이다.

② 임시적 지위를 정하는 가처분 — 예를 들어 갑이 교통사고로 을을 부상케 하였을 때 갑은 자신의 과실이 없음을 이유로 무책임을 주장하고 을은 갑의 손해배상책임을 주장하여 다툼이 있을 때 을의 응급치료를 위하여 을에게 우선 응급 치료를 위한 손해배상청구권이 있다고 가정하고 갑에게 일정액의 배상지급을 명하는 것이 거기에 속한다.

가처분의 진행절차

점유이전금지가처분을 이행해 달라는 위임을 받은 집달관은 그 목적하는 토지나 가옥에 가서 현재 거주하고 있는 점유자를 조사하고 그 가옥 내에 있어서의 각 점유자들의 점유부분을 명확히 조사한 후에 〔공시서〕를 그 가옥 안에서 알아 보기 쉬운 곳에 첨부해 둔다. 그리고 나서 집달관은 집행조서를 만들고 입회인이나 관계자에게 서명 · 날인을 하게 함으로써 집행절차는 끝나게 된다. 점유이전금지가처분은 그 토지나 가옥에 가처분집행 당시에 거주하고 있는 자에 대해서는 종전대로 거주하게 하고 다만 그 가옥점유를 관념적으로 집달관에게 이행하게 한 것이라고 보는 것이다. 때문에 가처분 집행 후에 그 토지나 가옥에 전입하는 사람은 집달관이 보전하고 있는 토지나 가옥에 들어가는 것이 된다. 따라서 전입자가 점유이전금지가처분이 행해진 사실을 알고 있었는가를 불문하고 신청인은 그 사람에게 명도를 요구할 수 있다.

상대방의 점유이전행위는 명백한 가처분명령위반이며 후일에 승소판결을 받았을 때에 그 불법점유에 대하여는 특히 그에 대한 판결절차를 거칠 필요가 없이 강제집행에 의하여 그 집에서 퇴거시킬 수 있게 된다.

2. 분쟁의 해결 실례

 손해배상

> **Q** 본인은 갑 소유의 가옥을 매입하였습니다. 그 집에는 을이라는 사람이 점유하고 사용중인 상가가 있었는데 갑은 본인에게 명도하여 주기로 약정하였음에도 불구하고 명도의무를 이행하지 아니하여 부득이 본인이 을이 점유하고 있던 상가를 명도받기 위하여 을을 상대로 명도청구소송을 제기한 결과 을이 가게를 임차해 수선하면서 사용한 유익비를 돌려달라고 상환 청구권을 행사하여 법원에서 이 부분이 인정되어 본인이 유익비 8,670,906원을 부담하면서 위 점유부분에 대한 명도집행을 단행하여 그 집행비용으로 428,520원이 소요됨으로써 도합 9,099,426원의 손해를 입었습니다. 그러므로 갑에게 그 돈을 지급해달라고 하였으나 갑은 본인의 요구를 무시하고 있습니다. 이런 경우에는 어떻게 되는지요?
>
> **A** 갑은 질문자가 손해를 입은 부분에 대해 보상을 해주어야 합니다.

매매 목적 부동산을 사용하여 온 임차인이 부동산매매계약체결 이전에 그 부동산의 임차부분을 수선하여 발생한 유익비는 그로 인한 가치 증가가 매매대금 결정에 반영되었다 할 것이므로 특별한 사정이 없는 한 매도인이 이를 부담할 성질의 금전이다. 그러므로 매수인이 임차인의 점유부분을 명도 받기 위하여 임차인을 상대로 명도청구소송을 제기한 결과 임차인의 유익비상환청구권이 인정되어 이를 상환하였다면 매도인에 대하여 명도의무 불이행으로 인한 손해배상으로서 구상할 수 있다.

또 제3자가 점유중인 부동산의 매매에 있어서 제3자가 부동산을 명도하지 아니하여 매수인이 이를 강제 집행한 경우 집행채권자는 집행채무자에 대하여 당연히 집행비용의 지급을 구할 수 있으나 위와 같이 매도인이 명도 의무를 이행하지 아니하였기 때문에 매수인이 집행을 하게 된 것이라면 이는 매도인의 명도의무 불이행으로 인한 손해에 다름없기 때문에 질문자는 매도인에 대하여서도 그 지급을 구할 수 있다(대법원 1976.12.14. 선고,76다957 판결).

대금감액

Q 본인은 경북 고령읍에 있는 임야를 1997년 5월에 매입하였습니다. 이 땅의 면적은 66,116평방미터로 같은 산에 있는 임야 77,883평방미터에서 분할된 토지로서 1988년 5월 10일 갑의 대리인으로부터 분할 전의 임야 77,883평방미터 중 갑의 대리권자의 선대 분묘가 있는 3,600평 가량을 제외한 나머지 부분만을 특정하여 본인에게 매도하고 본인은 갑에게 매매대금 중 계약금으로 4,200만원을 지급하고 같은 달 20일에 중도금으로 2,000만원을 다음 달 10일에 잔대금으로 1,780만원을 지급하기로 하는 내용의 매매계약을 체결하고 계약당일 갑에게 계약금 420만원을 지급했습니다. 그런데 중도금을 지급할 무렵 본인이 원소유주에게 임야의 경계에 의문이 있으니 이를 분명히 하는 내용의 각서를 써 달라고 요구하여 이를 둘러싸고 다툼이 생기자 같은 날 본인과 갑 사이에 합의로 중도금의 지급을 잔대금지급기일인 6월 10일까지 연기하고 측량을 통하여 위 임야의 경계를 분명히 한 후 잔대금과 함께 이를 지급하기로 약정하였으나 위 잔대금 기일까지 본인은 갑에게 위 중도금 및 잔대금을 지급하지 아니하고 갑 또한 이 사건 임야의 소유권이전등기에 필요한 서류를 제공하지 아니함은 물론 이 임야의 경계를 확정하고 이를 분할하기 위한 측량조차 실시하지 않아 쌍방이 상호 이행의 제공없이 잔대금 지급기일을 지나쳤습니다.

갑은 본인에게 수차에 걸쳐 중도금 및 잔대금을 지급하도록 독촉했으나 경계측량은 물론 소유권이전등기에 대해서도 말이 없고 계약내용과는 달리 분할하기로 한 임야에 갑 소유의 창고가 있었습니다. 그래서 본인은 갑에게 대금감액을 요구하며 이 요구를 들어주지 않는다면 계약을 해제하겠다고 했습니다. 그러나 서로의 인간관계 때문에 막상 계약을 해제할 수도 없어 다시 화해하여 계약내용을 이행키로 하였는데 갑은 본인의 요구대로 임야를 분할하여 임야대장상에 등재했는데, 본인이 엉뚱하게 대금감액 요구를 한다며 계약을 해제하겠다고 합니다. 이와 더불어 계약사항을 어겼으므로 계약금을 되돌려줄 수 없다고 합니다. 이런 경우 어떻게 해야 하는지요?

A 갑의 주장은 무리이며 단지 대금감액요구만으로 계약을 해제하겠다는 것은 이유가 불충분합니다.

이 질문과 같이 임야의 일부분을 특정하여 매도한 경우에는 매도인의 소유권이전등기의무는 특별한 사정이 없는 한 매매목적물의 분할등기를 완료하여 이를 이전하여 줄 의무라고 보아야 한다. 단지 임야대장상의 분할등재만으로는 매도인의 의무인 소유권이전등기의무의 이행 내지 이행의 제공이 있었다고 보기 어렵기 때문에 그 이행의 제공 없이 계약해제를 주장하는 것은 부적법하다. 그리고 질문자가 매매대금을 감액하여 줄 것을 요구하는 등으로 자기의 채무를 이행할 의사가 없음을 미리 명백히 하였으므로 갑으로서는 자기채무의 이행을 제공함이 없이도 이 사건 계약을 적법하게 해제할 수 있다고 주장한다는 것은 대금감액을 주장하게 된 경위와 그 후의 갑의 태도 등에 비추어 위와 같은 질문자의 대금감액요구만으로는 질문자가 그의 대금지급채무를 이행하지 아니할 의사를 미리 명백히 한 것이라고 단정하기는 곤란하므로 질문자가 자기채무를 이행하지 않을 의사를 미리 표시하였다고 볼 증거가 없다.

쌍방의 채무가 동시이행 관계에 있는 쌍무계약에 있어서 당사자 일방이 미리 자기의 채무를 이행하지 아니할 의사를 표명한 때에는 상대방은 이행최고나 자기의 채무이행제공이 없이 계약을 해제할 수 있는 것이고, 이러한 채무를 이행하지 아니할 의사의 표명여부는 계약이행에 관한 당사자의 행동과 계약 전후의 구체적 사정 등을 살펴서 판단하여야 할 것이다.

불법행위에 대한 배상책임

> **Q** 본인은 양계업을 하는 사람입니다. 며칠 전 이웃집 어린이가 양계장에 놀러 왔다가 닭에게 줄 모이에 살충제를 섞어 주는 바람에 1천마리가 넘는 닭이 죽고 말았습니다. 이 경우 손해배상을 청구할 수 있는지요?
>
> **A** 자기의 행위에 대한 책임을 알 만한 정신적 능력이 없는 미성년자의 경우 미성년자는 손해배상책임은 없으며 이 때에는 부모에게 청구할 수 있습니다.

1. 미성년자의 책임능력

민법 제753조에는 〔미성년자가 타인에게 손해를 가한 경우에 그 행위에 책임을 변식할 지능이 없는 때에는 배상의 책임이 없다〕고 규정하고 있다.[1] 이것은 정신적으로 미숙한 미성년자는 자기가 행한 행위가 어떤 책임을 지게 되는지에 대해 분별할 수 없기 때문에 미성년자에게 손해배상책임을 물을 수 없다는 의미인데 이러한 경우에는 미성년자를 감독할 의무가 있는 사람이 미성년자의 행위에 대한 손해배상책임을 지게 된다.

---

1) 민법 제753조【미성년자의 책임능력】 미성년자가 타인에게 손해를 가한 경우에 그 행위의 책임을 변식할 지능이 없는 때에는 배상의 책임이 없다.

2. 미성년자의 책임변식력

미성년자의 책임능력은 행위의 책임을 분별하여 인식할 수 있는 지능을 가지고 있는가에 따라 결정된다. 법률적 책임변식력이란 어떤 행위가 법률적으로 허용되지 않으며 만일에 그것을 행할 경우 법률상의 책임을 지게 된다는 것을 인식하는 지능을 의미하며 책임이란 도덕적 책임이 아니라 법률적 책임을 의미한다.

3. 감독자의 책임은 무엇인가

민법 제755조에 의하면 〔미성년자가 책임질만한 능력이 없는 이른바 무능력자인 경우에는 법률상 이를 감독할 의무가 있는 부모 등이 그 손해를 배상할 책임이 있다〕고 규정하고 있다. 그러나 미성년자를 감독하는데 있어서 그 의무를 게을리 한 것이 아니라는 사실을 증명한 경우에는 그 부모에게도 면책권이 부여된다.

매도인의 이중매매에 따른 책임

> **Q** 본인은 갑이 소유하고 있는 가옥을 매입하기 위한 매매계약을 체결하였습니다. 본인은 계약내용대로 매매 대금을 지불하였음으로 갑에게 소유권이전등기를 요구하였는데 소유권이전등기를 해주기는커녕 오히려 을에게 가옥을 이중으로 매도하여 그에게 이미 소유권이전등기까지 넘겨주었습니다. 이런 경우에는 어떻게 해야 하는 지요?
>
> **A** 매도인에게 손해배상을 청구할 수 있고, 매도인은 이중매매에 따른 형사적 책임을 저야 합니다.

1. 이중매매에 따른 문제

부동산 매매계약을 통해 소유권 이전에 대해 계약을 하고 매도인에 대해서 매수인이 가지고 있는 의무인 대금채무를 이행했다면 매도인으로서는 지체없이 소유권을 매수인에게 이전할 의무를 가지고 있다. 그럼에도 불구하고 그 의무를 이행하지 않고 제3자와 다시 매매계약을 체결한 것은 실제적으로 이중매매를 한 것이다. 그런데 비록 이중매매일지라도 매도인이 제3자와 유효한 매매계약을 체결하였고 등기를 완료한 경우에는 가옥의 소유권은 당연히 제3자에게 귀속하게 되어있다. 이런 경우 질문자는 매매계약에 의해 매도인에게 소유권이전에 관한 등기청구권을 행사할 수 있지만 이미 제3자에게 소유권이 이전되었으므로 등기청구권을 행사해도 효과가 없다. 그러나 만약 제3자와의 계약이 서로 합의하여 질문자를 속일 목적으로 매매계약을 체결하고 이에 의해 소유권을 이전하였다면 두 사람 사이의 매매계약은 통정한 의사표시로써 무효라고 주장할 수 있어 원인무효로 인한 소유권이전등기의 말소청구권을 행사할 수 있다. 그러나 소유권이전등기말소청구권을 행사하기 앞서 두 사람이 악의로 질문자를 속였다는 것을 입증하여야 하며, 선의로 매도인과 매매계약을 체결하여 소유권을 취득했다면 질문자는 소유권을 취득할 방법이 없다. 이럴 경우에는 단지 질문자는 매도인에게 매매계약의 불이행으로 인한 손해배상 청구권이나 불법행위로 인한 손해배상청구권 등을 행사할 수 있을 뿐이다. 즉, 매매계약으로 인해 발생한 채권상의 계약 불이행 책임을 주장할 수 있을 뿐이다. 그러나 이것은 민법상의 문제이고 형사적인 책임을 회피할 수는 없다.

2. 형사 책임

매매계약은 신의칙에 의해 부과된 의무를 성실하게 이행하여야 한다. 매도인이 질문자와 정상적인 매매계약을 체결하고 그 대금을 지급 받았으므로 당연히 질문자에게 소유권을 이전해 줄 의무가 있음에도 불구하고 이를 불법 처분했으므로 형사상의 책임이 있다. 이러한 경우 구 민법 하에서는 남의 토지를 등기상 보관한 자가 불법 처분한 것으로 보아 횡령죄로 적용했으나 현행 민법 아래에서는 아직 소유권을 이전하지는 않았지만 이에 협력할 의무가 있음에도 불구하고 이에 위반하여 제3자에게 불법 처분하여 재산상의 이득을 얻고 당신에게 손해를 기한 것으로 보아 배임죄를 적용하고 있다.

이중매매한 형사상 책임을 묻기 위해서는 사법기관에 고소를 하면 된다.

제 7 장
양도소득세 해설

Ⅰ. 양도소득세

양도와 양도소득세의 정의

양도라 함은 자산에 대한 등기 · 등록에 관계없이 매도 · 교환 · 법인에 대한 현물출자 등으로 인하여 그 자산이 유상으로 사실상 이전되는 것을 말하며 이렇게 발생한 소득에 대해 과세하는 것을 양도소득세라고 한다.

1. 양도에 해당하는 경우

매 매

매매는 당사자 일방이 재산권을 상대방에게 이전할 것을 약정하고 상대방이 그 대금지급을 약정함으로써 그 효력이 발생하는 유상계약이다. 여기에는 공매, 경매, 대금분할지급매매 등이 모두 포함된다.

교 환

교환은 당사자 쌍방이 금전이외의 재산권을 상호 이전할 것을 약정함으로써 효력이 발생하는 유상계약이며 목적물의 가격이 상이할 경우 차액을 금전으로 보충 · 지급할 것을 약정하게 되는 바, 이에 관하여는 매매에 관한 규정을 적용한다.

대물변제

대물변제는 채무자가 채권자의 승낙을 얻어 본래의 급부에 갈음하여 다른 급부를 현실적으로 함으로써 채권을 소멸시키는 채권자와 채무자간 계약으로써 변제와 동일 효력을 가진다. 예를 들어 갑이 을에게 1억원을 빌려 주었는데, 을이 갑의 승낙을 얻어 1억원의 금전채무대신 건물을 양도하는 경우이다.

부담부증여

부담부증여는 수증자가 증여를 받는 동시에 일정한 채무의 부담을 부관으로 하는 증여로서 상대부담있는 증여라고도 한다. 부담부증여에 있어서 부담부분만큼은 유상양도가 되어 양도소득세가 과세되는 것이다. 그러나 상속세법의 규정에 의하여 증여세가 과세되는 배우자 또는 직계존비속간의 부담부증여에 대하여는 증여세가 과세되어 양도소득세는 과세되지 않는다.

다만, 배우자 또는 직계존비속간의 부담부증여에 있어서 그 수증자가 다음과 같이 객관적으로 인정되는 채무를 부담하는 경우는 양도세가 과세된다.

▶ 국가, 지방자치단체, 금융기관의 차입금 채무계약서, 담보 및 이자지급에 관한 증빙에 의해 사실이 확인되는 채무

담보제공

타인의 채무보증을 위해 담보로 제공된 부동산이 담보권의 실행으로 소유권이 이전되는 경우 이는 스스로 양도한 것이 아니라도 물상보증인으로서 채무를 면하게 되는 유상양도에 해당된다. 이는 물상보증인에게 귀속되는 잔액의 유무 또는 구상권행사 여부에 관계없이 적용된다.

배우자 · 직계존비속에게 양도

배우자 또는 직계존비속에게 양도한 자산은 양도자가 당해 재산을 양도한 때에 그 재산의 가액을 증여한 것으로 보나 다음의 경우는 예외적으로 양도한 것으로 본다.

① 법원의 결정으로 경매절차에 의해 처분된 때
② 국세징수법에 의하여 공매된 때

③ 파산선고에 의해 처분된 때

④ 한국증권거래소를 통하여 유가증권이 처분된 때

⑤ 대가를 지급하고 양도된 사실이 명백히 인정되는 경우로서 다음이 해당
된다.

• 권리의 이전이나 행사에 등기나 등록을 요하는 재산을 서로 교환하는 경우
• 당해 자산의 취득을 위하여 이미 과세를 받았거나 신고한 소득금액 또는
상속, 수증재산의 가액으로 그 대가를 지출한 사실이 입증되는 경우
• 당해 자산의 취득을 위하여 소유재산의 처분금액으로 그 대가를 지출한
사실이 입증되는 경우가 해당된다.

2. 양도로 보지 않는 경우

환지처분

도시재개발법, 농어촌정비법, 기타 법률에 의하여 환지처분으로 지목 또는
지번이 변경되거나 체비지로 충당되는 경우에는 양도로 보지 아니한다.

양도담보로 제공된 재산

채무지기 채무담보 제공을 목적으로 부동산을 채권자 명의로 소유권이전을
하고 채무를 이행하면 등기를 원소유자인 채무자 앞으로 환원하고 이행하지
못하면 채권자가 처분하여 우선적으로 채무를 변제받는 것을 말한다.

양도담보 목적으로 채권자 명의로 소유권을 이전한 경우 다음의 요건을 갖
춘 계약서 사본을 과세표준확정신고서에 첨부한 때에는 양도로 보지 않는다.
그러나 양도담보에 관한 계약체결 후 계약조건에 위배하거나 채무불이행으로
인하여 변제에 충당된 때에는 그때에 양도한 것으로 본다.

① 당사자간에 채무의 변제를 담보하기 위하여 양도한다는 의사표시

② 당해 자산을 채무자가 원래대로 사 · 수익한다는 의사표시

③ 원금 · 이율 · 변제기한 · 변제 방법 등에 관한 약정

명의신탁

명의신탁은 수탁자에 대하여 단지 재산의 명의만 이전되었을 뿐 수탁자가 그 재산에 대한 수익권과 처분권을 가지지 않는 신탁을 말한다. 명의신탁 중 상속세법의 규정에 의하여 명의만을 차용하여 소유권이전등기를 한 경우에는 자산의 무상이전으로 보아 증여세가 과세되고 양도세는 과세되지 않는다.

다만, 타인의 명의를 빌려 소유권이전등기를 한 경우 부동산등기특별조치법의 규정에 의한 명의신탁, 조세회피 목적없이 타인의 명의를 빌려 등기한 경우 및 신탁법 또는 신탁업법에 의한 신탁재산인 사실을 등기하는 경우에는 적용하지 않는다.

소유권의 환원

원인무효로 등기를 말소하는 대신 그 실체적 권리자에게 등기를 환원하는 방법으로 소유권이전등기를 경료하는 경우에는 이를 자산의 양도라고 할 수 없다.

※ 매매계약을 해지한 경우

매매계약을 체결하고 대가의 일부를 영수한 후에 계약이 해지된 경우 자산의 양도는 이루어지지 않은 것으로 본다.

※ 법원의 판결에 의한 경우

법원의 확정판결에 의하여 신탁해지를 원인으로 소유권이전등기를 하는 경우에는 양도로 보지 아니한다. 또한 매매원인무효의 소에 의하여 그 매매사실이 원인무효로 판시되어 환원될 경우에는 양도로 보지 아니한다.

공유물의 분할

공유는 1개의 물건이 지분에 의하여 수인의 소유로 되어 있는 공동소유의 형태이다. 공동소유의 토지를 소유지분별로 단순히 분할만 하는 경우에는 양도로 보지 아니한다. 이 경우 소유지분이 변경되는 경우에는 변경된 부분은 양도(교환)로 본다.

과세대상

과세대상이 되는 자산으로는 다음이 해당된다.

- 토지
- 건물
- 지상권, 전세권, 등기된 부동산임차권
- 부동산을 취득할 수 있는 권리
- 특정시설물이용권, 회원권
- 비상장법인의 주식, 출자지분
- 사업용 고정자산과 함께 양도하는 영업권
- 과점주주의 주식, 출자지분
- 부동산 과다보유 법인주식

1. 토 지

토지는 지적법에 의하여 지적공부에 등록하여야 할 지목에 해당하는 것을 말한다. 지목은 토지의 주된 사용목적에 따라 전답·과수원·목장용지·임야·염전·대지·공장용지 등 28가지로 구분한다. 지목의 구분은 지적공부상의 지목에 관계없이 사실상의 지목에 의하고 사실상의 지목이 불분명한 경우에는 지적공부상 지목에 의한다.

2. 건물

과세대상인 건물에는 건물에 부속된 시설물과 구축물을 포함하며, 건물은 '지붕과 벽 또는 기둥이 있는 것'으로 주택, 점포, 사무실, 공장, 창고, 수상 건물 등을 말한다. 구축물은 건물의 형태는 아니지만 토지에 고착되어 있고 상당한 재산적 가치가 있는 시설물을 말한다. 건물의 용도는 공부상의 용도구분에 관계없이 사실상 용도에 따라 구분하고 사실상의 용도가 불분명한 때는 공부상의 용도에 따른다.

또한 건물이 무허가, 건축법 위반 및 기타사유로 공부상 등재되지 않았더라도 실질과세의 원칙에 의해 소득세법상 건물로 보아 양도소득세 과세대상이 된다.

3. 지상권 · 전세권 · 등기된 부동산임차권

지상권

지상권은 용익물권으로 개인의 토지에 건물 기타공작물이나 수목을 소유하기 위하여 그 토지를 사용하는 권리를 말하며 등기여부에 관계없이 사실상 양도되는 경우에는 과세대상이 된다.

전세권

전세권은 전세권설정의 합의와 전세금의 지급으로서 성립하여 이를 등기함으로써 효력이 생기고 그 권리를 타인에게 양도 또는 담보로 제공하거나 그 존속기간 내 타인에게 전세 또는 임대할 수 있다. 소득세법은 등기여부에 관계없이 사실상 양도되는 경우에는 과세대상이다.

등기된 부동산임차권

부동산임차권은 당사자 일방이 상대방에게 목적물을 사용 · 수익하게 할 것을 약정하고 상대방이 이에 대하여 차임을 지급할 것을 약정함으로써 효력이 성립하는 권리를 말한다(민법 618조). 소득세법에서는 지상권 및 전세권과는 달리 부동산임차권에 대하여는 등기된 것만 과세대상이 되므로 이러한 등기된 부동산임차권이 사실상 양도되는 경우에는 양도소득세가 과세된다. 등기되지 않은 부동산임차권은 과세대상이 되지 않는다.

부동산을 취득할 수 있는 권리

부동산을 취득할 수 있는 권리는 부동산의 취득시기가 도래하기 전에 당해 부동산을 취득할 수 있는 권리를 말한다. 이에는 건물이 완성되는 때에 그 건물과 부수토지를 취득할 수 있는 권리를 포함한다.

① 건물이 완성되는 때에 그 건물과 부수토지를 취득할 수 있는 권리(아파트 당첨권)
② 지방자치단체, 한국토지개발공사가 발행하는 토지상환채권
③ 대한주택공사가 발행하는 주택상환채권
④ 부동산매매계약을 체결한 자가 계약금만 지급한 상태에서 양도하는 권리
⑤ 아파트 분양신청 접수증
⑥ 재형 저축예금 통장
⑦ 공유수면 매립 면허권 등

특정시설물이용권 · 회원권

골프장, 헬스클럽 등 시설물을 배타적으로 이용하거나 일반이용자에 비해 유리한 조건으로 이용할 수 있도록 약정한 단체의 구성원에게 부여된 시설물이용권을 말한다.

※ 이용권 · 회원권의 범위

① 골프회원권, 헬스클럽회원권, 콘도이용권, 스키장회원권, 고급사교장회원권

② 위의 시설물이용권이 주된 내용이 되는 법인의 주식 또는 출자지분

비상장법인의 주식 · 출자 지분

양도일 현재 한국증권거래소에 상장되지 아니한 주식 또는 출자지분으로서 기타 자산으로 과세되는 과점주주 주식, 특정 시설물 이용권이 부여된 주식 또는 부동산 과다보유법인의 주식에 해당되지 아니하는 주식 또는 출자 지분을 말한다.

영업권

사업용 부동산 또는 주식 등 사업용 고정자산과 함께 양도하는 영업권은 양도소득세 과세대상이 된다. 이때 영업권을 별도로 평가하지 아니하였으나 사회통념상 영업권이 포함되어 양도된 것으로 인정되는 것과 행정 관청으로부터 인가 · 허가 · 면허 등을 받음으로써 얻은 경제적 이익을 포함한다.

과점주주의 주식 · 출자지분

다음의 경우에 모두 해당되는 법인의 과점주주 · 출자자가 발행주식 · 출자지분의 50% 이상을 양도한 경우, 분할양도의 경우 3년의 기간 중 양도한 주식, 출자지분을 합하여 50% 이상이면 과세대상으로 한다.

① 부동산, 부동산에 관한 권리의 장부가액 합계액이 자산총액의 50% 이상인 법인

② 주주 1인과 그 특수관계자가 소유한 주식 등의 비율이 50% 이상인 법인

양도 또는 취득시기

1. 매매 등 일반적인 거래

자산의 양도차익을 계산함에 있어서 양도 또는 취득시기는 원칙적으로 대금 청산일이 분명한 경우에는 대금을 청산한 날로 하며, 계약서상 기재된 청산일에 관계없이 실제로 대금을 청산한 날이 되는 것이다. 대금 청산일이 불분명한 경우에는 등기부, 등록부, 명부 등에 기재된 등기·등록 접수일 또는 명의 개서일이 양도 또는 취득일이 된다. 대금을 청산하기 전에 소유권이전등기를 한 경우에는 등기부, 등록부, 명부 등에 기재된 등기 접수일로 한다. 대금청산일과 등기접수일이 상이한 경우에는 대금청산일과 등기접수일 중 빠른 날을 양도 또는 취득시기로 본다.

2. 특수한 거래

장기할부 조건의 취득·양도

과세 대상자산을 장기할부조건으로 매매하는 경우에는 소유권이전등기(등록 및 명의 개시를 포함) 접수일·인도일 또는 사용수익일 중 빠른 날이 양도시기가 된다.

장기할부 조건의 매매

당해 자산의 양도대금을 2회 이상으로 분할 수입한다. 양도하는 자산의 소유권이전등기(등록 및 명의개서 포함) 접수일·인도일 또는 사용수익일 중 빠른 날의 다음날부터 최종의 할부금 지급기일까지의 기간이 1년 이상이여야 한다.

자기가 건설한 건축물

자기가 건설한 건축물의 취득시기는 사용 검사필증 교부일이다. 사용 검사 전에 사실상 사용하거나 사용 승인을 얻은 경우에는 사실상의 사용일 또는 사용 승인일로 하며, 무허가 건축물의 취득시기는 사실상의 사용일이 취득시기가 된다.

상속 · 증여 자산

상속재산의 취득시기는 상속 개시일이며 상속등기 여부와는 무관하다. 증여재산의 취득시기는 증여를 받은 날이며 증여를 받은 날은 증여등기 접수일을 말한다.

부동산을 취득할 수 있는 권리

부동산의 분양계약을 체결한 자가 당해 계약에 관한 모든 권리를 양도한 경우에는 그 권리에 대한 취득시기는 당해 부동산을 분양 받을 수 있는 권리가 확정되는 날(아파트 당첨권은 당첨일)이고, 타인으로부터 그 권리를 인수받은 때에는 대금청산일이 취득시기가 된다.

미완성 목적물의 경우

대금을 청산한 날까지 그 목적물이 미완성이거나 확정되지 아니한 경우에는 당해 목적물이 완성되거나 확정된 날을 양도일 또는 취득일로 본다.

건설중인 아파트의 취득시기 잔금 청산일까지 아파트가 완성되지 않은 경우에는 당해 건물이 완성된 날을 취득일로 보며, '완성된 날'이라 함은 사용 승인일을 말하고, 사용 승인일이 불분명한 경우에는 사용 검사필증에 기재된 준공일로 한다. 다만, 사용 검사일 이전에 입주한 때에는 입주한 날로 한다.

기타의 경우

① 잔금을 어음이나 기타 이에 준하는 증서로서 받은 경우에는 어음 등의

결제일이 그 자산의 취득시기가 된다.

② 경락에 의하여 취득하는 경우에는 경매인이 매각조건에 의하여 경매대금을 완납한 날이 취득시기가 된다.

③ 교환의 경우에는 교환가액에 차이가 없으면 교환계약 체결일이 되고, 차액이 있는 경우에는 이를 청산한 날이 취득시기가 된다.

④ 부동산의 소유권이 타인에게 이전되었다가 법원의 무효판결에 의하여 당해 자산의 소유권이 환원되는 경우에는 그 자산의 당초 취득일이 취득시기가 된다.

⑤ [부동산소유권이전등기등에관한특별조치법]에 의하여 매매를 원인으로 소유권이전등기를 하는 경우에는 당해 자산의 대금을 청산한 날이 취득시기가 된다.

⑥ 토지구획정리사업법, 기타 법률에 의한 환지 처분으로 인하여 취득한 토지의 취득시기는 환지 전이 토지의 취득일이 된다.

⑦ 법원의 판결에 의하여 이혼 위자료를 부동산으로 대물 변제하는 경우에는 소유권이전등기 접수일이 취득시기가 된다.

3. 양도자산의 취득시기에 관한 의제

토지 · 건물 · 부동산에 관한 권리

기타 자산으로서 1984년 12월 31일 이전에 취득한 것은 1985년 1월 1일에 취득한 것으로 본다.

주식 · 출자지분에 관한 권리

1985년 12월 31일 이전에 취득한 주식 · 출자지분(특정주식 제외)으로서 1991년 1월 1일 이후에 양도하는 경우에는 1986년 1월 1일에 취득한 것으로 본다.

비과세 소득

1. 1세대 1주택 비과세

1세대 1주택과 이에 부수되는 토지의 양도로 발생하는 소득에 대하여는 비과세한다. 즉 거주자 및 그 배우자가 그들과 생계를 같이 하는 가족과 함께 구성하는 1세대가 국내에 1개의 주택을 소유하고 3년 이상 보유하는 경우에는 비과세한다.

세대의 요건

① 1세대라 함은 거주자 및 그 배우자가 그들과 동일한 주소 또는 거소에서 생계를 같이 하는 가족과 함께 구성하는 거주단위를 말한다.
② 배우자가 없는 경우에도 다음의 경우에는 1세대로 본다.

- 당해 거주자의 연령이 30세 이상이거나 종합소득, 퇴직소득, 양도소득, 산림소득이 있는 경우
- 배우자가 사망하거나 이혼한 경우, 거주자가 당해 주택을 상속받은 경우
- 가족은 거주자와 그 배우자의 직계존·비속 및 형제자매를 말하며, 취학, 질병의 요양, 근무상 또는 사업상의 형편으로 본래의 주소를 일시 퇴거한 자를 포함한다.
- 비과세되는 1세대 1주택에 있어서 부부가 각각 단독세대를 구성한 경우에도 동일한 세대로 본다.

주택의 판정

주택은 공부(가옥대장 또는 등기부)상의 용도에 관계없이 사실상의 주거용에 속하는 건물을 말하며, 사용인의 기거를 위해 공장에 부수된 건물을 숙소로 사용하는 경우에는 주택으로 보지 않는다. 관광용 숙박시설인 콘도미니엄

은 주택에 해당되지 않는다.

주택의 부수토지

① 1세대 1주택과 이에 부수되는 토지로서 건물이 정착된 면적에 도시계획구역 내의 토지는 건물정착면적의 5배, 도시구역 밖의 토지는 10배 이내의 토지의 양도에 대하여 비과세한다.

② 주택의 부수토지를 분할하여 양도하거나 이에 부수되는 토지로서 건물이 정착되지 아니한 부분만을 분할하여 양도하는 경우에는 1세대 1주택과 이에 부수되는 토지로 보지 아니한다.

③ 주택에 부수되는 토지면적은 주택정착면적의 10배(도시구역 내의 토지는 5배)를 초과하지 아니하는 것으로 주택 일부의 무허가 면적도 포함하여 계산한다.

주택의 공동소유

① 1주택을 여러 사람이 공동으로 소유하는 경우에는 각각 개개인이 1주택을 소유하는 것으로 본다. 1세대 1주택의 요건을 갖춘 대지와 건물을 세대원이 각각 소유하고 있는 경우에도 1세대 1주택으로 본다.

② 상속으로 인하여 여러 사람이 공동으로 1주택을 소유하게 된 경우에는 지분이 가장 큰 상속인을 당해 주택의 소유자로 본다. 다만, 지분이 가장 큰 상속인이 2인 이상인 경우에는 당해 주택에 거주하는 자, 호주승계인, 최연장자 순에 따라 소유자를 판정한다.

주택의 분할양도

① 주택은 가옥대장 등의 공부상의 용도구분이나 건축 또는 용도변경에 대한 당국의 허가유무 및 등기여부와는 관계없이 사실상 주거목적으로 사용하는 건물을 말하며, 1주택을 2이상의 주택으로 분할하여 양도하는 경우에는 먼저 양도하는 부분은 1주택으로 보지 아니한다.

② 주택 및 부수토지의 전부 또는 일부를 [공공용지의 취득 및 손실보상에

관한 특례법)이 적용되는 공공사업용으로 당해 공공사업의 시행자에게 양
도하거나 토지수용법 기타 법령에 의해 수용되는 경우에는 그렇지 않다.

보유조건

① 비과세 되는 1세대 1주택은 거주자 및 배우자가 그들과 동일한 주소 또
는 거소에서 생계를 같이하는 가족과 함께 구성하는 1세대가 국내에 1주택
을 소유하고 3년 이상 보유하여야 한다.
② 보유기간은 주택의 취득일부터 양도일까지의 기간에 의하여 계산하며
보유하는 중에 소실, 도괴, 노후 등으로 멸실되어 재건축한 주택의 경우에
는 그 멸실된 주택과 재건축한 주택에 대한 보유기간을 통산한다. 공사기간
은 보유기간에서 제외한다.

보유조건의 예외

※ 임대주택

① 임대주택법에 의한 건설임대주택을 임차하여 5년 이상 거주하던 거주
자가 당해 주택을 취득하여 양도하는 경우에는 보유 기간에 제한없이 1세
대 1주택으로 비과세한다.
② 거주기간은 주민등록상 세대전원이 전입하여 거주한 기간으로 하되 당
해 임대주택의 임차일부터 취득일까지의 기간과 당해 주택 취득일부터 양
도일까지의 기간을 합산하여 계산한다.
③ 세대주 및 세대원 중 일부가 취학, 질병의 요양, 근무상의 형편 등으로
거주하지 못하고 퇴거한 경우에도 세대전원이 거주한 것으로 보고 임대주
택의 거주기간을 산정한다.
④ 전대 취득하여 입주일부터 당해 임대주택을 취득하여 양도일까지의 기
간이 5년 이상인 경우에도 보유기간의 제한을 받지 않는다.

입증방법 : 주민등록등본, 임대차계약서 사본

※ 국외이주 등의 경우

다음의 사유에 해당되는 경우로서 세대전원이 출근하거나 거주 이전하는 경우에는 3년 이상 보유기간의 제한을 받지 않는다.

① 해외이주법에 의한 해외이주

② 1년 이상 계속하여 국외이주를 필요로 하는 취학 또는 근무상의 형편

③ 도시재개발법에 의한 도시재개발사업에 재개발조합의 조합원으로 관여한 자가 그 재개발사업 시행기간 중 다른 주택을 취득하여 거주하다가 도시재개발법에 의한 관리처분 계획에 따라 취득하는 주택으로 세대 전원이 이주하게 되는 경우

※ 입증방법

해외이주의 경우

- 외무부장관이 발행하는 해외이주신고확인서
- 취학, 근무상 형편의 경우 — 당해사실을 입증할 수 있는 서류
- 도시재개발법에 의한 경우 — 사업시행인가시 조합원임을 증명하는 서류와 관리처분계획인가시 당해주택의 분양대상자임을 증명하는 서류

※ 부득이한 사유

1세대가 국내에 1주택을 소유하고 1년 이상 거주한 주택으로서 부득이한 사유로 당해 주택을 3년 이상 보유하지 못하는 경우에도 양도소득세를 비과세한다.

- 교육법에 의한 학교(유치원, 국민학교, 중학교 제외)의 취학
- 1년 이상의 치료나 요양을 필요로 하는 질병의 치료 또는 요양

- 직장의 변경이나 전근 등 근무상의 형편

※ 거주기간의 계산

부득이한 사유의 적용요건인 1년의 거주기간 계산은 원칙적으로 당해 주택 취득일 이후 주민등록상의 전입일로부터 전출일까지의 기간에 의하며 당해 주택에 거주하였으나 주민등록상에 실제 거주한 사실이 확인되지 않는 경우에도 거주기간에 포함한다.

※ 비과세 요건

- 부득이한 사유로 세대 전원이 다른 시 · 군으로 주거를 이전하여야 한다.
- 양도일 현재 부득이한 사유가 발생되었고 세대 전원이 다른 시 · 군으로 퇴거를 하였어야 한다. 부득이한 사유가 있을 것을 예상하고 다른 시 · 군으로 퇴거하기 이전에 거주주택을 미리 양도하는 것은 부득이한 사유에 해당되지 않는다.
- 부득이한 사유로 비과세되는 주택은 종전 직장과 동일한 시 · 군에 소재하는 것뿐만 아니라 종전 직장으로의 통상 출퇴근이 가능한 지역에 소재하는 것도 포함한다. 단, 새로운 근무지가 종전주택의 소재지에서 통상 출퇴근이 가능한 경우에는 비과세를 배제한다.
- 부득이한 사유의 확인은 주민등록등본과 당해 사실을 증명하는 서류에 의함
- 취학 — 재학증명서
- 질병의 요양 — 요양 증명서
- 근무상의 형편 — 재직증명서

2. 주택 허용의 특례

대체취득 목적의 일시 2주택

① 국내에 1주택을 가진 세대가 대체취득 목적으로 그 주택을 양도하기 전에 다른 주택을 취득(자기가 건설하여 취득한 주택 포함)하여 이전한 경우에는 다른 주택을 취득한 날로부터 1년 이내에 종전주택을 양도하는 경우에는 1세대 1주택으로 본다. 단, 종전 주택은 양도일 현재 1세대 1주택 비과세 요건(3년 이상 보유)을 충족하여야 한다.

② 주택의 일부 또는 전부가 공공사업의 시행자에게 양도 또는 수용됨으로써 대체 취득목적으로 다른 주택을 취득한 경우에는 양도 또는 수용일로부터 1년 이내에 그 잔존하는 주택 및 부수토지를 양도하는 경우에는 1세대 1주택으로 본다.

③ 다른 주택 취득일로부터 1년이 되는 날 현재 다음의 사유에 해당되는 경우 의무양도기간(1년)의 제한을 받지 않는다.

- 한국자산관리공사에 매각 의뢰한 경우
- 법원에 경매를 신청한 경우
- 국세징수법에 의한 공매가 진행중인 경우

상속주택

① 1세대 1주택을 소유한 거주자가 상속에 의해 1세대 2주택이 된 경우 종전의 주택을 먼저 양도하는 때에는 당해 주택을 3년 이상 보유하여야 1세대 1주택으로 비과세되며, 상속받은 주택을 먼저 양도하는 때에는 거주여부에 불구하고 양도소득세가 비과세된다.

② 무주택자가 1주택을 상속 취득한 경우에는 상속주택 양도시 비과세되며, 2주택을 상속으로 취득한 경우에는 먼저 양도하는 주택은 과세되며 최종 1주택에 대하여는 당해 주택을 3년 이상 보유 후 양도한 경우에만 양도

세가 비과세된다.

③ 그러나 상속이 개시되기 전부터 1세대 2주택인 경우로서 그중 1주택을 소유한 세대원의 사망으로 다른 세대원이 그 주택을 상속받아 2주택이 된 경우에는 상속받은 주택을 먼저 양도하더라도 과세된다.

동거봉양 및 결혼주택

① 1세대 1주택을 보유하고 1세대를 구성하는 자가 1주택을 보유하고 있는 60세(여자의 경우에는 55세) 이상의 직계존속(배우자의 직계존속 포함)을 동거봉양하기 위하여 세대를 합침으로써 1세대 2주택이 되는 경우 합친 날로부터 2년 이내에 먼저 양도하는 주택(보유기간이 3년 이상인 것에 한함)은 비과세한다.

② 결혼으로 인하여 1세대가 2주택이 된 경우에도 그 혼인한 날로부터 2년 이내에 먼저 양도한 주택은 1세대 1주택 요건에 해당되어야 한다.

문화재 주택

① 지정문화재(등록문화재에 해당하는 경우 포함)에 해당하는 주택과 일반주택을 국내에 각각 1개씩 소유하고 있는 세대가 일반주택을 양도하는 경우에는 1세대 1주택에 대한 비과세 규정을 적용한다.

② 지정문화재 주택과 일반주택을 각각 1개씩 소유하고 있는 1세대가 지정문화재 주택을 양도하는 경우에는 1세대 2주택으로 양도세가 과세된다.

농어촌주택

다음의 요건을 충족하는 농어촌주택과 일반주택을 각각 1개씩 소유하고 있는 1세대가 일반주택을 양도하는 경우 1개의 주택을 소유하고 있는 것으로 본다.

※ 소재지역
수도권정비계획법 제2조 제1호에 규정된 수도권외의 지역중 읍지역(도시계획구역 안의 지역은 제외), 면지역에 소재

※ 농어촌주택의 구분
① 상속주택 — 피상속인이 취득 후 5년 이상 거주한 사실이 있는 주택
② 이농주택 — 이농인이 취득 후 5년 이상 거주한 사실이 있는 주택으로서 영농 또는 영어에 종사하다가 전업으로 다른 시·구·읍·면으로 전출하게 되어 가족의 전부 또는 일부가 거주하지 못하는 주택
③ 귀농주택 — 본적지 또는 연고지에 소재하는 주택으로서 영농 또는 영어 목적으로 990㎡ 이상의 농지와 함께 취득하는 주택

※ 농어촌주택의 규모
① 상속·이농주택에 대하여는 규모제한이 없음
② 귀농주택 — 주택의 부수 토지 면적이 660㎡ 이내이면서 고급주택에 해당되지 않아야 한다.

※ 사후관리
귀농 후 3년 이상 영농 또는 영어에 종사하지 않거나 당해 주택에 거주하지 아니한 경우 그 양도한 일반주택은 1세대 1주택에 해당되지 아니하여 기 비과세된 세액을 추징한다. — 농어촌주택과 일반주택에 1세대가 각각 분리하여 거주하고 있는 경우에도 세대 전원이 1개의 주택에서 거주한 것으로 본다.

※ 농어촌주택에 대한 특례를 적용받고자 하는 자는 1세대 1주택
특례적용 신고서를 양도소득세과세표준 신고기한 내에 다음 서류와 함께 제출하여야 한다.

① 주민등록등본 및 주민등록증사본
② 일반주택의 토지 및 건축물대장등본
③ 농어촌주택의 토지 및 건축물대장등본
④ 연고지 입증서류 및 어업인 입증서류(해당자에 한함)
⑤ 귀농주택 소유자가 취득하는 농지의 등기부등본(해당자에 한함)

3. 겸용주택의 양도

① 하나의 주택이 주택과 주택 외의 부분으로 복합되어 있는 경우와 주택에 부수되는 토지에 주택 외의 건물이 있는 경우에는 그 전부를 주택으로 본다. 다만, 주택의 면적이 주택 이외의 면적보다 작거나 같을 때에는 주택 외의 건물은 주택으로 보지 아니하며, 주택에 부수되는 토지는 전체 토지면적에 주택부분의 면적이 건물연면적에서 차지하는 비율을 곱하여 한다.
② 주택의 면적이 주택 이외의 면적보다 작거나 같은 경우 주택 정착면적과 주택의 부수 토지면적은 다음과 같이 계산한다.
• 주택정착면적 = 건물전체정착면적×(주택부분 연면적/건물전체 연면적)
• 주택의 부수 토지면적 = 건물에 부수된 전체토지면적×(주택부분 연면적/건물전체 연면적)

4. 고가주택의 양도

① 고가주택이라 함은 양도당시 주택과 이에 부수되는 토지의 실거래가액의 합계액이 6억원을 초과하는 것을 말한다.
② 고가주택의 과세범위
• 고가주택의 양도소득은 원칙적으로 비과세대상에서 제외하고 있으나 고가주택이 1세대 1주택의 비과세 요건을 갖춘 경우에는 당해 고가주택의

양도차익 중 일반주택 상당부분(양도가액 6억원까지)에 대하여는 비과세하고 그 초과 부분에 대하여만 과세한다.

> ※ 고가주택의 양도차익 계산방법
> - 양도차익 = 양도차익 × {(양도가액 − 6억원)/양도가액}
> - 장기보유특별공제액 = 장기보유특별공제액 × {(양도가액 − 6억원)/양도가액}

5. 재개발·재건축 주택

① 도시재개발법에 의한 도시재개발사업에 재개발조합의 조합원으로 참여한 자가 그 재개발사업 시행기간 중 다른 주택을 취득하여 거주하다가 도시재개발법에 의한 관리처분계획에 따라 취득하는 주택으로 세대 전원이 이주하게 되어 당해 주택을 3년 이상 보유하지 못하고 양도하는 경우에는 보유기간에 관계없이 거주기간 1년 이상을 충족하면 비과세된다.

② 주택건설촉진법에 의한 재건축사업에 재건축조합의 조합원으로 참여한 자가 재건축사업 시행기간 중 다른 주택을 취득하여 거주하다가 동법에 의한 사업계획에 따라 취득하는 주택으로 세대전원이 이주하게 되어 당해 주택을 양도하는 경우에는 보유기간에 제한없이 거주기간 1년을 충족하면 비과세된다.

③ 도시재개발법에 의한 재개발조합 또는 주택건설촉진법에 의한 재건축조합의 조합원이 당해 조합을 통하여 취득한 입주자로 선정된 지위(이에 부수되는 토지포함)를 양도하는 경우 양도일 현재 다른 주택이 없는 경우에는 부동산을 취득할 수 있는 권리임에도 불구하고 이를 비과세되는 1세대 1주택으로 본다.

④ 1세대가 1주택을 소유하고 주택재건축사업 또는 주택재개발사업을 시행하는 정비사의 조합원으로서 취득한 조합원 입주권은 물론 2005년 12월 31

일 이전에 도시 및 주거환경 정비법에 의해 관리처분계획이 인가되는 등에 의해 취득한 입주권을 소유한 경우 조합원 입주권 취득일로부터 1년 이내에 종전주택을 양도하는 경우(다른 요건충족시) 비과세 된다.

6. 다가구주택

① 다가구주택은 여러 가구가 한 건물에 거주할 수 있도록 건설교통부 장관이 정하는 다가구용 단독주택의 건축기준에 의하여 건축 허가를 받아 건축된 주택을 말하며 한 가구가 독립하여 거주할 수 있도록 구획된 부분을 각각 하나의 주택으로 본다.

② 다가구주택은 공동주택에 해당되나 가구별로 분양하지 않고 하나의 매매 단위로 하여 1인에게 양도하거나 1인으로부터 취득(자가건설의 경우를 포함)하는 경우에는 단독주택에 해당된다.

7. 종중주택

① 1세대 1주택 비과세 판정에 있어서 종중이 소유한 주택은 주택으로 보지 아니하므로 1세대 1주택 비과세 대상이 아니다. 따라서 종중주택을 양도한 경우에는 보유요건에 불구하고 양도소득세가 과세된다.

② 종중이 소유한 주택에 대하여 부동산등기법에 의거 종중소유의 주택이 종중의 대표자 또는 종중원 명의로 신탁되어 있는 경우에는 당해 주택의 실질적인 권리자가 종중으로서의 명의신탁 재산임을 입증하여야만 종중 대표자에 대한 비과세를 적용 받을 수 있다.

8. 비거주자의 1세대 1주택

① 1세대 1주택은 내국인의 주거생활 안정을 지원하기 위한 제도로서 비거

주자에게는 적용되지 않으나, 비거주자인 경우에도 양도 당시 국내에 1주택만을 보유하고 그 주택에서 거주자의 지위로 3년 이상 보유하는 등 비과세요건을 충족한 경우 비과세된다. 따라서 양도 당시 거주자의 요건을 갖추어야 하는 것은 아니다.

② 비거주자가 국내 주택을 취득하여 양도하는 경우에는 보유기간에 상관없이 양도소득세가 과세되는 것이지만 취득 당시에는 비거주자이지만 국내에 입국하여 거주자의 지위에서 1주택을 3년 이상 보유하여 비과세요건을 충족한 경우 비과세된다.

9. 부동산 실명법에 의한 1세대 1주택 특례

① 유예기간(1995년 7월 1일~1996년 6월 30일) 내 실명등기한 부동산이 1건이고 그 가액이 5천만원 이하인 경우로서 실명등기로 인하여 부동산 실명법 시행 전에 1세대 1주택으로 비과세 받은 주택을 양도한 날에 비과세에 해당하지 아니하는 경우 이미 비과세된 양도소득세를 추징하지 않는다.

② 부동산이 1건이라 함은 1필지(인접한 수필지의 토지를 포함) 또는 1동의 건물을 말하며, 부동산 가액은 1995년 7월 1일 현재 소득세법상 기준시가를 말한다.

10. 비과세의 배제

① 미등기 양도자산에 대하여는 양도소득세 비과세 및 감면규정을 적용하지 아니하며 미등기 양도자산은 토지 · 건물 및 부동산에 관한 권리를 취득한 자가 그 자산의 취득에 관한 등기를 하지 않고 양도하는 것을 말한다.

② 미등기 양도 제외자산

• 장기할부조건으로 취득한 자산으로서 그 계약조건에 의하여 양도 당시 그 자산의 취득에 관한 등기가 불가능한 경우

- 법률의 규정 또는 법원의 결정에 의하여 양도 당시 그 자산의 취득에 관한 등기가 불가능한 자산
- 농지의 교환, 분합, 농지대토, 8년 이상 자경 농지에 해당하는 경우
- 비과세 대상인 1세대 1주택으로서 건축법에 의한 건축 허가를 받지 아니하여 등기가 불가능한 자산
- 토지구획정리사업이 종료되지 않아 취득 등기를 못하고 양도하는 토지

③ 1세대 1주택으로서 3년 이상 보유한 경우에도 미등기 상태로 양도한 경우에는 양도소득세가 과세되며 미등기 양도 제외자산에 해당하는 무허가 건물 등은 비과세한다.

양도소득세의 조세특례

1. 8년 이상 자경농지에 대한 양도소득세 면제

감면대상

양도할 때까지 8년 이상 계속하여 자기가 경작한 토지로서 농지세의 과세대상(비과세, 감면과 소액 부징수의 대상이 되는 토지 포함)이 되는 토지의 양도로 인하여 발생하는 소득에 대하여는 양도세를 면제한다.

① 취득일로부터 양도일 사이에 8년 이상 농지소재지에 거주하면서 자경한 사실이 있을 것
② 소득세법의 규정에 의한 양도일 현재 농지일 것, 다만, 양도일 이전에 매매계약조건에 따라 매수자가 형질변경을 한 경우에는 매매계약일 현재의 농지를 말한다.

• 양도일 현재 특별시, 광역시(광역시 소재의 군지역 제외) 또는 시(도·농 복합 형태의 시의 읍·면 제외)에 있는 농지인 경우 국토의계획및이용에 관한법률상 주거지역, 상업지역 및 공업지역에 편입되거나 환지 예정지의 지정이 있는 경우에는 편입일 또는 지정일까지 발생되는 소득은 양도소득세를 감면하고 편입일 또는 지정일 이후에 발생되는 소득에 대해서는 양도소득세를 과세한다.

거주자 및 자경기간 계산

※ 일반적인 경우

자경기간은 역에 따라 계산하며 자경기간 계산은 농지의 소유권 취득일로부터 계산하여 양도할 때까지의 실지 보유기간중의 경작기간에 의한다.

※ 특수한 경우

상속받은 농지는 피상속인이 취득한 때로부터 계산한다. 증여 받은 농지는 증여 받은 날 이후의 수증자의 경작기간만을 계산한다. 환지된 농지의 자경기간 계산은 환지 전 경작기간도 계산한다.

※ 양도자의 요건

보유 기간 중 거주자의 지위에서 8년 이상 농지소재지에서 거주하면서 직접 경작한 경우를 말하며 양도일 현재 거주자의 요건을 충족해야 하는 것은 아니다. 농지 소재지에서 거주라 함은 다음에 해당되는 지역에 거주하는 것을 말한다.

① 농지가 소재하는 시·군·구(자치구인 구를 말함) 안의 지역
② 위의 지역과 연접한 시·군·구 안의 지역

※ 8년 이상 자경 농지의 확인

① 등기부등본 또는 토지대장 기타 증빙에 의하여 양도자가 8년 이상 소유한 사실이 확인되는 토지일 것
② 주민등록등본, 시·군·구·읍·면의 장이 발급하는 농지원부등본과 자격증명에 의하여 양도자가 8년 이상 농지소재지에 거주하면서 자기가 경작한 사실이 있고 양도일 현재 농지임을 확인되는 토지일 것

※ 감면신청 및 감면한도

당해 농지를 양도한 날이 속하는 과세년도의 과세표준 신고 기한 내에 세액면제신청서를 제출하여야 하며 감면한도는 1억원을 한도로 감면한다.

2. 공공사업용 토지 등에 대한 감면

감면대상

공공사업용 토지 또는 건물을 사업시행자에게 양도함으로써 발생하는 다음 소득에 대하여는 양도소득세 100분의 10에 상당하는 세액을 감면한다.

① 〔공공용지의 취득 및 손실보상에 관한 특례법〕이 적용되는 공공사업에 필요한 토지 등을 당해 사업 시행자에게 양도함으로써 발생하는 소득
② 도시재개발구역(공공시설을 수반하지 않는 구역 제외) 안의 당해 토지 소유자가 재개발사업 시행 지정을 받은 자에게 양도하여 발생한 소득
③ 공익사업을 위한 토지 등의 취득 및 손실 보상에 관한 법률 기타 법률에 의한 수용으로 인하여 발생하는 소득

3. 장기임대주택에 대한 감면

50% 감면
거주자가 5호 이상의 국민주택과 이에 부수되는 당해 건물 연면적 2배 이내의 토지를 2000년 12월 31일 이전에 임대를 개시하여 5년 이상 임대한 후 양도하는 경우에는 당해 주택을 양도함으로써 발생하는 소득에 대한 양도소득세의 50%에 상당하는 세액을 감면한다.

100% 감면
다만, 다음에 해당하는 임대주택의 경우에는 양도소득세의 100%에 상당하는 세액을 감면한다.

① 임대주택에 의한 건설임대주택 중 5년 이상 임대한 임대주택
② 동법에 의한 매입임대주택 중 1995년 1월 1일 이후 취득 및 임대를 개시하여 5년 이상 임대한 주택(취득당시 입주된 사실이 없는 주택에 한한다)
③ 10년 이상 임대한 주택

임대주택의 신고
임대주택에 관한 사항으로 신고하고자 하는 내국인은 주택의 임대를 개시한 날부터 3월 이내에 재정경제부장관이 정하는 주택임대신고서를 임대주택의 소재지를 관할하는 세무서장에게 제출하여야 한다.

4. 미분양주택에 대한 과세특례

거주자가 미분양 국민주택을 1995년 11월 1일부터 1997년 12월 31일까지 기간과 1998년 3월 1일부터 1998년 12월 31일 기간 중에 취득한 경우를 포

함한다)하여 5년 이상 보유, 임대 후 양도하는 경우에는 20%의 특례세율을 적용 받아 양도세로 납부하는 방법과 종합소득세로 납부하는 방법 중 선택하여 적용 받을 수 있다.

양도가액 및 취득가액

1. 토 지

양도차익의 계산에 있어서 토지의 양도가액과 취득가액은 원칙적으로 양도 또는 취득당시의 실지거래가액에 의한다. 다만, 2006년 12월 31일까지 양도 하는 양도세과세대상자산 중 부동산과 부동산에 관한 권리에 대해서는 다음 9 가지에 해당하지 않는 경우에만 기준시가에 의한다(2007년 1월 1일부터는 모두 실지거래가액에 의한다).

① 고가주택의 기준에 해당하는 주택
② 부동산을 취득할 수 있는 권리
③ 미등기 양도자산인 경우
④ 취득 후 1년 이내의 부동산인 경우
⑤ 부정한 방법으로 부동산을 취득 또는 양도하는 경우
⑥ 양도자가 실지거래가액을 증빙서류와 함께 확정신고 기한까지 신고하는 경우
⑦ 지정지역 안의 부동산인 경우(투기방지)
⑧ 비사업용 토지인 경우
⑨ 1세대 2주택 이상인 경우

과세표준의 계산

양도소득세 과세표준은 양도가액에서 필요경비(취득가액, 설비비와 개량비, 자본적 지출액, 양도비)를 차감하여 양도차익을 계산하고 양도차익에서 장기보유 특별공제를 차감하여 양도소득금액을 계산한 후 양도소득기본공제를 차감하여 양도소득세 과세표준을 계산한다.

세액의 계산

1. 과세대상 자산 및 세율

구 분	양 도 소 득 세 율
누진세율적용자산 (기타자산과 2년 이상 보유한 토지와 건물 및 부동산 관리)	1천만원 이하 9% 1천만원 초과 4천만원 이하 18% 4천만원 초과 8천만원 이하 27% 8천만원 초과 36%
1년 이상~2년 미만 보유토지/건물, 부동신 괸리, 기타 자산	40%
1년 미만 보유토지/건물, 부동산 관리, 기타 자산	50%
미등기 양도자산	70%
1세대 3주택 이상	60%
비상장주식 등	20%(중소기업주식 10%)

신고·납부 및 결정

1. 예정신고와 납부 예정신고기간

양도세의 과세대상이 되는 자산을 양도한 자가 자산양도차익예정신고를 하는 때에는 '자산양도차익예정신고서'에 다음의 서류를 첨부하여 양도일이 속하는 달의 말일로부터 2개월 이내에 주소지 관할세무서장에게 제출하여야 한다.

신고시 제출서류

※ 예정신고 자진납부

거주자가 자산양도차익을 예정 신고하는 때에는 예정신고 산출세액에서 예정신고 납부세액공제를 한 세액을 주소지 관할 세무서, 한국은행 또는 체신관서에 납부하여야 한다.

※ 예정신고산출세액의 계산

자산양도차익 예정신고시 납부할 세액은 양도차익에서 장기보유특별공제, 양도 소득기본공제를 한 금액에 양도소득세율을 적용하여 계산한 금액을 산출세액으로 한다.

산출세액 = {양도차익 - (장기보유특별공제 + 양도소득기본공제)}×세율

당해 년도에 예정신고를 2회 이상하는 경우에는 제2회 이후 신고하는 양도차익 예정신고 납부세액은 이미 신고한 양도차익과 제2회 이후 신고하는 양도차익과의 합계액에서 장기보유특별공제와 양도소득기본공제를 차감한 금액에 대한 산출세액에서 이미 신고한 양도차익 예정신고 산출세액을 공제한

것을 산출세액으로 한다.

※ 예정신고납부세액공제

예정신고납부의 경우 납부세액공제는 예정신고납부세액의 10/100으로 한다.

① 예정신고납부를 하지 아니한 자가 신고기한 경과 후 자산의 양도로 인한 양도차익과 함께 신고 납부하는 경우

예정신고납부세액공제 = 산출세액×(기한내 신고한 양도소득금액/양도소득금액) × (10/100)

② 예정신고기한 중에 납부할 양도소득금액을 전부 납부하지 아니하고 그 중 일부만 자진 납부한 경우에 적용할 예정신고납세액공제액은 납부하는 금액에 상당하는 양도소득금액에 대한 산출세액의 10/100을 곱하여 산정한 금액으로 한다.

기준시가로 신고하는 경우	실지 거래가액으로 신고하는 경우
- 양도소득세신고 및 자진납부계산서 - 양도소득금액계산명세서 - 주민등록등본 - 등기부등본 - 토지대장 - 건축물관리대장 - 토지가격확인원	- 양도소득세신고 및 자진납부계산서 - 양도소득금액계산명세서 - 주민등록등본 - 등기부등본 - 취득 및 양도시의 계약서 - 필요경비에 관한 증빙서류

※ 분납

① 거주자로서 자산양도차익 예정신고자진납부 규정에 의하여 납부할 세액이 천만원을 초과하는 자는 납부할 세액의 일부를 납부기한 경과 후 45일이내에 분납할 수 있다.

- 납부할 세액이 2천만원 이하 천만원을 초과하는 금액
- 납부할 세액이 2천만원을 초과하는 때에는 그 세액의 50/100이하의 금액

② 납부할 세액의 일부를 분납하고자 하는 자는 자산양도차익 예정신고 및 자진납부계산서에 분납할 세액을 기재하여 당해 신고기한까지 납세지 관할 세무서장에게 신청하여야 한다.

2. 확정신고와 납부

확정신고기한

당해 년도의 양도소득금액이 있는 거주자는 양도소득과세표준을 당해 년도의 다음 년도 5월 1일부터 5월 31일까지 과세표준확정신고서 및 자진납부계산서와 함께 다음 서류를 첨부하여 납세지 관할 세무서장에게 제출한다.

① 주민등록등본 — 단, 주민등록등본과 주민등록증 또는 운전면허증상의 주소가 동일한 경우 주민등록증 및 운전면허증사본을 제출할 수 있다.
② 당해 자산의 매입에 관한 계약서 사본 및 매도에 관한 계약서 부본과 토지 및 건축물대장등본
③ 설비비, 개량비, 자본적 지출액 및 양도비 명세서
④ 감가상각비 명세서
⑤ 토지초과이득세 납부영수증
⑥ 당해 자산양도차익결정통지서 사본(자산양도차익예정신고를 하지 아니

한 자는 자산양도소득금액계산명세서를 첨부하여야 한다)

⑦ 부당행위계산부인규정에 의하여 소득금액을 계산한 경우에는 필요 경비 불산입명세서

확정신고의 특례

① 양도소득만이 있는 거주자로서 자산양도차익예정신고를 한 자는 양도소득에 대한 과세표준확정신고를 하지 않아도 된다.

② 자산을 양도한 자가 사망한 경우에는 상속인은 상속 개시일로부터 6개월이 되는 날(이 기간중 상속인이 주소 또는 거소의 국외이전을 위하여 출국하는 경우에는 출국을 하는 날)까지 과세표준확정신고를 하여야 한다. 1월 1일부터 5월 31일까지 사망한 거주자가 사망일이 속하는 과세기간의 직전과세기간에 대한 과세표준확정신고를 하지 않고 사망한 경우에도 이와 같이 적용된다.

③ 과세표준확정신고를 하여야 할 거주자가 주소 또는 거소의 국외이전을 위하여 출국을 하는 경우에는 출국일이 속하는 과세기간의 과세표준율을 출국일 전에 신고하여야 한다.

확정신고 자진납부세액 계산

거주사는 당해 년도 과세표준에 대한 양도소득세산출세액에서 감면세액과 세액공제를 한 금액에서 자산양도차익예정신고 산출세액을 공제하여 납부 세액을 계산한다.

확정신고자진납부세액 = 양도소득세산출세액 - 감면세액 세액 공제
- 기 납부세액(예정신고납부세액공제포함)

확정신고 자진납부

거주자는 산출세액에서 감면세액, 세액공제액 및 기 납부세액을 공제한 금액을 다음 년도 5월 1일부터 5월 31일까지 또는 과세표준확정신고의 특례기간까지 과세표준확정신고와 함께 주소지 관할 세무서장에게 납부하거나 국세징수법에 의한 납부서에 과세표준확정신고 및 확정신고자진납부계산서를 첨부하여 한국은행 또는 체신관서에 납부한다. 자산양도차익예정신고납부와 동일하게 분납이 가능하다.

수정신고

과세표준확정신고서를 법정 신고기한 내에 제출한 자는 그 기재사항에 누락, 오류가 있을 경우에는 관할 세무서장이 각 세법의 규정에 의하여 당해 국세의 과세표준과 세액을 결정 또는 결정하여 통지하기 전까지 과세표준 수정신고서를 제출할 수 있다.

부동산 관련 서류 양식

소유권보존등기신청

양식 제1-1호

소유권보존등기신청

접 수	년 월 일	처 리 인	접 수	조 사	기 입	교 합	각 종 통 지	등기필 통지	각종 통지
	제 호								

부동산의 표시

등기의 목적

신청 근거 규정

구분	성 명 (상호·명칭)	주민등록번호 (등기용등록번호)	주 소 (소 재 지)	지분 (개인별)
신 청 인				

양식 제1-2호

부동산의 표시

	시가표준액 및 국민주택채권매입금액		
부동산 표시	부동산별 시가표준액	부동산별 국민주택채권매입금액	
1.	금 원	금 원	
2.	금 원	금 원	
3.	금 원	금 원	
국 민 주 택 채 권 매 입 총 액		금 원	
등록세 금	원	교육세 금	원
세 액 합 계	금 원		
등 기 신 청 수 료	금 원		

첨 부 서 면

1. 등록세영수필확인서 및 통지서 통
1. 토지·임야·건축물대장 통
1. 주민등록등(초)본 통
1. 신청서부본 통
1. 위임장 통

〈기타〉

년 월 일

위 신청인 (전화:)

(또는) 위 대리인 (전화:)

지방법원 등기소 귀중

*1. 부동산표시란에 2개 이상의 부동산을 기재하는 경우에는 그 부동산의 일련번호를 기재하여야 합니다.
2. 신청인란 등 해당란에 기재할 여백이 없을 경우에는 별지를 이용합니다.
3. 등기신청수료 상당의 등기수입증지를 이 난에 첨부합니다.

—신청서 작성요령 및 등기수입증지 첨부란—

소유권(일부)이전등기신청

양식 제2-1호

소유권(일부)이전등기신청

접 수	년 월 일 제 호	처 리 인	접 수	조 사	기 입	교 합	등기필 통지	각종 통지
			부동산의 표시					

등기원인과 그 연월일	년 월 일
등 기 의 목 적	소유권(일부)이전
이 전 할 지 분	

구분	성 명 (상호·명칭)	주민등록번호 (등기용등록번호)	주 소 (소 재 지)	지분 (개인별)
등기의무자				
등기권리자				

양식 제2-2호

부동산 표시	시가표준액 및 국민주택채권매입금액		
	부동산별 시가표준액	부동산별 국민주택채권매입금액	
1.	금 원	금 원
2.	금 원	금 원
3.	금 원	금 원
국 민 주 택 채 권 매 입 총 액	금 원	금 원
국민주택채권발행번호		
등록세 금 원	교육세 금 원	
세 액 합 계	금 원	
등 기 신 청 수 수 료	금 원	

첨 부 서 면		
1. 검인계약서	통	1. 주민등록등(초)본 통
1. 등록세영수필확인서 및 통지서	통	1. 신청서부본 통
1. 국민주택채권매입필증	통	1. 위임장 통
1. 인감증명	통	〈기 타〉
1. 등기필증	통	
1. 토지·임야·건축물대장	통	
1. 토지거래확인원	통	

년 월 일

위 신청인   (전화:)

(또는) 위 대리인   (전화:)

지방법원   등기소 귀중

*1. 부동산표시란에 2개 이상의 부동산을 기재하는 경우에는 그 부동산의 일련번호를 기재하여야 합니다.
2. 신청인란 등 해당란에 기재할 여백이 없을 경우에는 별지를 이용합니다.
3. 등기신청수수료 상당의 등기수입증지를 이 난에 붙입니다.

─신청서 작성요령 및 등기수입증지 첩부란─

소유권이전등기신청(상속)

양식 제3-1호

소유권이전등기신청(상속)

접 수	년 월 일	처 리 인			
	제 호				
		접 수	조 사	기 입	교 합	등필통지	각종통지

부동산의 표시

등기원인과 그 연월일 년 월 일 (협의분할에 의한) 상속

등기의 목적 소유권(일부)이전

이전할 지분

구분	성 명	주민등록번호	주 소	상속분	지분(개인별)
피상속인					
등기권리자					

양식 제3-2호

부동산 표시	시가표준액 및 국민주택채권매입금액		
	부동산별 시가표준액	부동산별 국민주택채권매입금액
1.	금 원	금 원
2.	금 원	금 원
3.	금 원	금 원
국 민 주 택 채 권 매 입 총 액	금 원	
등록세 금	교육세 금 원	
세 액 합 계	금 원	
등 기 신 청 수 수 료	금 원	

첨 부 서 면

1. 호적등본 통	1. 토지·임야·건축물대장 통
1. 제적등본 통	1. 신청서부본 통
1. 피상속인 및 상속인의	1. 위임장 통
주민등록등(초)본 통	〈기 타〉
1. 등록세영수필확인서 및 통지서 통	
1. 국민주택채권매입필증 통	

년 월 일

위 신청인 (전화:)

(또는) 위 대리인 (전화:)

지방법원 등기소 귀중

*1. 부동산표시란에 2개 이상의 부동산을 기재하는 경우에는 그 부동산별로 일련번호를 기재하여야 합니다.
2. 신청인란 등 해당란에 기재할 여백이 없을 경우에는 별지를 이용합니다.
3. 등기신청수료 상당의 등기수입증지를 이 난에 붙입니다.

지역권설정등기신청

양식 제4-1호

지역권설정등기신청

접수	년월일		처리인	접수	조사	기입	교합	등기필통지	각종통지
	제 호								

부동산의 표시

승역지 :

요역지 :

등기원인과 그 연월일	년 월 일 지역권설정계약
등기의 목적	지역권설정
설정의 목적	
범위	

구분	성 명 (상호·명칭)	주민등록번호 (등기용등록번호)	주 소 (소 재 지)
등기의무자			
등기권리자			

양식 제4-2호

등 록 세	금	원
교 육 세	금	원
세 액 합 계	금	원
등기신청수수료	금	원

첨 부 서 면

1. 지역권설정계약서 통
1. 등록세영수필확인서 및 통지서 통
1. 인감증명 통
1. 등기필증 통
1. 주민등록(초)본 통
1. 도면 통
1. 위임장 통
〈기 타〉

년 월 일

위 신청인 (전화:)

(또는) 위 대리인 (전화:)

지방법원 등기소 귀중

*1. 부동산표시란에 2개 이상의 부동산을 기재하는 경우에는 그 부동산의 일련번호를 기재하여야 합니다.
2. 신청인란 등 해당란에 기재할 여백이 없을 경우에는 별지를 이용합니다.
3. 등기신청수수료 상당의 등기수입증지를 이 난에 첨부합니다.

─ 신청서 작성요령 및 등기수입증지 첨부란 ─

지상권설정등기신청

양식 제5-1호

접수	년 월 일 제 호	처리인	접수	조사	기입	교합	등기필 통지	각종 통지

부동산의 표시	
등기원인과 그 연월일	년 월 일 지상권설정계약
등기의 목적	지상권설정
설정의 목적	
범 위	
존속 기간	년 월 일부터 년 월 일까지
구분	성 명 (상호·명칭)	주민등록번호 (등기용등록번호)	주 소 (소 재 지)
등기의무자			
등기권리자			

양식 제5-2호

등 록 세	금	원
교 육 세	금	원
세 액 합 계	금	원
등기신청수수료	금	원

첨 부 서 면

1. 지상권설정계약서	통
1. 등록세영수필확인서 및 통지서	통
1. 인감증명	통
1. 등기필증	통
1. 주민등록등(초)본	통
1. 위임장	통
〈기 타〉	

년 월 일

위 신청인 (전화:)

(또는) 위 대리인 (전화:)

지방법원 등기소 귀중

― 신청서 작성요령 및 등기수입증지 첩부란 ―

*1. 부동산표시란에 2개 이상의 부동산을 기재하는 경우에는 그 부동산의 일련번호를 기재하여야 합니다.
2. 신청인란 등 해당란에 기재할 여백이 없을 경우에는 별지를 이용합니다.
3. 등기신청수수료 상당의 등기수입증지를 이 난에 첩부합니다.

전세권설정등기신청

양식 제6-1호

전세권설정등기신청

접수	년 월 일 제 호	처리인	접수수	조사	기입	교합	등기필 통지	각종 통지

부동산의 표시

등기원인과 그 연월일	년 월 일 전세권설정계약
등기의 목적	전세권설정
전세금	금 원
전세권의 목적인 부분	
존속 기간	년 월 일부터 년 월 일 까지

구분	성 명 (상호·명칭)	주민등록번호 (등기용등록번호)	주 소 (소 재 지)
등기의무자			
등기권리자			

양식 제6-2호

등 록 세	금	원
교 육 세	금	원
세 액 합 계	금	원
등 기 신 청 수 수 료	금	원

첨 부 서 면

1. 전세권설정계약서   통
1. 등록세영수필확인서 및 통지서   통
1. 인감증명   통
1. 등기필증   통
1. 주민등록등(초)본   통
1. 지적도(또는 전물도면)   통
1. 위임장   통
〈기 타〉

년   월   일

위 신청인   (전화:)

(또는) 위 대리인   (전화:)

지방법원   등기소 귀중

저당권설정등기신청

양식 제7-1호

저당권설정등기신청

접수	년월일 호	접수	처리인	조사	기입	교합	등기필통지	각종통지

부동산의 표시

등기원인과 그 연월일	저당권설정 년 월 일	저당권설정계약
등기의 목적	저당권설정	
채권액	금	원
변제기	년 월 일	
이 자		
이자지급시기		
채무자		
설정할지분		

구분	성 명 (상호·명칭)	주민등록번호 (등기용등록번호)	주 소 (소 재 지)
등기의무자			
등기권리자			

양식 제7-2호

등 록 세	금	원
교 육 세	금	원
세 액 합 계	금	원
등기신청수수료	금	원
국민주택채권매입금액	금	원

첨 부 서 면

1. 저당권설정계약서	통	〈기 타〉
1. 등록세영수필확인서 및 통지서	통	
1. 국민주택채권매입필증	통	
1. 인감증명	통	
1. 등기필증	통	
1. 주민등록(초)본	통	
1. 위임장	통	

년 월 일

위 신청인 (전화:)

(또는) 위 대리인 (전화:)

지방법원 등기소 귀중

― 신청서 작성요령 및 등기수입증지 첨부란 ―

*1. 부동산표시란에 2개 이상의 부동산을 기재하는 경우에는 그 부동산의 일련번호를 기재하여야 합니다.
2. 신청인란 등 해당란에 기재할 여백이 없을 경우에는 별지를 이용합니다.
3. 등기신청수수료 상당의 등기수입증지를 이 난에 첨부합니다.

저당권이전등기신청

양식 제8-1호

접수	년 월 일 제 호	처리인	접수	조사	기입	교합	등기필통지	각종통지

부동산의 표시

등기원인과 그 연월일	양도
등기의 목적	저당권 이전
이전할 저당권	년 월 일 접수 제 호 저당권설정등기

구분	성명(상호·명칭)	주민등록번호(등기용등록번호)	주소(소재지)
등기의무자			
등기권리자			

양식 제8-2호

등 록 세	금	원
교 육 세	금	원
세 액 합 계	금	원
등 기 신 청 수 수 료	금	원
국민주택채권매입금액	금	원

첨 부 서 면

1. 저당권 양도증서   통
1. 등록세영수필확인서 및 통지서   통
1. 국민주택채권매입필증   통
1. 인감증명   통
1. 등기필증   통
1. 주민등록등(초)본   통
1. 위임장   통

〈기 타〉

년 월 일

위 신청인   (전화:)

(또는) 위 대리인   (전화:)

지방법원   등기소 귀중

― 신청서 작성요령 및 등기수입증지 첨부란 ―
1. 부동산표시란에 2개 이상의 부동산을 기재하는 경우에는 그 부동산의 일련번호를 기재하여야 합니다.
2. 신청인란 등 해당란에 기재할 여백이 없을 경우에는 별지를 이용합니다.
3. 등기신청수수료 상당의 등기수입증지를 이 난에 첨부합니다.

양식 제9-1호

근저당권설정등기신청

접수	년 월 일	처리인	접수	조사	기입	교합	등기필통지	각종통지
	제 호							

부동산의 표시

등기원인과 그 연월일	년 월 일 근저당권설정계약
등기의 목적	근저당권설정
채권최고액	금
채무자	
설정할지분	

구분	성 명 (상호·명칭)	주민등록번호 (등기용등록번호)	주 소 (소 재 지)	지분
등기의무자				
등기권리자				

양식 제9-2호

등 록 세	금	원
교 육 세	금	원
세 액 합 계	금	원
등 기 신 청 수 수 료	금	원
국민주택채권매입금액	금	원

첨 부 서 면	
1. 근저당권설정계약서	통
1. 등록세영수필확인서 및 통지서	통
1. 국민주택채권매입필증	통
1. 인감증명	통
1. 등기필증	통
1. 주민등록등(초)본	통
1. 위임장	통
〈기 타〉	

년 월 일

위 신청인 (전화:)

(또는) 위 대리인 (전화:)

지방법원 등기소 귀중

— 신청서 작성요령 및 등기수입증지 첨부란 —

*1. 부동산표시란에 2개 이상의 부동산을 기재하는 경우에는 그 부동산의 일련번호를 기재하여야 합니다.
2. 신청인란 등 해당란에 기재할 여백이 없을 경우에는 별지를 이용합니다.
3. 등기신청수수료 상당의 등기수입증지를 이 난에 붙입니다.

임차권설정등기신청

양식 제10-1호

임차권설정등기신청

접수	년월일	제 호	처리인

부동산의 표시

등기원인과 그 연월일	년 월 일 임차권설정계약
등기의 목적	임차권설정
임차보증금	금 원
차임	금 원
차임지급시기	
존속기간	년 월 일부터 년 월 일까지

접수	조사	기입	교합	등기필통지	각종통지

구분	성명(상호·명칭)	주민등록번호(등기용등록번호)	주소(소재지)
등기의무자			
등기권리자			

양식 제10-2호

등 록 세	금	원
교 육 세	금	원
세 액 합 계	금	원
등기신청수수료	금	원

첨 부 서 면

1. 임차권설정계약서 통
1. 등록세영수필확인서 및 통지서 통
1. 인감증명 통
1. 등기필증 통
1. 주민등록등(초)본 통
1. 위임장 통

〈기타〉

년 월 일

위 신청인 (전화:)

(또는 위 대리인) (전화:)

지방법원 등기소 귀중

*1. 부동산표시란에 2개 이상의 부동산을 기재하는 경우에는 그 부동산의 일련번호를 기재하여야 합니다.
2. 신청인란 등 해당란에 기재할 여백이 없을 경우에는 별지를 이용합니다.
3. 등기신청수수료 상당의 등기수입증지를 이 난에 첨부합니다.

소유권이전청구권가등기신청

양식 제11-1호

소유권이전청구권가등기신청

접수	년 월 일	처리인	접수	조사	기입	교합	등기필통지	각종통지
제 호								

부동산의 표시

등기원인과 그 연월일 | 년 월 일 | 매매예약
등기의 목적 | 소유권이전청구권가등기
가등기할 지분 |

구분	성명 (상호·명칭)	주민등록번호 (등기용등록번호)	주소(소재지)	지분 (개인별)
등기의무자				
등기권리자				

양식 제11-2호

등 록 세	금	원
교 육 세	금	원
세 액 합 계	금	원
등기신청수수료	금	원

첨 부 서 면

1. 매매예약서	〈기타〉	통
1. 등록세영수필확인서·통지서		통
1. 인감증명		통
1. 등기필증		통
1. 주민등록등(초)본		통
1. 신청서부본		통
1. 위임장		통

년 월 일

위 신청인   (전화 :   )

(또는) 위 대리인   (전화 :   )

지방법원   등기소 귀중

*1. 부동산표시란에 2개 이상의 부동산을 기재하는 경우에는 그 부동산의 일련번호를 기재하여야 합니다.
    - 신청서 작성요령 및 등기수입증지 첨부란 -
2. 신청인란 등 해당란에 기재할 여백이 없을 경우에는 별지를 이용합니다.
3. 등기신청수수료 상당의 등기수입증지를 이 난에 첨부합니다.

소유권이전본등기신청

양식 제12-1호

소유권이전본등기신청

접 수	년 월 일 제 호	처 리 인	접 수	조 사	기 입	교 합	등기필 통지	각종 통지

부동산의 표시	

등기원인과 그 연월일	년 월 일 매매
등기의 목적	소유권이전
가등기의 표시	년 월 일 접수 제 호로 등기된 소유권이전청구권보전의 가등기
이전할 지분	

구분	성 명 (상호·명칭)	주민등록번호 (등기용등록번호)	주 소 (소 재 지)	지 분 (개인별)
등기의무자				
등기권리자				

양식 제12-2호

부동산 표시	시가표준액 및 국민주택채권매입금액		국민주택채권매입금액
	부동산별 시가표준액	부동산별 국민주택채권매입금액	
1.	금 원	금 원	
2.	금 원	금 원	
3.	금 원	금 원	
국민주택채권매입총액		금 원	
등록세 금 원	교육세 금 원		
세 액 합 계	금 원		
등기신청수수료	금 원		

첨 부 서 면	
1. 검인계약서 통	1. 주민등록등(초)본 통
1. 등록세영수필확인서 및 통지서 통	1. 신청서부본 통
1. 국민주택채권매입필증 통	1. 위임장 통
1. 인감증명 통	〈기 타〉
1. 등기필증 통	
1. 토지·임야·건축물대장 통	
1. 토지가격확인원 통	

년 월 일

위 신청인   (전화:)

(또는) 위 대리인   (전화:)

지방법원   등기소 귀중

—신청서 작성요령 및 등기수입증지 첩부란—

*1. 부동산표시란에 2개 이상의 부동산을 기재하는 경우에는 그 부동산의 일련번호를 기재하여야 합니다.
2. 신청인란 등 해당란에 기재할 여백이 없을 경우에는 별지를 이용합니다.
3. 등기신청수수료 상당의 등기수입증지를 이 난에 첩부합니다.

소유권이전담보가등기신청

양식 제13-1호

접수	년월일	제　호	처리인	접수	조사	기입	교합	등기필통지	각종통지

부동산의 표시

등기원인과 그 연월일	년 월 일
등기의 목적	소유권이전담보가등기
가등기할 지분	매물반환예약

구분	성명(상호·명칭)	주민등록번호(등기용등록번호)	주　소(소재지)	지분(개인별)
등기의무자				
등기권리자				

양식 제13-2호

등 록 세	금	원
교 육 세	금	원
세 액 합 계	금	원
등기신청수수료	금	원

첨 부 서 면 〈기 타〉

1. 매물반환예약서 통
1. 등록세영수필확인서 및 통지서 통
1. 인감증명 통
1. 등기필증 통
1. 주민등록등(초)본 통
1. 신청서부본 통
1. 위임장 통

년 월 일

위 신청인 (전화:)

(또는) 위 대리인 (전화:)

지방법원 등기소 귀중

― 신청서 작성요령 및 등기수입증지 첨부란 ―

*1. 부동산표시란에 2개 이상의 부동산을 기재하는 경우에는 그 부동산에 일련번호를 기재하여야 합니다.
2. 신청인란 등 해당란에 기재할 여백이 없을 경우에는 별지를 이용합니다.
3. 등기신청수수료 상당의 등기수입증지를 이 난에 첨부합니다.

소유권이전등기신청

양식 제14-1호

소유권이전등기신청

접 수	년 월 일	처	접 수	조 사	기 입	교 합	각종 통지
	제 호	리 인					등기필 통지

부동산의 표시

등기원인과 그 연월일   년 월 일   매매반환

청산금 통지서 도달일   년 월 일

등 기 의 목 적   소유권이전

가등기의 표시   년 월 일 접수 제 호로 등기된

매물반환예약에 의한 소유권이전담보가등기

이 전 할 지 분   지 분 (개인별)

구분	성 명 (상호·명칭)	주민등록번호 (등기용등록번호)	주 소 (소 재 지)	지 분 (개인별)
등기의무자				
등기권리자				

양식 제14-2호

부동산 표시	시가표준액 및 국민주택채권매입금액		
	부동산별 시가표준액	부동산별 국민주택채권매입금액	
1.	금 원	금 원	
2.	금 원	금 원	
3.	금 원	금 원	
국민주택채권매입총액		금 원	
등록세 금	교육세 금	원	
세 액 합 계	금	원	
등 기 신 청 수 수 료	금	원	

첨 부 서 면

1. 매물반환예약증서	통 1. 청산금지급증명서 통
1. 등록세영수필확인서 및 통지서	통 1. 주민등록등(초)본 통
1. 국민주택채권매입필증	통 1. 신청서부본 통
1. 인감증명	통 1. 위임장 통
1. 등기필증	통 〈기 타〉
1. 토지·임야·건축물대장	통
1. 도자가격확인원	통
1. 청산금평가통지서 도달증명서사본	통

년 월 일

위 신청인   (전화:)

(또는) 위 대리인   (전화:)

지방법원   등기소 귀중

*1. 부동산표시란에 2개 이상의 부동산을 기재하는 경우에는 그 부동산의 일련번호를 기재하여야 합니다.
2. 신청인란 등 해당란에 기재할 여백이 없을 경우에는 별지를 이용합니다.
3. 등기신청수수료 상당의 등기수입증지를 이 난에 첨부합니다.

토지분필등기신청

양식 제15-1호

토지분필등기신청

접수	년 월 일	처리인	접수	조사	기입	교합	등기필통지	각종통지
	제 호							

부동산의 표시

		분합

| 등기원인과 그 연월일 | 년 월 일 | |
| 등기의 목적 | 토지표시변경 | |

구분	성 명 (상호·명칭)	주민등록번호 (등기용등록번호)	주 소 (소 재 지)
등기의무자			
등기권리자			

양식 제15-2호

등 록 세	금	원
교 육 세	금	원
세 액 합 계	금	원

첨 부 서 면

1. 토지대장	통	〈기타〉
1. 등록세영수필확인서 및 통지서	통	
1. 신청서부본	통	
1. 위임장	통	

        년 월 일

        위 신청인   (전화:)

        (또는) 위 대리인   (전화:)

        지방법원   등기소 귀중

— 신청서 작성요령 —

*1. 부동산표시란에 2개 이상의 부동산을 기재하는 경우에는 그 부동산의 일련번호를 기재하여야 합니다.
2. 신청인란 등 해당란에 기재할 여백이 없을 경우에는 별지를 이용합니다.

토지합필등기신청

양식 제16-1호

토지합필등기신청

접수	년 월 일 제 호	처리인	접 수	조 사	기 입	교 합	등기필통지	각종통지

부동산의 표시

구분	성 명 (상호·명칭)	주민등록번호 (등기용등록번호)	주 소 (소 재 지)
신청인			

등기원인과 그 연월일 년 월 일

등기의 목적 토지 표시변경

합병

등기소 귀중

양식 제16-2호

등 록 세	금	원
교 육 세	금	원
세 액 합 계	금	원

첨 부 서 면

1. 토지대장 통 〈기 타〉
1. 등록세영수필확인서 및 통지서 통
1. 신청서부본 통
1. 위임장 통

년 월 일

위 신청인
(또는) 위 대리인 (전화 :)

지방법원 (전화 :)
등기소 귀중

— 신청서 작성요령 —

*1. 부동산표시란에 2개 이상의 부동산을 기재하는 경우에는 그 부동산의 일련번호를 기재하여야 합니다.
2. 신청인란 등 해당란에 기재할 여백이 없을 경우에는 별지를 이용합니다.

양식 제17-1호

등기명의인표시변경등기신청

접수	년 월 일	제 호	처리인	조사	기입	교합	등기필통지	각종통지

등기명의인표시변경등기신청

부동산의 표시

등기원인과 그 연월일	년 월 일
등기의 목적	등기명의인 표시변경
변경사항	

구분	성 명 (상호·명칭)	주민등록번호 (등기용등록번호)	주 소 (소 재 지)
신청인			

양식 제17-2호

등 록 세	금	원
교 육 세	금	원
세 액 합 계	금	원
등기신청수수료	금	원

첨 부 서 면

1. 주민등록표등본	통	〈기타〉
1. 등록세영수필확인서 및 통지서	통	
1. 신청서부본	통	
1. 위임장	통	

년 월 일

위 신청인   (전화:)

(또는) 위 대리인   (전화:)

지방법원   등기소 귀중

*1. 부동산표시란에 2개 이상의 부동산을 기재하는 경우에는 그 부동산의 일련번호를 기재하여야 한다.
2. 신청인란 등 해당란에 기재할 여백이 없을 경우에는 별지를 이용합니다.
3. 등기신청수수료 상당의 등기수입증지를 이 난에 첨부합니다.

— 신청서 작성요령 및 등기수입증지 첨부란 —

등기말소등기신청

양식 제18-1호

등기말소등기신청

접 수	년 월 일 일	처리인	조 사	기 입	교 합	등기필통지	각종통지
	제 호						

부동산의 표시

등기원인과 그 연월일	년 월 일						
등 기 의 목 적							
말소할 등기	등기말소 접수 년 월 일 제 호 등기 정리필 등기						

구분	성 명 (상호·명칭)	주민등록번호 (등기용등록번호)	주 소 (소 재 지)
등 기 의 무 자			
등 기 권 리 자			

양식 제18-2호

등 록 세	금	원
교 육 세	금	원
세 액 합 계	금	원
등기신청수수료	금	원

첨 부 서 면

1. 해지증서 통 〈기 타〉
1. 등록세영수필확인서 및 통지서 통
1. 등기필증 통
1. 위임장 통

년 월 일

위 신청인 (전화:)

(또는) 위 대리인 (전화:)

지방법원 등기소 귀중

*1. 부동산표시란에 2개 이상의 부동산을 기재하는 경우에는 그 부동산의 일련번호를 기재하여야 합니다.
　2. 신청인란 등 해당란에 기재할 여백이 없을 경우에는 별지를 이용합니다.
　3. 등기신청수수료 상당의 등기수입증지를 이 난에 첨부합니다.

—신청서 작성요령 및 등기수입증지 첨부란—

양식 제19-2호

등 록 세	금	원
교 육 세	금	원
세 액 합 계	금	원
등기신청수수료	금	원
첨 부 서 면		

년 월 일

위 신청인 (전화 :   )

(또는) 위 대리인 (전화 :   )

지방법원   등기소 귀중

-신청서 작성요령 및 등기수입증지 첨부란-

*1. 부동산표시란에 2개 이상의 부동산을 기재하는 경우에는 그 부동산의 일련번호를 기재하여야 한다.
2. 신청인란 등 해당란에 기재할 여백이 없을 경우에는 별지를 이용합니다.
3. 등기신청수수료 상당의 등기수입증지를 이 난에 첨부합니다.

○○○ 등기신청

양식 제19-1호

등기신청

접수	년 월 일 제 호	처리인	접수	조사	기입	교합	등기필통지	각종통지
부동산의 표시								
등기원인과 그 연월일	년 월 일							
등기의 목적								

구분	성 명 (상호·명칭)	주민등록번호 (등기용등록번호)	주 소 (소 재 지)
등기의무자			
등기권리자			

가림출판사 · 가림M&B · 가림Let's에서 나온 책들

약손 경락마사지로 건강미인 만들기 고정환 지음
4×6배판 변형 / 284쪽 / 15,000원

정유정의 LOVE DIET 정유정 지음
4×6배판 변형 / 196쪽 / 10,500원

머리에서 발끝까지 예뻐지는 부분다이어트 신상만 · 김선민 지음
4×6배판 변형 / 196쪽 / 11,000원

알기 쉬운 심장병 119 박승정 지음
신국판 / 248쪽 / 9,000원

알기 쉬운 고혈압 119 이정균 지음
신국판 / 304쪽 / 10,000원

여성을 위한 부인과질환의 예방과 치료 차선희 지음
신국판 / 304쪽 / 10,000원

알기 쉬운 아토피 119 이승규 · 임승엽 · 김문호 · 안유일 지음
신국판 / 232쪽 / 9,500원

120세에 도전한다 이권행 지음
신국판 / 308쪽 / 11,000원

건강과 아름다움을 만드는 요가 정판식 지음
4×6배판 변형 / 224쪽 / 14,000원

우리 아이 건강하고 아름답게 롱다리 만들기 김성훈 지음
대국전판 / 236쪽 / 10,500원

알기 쉬운 허리디스크 예방과 치료 이종서 지음
대국전판 / 336쪽 / 12,000원

소아과 전문의에게 듣는 알기 쉬운 소아과 119 신영규 · 이강우 · 최성항 지음
4×6배판 변형 / 280쪽 / 14,000원

피가 맑아야 건강하게 오래 살 수 있다 김영찬 지음
신국판 / 256쪽 / 10,000원

웰빙형 피부 미인을 만드는 나만의 셀프 피부건강
양해원 지음 / 대국전판 / 144쪽 / 10,000원

내 몸을 살리는 생활 속의 웰빙 항암 식품 이승남 지음
대국전판 / 248쪽 / 9,800원

마음한글, 느낌한글 박완식 지음
4×6배판 / 300쪽 / 15,000원

웰빙 동의보감식 발마사지 10분 최미희 지음 / 신재용 감수
4×6배판 변형 / 204쪽 / 13,000원

아름다운 몸, 건강한 몸을 위한 목욕 건강 30분 임하성 지음
대국전판 / 176쪽 / 9,500원

내가 만드는 한방생주스 60 김영섭 지음
국판 / 112쪽 / 7,000원

몸을 살리는 건강식품 백은희 · 조창호 · 최양진 지음
신국판 / 384쪽 / 11,000원

건강도 키우고 성적도 올리는 자녀 건강 김진돈 지음
신국판 / 304쪽 / 12,000원

알기 쉬운 간질환 119 이관식 지음
신국판 / 264쪽 / 11,000원

밥으로 병을 고친다 허봉수 지음
대국전판 / 352쪽 / 13,500원

알기 쉬운 신장병 119 김형규 지음
신국판 / 240쪽 / 10,000원

마음의 감기 치료법 우울증 119 이민수 지음
대국전판 / 232쪽 / 9,800원

관절염 119 송영욱 지음
대국전판 / 224쪽 / 9,800원

내 딸을 위한 미성년 클리닉 강병문 · 이향아 · 최정원 지음
국판 / 148쪽 / 8,000원

암을 다스리는 기적의 치유법
케이 세이헤이 감수 / 카와키 나리카즈 지음
민병우 옮김 / 신국판 / 256쪽 / 9,000원

스트레스 다스리기 대한불안장애학회 스트레스관리연구특별위원회 지음
신국판 / 304쪽 / 12,000원

천연 식초 건강법 건강식품연구회 엮음 / 신재용(해성한의원 원장) 감수
신국판 / 252쪽 / 9,000원

암에 대한 모든 것 서울아산병원 암센터 지음
신국판 / 360쪽 / 13,000원

알록달록 컬러 다이어트 이승남 지음
국판 / 248쪽 / 10,000원

당신도 부모가 될 수 있다 정병준 지음
신국판 / 268쪽 / 9,500원

키 10cm 더 크는 키네스 성장법 김양수 · 이종균 · 최형규 · 표재환 지음
대국전판 / 316쪽 / 12,000원

교　육

우리 교육의 창조적 백색혁명 원상기 지음
신국판 / 206쪽 / 6,000원

현대생활과 체육 조창남 외 5명 공저
신국판 / 340쪽 / 10,000원

퍼펙트 MBA IAE유학네트 지음
신국판 / 400쪽 / 12,000원

유학길라잡이 I - 미국편 IAE유학네트 지음
4×6배판 / 372쪽 / 13,900원

유학길라잡이 II - 4개국편 IAE유학네트 지음
4×6배판 / 348쪽 / 13,900원

조기유학길라잡이.com IAE유학네트 지음
4×6배판 / 428쪽 / 15,000원

현대인의 건강생활 박상호 외 5명 공저
4×6배판 / 268쪽 / 15,000원

천재아이로 키우는 두뇌훈련 나카마츠 요시로 지음 민병수 옮
국판 / 288쪽 / 9,500원

두뇌혁명 나카마츠 요시로 지음 / 민병수 옮김
4×6판 양장본 / 288쪽 / 12,000원

테마별 고사성어로 익히는 한자 김경익 지음
4×6배판 변형 / 248쪽 / 9,800원

生涯 공부비법 이은승 지음
대국전판 / 272쪽 / 9,500원

자녀를 성공시키는 습관만들기 배은경 지음
대국전판 / 232쪽 / 9,500원

한자능력검정시험 1급 한자능력검정시험연구위원회 편저
4×6배판 / 568쪽 / 21,000원

한자능력검정시험 2급 한자능력검정시험연구위원회 편저
4×6배판 / 472쪽 / 18,000원

한자능력검정시험 3급(3급II) 한자능력검정시험연구위원회 편저
4×6배판 / 440쪽 / 17,000원

한자능력검정시험 4급(4급II) 한자능력검정시험연구위원회 편저
4×6배판 / 352쪽 / 15,000원

한자능력검정시험 5급 한자능력검정시험연구위원회 편저
4×6배판 / 264쪽 / 11,000원

한자능력검정시험 6급 한자능력검정시험연구위원회 편저
4×6배판 / 168쪽 / 8,500원

한자능력검정시험 7급 한자능력검정시험연구위원회 편저
4×6배판 / 152쪽 / 7,000원

한자능력검정시험 8급 한자능력검정시험연구위원회 편저
4×6배판 / 112쪽 / 6,000원

볼링의 이론과 실기 이택상 지음
신국판 / 192쪽 / 9,000원

고사성어로 끝내는 전자문 조준상 글/그림
4×6배판 / 216쪽 / 12,000원

내 아이 스타 만들기 김민성 지음
신국판 / 200쪽 / 9,000원

교육 1번지 강남 엄마들의 수험생 자녀 관리 황송주 지음
신국판 / 288쪽 / 9,500원

초등학생이 꼭 알아야 할 위대한 역사 상식 우진영 · 이양경 지음
4×6배판변형 / 228쪽 / 9,500원

초등학생이 꼭 알아야 할 행복한 경제 상식 우진영 · 전선심 지음
4×6배판변형 / 224쪽 / 9,500원

초등학생이 꼭 알아야 할 재미있는 과학상식 우진영 · 정경희 지음
4×6배판변형 / 220쪽 / 9,500원

취미 · 실용

김진국과 같이 배우는 와인의 세계 김진국 지음
국배판 변형양장본(올 컬러판) / 208쪽 / 30,000원

경제 · 경영

CEO가 될 수 있는 성공법칙 101가지 김승룡 편역
신국판 / 320쪽 / 9,500원

정보소프트 김승룡 지음 / 신국판 / 324쪽 / 6,000원

기획대사전 다카하시 겐코 지음 / 홍영의 옮김
신국판 / 552쪽 / 19,500원

맨손창업 · 맞춤창업 BEST 74 양혜숙 지음
신국판 / 416쪽 / 12,000원

무자본, 무점포 창업! FAX 한 대면 성공한다
다카시로 고시 지음 / 홍영의 옮김 / 신국판 / 226쪽 / 7,500원

성공하는 기업의 인간경영 중소기업 노무 연구회 편저
홍영의 옮김 / 신국판 / 368쪽 / 11,000원

21세기 IT가 세계를 지배한다 김광희 지음
신국판 / 380쪽 / 12,000원

경제기사로 부자아빠 만들기 김기태 · 신현태 · 박근수 공저
신국판 / 388쪽 / 12,000원

포스트 PC의 주역 정보가전과 무선인터넷 김광희 지음
신국판 / 356쪽 / 12,000원

성공하는 사람들의 마케팅 바이블 채수명 지음
신국판 / 328쪽 / 12,000원

느린 비즈니스로 돌아가라 사카모토 게이이치 지음
정성호 옮김 / 신국판 / 276쪽 / 9,000원

적은 돈으로 큰돈 벌 수 있는 부동산 재테크 이원재 지음
신국판 / 340쪽 / 12,000원

바이오혁명 이주영 지음 / 신국판 / 328쪽 / 12,000원

성공하는 사람들의 자기혁신 경영기술 채수명 지음
신국판 / 344쪽 / 12,000원

CFO 교텐 토요오 · 타하라 오키시 지음 / 민병수 옮김
신국판 / 312쪽 / 12,000원

네트워크시대 네트워크마케팅 임동학 지음
신국판 / 376쪽 / 12,000원

성공리더의 7가지 조건 다이앤 트레이시 · 윌리엄 모건 지음 / 지창영 옮김
신국판 / 360쪽 / 13,000원

김종결의 성공창업 김종결 지음
신국판 / 340쪽 / 12,000원

최적의 타이밍에 내 집 마련하는 기술 이원재 지음
신국판 / 248쪽 / 10,500원

컨설팅 세일즈 Consulting sales 임동학 지음
대국전판 / 336쪽 / 13,000원

연봉 10억 만들기 김농주 지음
국판 / 216쪽 / 10,000원

주5일제 근무에 따른 한국형 주말창업 최효진 지음
신국판 변형 양장본 / 216쪽 / 10,000원

돈 되는 땅 돈 안되는 땅 김영준 지음
신국판 / 320쪽 / 13,000원

돈 버는 회사로 만들 수 있는 109가지 다카하시 도시노리 지음 / 민병수 옮김
신국판 / 344쪽 / 13,000원

프로는 디테일에 강하다 김미현 지음
신국판 / 248쪽 / 9,000원

머니투데이 송복규 기자의 부동산으로 주머니돈 100배 만들기 송복규 지음
신국판 / 328쪽 / 13,000원

성공하는 슈퍼마켓&편의점 창업 나명환 지음
4×6배판 변형 / 500쪽 / 28,000원

대한민국 성공 재테크 부동산 펀드와 리츠로 승부하라 김영준 지음
신국판 / 256쪽 / 12,000원

마일리지 200% 활용하기 박성희 지음
국판 변형 / 200쪽 / 8,000원

1%의 가능성에 도전, 성공 신화를 이룬 여성 CEO 김미현 지음
신국판 / 248쪽 / 9,500원

3천만 원으로 부동산 재벌 되기 최수길 · 이숙 · 조연희 지음
신국판 / 290쪽 / 12,000원

10년을 앞설 수 있는 재테크 노동규 지음
신국판 / 260쪽 / 10,000원

세계 최강을 추구하는 도요타 방식 나카야마 키요타카 지음 / 민병수 옮김
신국판 / 296쪽 / 12,000원

최고의 설득을 이끌어내는 프레젠테이션 조두환 지음
신국판 / 296쪽 / 11,000원

최고의 만족을 이끌어내는 창의적 협상 조강희 · 조원희 지음
신국판 / 248쪽 / 10,000원

New 세일즈 기법 물건을 팔지 말고 가치를 팔아라 조기선 지음
신국판 / 264쪽 / 9,500원

작은 회사는 전략이 달라야 산다 황문진 지음
신국판 / 312쪽 / 11,000원

주 식

개미군단 대박맞이 주식투자 홍성걸(한양증권 투자분석팀 팀장) 지음
신국판 / 310쪽 / 9,500원

알고 하자! 돈 되는 주식투자 이길덕 외 2명 공저
신국판 / 388쪽 / 12,500원

항상 당하기만 하는 개미들의 매도 · 매수타이밍 999% 적중 노하우 강경무 지음
신국판 / 336쪽 / 12,000원

부자 만들기 주식성공클리닉 이창희 지음
신국판 / 372쪽 / 11,500원

선물 · 옵션 이론과 실전매매 이창희 지음
신국판 / 372쪽 / 12,000원

너무나 쉬워 재미있는 주가차트 홍성무 지음
4×6배판 / 216쪽 / 15,000원

주식투자 직접 투자로 높은 수익을 올릴 수 있는 비결
김학균 지음 / 신국판 / 230쪽 / 11,000원

역 학

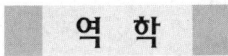

역리종합 만세력 정도명 편저 / 신국판 / 532쪽 / 10,500원
작명대전 정보국 지음 / 신국판 / 460쪽 / 12,000원

하락이수 해설 이천교 편저 / 신국판 / 620쪽 / 27,000원
현대인의 창조적 관상과 수상 백운산 지음 / 신국판 / 344쪽 / 9,000원
대운용신영부적 정재원 지음 / 신국판 양장본 / 750쪽 / 39,000원
사주비결활용법 이세진 지음 / 신국판 / 392쪽 / 12,000원
컴퓨터세대를 위한 新 성명학대전 박용찬 지음 / 신국판 / 388쪽 / 11,000원
길흉화복 꿈풀이 비법 백운산 지음 / 신국판 / 410쪽 / 12,000원
새천년 작명컨설팅 정재원 지음 / 신국판 / 492쪽 / 13,900원
백운산의 신세대 궁합 백운산 지음 / 신국판 / 304쪽 / 9,500원
동자삼 작명학 남시모 지음 / 신국판 / 496쪽 / 15,000원
구성학의 기초 문길여 지음 / 신국판 / 412쪽 / 12,000원
소울음소리 이건우 지음 / 신국판 / 314쪽 / 10,000원

법률 일반

여성을 위한 성범죄 법률상식 조명원(변호사) 지음
신국판 / 248쪽 / 8,000원

아파트 난방비 75% 절감방법 고영근 지음
신국판 / 238쪽 / 8,000원

일반인이 꼭 알아야 할 절세전략 173선
최성호(공인회계사) 지음 / 신국판 / 392쪽 / 12,000원

변호사와 함께하는 부동산 경매 최환주(변호사) 지음
신국판 / 404쪽 / 13,000원

혼자서 쉽고 빠르게 할 수 있는 소액재판 김재용 · 김종철 공저
신국판 / 312쪽 / 9,500원

"술 한 잔 사겠다"는 말에서 찾아보는 채권 · 채무 변환철(변호사) 지음
신국판 / 408쪽 / 13,000원

알기쉬운 부동산 세무 길라잡이 이건우(세무서 재산계장) 지음
신국판 / 400쪽 / 13,000원

알기쉬운 어음, 수표 길라잡이 변환철(변호사) 지음
신국판 / 328쪽 / 11,000원

제조물책임법 강동근(변호사) · 윤종성(검사) 공저
신국판 / 368쪽 / 13,000원

알기 쉬운 주5일근무에 따른 임금 · 연봉제 실무
문강분(공인노무사) 지음 / 4×6배판 변형 / 544쪽 / 35,000원

변호사 없이 당당히 이길 수 있는 형사소송 김대환 지음
신국판 / 304쪽 / 13,000원

변호사 없이 당당히 이길 수 있는 민사소송 김대환 지음
신국판 / 412쪽 / 14,500원

혼자서 해결할 수 있는 교통사고 Q&A 조명원(변호사) 지음
신국판 / 336쪽 / 12,000원

알기 쉬운 개인회생 · 파산 신청법 최재구(법무사) 지음
신국판 / 352쪽 / 13,000원

생활법률

부동산 생활법률의 기본지식
대한법률연구회 지음 / 김원중(변호사) 감수 / 신국판 / 472쪽 / 13,000원

고소장 · 내용증명 생활법률의 기본지식
하태웅(변호사) 지음 / 신국판 / 440쪽 / 12,000원

노동 관련 생활법률의 기본지식
남동희(공인노무사) 지음 / 신국판 / 528쪽 / 14,000원

외국인 근로자 생활법률의 기본지식
남동희(공인노무사) 지음 / 신국판 / 400쪽 / 12,000원

계약작성 생활법률의 기본지식
이상도(변호사) 지음 / 신국판 / 560쪽 / 14,500원

지적재산 생활법률의 기본지식
이상도(변호사) · 조의제(변리사) 공저 / 신국판 / 496쪽 / 14,000원

부당노동행위와 부당해고 생활법률의 기본지식
박영수(공인노무사) 지음 / 신국판 / 432쪽 / 14,000원

주택 · 상가임대차 생활법률의 기본지식
김운용 지음 / 신국판 / 480쪽 / 14,000원

하도급거래 생활법률의 기본지식
김진흥(변호사) 지음 / 신국판 / 440쪽 / 14,000원

이혼소송과 재산분할 생활법률의 기본지식
박동섭(변호사) 지음 / 신국판 / 460쪽 / 14,000원

부동산등기 생활법률의 기본지식
정상태(법무사) 지음 / 신국판 / 456쪽 / 14,000원

기업경영 생활법률의 기본지식
안동섭(단국대 교수) 지음 / 신국판 / 466쪽 / 14,000원

교통사고 생활법률의 기본지식
박정무(변호사) · 전병찬 공저 / 신국판 / 480쪽 / 14,000원

소송서식 생활법률의 기본지식
김대환 지음 / 신국판 / 480쪽 / 14,000원

호적 · 가사소송 생활법률의 기본지식
정주수(법무사) 지음 / 신국판 / 516쪽 / 14,000원

상속과 세금 생활법률의 기본지식
박동섭(변호사) 지음 / 신국판 / 480쪽 / 14,000원

담보 · 보증 생활법률의 기본지식
류창호(법학박사) 지음 / 신국판 / 436쪽 / 14,000원

소비자보호 생활법률의 기본지식
김성천(법학박사) 지음 / 신국판 / 504쪽 / 15,000원

판결 · 공정증서 생활법률의 기본지식
정상태(법무사) 지음 / 신국판 / 312쪽 / 13,000원

산업재해보상보험 생활법률의 기본지식
정유석(공인노무사) 지음 / 신국판 / 384쪽 / 14,000원

처 세

성공적인 삶을 추구하는 여성들에게 우먼파워 조안 커너 · 모이라 레이너 공저 / 지창영
옮김 / 신국판 / 352쪽 / 8,800원

聽 이익이 되는 말 話 손해가 되는 말 우메시마 미요 지음 / 정성호 옮김
신국판 / 304쪽 / 9,000원

성공하는 사람들의 화술테크닉 민영욱 지음
신국판 / 320쪽 / 9,500원

부자들의 생활습관 가난한 사람들의 생활습관
다케우치 야스오 지음 / 홍영의 옮김
신국판 / 320쪽 / 9,800원

코끼리 귀를 당긴 원숭이-히딩크식 창의력을 배우자 강충인 지음
신국판 / 208쪽 / 8,500원

성공하려면 유머와 위트로 무장하라 민영욱 지음
신국판 / 292쪽 / 9,500원

등소평의 오똑이전략 조창남 편저
신국판 / 304쪽 / 9,500원

노무현 화술과 화법을 통한 이미지 변화 이현정 지음
신국판 / 320쪽 / 10,000원

성공하는 사람들의 토론의 법칙 민영욱 지음
신국판 / 280쪽 / 9,500원

사람은 칭찬을 먹고산다 민영욱 지음
신국판 / 268쪽 / 9,500원

사과의 기술 김농주 지음
국판 변형 양장본 / 200쪽 / 10,000원

취업 경쟁력을 높여라 김농주 지음
신국판 / 280쪽 / 12,000원

유비쿼터스시대의 블루오션 전략 최양진 지음
신국판 / 248쪽 / 10,000원

나만의 블루오션 전략-화술편 민영욱 지음
신국판 / 254쪽 / 10,000원

희망의 씨앗을 뿌리는 20대를 위하여 우광균 지음
신국판 / 172쪽 / 8,000원

끌리는 사람이 되기위한 이미지 컨설팅 홍순아 지음
대국전판 / 194쪽 / 10,000원

명 상

명상으로 얻는 깨달음 달라이 라마 지음 / 지창영 옮김
국판 / 320쪽 / 9,000원

어 학

2진법 영어 이상도 지음 / 4×6배판 변형 / 328쪽 / 13,000원

한 방으로 끝내는 영어 고제윤 지음 / 신국판 / 316쪽 / 9,800원

한 방으로 끝내는 영단어 김승엽 지음 / 심수경·카렌다 감수
4×6배판 변형 / 236쪽 / 9,800원

해도해도 안 되던 영어회화 하루에 30분씩 90일이면 끝낸다
Carrot Korea 편집부 지음 / 4×6배판 변형 / 260쪽 / 11,000원

바로 활용할 수 있는 기초생활영어
김수경 지음 / 신국판 / 240쪽 / 10,000원

바로 활용할 수 있는 비즈니스영어
김수경 지음 / 신국판 / 252쪽 / 10,000원

생존영어55 홍일록 지음 / 신국판 / 224쪽 / 8,500원

필수 여행영어회화 한현숙 지음 / 4×6판 변형 / 328쪽 / 7,000원

필수 여행일어회화 윤영자 지음 / 4×6판 변형 / 264쪽 / 6,500원

필수 여행중국어회화 이은진 지음 / 4×6판 변형 / 256쪽 / 7,000원

영어로 배우는 중국어 김승엽 지음 / 신국판 / 216쪽 / 9,000원

필수 여행스페인어회화 유연창 지음 / 4×6판 변형 / 288쪽 / 7,000원

바로 활용할 수 있는 홈스테이 영어
김형주 지음 / 신국판 / 184쪽 / 9,000원

레포츠

수열이의 브라질 축구 탐방 **삼바 축구, 그들은 강하다** 이수열 지음
신국판 / 280쪽 / 8,500원

마라톤, 그 아름다운 도전을 향하여
빌 로저스·프리실라 웰치·조 헨더슨 공저 / 오인환 감수 / 지창영 옮김
4×6배판 / 320쪽 / 15,000원

퍼팅 메커닉 이근택 지음
4×6배판 변형 / 192쪽 / 18,000원

아마골프 가이드 정영호 지음
4×6배판 변형 / 216쪽 / 12,000원

인라인스케이팅 100%즐기기 임미숙 지음
4×6배판 변형 / 172쪽 / 11,000원

배스낚시 테크닉 이종건 지음
4×6배판 / 440쪽 / 20,000원

나도 디지털 전문가 될 수 있다!!! 이승훈 지음
4×6배판 / 320쪽 / 19,200원

스키 100% 즐기기 김동환 지음
4×6배판 변형 / 184쪽 / 12,000원

태권도 총론 하웅의 지음
4×6배판 / 288쪽 / 15,000원

건강하고 아름다운 **동양란 기르기** 난마을 지음
4×6배판 변형 / 184쪽 / 12,000원

수영 100% 즐기기 김종만 지음
4×6배판 변형 / 248쪽 / 13,000원

애완견114 황양원 엮음
4×6배판 변형 / 228쪽 / 13,000원

건강을 위한 **웰빙 걷기** 이강옥 지음
대국전판 / 280쪽 / 10,000원

우리 땅 우리 문화가 살아 숨쉬는 **옛터** 이형권 지음
대국전판 올컬러 / 208쪽 / 9,500원

아름다운 산사 이형권 지음
대국전판 올컬러 / 208쪽 / 9,500원

골프 100타 깨기 김준모 지음
4×6배판 변형 / 136쪽 / 10,000원

쉽고 즐겁게! 신나게! 배우는 **재즈댄스** 최재선 지음
4×6배판 변형 / 200쪽 / 12,000원

맛과 멋이 있는 낭만의 **카페** 박성찬 지음
대국전판 올컬러 / 168쪽 / 9,900원

한국의 숨어 있는 아름다운 **풍경** 이종원 지음
대국선판 올킬러 / 200쪽 / 9,900원

사람이 있고 자연이 있는 아름다운 **명산** 박기성 지음
대국전판 올컬러 / 176쪽 / 12,000원

마음의 고향을 찾아가는 여행 **포구** 김인자 지음
대국전판 올컬러 / 224쪽 / 14,000원

골프 90타 깨기 김팡섭 지음
4×6배판 변형 / 148쪽 / 11,000원

생명이 살아 숨쉬는 한국의 아름다운 **강** 민병준 지음
대국전판 올컬러 / 168쪽 / 12,000원

뜬나는 대로 세계여행 김재관 지음
4×6배판 올컬러 / 368쪽 / 20,000원

KLPGA 최여진 프로의 센스 골프 최여진 지음
4×6배판 변형 올컬러 / 192쪽 / 13,900원

해양스포츠 카이트보딩 김남용 편저
신국판 올컬러 / 152쪽 / 18,000원

KTPGA 김준모 프로의 파워 골프 김준모 지음
4×6배판 변형 올컬러 / 192쪽 / 13,900원

골프 80타 깨기 오태윤 지음
4×6배판 변형 / 132쪽 / 10,000원

신나는 골프 세상 유응열 지음
4×6배판 변형 올컬러 / 232쪽 / 16,000원

풍경 속을 걷는 즐거움 **명상 산책** 김인자 지음
대국전판 올컬러 / 224쪽 / 14,000원

이신 프로의 더 퍼펙트 이신 지음
국배판 / 336쪽 / 28,000원

여성실용

결혼준비, 이제 놀이가 된다 김창규·김수경·김정철 지음
4×6배판 변형 올컬러 / 230쪽 / 13,000원

대한법률연구회가 만드는 생활법률의 기본지식 01

일 · 반 · 인 · 을 · 위 · 한

부동산 생활법률의 기본지식

지은이/대한법률연구회
감수자/김원중
펴낸이/강선희
펴낸곳/가림M&B

등록/1999. 1. 18. 제5-89호
주소/서울 광진구 구의동 57-71 부원빌딩 4층
대표전화/458-6451   팩스/458-6450
홈페이지 http://www.galim.co.kr
전자우편 galim@galim.co.kr

ⓒ 가림M&B, 1999

ISBN 978-89-89107-42-2 14360
978-89-89107-41-5 14360(세트)